U0908137

「周易」君子与治理哲学

德位思想治则

同体位域方法论

德位论

王爱品◎著

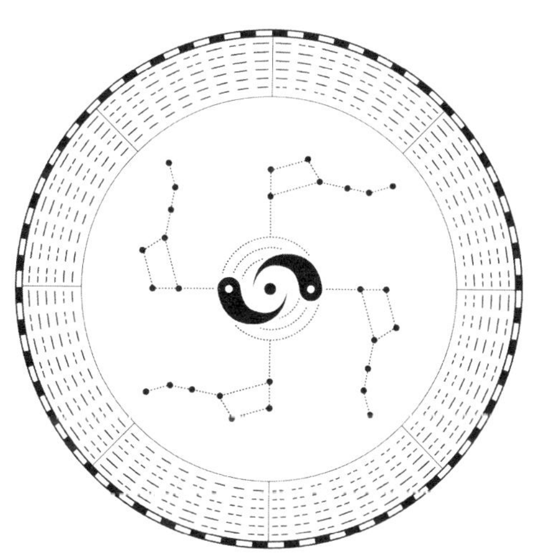

华龄出版社
HUALING PRESS

图书在版编目（CIP）数据

德位论 / 王爱品著 . -- 北京 : 华龄出版社 ,

2022.7

ISBN 978-7-5169-2325-2

Ⅰ . ①德… Ⅱ . ①王… Ⅲ . ①道德—研究—中国

Ⅳ . ① B2

中国版本图书馆 CIP 数据核字 (2022) 第 139326 号

策划编辑	董巍	**责任印制**	李未圻
责任编辑	董巍　郑雍	**装帧设计**	唐士鹏

书　名	德位论	**作　者**	王爱品
出　版 发　行	华龄出版社 HUALING PRESS		
社　址	北京市东城区安定门外大街甲 57 号	**邮　编**	100011
发　行	（010）58122255	**传　真**	（010）84049572
承　印	北京文昌阁彩色印刷有限公司		
版　次	2022 年 10 月第 1 版	**印　次**	2022 年 10 月第 1 次印刷
规　格	710mm × 1000mm	**开　本**	1/16 开
印　张	34	**字　数**	390 千字
书　号	978-7-5169-2325-2		
定　价	299.00 元		

目录

绪论：君子与治道

人以刚、柔之性，类分为君子与小人，君子阳且刚健，小人阴且柔顺，君子与小人之别便在于是否有德。立君子，便是通过健德成为君子；行治道，便是以君子之德范，使小人健德并教他人有德；以君子言之，确私可健德立身，与共可行善政治邦、民，为立而有身，健而有位，当位有政，执政有德，皆以德为凭。

德，性也；为大道所纳、所显一切之本性。道纳德之性，德合道之体，道与德体性圆融并合相如如，以道体四域并德性四体，常称道体德性。万物尊道贵德，全提道德。从德在本体、道性、法序、经世、证悟五位一体本原性原理而言，生化之性曰玄德，法性之母曰圣德，天地之机曰用德，贯通之理曰位德，三才之境曰识德，阳善之政曰盛德，扬升之同曰志德，见性之妙曰明德，实相之简曰至德。

君子者，以通本性之明而履法序之要，求治于精神，并健德于内外；既健全人格之意义，又扬升文明之使命；既健德以立身，又进位以为政，同履序以合道，能教他人有德，使天下同德。治道者，以君子承载德文明使命而产生的德治之道。所谓实现大同理想，乃践行大正之道，全正大之事业，以“执大正之道→全正大之事业→达天下大同”为路径，实现天下归德且健德文明之成的天下大同——德文明与共愿景，“天下大同”并非不可触及之理想，而是有实施和实践之路径。君子赋予人的使命与意义，而德位恰是君子进“位”行德教之政而赋予“位”的使命与意义。君子取法天道行健与地道载物，以强健之体，行厚德之本分。

本书以道→母→器程式在藏相系统的构建中，言说道体四域之本“位”，并依“位”的当位、称位、配位属性，从道体四域并德性四体的生、变、易内在转化以及源、流、变之关联而确“位”之德性。当位者，法序之位与礼序之当，乃位任所系；称位者，当位之任与职责所当，乃称职所系；配位者，尽职之位与善政之当，乃德果所系。

以当位、称位、配位来解析体时位所成之卦体，可依“位”而见时体，又能见四易体证之过程。六爻皆相互交易其时、位，以位见时，以时见位，皆能见其变易之过程，又因变易而得错综复杂之卦体，卦体之间又彼此交易相互，使其“位”不仅是六爻之位，乃以错综复杂交易相连的卦体之共位。以德位法则析卦，主要从时、位之变而见其“位”德，再由位德见卦体所呈之法序以及卦体之治道。卦体因治道而有卦德。

析卦德可知吉凶之所生，体时位贯穿的卦体必因“位”而见德，有德则吉，无德有凶，有德乃向阳从正之果，无德乃阴妄不正之果。因德位法而有差别，阴而不正必有患、难、灾、祸之凶，故立妄小人七难与非君子八灾而言灾难，吉凶之治在德，治在身而立身君子九德，健身德称位君子后志行而进位行德政，立德君子十政。以吉凶之占见治道之德，乃凶吉之道。吉凶之占在象，吉凶之知在理，吉凶之治在德，治道有为而见德，乃以位、以德见凶吉之髓。吉凶之占，先占其位，再占其治，位有凶吉两者，得治则得吉，非治则凶，其占并不生凶吉，乃占后之治方生凶吉之果，故而“治”决定了凶吉之变。吉凶之得失，皆以德为凭，有德为得，无德为失，乃以“德”定吉凶。从当位、称位、配位其德位法则来确德治，可以有为之德治来正德，使其称位其能且配位其德，便以正德之能事而化凶为吉。

德位法则犹在明暗术用系统中言治理。在周易易周程式中，以周乾易坤周而易与正坤返乾易而周，被阴阳法则所主，以消息盈虚之大时贯穿成体而呈现明暗系统，暗系统与明系统皆被阴阳法则所主。周乾易坤“乾→姤→遯→否→观→剥→坤”执妄迷失过程为暗系统，以阴之大时主暗系统，阴主不正，故阴妄暗众贯穿诸卦体，以小人当道猖獗其中，以患、祸、灾、难贯穿诸卦或关联诸卦为特点，能连贯起如妄小人七难、非君子八灾而成灾祸系统；正坤返乾“坤→复→临→泰→大壮→夬→乾”正阳进德过程为明系统，以阳之大时主明系统，阳主正，故君子贯穿诸卦体，且多有大君子主其治道，以复阳道、复正道、复正序、立正大、建德制、同德同止为特点，形成德位治则下的德政系统。

暗系统以“执妄迷失”为旨。执妄，阴便势长，迷失则失明又失志，出现乱正又伤正、小人当道、君子烂落、昏蒙暗众等不正现状，且犹以不正言害，害君子、害正序、害正道、害德文明等。暗系统阴强妄大而主患、祸、灾、难，因无明而有妄小人七难，又因失志而有非君子八灾。暗系统以小人得势而肆意妄为，小人具有强大的破坏力，尤其是应难破坏正序后贻害大众，使大众皆遭大难，在明夷卦有大阴诛阳、昏蒙诛明、迟钝诛志、否塞诛序、险困诛身、大过诛位的明夷六伤害正序与正道，造成善政难为、教化难行、阳德难积之明夷大难，且患、祸、灾、难系统的诸卦亦有此类特征。

明系统以“正阳进德”为旨。秉正，阳便盛长，健明德又进志德，呈现阳正、大正、正大、同正之正而序的文明状态，且犹以健德成身君子而有身德之治道，以身德为基，走向大正，再从大正之道全大体而走向正大著称，明系统中内有明志双正，外有王道德政之大正，且以法、礼、德三者同建而健德文明以正。

明系统中君子健明德亦进志德，肩负起制阴之任与治阴之责，故而君子志在进位并当位，且通天下君子之同志而践行大同理想，通过德文明以健全正大之事业。从大正走向正大的首要责任便是治阴之不正，救小人与暗众出患、祸、灾、难，这便是德位治则言“术用”之所在，治“暗”有术且达其所用。为何要治理？从暗系统来说，暗众与小人应难，因失明又失志而很难自救，暗众深陷阴妄，有昏蒙、草昧、欲多、妄强之特性，亦难自出难体，何况正序被小人当道打破、剥落，难以助暗众修身健德，故需救苦救难之君子助其出难；从明系统来说，君子志在大同更需积大善，身德君子可自修自健，而位德君子必依善政来积德，最好的善政便是建法、礼、德三者成制，又以法礼德三者成一制正序，以一序统所有，既载万政又积万善。之所以有内阳化外政之诸卦体，便是明系统肩负着对暗系统的治理，尤其是君子以大乘之进，执天道行王道进诸如明夷卦之难体，以德政治理之养正，行全大体之同德同正之理想。

言天下归德，乃以“德”为核，依君子健身德进位德，治明并升志，内能正固其德，外能行德政教化，内外能精气交感而以神感通，又能执养正之功蓄养内外，以正固之利使阳刚壮盛且德裕盛大而得大正之道，再以治道之小乘行全大体之大乘，并执正大之精神，以德固治其内和德制治于外而内外合德，成就其身德同有、德序统有和德文明丰有的“天下大同”文明状态。

大正之道。为君子依明德，值任何一卦之当位，履卦体内在法序，行卦体自身之治道，使其能称位和配位卦德，而得其大正之道。得位、得时、得体，皆谓大正，能依任何一卦的大正之道，探究卦体治道，洞悉卦体内在法序，履卦体当位之时、位，从配位之德健卦体大明之德，最终通其道体德性，治大明。

正大之事业。从大正之道执天道行王道，以中正养大体并全大体，使天下所有体皆能正大；从大正走向正大，便是从一卦之体，走入卦体之全，以“大”而应所有，把中正之道，放“大”在全万民之体中，并建“中正”成序，再以一卦之序贯通所有正序，从而建成适用于大体的正序。正大之事业，乃是全大体而建正序之事业。正大之序，以“中正”立义，以“全大体”为用，贯通法、礼、德三者正序之“正”，以正序统治道，使天下所有体皆能正大。

从确私、与共、永贞而言，有健德三类。确私者，以个体言，以修德立身为健德属性；与共者，以邦、民大体言，以进位养政与行政养善为健德属性；无论是确私健身德，还是与共健序德，皆离不开德性之本理，还有一种“永贞”的属性，为证性德，乃内证阳德并证德性。故而以身德君子称位君子之质，再从患、祸、灾、难诸卦因对灾难之拯济而有济难治正之诸君子，君子升志且志行有志德君子，君了健德必治明德而有明德君子，应难履灾之众需养有休养君子，身德君子刚壮内德而有养正君子，君子进位而当位有当位君子，更有尊位君子主德政同诸君子一起行德位治道，共同呈现德君子。

通过健德系统治君子，君子可汇同仁、义、礼、智、信五德，成为称位君子之特质。“仁”德者，君子心性生化之德也；人统乾道与坤道于一身，把天地人三才所关联的道体四域和德性四体联系起来，人与天地有“大德曰生”的关系，犹以玄德的生化特性与用德的乾坤特性而显仁。“义”德者，匹夫担大善也；以义通“志”，乃君子进志而志行，无志以成君子，君子是德文明进程的承担者或驱动者，“惟君子能通天下之志”，故君子贯通大同文明之所有，君子以位德谋善政、建正序，以德教普施大众，取善与取非善，皆为“义”德。“礼”德者，君子践行德位法则而显位德也；礼之所出乃自然法序德位所赋予，君子之礼德，乃依德位法则建邦体正序，邦体正序繁多，恰以礼序统领其他，又以德序统礼序，履礼必尊位，乃德位法则使然。“智”德者，君子健明德用智也；君子独依明而识德本，无“明”之智，则永处草昧昏暗之状态，明智者，明本体，明德本，知法序，知位序，方知健德修善。“信”德者，孚信与诚信也；君子采信自然法序而履法、礼、德之序，故而能取实信；君子当孚又当诚，孚者采信有法，诚者取信有术，君子当以诚信治其位德和政德，才有施善之地和受善之人，否则独善不成功。

本书以“君子与治理”立论，从“德”在本体、道性、法序、经世四位一体的本原性原理来探寻治理本理，以元、亨、利、贞四德构建四象位域，以四个显著阶段来言德之当位、称位、配位大义，形成“君子与治道”为内容的哲学论。所谓元亨者，乃法序转换之理；利贞者，乃德政经世之道。乾、坤二卦总纲秩序本原和道法本序。在治理学上，以乾卦行健和坤卦载德成为德位思想之主体，其余之卦，同乾、坤构成体用关系，以完整的德政治理系统而形成《周易》治理学模型。

元者，始也。“元”之当位，以周易易周本体论，入道“体”德“性”本原之“元”，以道→母→器程式构建的玄德、圣德、用德、证德之德性四体而称位。以秩序发端和心智发蒙成“元”之端始，因阴妄之迷而不能达本元，故而一切都处于毫无秩序的混乱状态，民众无明无以知德，更无从健明德，在“患、祸、灾、难”系统里，成其妄小人独有的难体——妄小人七难；妄小人群体陷难，其本因在于阴妄丧阳而无明且无德，阴而无明又不知健德出难，难上加难而陷难深重。处诸难体应思难因，其难果必有无明亦无德之因，习难而知因果，并知唯德能济难而自升；从诸难之炼，炼出知德、重德、健德的维心君子，从而从自然秩序中走出草昧君子，以阴妄迷之元始通其道体德性本原，以明振乱而振济诸难，配位“明”德，谓从“明”德始育，再立“经纶天下”以及“正邦”之志。

亨者，通也。“亨”之当位，以道生德蓄的生化本质、生化原理、生化过程之“生”的本原——大道恒顺生势道生之通德“性”的源动作用，以“生化”“母”“乾坤”及“精气神”而称位。非君子无明亦无志不仅不能致通，还有因不正且失志而导致灾祸，在“患、祸、灾、难”系统里，成其非君子独有的祸体——非君子八祸；非君子有灾祸，皆有在不正之因的基础上继而失志，任其不正在阴性属性中发展，背离正道，未济不正致使诸事不成，尤其是重在失志，不识立震进志之大器而非用，不知进志升志而谋进取，却以小德薄功居之，必遭失志的灾祸丛生。同诸难之炼一样，诸灾祸之炼，应进志健德从正且志行履正，做到以正止小人之邪，以阳正阴，且师震传德承序之大器，应立齐地而通天之志，进志且志行而致亨通，以志从正而振济灾祸，配位“志”德，进志以治明，再立齐地通天且志通天下君子之志。

利者，和也。“利”之当位，以道生德蓄体性合相十方圆明无所不照，无所不化，从生化之德与生养之性成就天下“性命”之全部，以大一元道元论“性”和广三元道元论“命”称位。性者，健德也，命者，修身也，故而有九卦所呈“困→复→损→益→恒→井→巽→履→谦”的治君子系统。在“治君子”系统里，以辨质见修而知处困本因，并以道（性）、法、术贯穿健德见修之路；以损益之道通阳富德裕；以恒养之道通外善以养，使健德成为治君子之范式；以阴节制阳是巽卦之主体，既是节制阳耗散的固阳之道，也是阳温阴相辅相成的善政之地；以履礼行节制之道，以各安其位、各舒其礼、各正其德而和于正序以“与共”属性完成个人到与共之转变；以谦卦统领其他八个卦体，有处一谦卦而修其他八个卦体之会，从而配位治君子九德；治君子九德犹以“谦”德显著，以统领之柄通治君子之正，以健德与有德之柄通君子德健之正，以身君子与位君子之柄通大乘之正，以君子与大同文明之柄通天下君子之正。

贞者，正也。“贞”之当位，从“藏相”法则步入法序系统，从天、地、人三才关联人体内外时空，统一在“天地人五行经络”运相系统中，以天人合一全息元象称位。君子健德而有德，应担当以君子之德范行德政使小人有德与教他人有德的大乘之使命，故而有德君子十政的“德政”系统。在“德政”系统里，以处变革之当时而生革，革而出新元，谓之新始，既把握金火锻炼变革之机，又以革新之成果和革之德而新民，终以革始于序而革于序，以革文明而促德文明之健；再依渐进、渐长、渐养之属性法序，通过颐之养正和大壮之正大健德，谱写万物相生相依的自然伦序，从阳壮德蓄而生离明，以离的四种释义治四种文明，立“鼎”象，健君子使命、王道使命、文明使命、德位使命、道德使命这五位使命，以性→相→用之本，既沉淀治理文明，又以“德”普世，使人人皆能成明鼎而知鼎的鼎象君子，从而以其大乘之心教化安民，志通同人而致通天下。

易之事业，最终要走向简易，并以简易通达天下，要使天下人皆能从简易而得正理，简易的得正理之法，便是以体时位方法系统入德位法则。一个“位”字是诸事物的方法，一个“德”字是诸事物的本性，易之至理化简而出无外乎“德位”也。

《德位论》之使命，秉道体德性之本，围绕“德”的修证与教化，赋予君子之使命，再以君子之质地行德化，赋予德文明之使命，无不都在践行正大之事业与全大同之理想；故当以“元永贞”之精神当位，称位“修思永”之长久意识，而配位天下正德，以道→法→术→用之王道系统，行德化天下之王道，以德位治则而成德位思想之治道。

元卷：妄小人七难

屯卦：无序之难

屯：坎上震下

面“屯”难始育德而思构建

屯卦言无序之状态，以及基于无序而言秩序发端与秩序构建萌发之始。

屯者，始也，以屯之萌发言说“始”发端于道法自然之始。《序卦》曰：“有天地，然后万物生焉，盈天地之间者唯万物，故受之以屯，屯者盈也，屯者物之始生也。” 序卦言秩序的自然动力——道、法秩序，效法与取法自然并盈之于屯。

屯体之生在于“盈”。“盈”者，自然充盈道性，且法象齐备，道生德蓄之本体因“道生之”生化而盈。这种自然状态下的联系，无外乎道→母→器。道者，本也、体也；德者，性也。器之所生不过道法之体用，皆为道法秩序而自身秩序井然，此为天地、万物之总统御。正是具备了道体德性之本原动力，因“生”内健而动出震，因金性生“化”而动成水。震动并生水，成水雷之屯体。《程传》曰：“以二象言之，云雷之兴，阴阳始交也。以二体言之，震始交于下，坎始交于中，阴阳相交，乃成云雷，阴阳始交，云雷相应，而未成泽，故为屯。” 当屯之时，阴阳相交，始生承乾性，而性不灭。资始，性也，资生，象也。“坎始交于中”为金性未散，金性生水成坎交于法象之中。云雷之兴，为法象齐备而有震动，此动则有屯体。

无序之难。所谓“刚柔始交而难生”正值屯体，正是“屯”以无序之难而始艰难。屯者，始也；始则言初，初则无序，无序则是艰难之本，此难正是“难”之主体无序之难，更是易体言七难九祸等诸难之首。其无序之难，在体表现为无识自然法序之明，故而无以师法自然而洞明法序；在外，无政治秩序之构建，故而无有依存之共体可存；在内，不知人当健德成君子，更无基于秩序而有法、礼、德文明之积淀和共序。乾刚坤柔，乾施坤受，出震而生水，震为生，坎为难，以屯难言天地之初，初则稚，识与智皆未发而昏昧，昏昧则不明，不明则不识，使其在体、在外、在内皆无基于秩序之建树，故而使屯体成诸难之首。

当屯难当体时，草昧昏昧，一切都处于毫无秩序的混乱状态，且该有的道法秩序由于没有构建和治理，所有一切皆无伦序，更无邦国和社稷共体之谈。在易体言七难八祸之“患、祸、灾、难”系统中，屯体无序之难成诸难之首，坎体重险之难成诸难深重之首，而坎难又因无序而成陷，无伦序便无以知德，更无从健明德，故而不能出难，使难上加难而陷难深重，且这些“难”与“祸”都有一个非常大的当体，不是一个简单且轻易应付的小局面。我们要认识到以一个卦体的当体来描述的问题，皆为某种问题的本原性原理。

《说文》曰：“屯，难也。象草木之初生。屯然而难。从中，贯一，尾曲。”中，草也；一，地也；尾曲，草木艰难初生也。《说文》又曰：“凵，张口也。”《正字通》魏校曰：“凵，受物之器。象地体承载形，虚中者，当其无，有器之用也。”屯从草，草者，既弱且小，又乱生之象，低级且无序。“乾坤始交而生震，再交而生坎，三交而生艮，故乾坤之后，纪之以屯，以象天地生化之序也”，以生化之序言“屯”之所出。屯之初出，以象草木之初生，正值无序之难，又值草木受天地之气而有生发之时。

《杂卦》曰："屯见而不失其居"，震动而出，出则能见，故屯言"见"。见者以草木言诸象的万物之状可见，不见者，使其能生屯体草木诸象内在动力——道体德性与自然法序不可见，震动见屯体，在于能见"道生之"本体，故言元亨与利贞之卦德。"元亨"者，因道体德性之本体使其能生屯体而亨，始于自然之元；"利贞"者，屯体无序之万物，受天地之气而有生发之机，得此"生"机而利贞。在屯卦，虽无序且无共序之建树，但仍"不失其居"，在于万物虽弱且小，哪怕在稚嫩之初，万物也不离本性。所谓屯见而不失其居，知进退存亡而不失其正，以元亨、利贞之德，正是屯卦萌发之机。

萌发之始。在屯卦，震性动，坎性险，有"动乎险中"之谓，震为雷，坎为雨，雷为阳，雨为阴，以雷水阴阳相交而育，育而动之，且遇水而发，正是生发之象，虽天造无序之屯难，又天造草昧以发，承天而值时运，正是秩序构建的萌发之始。萌发之始，走出草昧君子，从天、法、人、序四道之经纶，来振济无序与无德。

屯，元亨，利贞。勿用有攸往，利建侯。

彖曰：屯，刚柔始交而难生，动乎险中，大亨，贞。雷雨之动满盈。天造草昧，宜建侯而不宁。

象曰：云雷，屯。君子以经纶。

卦辞：秩序的自然动力——体会自然选择，是"建侯"的初始意识。

彖辞：草昧之难，而需立君，君道逻辑之初始。

象辞：君子自健德位而合群。自君道逻辑而初显德服。

屯卦坎上震下。刚柔始交显云雷兴而不雨之象。刚、柔为道法自然中阴阳法则（九易法则之一）的特性，阳显刚性，阴显柔性。刚柔盈虚自然，不交则不建通，元亨利贞圣德周行——最原始的亨通与透彻就是刚柔自然。刚柔相交则建通，相交的复杂关系为刚柔盈虚各正其命，德位使然。

“刚柔始交而难生”阴阳盈虚有常，交而不正位，而出云雷不雨之象，天昏地暗，正值屯难。“天造草昧”是屯难最当前的局面——全无秩序——治理之秩序尚在自然法象中。此“不雨”之象意为治理秩序尚未建立，尚无人领众走出自然昏昧状态。则必然立君且建侯，从自然秩序中走出治理秩序，故言“君子以经纶”，需草昧君子自蒙且自健德位，以经纬纲纶而显政治意识。

“利建侯”，此王侯非邦国之王侯，而是高于昏蒙草昧大众之自蒙君子。且此王侯的出现为自然秩序的动力，王侯皆自然选择，只有王侯可领导、可广资来振济屯难。这是直面屯难之于合群君子的呼吁。

何言“草昧”？王弼曰：“造物之始，始于冥昧，故曰草昧也。”为天运不达，自然秩序之乱而致蒙昧且文明低级。没有治理出来的秩序，没有君臣纲常，没有文明的样式。冥者，昏也，无识取自然秩序之力；昧者，不明也，无洞悉政治规则之能。《程传》曰：“草，草乱无伦序；昧，冥昧不明。”此识取与洞悉皆要求在自然状态下体悟法则并走出自然状态——以明振乱。

以明振乱是振济屯难之解题思路，那么如何寻得这个“明”呢？为宜立君以治。《折中》曰：“立君统治者，君臣，人道之纲也。”振济屯难——立君——建侯自辅。《程传》曰：“又当忧勤兢畏，不遑宁处。”

屯卦下体震有“动”德，上体坎有“险”德，此为自然之秩序，天运之选择，故言动于险中，卦体以自健德位而有构建秩序之自觉，明此卦体德位，则有意识之自觉和行为之自发——自明。自明之动，言震，屯难言险。

自明者，草昧君子也，是睹自然秩序与天运选择自我发蒙的必然，故曰天造。即“草昧出君子”，“出”的是自明君子。自明君子只是个体性的，言立，必从个体走向群，在君的对面，群自然为臣，这是君臣之纲的自然逻辑，合道法之运。立君，从草昧群体里自然走出君臣——君道关系。君臣之道为德位逻辑，产生于政治尚未萌发之初，故非政治规矩且平等性十足。

针对草昧的昏昧自蒙而明，成为自明君子。立君，自明君子合群走出君道关系，有了君臣之纲才曰建侯，建侯则言治。建侯言治，面对的是解决公共问题——振济屯难，这是第一次确私与共的思考和面对，也是从私走向共的政治初萌逻辑。

建侯的逻辑过程：草昧昏蒙需自明，自蒙自明者为君子，立君则出君臣，有了君道关系曰建侯，建侯要言治——解决公共问题的为政，谈为政则需求趋于稳定且有共识的制度萌发并产生。这便形成确私与共的最初形态。建侯之“建”并非自封，是自健德位后，草昧之众因德被而被推举——公建，公建就需众服，当公建之“侯”建立就有了德服。

此建侯为蒙昧状态下的德位自健，并非自封侯，自封者不服众也，作为众来说，此种自封的立君状态没有让众人德服之德。所以草昧只能自健德位，而不能直接自建侯，这中间有自健德位——德被——德服的必然过程，如果忽略了这个过程，公众极易被诈取。但草昧诡诈之路肯定不会长久，当走向更大的邦体时，就因德不配位而被识破。

如何从自健君子德位到建侯呢？在德服的中间有个最重要的德被过程，就是如何益屯——对屯难的振济能力与效果——德之于公共性问题的服务意识以及领导驱动能力，故王弼注曰：“往，益屯也。得王则定。”只有在屯难之体时，振济了屯体而“得王”——草昧之众因德被而德服所出之信，这样才完成自建王侯的过程。所以这个“得”并不是自封，而是拜德成信之他得。当“得王”建侯产生时，则彰德信，在屯卦体时的德信就是指合群之德。“得王”建侯需自建君子德与他健德信。立君之自健德位是自立，他健德信是他立，“得王”的自立与他立这两者缺一不可。他健德信是“得王”建侯的标志，而自健君子德是基石。作为建侯基石的自立——自健德位，自健的是立君之德位，要成为自明君子必先育德而健德位，必须具备自蒙天运之德和合群之德，彰显政治意识之初萌。

自我育德而自建君子德者众多，并非所有自建君子德者都能建侯，仅从蒙卦之发蒙来说，必须要启众多草昧以明，邦国大计才能走得更远，且自我育德或被发蒙而明者会越来越多，要想建侯成功，自立君子要合群草昧而获他健德信，产生合群之德。

合群草昧获他健德信必然要产生德被草昧。德被草昧是给他，而他健德信是他给，这就是立君者最原始和法乎自然的君道逻辑，给他与他给就从立君者走出了君臣关系，君臣关系确立，就产生了合群现象，此时的君子就是合群之君。如何产生德被呢？从蒙卦刑蒙——礼蒙——德蒙的蒙以养正过程，到需卦通过财政需求所言国器与民碗过程，到讼卦治刑狱、治宪到德宪过程，到师卦通过军事问题所言正义师、王师到王丈的军事宪制等过程……皆指向了必须从最初的已私，面临并解决公共问题，走向与共的更大的邦体，从而治理邦体的公共性问题，这就是服务与领导两种驱动力并存的确私与共政治意识立君合群，德被草昧而振济屯难，萌发并树立确私与共政治意识，在此过程中产生由草昧群众因德服而有他给德信，由此建立给他和他给双向属性交互作用的君臣关系，此时曰“得王”建侯，与此同时，言“利建侯”，则是合群之君必然要思构建。当邦国架构尚未形成，在屯卦体首要构建君臣关系、臣民关系并以此构建君纲，从君位的公共性构建更大域体的民邦。

故《象》曰：“君子以经纶。”何为“经纶”？《正义》曰：“经谓经纬，纶谓绳纶，言君子法此屯象有为之时，以经纶天下，约束于物，故云‘君子以经纶’也。”综述之以织综经纬，为编丝线为粗绳或编线、绳入经纬之网，言“织”。以此引申合群和由合群产生诸多的构建，“治”为经纬之合，是合群的象征，“构建”就是要构建纲纶。在屯卦体时就是自建立君德位且建合群之德来确立的君臣之纲，以此谈“织”，从合群与“建侯”过程内在萌发的确私与共政治意识，以此为基石建立稳定的公共关系，从而走向更大的邦体，曰经纶天下。

在此就要明确君子的当体是什么了。《白虎通义》曰：“或称君子者何？道德之称。君子为言，群也；子者，丈夫之通称也。”君子的当体为明道以合群。这里的“道德”，为明大道言德性的广义道德，并非单纯指人格修养。强调以明振乱的“明”指向了要识取与洞悉自然法则之明，大道法则不是普通规则，识取与洞悉自然之道法者必然是要明大道言德性，才能对自然法则初窥端倪。在屯卦之初始，更是邦国构建之初始，自建君子德位所“建”的内容是在明大道和洞法则上，它不是邦国德制体系构建完成后，根据位域阶段教化民众要如何健德和育德，这也是为何上古在治理时必言“天”的原因，以天喻道，践道明法，以此通透之大“明”来言说君子自明。

君子当体的道德义和合群政治义就从道德与政治的先后逻辑言说了君臣关系，从而也以此确定确私与共的逻辑含义，广义的道德之明先于合群事件发生，德服的先要条件指向了由自然秩序出走的合群之明，这是源于道法的内在意识赋予，先于且强于任何政治说辞，尤其是从一开始就隔离甚至摒弃了以“统”代治，统的公共性是被道德潜在赋予。

从言君子德位就能清晰“得王”建侯的内生逻辑：君子当体的道德义先于合群政治义萌发。立君之君必走向群，不群无以言君子，只有合群的德被才能获他给德信，他给德信确立，才能从君德称位上完成君子义，否则不能被赋予君子（立德君子和合群君子）。

合群之君建立在个体君德上，这个君德的首要之义就是明道德。而通俗的狭义道德义，容易单纯地指向品德修养的行为属性，而恰恰是最能让人感同身受的“行”，容易带有诡诈的欺骗性。拿什么合群？诡诈之士，都会以既得利益关系，以钱财之需贿之或以某种名义诈之。经纶天下的君子要明白，德被与收买的贵贱关系，纵然钱财之贿短视可行，也只是术用，不可离“道”太远。道和法的深远，自绝地天通后，常常被帝王心术以谋取天意而诡诈取之，或明目张胆，或借以巫、卜与算筹术士谋之。

如果从邦国秩序稳定性而言修思永的治理，更要正确地理解和对待邦国大体之成功，朝代更迭的苦难教训历历在目。同时，从屯卦六二的“乘刚”之难，就明了小头目终究被招安、被瓦解而自降服在“道”理不明。朝代更迭被瓦解的理由千千万，最终皆不过是输在“道”上，所谓不谋道者，终被道所谋。所以君道的首要原则是天运，由道体德性所运转的大道秩序、自然法则，体解天运无外乎去理解“德”性所显的德位特性——玄德的“生化”特性、圣德的“母”特性、用德的“乾坤”特性、证德的“精气神”特性等，以此来确立经纶天下应该编织怎样的邦国之大网，以此体会君道的自然选择又是背靠怎样的“自然”。

真正意义上明道悟德性的合群君子确立，才能振济屯难，走出泣血涟如的明夷之困，同时，也只有德被了处于屯难的草昧才能获得他给德信，以此“得王”建侯成功。君子明天道悟德性师法自然自育德位而出“震”，合群君子以君德膏济草昧之民，德施而出“坎”，这个时候震下坎上的屯卦卦体才是真正的阴阳相交通，元亨，利贞。

草昧君子以健明德而振济屯难，初始秩序从“明”出发，无不依明德而从“明”德始育，再立“经纶天下”以及“正邦”之志去达大同之体。明德之重，贯穿所有“德”与德位之始终，更是治君子之利器。《中庸》曰：“唯天下至诚，为能经纶天下之大经。”君子法天效地，体天地大生、广生之德，自育、自明，继而健君子使命、王道使命、文明使命、德位使命、道德使命而自强不息，开国承家。

草昧君子确私与共解屯难

初九：磐桓，利居贞，利建侯。

象曰：虽磐桓，志行正也。以贵下贱，大得民也。

屯卦之卦眼就在初九爻，此爻统全卦之要义而具一卦之德，言草昧出君子而成屯卦之主，为屯卦德之当位。

《程传》曰："初以阳爻在下，乃刚明之才，当屯难之世，居下位者也。未能便往济屯，故盘桓也。方屯之初，不盘桓而遽进，则犯难矣，故宜居正而固其志。凡人处屯难，则鲜能守正。" 屯卦之难，难在何处？从"难"之大卦体来看，有明夷卦的大明夷之难、有困卦的交困之难、有大过卦的祸变之难、有小过卦的无时机冒进之难、有既济卦的得势忘义之难……"乃刚明之才"的合群君子出，屯难自解。在于言"明"和"位"，以"明"对冥昧，以"位"对无伦序，从而解其草昧冥昧之难，解其云雷不雨之无伦序之难。故而屯卦德之当位的初九爻，以刚明之才之"明"和居下位者之"位"，而有初九爻配位之德。

以明振昏昧，以位建伦序，解其屯难，交困局面大开。并且德之当位的初九，又有配位之德，故曰正，利居贞；贞者，正也。以其当位和配位而贞正之初九德位，宜"居正而固其志"，去解决和治理更庞杂与复杂的难局，以此"志行正也"立合群之志和振济困局之志，由君子之私走向共，大而当体的政治意识开始萌发，正值德之当位又有配位之德的初九，确私与共政治意识由此发端。

以自健德位的合群君子，以“明”和“位”之当位，以其更大的志向，走向更大的难体，因“明”其明入地中以蒙大难的“明夷”之难自解，因“位”其水在泽下、泽无水之“困”难自解……与屯难同体的难体庞杂且复杂，敢言、能言“经纶天下”者，唯明道德懂天运的大明君子。确私与共的政治意识从一个“得王”建侯开始编织邦体之网，这就注定着，确私与共的政治意识之发端，并非粗浅且幼稚，而是从一开始的顶层思维，根植在明道德懂天运的根本上。所以“凡人处屯难，则鲜能守正。”可想而知，要当得一个自“明”君子，何其不易。

解决和治理如云雷不雨、明入地中、泽无水……如此庞杂当体的“难”局，别说凡人鲜能守正，就连“得王”建侯的合群君子，也有盘桓难进之貌。《周易本义》曰：“盘桓，难进之貌。屯难之初，以阳在下，又居动体，而上应阴柔险陷之爻，故有盘桓之象。然居得其正，故其占利于居贞。又本成卦之主，以阳下阴，为民所归，侯之象也，故其象又如此，而占者如是，则利建以为侯也。”

从自然状态下走向立君对面的就是群，故君臣之道自然走出；当合群君子立志振济更大的难体时，言经纶天下，就要对民，“民”又是自然需要“侯”面对的大当体。以“明”和“位”之当位的合群君子，具备了解决各种“难”体的能力，因德被昏昧无序而掌控了局面，获得了他给德信而建侯，完成了德被——德服——德信的完整过程，故而“民所归”而“大得民”。

经纶天下，就要对民，这个“对”就如同君对臣一样，是公共关系的自然走向。君的领导地位是因群而君，建侯因民而建侯，“得王”与建侯的领导驱动力，强调德被与德信，它有内在而必须发端在德被——德服——德信完整过程的权力源。它来源并强调“居下位”，孔颖达疏曰：“取象其以贵下贱也”，在政治萌发初始，就要有去“上”意识，好好洗掉阿谀“唯上”

的哈喇子，不要拿“天”的幌子饱其私欲，因为明道德懂天运——大道和自然法则就在那里，不需要任何逢和。

经纶天下之难体，“大得民”就要德被安民。王弼注曰：“安民在正，弘正在谦。”何曰正？为合乎于规则和普遍于道理，不在物而在法。弘正在谦，从群到民，更强调德被。谦，不是居领导之傲，而是真正明了大得明之道后，在“道”和“民”面前的谦卑。建侯得民如何来的呢？为自建君德，故而“谦”之主体——恒以谦卑自养其德也，做一个卑以自牧的谦谦君子，息乱以养德之静，非是苟求宴安。从政治来说，对德被安民提出要求，为谦卑的服务意识和维护自然内生之权力源，不要高傲地以君臣之位走入失群之误区。

君道秩序确立

六二：屯如邅如，乘马班如。匪寇婚媾，女子贞不字，十年乃字。

象曰：六二之难，乘刚也。十年乃字，反常也。

六二志在九五，不从于初九。“班”，分布不进之貌，为难行不进。有六二之难，难在何处？难在人人想为君，难在自立君子无法迈向人体向真正的九五君主称臣。在初九，自建德位而立合群君子，且从很大程度上“得”民，但邦的域体很大，居下位的初九必定要走向更大的合群组织，当六二应于九五，如何自合群且合大群去接受九五大君，是“婚媾”之关键。

“字”，女子许嫁也。《礼》曰：“女子许嫁，笄而字。”在古代，汉族女子十五岁称为“及笄”，行笄礼表示成年。十年乃字，婚媾之事拖了十年（坎六震四共十），可见“乘刚”之甚。

《程传》曰：“二以阴柔居屯之世，虽正应在上，而逼于初刚，故屯难邅回。如，辞也。乘马，欲行也。欲从正应而复班如，不能进也。班，分布之义。

下马为班，与马异处也。二当屯世，虽不能自济，而居中得正，有应在上，不失义者也。然逼近于初，阴乃阳所求，柔者刚所陵。柔当屯时，固难自济，又为刚阳所逼，故为难也。设匪逼于寇难，则往求子婚媾矣。婚媾，正应也。寇，非理而至者。二守中正，不苟合于初，所以不字。苟贞固不易，至于十年，屯极必通，乃获正应而字育矣。以女子阴柔，苟能守其志节，久必获通，况君子守道不回乎。”

在六二，六二与九五君臣关系的君道秩序被描述。在大体的君臣体系中，人人为君谓之寇。初九侯位想当九五君，德不配，位不当，是难上加难。为何六二柔乘刚？为狭隘的想法与见识，侯位小头目没有摆正自己的位，没有养好自己的德。击寇先得自击，把自己放在真正的九五君位的框架中，才能真正的进退有度，上可进位，下可安民，秩序与架构呼之欲出，迈向大体愈发清晰。无论有多么反常的“乘刚”之甚，终究要迈向大体去臣服真正具有九五之德位的大君，因为这是尊卑之位自然决定的，这就是初九和六二必自合群。从六二拖延十年反常的乘刚可以看出，具九五之德位的大君，才是严格意义上自蒙开明的道君子和法君子，这只有在更大的邦体架构里才能被见，这是更大的邦体赋予的九五位，非六二可僭越和惦记，十年乘刚不但非君反而自成寇。婚媾后走入九五体，以此为邦体定位，以六二位应九五来确立邦体秩序，才是六二德之当位，该嫁人就要嫁人。

由六二与九五确立的君臣关系，是屯之当体呈现给邦体的君道秩序。从初九合他（草昧）群，到六二渴望他（民）合群，走向与九五的自合群（侯），应和“天尊地卑，乾坤定矣”，这就是君道秩序所确立的尊卑义。尊卑义是德性所主的德位关系，非人格属性的不平等。草→民→侯三者德位关系是君子以合群之进位，是自然走出的伦序，以此尊卑伦序就能解人人皆为君之屯难而确立君道逻辑。以此君道逻辑为邦体确立君纲贡献序位。

志在立君而不可贪禽从欲

六三：即鹿无虞，惟入于林中。君子几不如舍。往吝。

象曰：即鹿无虞，以从禽也，君子舍之，往吝穷也。

当六二以臣服贡献屯体尊卑之序位，进而为三，三既近五，而无寇难。《程传》曰："事不可而妄动，以从欲也；无虞而即鹿，以贪禽也。当屯之时，不可动而动，犹无虞而即鹿，以有从禽之心也。君子则见几而舍之，不从若，往则可吝而困穷也。"在六三，已有从禽之贪，借初九与六二之德位可进可往。即鹿，有逐鹿得鹿和逐鹿不得鹿之象。无论是逐鹿得鹿还是逐鹿不得鹿，相对于立君来说，皆是小得，小得而得之谓之贪，贪禽必被林所困。

虞，《说文》曰："驺虞也。白虎黑文，尾长于身，仁兽，食自死之肉。从虍，吴声。"又为古之官名，多掌管山泽之禽兽，如有山虞、泽虞之官。虞为仁兽，鹿为灵兽，皆是九五"君"之象征，以此言明要树立君位之正当性——当位才可称位。从君位正当性宣扬君德及利益，确立最重要的拥趸——有虞人相助，如萧何之于刘邦。即鹿不要贪鹿之得，而要得掌管山泽禽兽的虞人相助，这才是最正确的眼光和取舍。就算是九五君在未当其位时，也必须经受住考验和检验。若得鹿而舍虞，便是贪禽从欲，不可为王事，故言"往吝穷也"。

六三又有逐鹿之象，意为奔逐展示灵鹿之姿，以此相告此"鹿"即九五君位的正当性，在六三是"鹿"以王，在九五就是王之正当其位，即可以九五当位来称位。君位的正当性需要有领域话语权的虞人相助，入于林即鹿的话语权当然就是掌管山泽禽兽之官——虞人发言。从虞人而言，即拥戴了九五君，又臣服于位，自己又有六三之位。

顾民私进而得位

六四：乘马班如，求婚媾，往，吉无不利。

象曰：求而往，明也。

六四以柔顺居近君之位，得于上者。可为何又“乘马班如”？为六四非九五君位，其才不足以济屯难，故欲进而复止。“下马为班，与马异处也”，班，下马也，欲从正应而复班如，不能进。

“求婚媾”，建立邦体关系。六四“求”以近九五君，九五君“求”贤以辅。此互求正值当位，求而往，亲比关系建立，邦体之位也建立，形成了既亲又臣的“明”局面。由此，屯体呈现的君道逻辑草→民→侯→亲的架构渐明。

《程传》曰：“己既不足以济时之屯，若能求贤以自辅，则可济矣。初阳刚之贤，乃是正应，己之婚媾也。若求此阳刚之婚媾，往与共辅阳刚中正之君，济时之屯，则吉而无所不利也。居公卿之位，己之才虽不足以济时之屯，若能求在下之贤，亲而用之，何所不济哉？”

对九五君位而言，草→民→侯→亲的架构为民。其尊卑之位因“民”的确立一切明朗，何也？因九五君必须在六四位确民才能确王，民之于九五君是本，是邦国先，所以必求亲辅，正所谓“知己不足，求贤自辅而后往，可谓明矣。居得致之地，己不能而遂至暗者也”。不要以为草→民→侯→亲架构的民媚上求亲，六四以其当位且称位的德位告诉大家，九五君只有在六四位确民，且要“确”到亲比关系媾和建立，才是吉无不利的。

这个时候，民是公共的，君位更是公共的。秩序以顾其民私，才能进而有位以此确立公共属性。君位的合法性和正当性因民本和亲比关系而当然确立。君道秩序的公共性由此明朗，以此萌发的政治关系也先于九五位确立。草→民→侯→亲的民的架构，有德有位，是任何九五君都梦寐以求的。

德被膏泽于民而思构建

九五：屯其膏，小贞吉，大贞凶。

象曰：屯其膏，施未光也。

九五以阳刚中正居尊位。所居尊位位屯卦坎体之位，故陷于险中，而坎体有膏禄，虽有六二正应，而阴柔才弱，不足以广济屯体，更不得广施臣民，其膏泽仅为六二所得，此为“屯其膏”之象。

《程传》曰：“人君之屯也，既膏泽有所不下，是威权不在己也。威权去己而欲骤正之，求凶之道，鲁昭公高贵乡公之事是也，故小贞则吉也。小贞则渐正之也，若盘庚周宣，修德用贤，复先王之政，诸侯复朝。谓以道驯致，为之不暴也。又非恬然不为，若唐之僖昭也。不为则常屯以至于亡矣。”

“施为有所不行，德泽有所不下”的“屯其膏”之象出现在屯卦九五，为“以其无臣也”言因邦体政治构建不成熟，而有其贞凶之兆。膏施和德泽不能广布天下，就因政治结构不完善，秩序制度不确立，无法以政体来完成，纵然君无私而建公德，可无体制也难行也。

项安世曰：“屯不以九五为主者，建侯以为主。五本在高位，非建侯也。初九动乎险中，故为济屯之主。天造草昧，皆自下起，五能主事，则不屯矣。”屯之卦眼在初九建侯，强调合群君子育德自明，在屯卦六爻中，只有初九以德信为目的而有民归。

九五有心无力，有膏施和德泽于民之心，奈何邦体构建不完善，财政、司法、军队等制度匮乏，公共建设不能交通，民不得其用，更不要谈膏施之公德建设。想大有作为者，必然大凶。魏了翁曰：“《周礼》有大贞，谓大卜，如迁国立君之事。五处险中，不利有所作为，但可小事，不可大事。曰‘小贞吉，大贞凶’，犹《书》所谓作内吉、作外凶，用静吉，用作凶者。”

睹“屯其膏”之九五屯难之象，已有膏德之君应该迫切地思邦国之构建，此时的政治意识不再是初萌了，更不是初九和九五之私事，而是当仁不让地“与共”起来，之前的确私与共变成确其各爻之位私，来与共邦国之大体，各当其位，各行其事，政治意识也被确定在构建的邦体中。

不作为之悲惨

上六：乘马班如，泣血涟如。

象曰：泣血涟如，何可长也。

六以阴柔居屯之终，在险之极，而无应援，居则不安，动无所之。上六乘坎之马，又见坤之众，故曰“乘马班如”，坎主血卦，坤坎象水，故言“泣血涟如”。

纵观屯卦所言婚媾和乘马班如，均在言说应与不应、进与不进的问题。从“交”上说，坎体之上六仍然郁结未通，各种阻塞；从“位”上说，大才居宰辅位，不进而为君，进则被坎险所架，更无所适从，况且九五君位因体制不全只能小有作为，所施的膏禄只能惠及六二，一切变得穷厄之甚。至于泣血涟如，屯之极也；处屯难之极，穷极孤寒之位，又以乘刚敌应，集众恶于一身，再加无所作为顺其屯难轮转，其大凶之状自然可见。

反观屯体言说的屯难，皆言在此，无位且不交。就算九五有膏禄也无法惠及所有，在上六更是以膏禄惠及而无法行通；反之，诡诈之士以钱财之需贿之来合群，在此处已经明了，这不是能振济屯难之君子来合群。

屯体卦眼在初九。只有明道德、懂天运的自明君子，以自建德位从个体之德到共同组系的君臣关系确立，才是公共性建设之有用体，它是关系邦国架构且确实有用的国之大体。无位无德不可冒进，只有心怀经纶天下之志向，从确私与共德被草昧，才是屯之用体，才亨通。

乘马回旋，泣泪如血，涟涟不断……成为上六应难之际遇。导致上六“乘马班如”以及“泣血涟如”的原因便在于无“明”，既不能识得膏禄惠及来与建侯君子合群，又以回旋辗转“班如”状态，无合群之“交”通，当不能从合群蒙而明，便只能在屯难中轮转。

由此可见，上六除无草昧君子之“明”外，更多的在于上六自身陷入不作为的悲惨状态。如草昧君子般健明德以“明”而知，并非易事，一句所谓“明道德懂天运”的自明君子，又是何其不易；当无明道德懂天运的“天赋”加身时，自我作为便成为处难体的救命稻草。同屯卦一样，屯卦、蹇卦、困卦、明夷卦等皆有难体，只是所处难之境遇不同而已，屯卦在乎时与交，蹇卦在乎见险，困卦在乎光明被掩困，明夷在乎晦其明……而解处难体又逢时艰的办法，唯有自我作为。自我作为便是自振身德，以及在合群交通中广积善德，以此两种德之孕育，才能积累使“明”、或能“明”之资粮。

纵观屯卦，初九处初建之难，草昧君子居正以为济，从确私之明走向合群与共的状态；六二遇女子以柔承刚，成不字之难，以二五之应，确立君道秩序；六三遇即鹿贪禽从欲之难，有立君之志；六四应阳遇妒之难，以求而往来确立与大体的关系；九五应屯膏之难，无体制则无政的状况摆在九五君主面前，思构建不再是草昧君子个体之见，而成为合群与共的主体；上六应各种际遇之难，不仅有处屯极之难，又以不作为而无出难之时与位。

蹇卦：险困之难

蹇：坎上艮下

处身困险难而反身修德

蹇卦主言险难以及遇险难而身困的困“难”之状态。困卦与蹇卦同有身困之难，但困卦主辨困因，以众多困因交困缠绕的复杂困境，辨而明，既明遇险难而身困之因，又言明处蹇体与居困体的“君子以反身修德”的必要性，以居蹇险、居困难而见修的德之辨，辨质而见修，从而构建治君子九德系统。

《序卦》曰：“睽者，乖也，乖必有难，故受之以蹇。蹇者，难也。”内外不交谓之睽违，上下不济谓之蹇难，睽乖之时，必有蹇难。处蹇体时，当值蹇难。蹇者，见险而阻，阻而不前，坎险与艮阻使其进退维谷而困身。可见，对比屯卦动乎险中的无序之难，蹇之难，在于止于险中，足不能进，有行之难。行而不进，坎险与艮阻所迫，为处势之艰，虽险在“势”，但也犯身困险难。

蹇卦，坎上艮下；坎者，主险，艮，为止。险在前而止，尤不能进，前有险陷，后有峻阻，水欲流山自下阻之，进退维谷而困于身行，故而为蹇。《释名》云：“蹇，跛蹇也，病不能执事役也。”坎主病，艮象脚，足病则跛，跛蹇则难行，为难尤在身。在蹇体，既有险陷之外蹇，又有身病之身蹇，外蹇不能进退，身蹇跛行而迟缓，为蹇之所以困身之所在。

处蹇难之状态。初六位居最下，为民之蹇，民之蹇为蹇义所示之险蹇；民实无可来之地，不来则止于本位，能止本位则去险最远，尤合《彖辞》言“见险而能止”。王臣之蹇，六二与六四皆有当位之位，蹇难在邦，匹夫有责，故皆为当位之王臣；六二以正应之位，志在济君，六四乘承皆笃实，可以处蹇而立命，六二与六四，王臣蹇蹇，能尽其本分而终无尤。君之大蹇，九五以君之位德君临天下，以邦、民之难视同己难，集天下诸蹇于一身，使其成为蹇之又蹇的大蹇难；虽有大蹇，但九五以中正之节来治蹇，以尚中正之德治于政，使天下之民皆如朋来而相助济之。邦国难蹇，民处蹇，王臣蹇蹇，九五至尊亦大蹇，故而邦国皆处蹇难之状态，天下非一家之事，亦非君王一人之事，处蹇难之险，必得众人齐心协力而相助，以恩德互施来互助之，蹇之大，助亦大。

居蹇法则。以处蹇、知蹇、行蹇而有居蹇之法则；知蹇，为居位行往来之道而知处蹇之状态，上进则为往，不进则为来，以来对往，往则入蹇，来则有誉。知蹇，在于有明，以明而识，故能知，才能切中《彖辞》言“知矣哉”之要害；既明己所居位，以居位行往来之道，而知“蹇”或“誉”，又根据“位”可知有既成之体、序可履位，区别于屯体昏昧无序；之所以有识，在于有既成之体、序，比之无序之低级文明，蹇之难要轻于屯之难。

知蹇，行蹇，在于先识蹇，继而能执蹇，执蹇之要，既在于处蹇时如何在往来之间抉择，君子当不为其来蹇，而为其来誉；又在于如九三一样能反身修德，正是因为修德之朋与阳德裕养之朋，才使处大蹇时能有众朋以相助，皆在于反身修德能济蹇难之要义。反身修德之“德”修在何处？为以治君子九德系统而修健之。

蹇：利西南，不利东北。利见大人。贞吉。

彖曰：蹇，难也，险在前也。见险而能止，知矣哉！蹇，利西南，往得中也。不利东北，其道穷也。利见大人，往有功也。当位贞吉，以正邦也。蹇之时用大矣哉！

象曰：山上有水，蹇。君子以反身修德。

卦辞：居蹇难，以利见大人的大正之德振济蹇难，固守正道。

彖辞：治明德以知蹇，以正德行蹇，继而当位正邦。

象辞：君子当知蹇难之因，反身修德而济难。

蹇卦，坎上艮下，为山上有水艰复有险之象。坎险与艮阻并行于蹇体，使处蹇而居难，与其他卦体言难不同，蹇难主言险，遇险而艰，艰则难行，难行则进退维谷。虽言进退维谷而难行，但处蹇有利与不利，利西南而不利东北，利见大人之德，利正固而吉祥。西南者，坤之方位，西南坤方而平易，有坎险而不陷反而水地亲比，化坎水为亲，所以利西南；东北者，艮方，艮山崎岖，体止而险，且水不润上，无法化险，所以不利东北。《周易本义》曰："蹇，难也。足不能进，行之难也。为卦艮下坎上，见险而止，故为蹇。西南平易，东北险阻，又艮方也。方在蹇中，不宜走险。又卦自小过而来，阳进则往居五而得中，退则入于艮而不进，故其占曰'利西南'而'不利东北'。"

"蹇，难也"。蹇体主言险难。范仲淹曰："蹇与屯近，然屯则动乎险中，难可图也。蹇则止乎险中，难未可犯也。"对比屯体、困体、否体、明夷体……言难不同，蹇体之难在于险难，且险难成势，内外迫之，使其艰而难行，难上加难。屯体言时之艰，在乎"时"，无序而稚弱，以无序的艰难之本，使其屯难成为诸难之首，故待时以建，草昧君子待位以出；困体言道之艰，在乎"道"，光明掩蔽又多困因交困缠绕，既无济困之道，又无脱身之途；否体言交之位，在乎“交”，内外秩序既不交不通，又小人当道而君子无位，使其否塞而成大弊；明夷体言明之艰，在乎“明”，光明没入地中而明夷晦暗；而蹇言势之艰，在乎“势”，险与阻成外势以迫之，再加上身有跛蹇，以难行之艰而困其身。蹇体虽言困与难，但其“难”并非如困体之初六困于“株木”，又有刑杖加身，既不能自济又无引援以助，其困与难皆有身祸，与困卦的困其身不同，蹇体之困在于险而阻之外“势”，或为外境之困，可见“难未可犯”正是如此。

“利见大人”是振济蹇难之良策，在于以大正之德，固守贞正。之所以言“利见大人”，便是能知蹇体之难而不犯难以穷困其身，所谓识时务而见险能止，在于大人之德。“见险而能止，知矣哉”，见险而能止者，处蹇难之时唯大人也，唯大人具阳刚明德，知难而解难，知者明也，大人治明德以知。蹇难之时，险与阻并行而困，唯以利见大人而济难。大人知难更知守正，凡处难者，必在乎守贞正，以大正之道而坚固其守，若遇难不知难之何在，且不能固其守，则将以身犯险而困其身，自招身祸。在蹇体之九五，刚健中正，有大人之象，且与二正应，卦中自二以上皆得正位，有居贞之义。故卦体以“利见大人，贞吉”，从“盖见险者贵于能止，而又不可终于止；处险者利于进，而不可失其正也”来济蹇难，既知险而避险，又居正位而健德。

“利西南，往得中也。不利东北，其道穷也。”为居蹇难而行蹇之指南。在蹇卦之体，险在前，居蹇难则不易冒进，这是遇险、居险的行动之前提；当以“利见大人”治明德以知济蹇难后，故而能行、能往；但如何行蹇而进，必须有行蹇之指南。《案》曰：“参之诸卦大义，则坤者宜后而不宜先者也。蹇者宜来而不宜往者也。解或可以有往，而终以来复为安者也。然则西南当为退后之位，东北当为进前之方。坤在后之地，则可以得朋；在先之地，则利于丧朋。蹇当退而居后，不可进而居先，此两卦之义也。难既解矣，或可以有进往，故无不利东北之文。然曰利西南者，终以退复自治为安也。盖文王之卦，阳居东北，阴居西南，阳先阴后，阳进阴退，大分如此，似非险易之说也。”正是有处蹇、知蹇、行蹇之过程，才有卦辞与《彖辞》言“利西南、不利东北”之区别，卦辞以西南属地而平易以及东北属山而险阻来言处蹇难之状态，而《彖辞》以阳先阴后、阳进阴退来言行蹇的先后、进退之凶吉。卦辞在于描述蹇难之势呈在何处，《彖辞》在于以进退言明行蹇之凶吉。蹇险在前，应知险退而居后，不可进而居先，利西南，在于退复自治为安，也符合大人以贞正之德固守自安之理，且西南得朋，既得朋就在于能助朋脱蹇难，利于君子反身修德而正位济难，以得朋之当位，行振济蹇难正邦之政。

“当位贞吉”。正是以利西南之行蹇，以此“往得中”而行，得六二柔顺之中德与九五刚中之德，此两者，正是卦中之“大人”，两者“大人”正是卦中当位之人，且卦中自二以上皆得正位，又能引“大人”及其他正位君子共同振济蹇难，以居贞的大正之德，而当位贞吉。

当位与正邦。同屯卦处无序之难时，只能走出草昧君子以合群建侯而济难不同，蹇卦既有知蹇体状况之大人，又有诸多当位且反身修德的君子，虽处见险之难体，但他们以明德知蹇，又以正德行蹇，继而当位正邦，虽有险且阻，但险未犯身。从蹇体大人与众君子治明德能知蹇，来对比屯卦民众昏昧无知来说，其德文明已不在同一位域层次，屯卦无序无政体，而蹇卦有政体，能使君子当位以政，君子当位以政则能建序以尊从之，只有在有序之政里，才能得朋而助朋。言大人与君子当位，则在邦之政体而言，以处蹇、知蹇、行蹇之过程言正邦之政。此正邦之政并非易事，难就难在济蹇者贵于能止又不可终于止，以及处险者利于进，而不可失其正。其当政之要害在于知蹇，处蹇难而知先后，再知进退，一个“知”字，必依明德以健。先后者，阳先阴后；进退者，阳进阴退，西南阴气之始，为当退之位，而东北阳气之始，为当进之位，利西南不利东北，不为阳者先，反为退复自治为安，以大人贞正之德固守。济蹇难而行蹇，终落在健德以正位，居德以正邦。

“君子以反身修德”。反身，在于自求；孟子曰：“行有不得者，皆反求诸己。”处蹇体为反思蹇难和身困之难，而自求脱难之道；修德，在于既健明德又治能助朋脱蹇难之政德，更是以居蹇险、居困难而知见修的必要性，以处困的德之辨，依治君子九德系统而反身修德，使其能脱蹇难以及诸难、诸祸，能助他人脱难并教他人有德。思蹇难，以利见大人之贞吉，从大人处健明德以知蹇难之状态，既知险与阻在何处，又知行蹇的指南要义，最重要的是要明晰之所以能济蹇难而行蹇，在于大人有德。大人有明德以知蹇，又有大正之德以位，故济蹇难而行蹇的要点，在于有德。

反思身困之难。蹇难在于见险且阻，以不能蹇行而有行难，呈进亦难，退亦难，难中有难的状态；相比处蹇之见险与行难，而身困之难多在困卦，困卦之体坎刚为兑柔所掩，为阴柔掩刚的光明掩蔽之象。卦中亦有九二为二阴所掩，四五为上六所掩，为小人掩君子之象。君子穷困者，无位亦无食，且有初六困于“株木”、六三困于“蒺藜”之境困，有九二困于“酒食”、九四困于“金车”之物困，有九五困于“赤绂”之志困，有上六困于“葛藟”之极困，呈现以境困、物困、志困、极困而呈现众多困因交困缠绕的复杂困境，尤其是初六、六三、上六小人群体，因身困而穷乏异常，且都无法济困而暗无天日，成为处难体最悲惨的群体。

自求健德。思蹇难与睹身困之难，在于处难当知治困而脱难之道，如何能知呢？为从处难的外在因、内在因、本因以及呈现难体、难象的因果可知，其难象，只为健德与否之表象。蹇体之大人，治明德则知蹇难险在何处，亦知行蹇凶吉之指南，且行当位与正邦之能事，在于健德以正位，居德以正邦，其落点均为有德。唯德，方为振难、济通之本，正是唯德能通所有，能济所有。

往来之蹇难

初六：往蹇来誉。

象曰：往蹇来誉，宜待也。

六四：往蹇来连。

象曰：往蹇来连，当位实也。

初六以柔居下，处难之始，居止之初，当蹇之时，以阴柔无援而进，其蹇可知，虽言往进，但四不接引，为时不我与，不宜往进入蹇。而宜静待固守之。往者，进也；来者，非进而处也；誉者，通豫，安乐之谓，取艮之止；待者，以静守而言往与来之时机。

六四阴柔之才居正位，困于两坎之间，往不能独济，来不能安身，前往艰难，回归亦难，往来皆难，且阴柔之才不足济蹇。荀爽曰："蹇难之世，不安其所，故曰往蹇也。来还承五，则与至尊相连，故曰来连也。"六四之所以往蹇，在于往则益入于坎险之深。来连，与初相敌而承九五，与至尊相连，流于上而忘返于下，为来连之象。《孟子·梁惠王下》云："从流下而忘反谓之流，从流上而忘返谓之连，从兽无厌谓之荒，乐酒无厌谓之亡。"六四虽有入坎险之深的往蹇之难，但六四当位，乘承皆阳，阳为实，故以当位之位而交于笃实。

何为往来？上进则为往，不进则为来，以来对往，往则入蹇，来则有誉。初六位居最下，无可来之地，谓之不来，不来则止于本位，能止本位则去险最远，其止最先，尤其合《彖辞》言"见险而能止"，初六虽阴柔但以"知"而显有智。六四往不足于济蹇，来又不能安身，迫于两坎之险势间。

往来之蹇难。初六止于本位则去险最远，而六四困于两坎之间，同为阴柔之才，初六显智，六四则处境艰难窘迫。初六固守则来誉，六四往蹇则无以安身，实则蹇誉如福祸般相倚，蹇往则誉来，誉往则蹇来，不过位与时耳。如何处蹇，又如何能居誉，在于往来之间的抉择，君子当不为其来蹇，而为其来誉；不来而止与来而不进总好过往而入蹇，静守固德也总比有蹇势迫身应难要好。

君子思患预防，在于能睹蹇与誉之别，而抉择往来与否。初六抉择的要点在于静待固守，以静生慧而有智，健明德以知往来之处境；六四虽入往蹇而不能安身，但有当位之位，且乘承皆笃实，可以处蹇而立命，反身修德，同九五至尊一起成为济蹇之“大人”，以至尊相连之来连之象和当位笃实之性，做好本分之事，能知蹇而行蹇，成为居蹇体虽身陷蹇难，但位与德却因正邦而有功。

君臣之蹇难

六二：王臣蹇蹇，匪躬之故。

象曰：王臣蹇蹇，终无尤也。

九五：大蹇朋来。

象曰：大蹇朋来，以中节也。

六二柔顺中正，正应九五，居中履坎正在险种，故蹇而又蹇，虽言与五相应，但五亦在大蹇之众，致力于蹇难之时，其艰蹇至甚，故为蹇于蹇也。虽无力以济蹇，但执心不违，志匡王室，亦无失也。二与五相应，因同是中正之人，而上下同德，被九五中正之君所信任，故谓之王臣。正因有王臣之谓，二以王臣之责，志在济君于蹇难之中，其蹇蹇者，非为身之故，虽不能济而胜蹇，但其志义可嘉，故称“其忠荩不为己也”。

震为主，艮反震，故为臣；王臣者，志匡王室之臣。坎坚其心，艮坚其节，为爻中王臣蹇蹇之象。躬者，言自身，取象艮之身，艮主身，坎象弓，成“躬”字。故者，原因，为艮之由。尤者，取坎象言过失，其卦中坎象，三爻皆失位，为过失之象。苏轼曰：“初六、九三，六四、上六四者，或远或近，皆视其势之可否，以为往来之节。独六二有应于五，君臣之义深矣。是以不计远近，不虑可否，无往无来，蹇蹇而已。君子不以为不智者，非身之故也。”

九五居尊，为蹇之主。《朱子语类》云：“问蹇九五何故为大蹇？曰：五是为蹇主。凡人臣之蹇，只是一事，至大蹇须人主当之。”故凡言大蹇者，为九五至尊之蹇难。九五下应六二，皆持中正之德而相亲，故有济君之臣；同时，九五尚中正之德于政，故天下之民皆如朋来而相助。朋者，同门曰朋，以坎之坤地水共师而同师门，坎坤如水地亲比，为朋之象；节者，以艮言制悦；中节，为以中正之节来治蹇。虽言至尊之蹇难，实则言邦之大难，蹇卦九五有君之位德，以大德君临天下，以邦、民之难，视同己之难。

《程传》曰:“方天下之蹇而得中正之臣相辅,其助岂小也,得朋来而无吉，何也？”曰：“未足以济蹇也。以刚阳中正之君，而方在大蹇之中，非得刚阳中正之臣相辅之，不能济天下之蹇也。二之中正固有助矣，欲以阴柔之助济天下之难，非所能也。自古圣王济天下之蹇，未有不由贤圣之臣为之助者，汤武得伊吕是也。中常之君，得刚明之臣，而能济大难者，则有矣。刘禅之孔明，唐肃宗之郭子仪，德宗之李晟是也。虽贤明之君，苟无其臣则不能济于难也。故凡六居五，九居二者，则多由助而有功，蒙泰之类是也。九居五，六居二，则其功多不足，屯否之类是也。盖臣贤于君，则辅君以君所不能；臣不及君，则赞助之而已，故不能成大功也。”

君臣之蹇难。胡炳文曰：“诸爻皆以往为蹇，圣人又虑天下皆不往，蹇无由出矣。二五君臣复不往，谁当往乎？是以于二曰蹇蹇，于五曰大蹇。”

君王之蹇，非臣、非民之蹇可比，诸爻（臣与民）之蹇皆有“往”之因由，而君王之蹇，既有九五尊位之蹇，又集天下诸蹇于一身，使其成为蹇而又蹇之大蹇难。蹇蹇之难以及大蹇之难，均不足惧，在于有众人相济。怕就怕在既有大蹇之难，又无众人亲比振济，其个中缘由在于九五君是否有德，既要有君之身德，又要有九五位之位德，还要有惠于民之政德，此三者缺一不可。若九五君无德，便无众人济难，故若九五君无德，仅一人便可致使大蹇入国难之泥潭。

恩德互施。君以德政谋社稷，有大恩于民，民则不忘君恩，遇大蹇难则朋来济君，蹇之大，助亦大，但发生能助之前提在于有君施政恩在前，朋来济君之助恩才广大。韩愈曰：“所居之时不一，而所蹈之德不同也。”王臣蹇蹇，尽其分，而终无忧。

六二王臣以位、以社稷之责，志在济君，实则志在大邦；九五以尊位、以天下之己任，集诸蹇于一身，实则以身许社稷。但天下非一家之事，亦非君王一人之事，更非王臣一人之职，故处蹇难之险，必得众人齐心协力而相助，而众人相助济难之前提便是君与民恩德互施。九五有尚中正之德于政，故天下之民皆如朋来而相助。

修德济蹇难

九三：往蹇来反。

象曰：往蹇来反，内喜之也。

上六：往蹇来硕，吉，利见大人。

象曰：往蹇来硕，志在内也。利见大人，以从贵也。

九三以刚居正，处下体之上，以刚居阳位，三与六为正应上阴柔而无位，不足以为援三，又遇四、五为滞，故上往则蹇。九三为执艮体之主，见险而能止，下比初与二，为下二阴所喜，故来为反其所，反则稍安。来者，下来也，求诸己；反，还归也，反身修德之谓；内喜，为不滞于物而喜，修德有成之法喜，以修德之成的自在而喜。孔颖达曰："九三与坎为邻，进则入险，故曰往蹇。来则得位，故曰来反。"之所以有内喜，便在于求诸己而反身修德，德养成于内，而有法喜自在。反者，以艮之反观而言自省。《礼记·学记》云："知不足然后能自反也。"郑玄注："自反，求诸己也。" 自反，犹言修德也。为何能喜？离为火，火主喜，反身修德，阳德裕而成阳火以喜。

上六以阴柔居蹇之极，冒极险而往，往无所之，所以蹇也。不往而来，来就九五，且亲比九五，与之济蹇，使上六得阳刚之助，助其志坚而吉，从五求三，则有硕大之功。《程传》曰："蹇之道，阨塞穷蹙。硕，大也，宽裕之称。来则宽大，其蹇纾矣。蹇之极，有出蹇之道，上六以阴柔，故不得出。得刚阳之助，可以纾蹇而已。在蹇极之时，得纾则为吉矣。非刚阳中正，岂能出乎蹇也？利见大人，蹇极之时，见大德之人，则能有济于蹇也。"其"志在内"者，以上六比九五，九五居内，上六能见九五济全卦之志；"以从贵"者，为上六得九五之助，至尊能助，有助之大，既有尊位之位贵，又有率众人济蹇的众之贵。

九三之喜与上六之吉。全卦皆处蹇难，尤其有王臣蹇蹇和君王大蹇之难，反而九三有内喜，上六有硕大之功吉，原因何在呢？在于九三虽处蹇，但能求诸己而反身修德，有修德成于内，法喜充满，且健德以阳，阳气舒发被下二阴所喜，二阴居三之内，以阳养阴，阳德更甚。离为心，坎主智，坎居东北曰蹇，水不上往，而水性润下，流西南退后之位，在于退复自治——反身修德，以此利西南得朋。九三以反身修德，阳德裕、阳火进而法喜充满，同时再以得朋之当位，行振济蹇难正邦之政，九五爻言朋来相助，便是西南修德之朋与阳德裕养之朋，之所以有朋，在于反身修德能济蹇难之卦眼。

上六不往而来且从五求三，既亲比九五又求三之阳德以援，此两者虽是上六之本位，却以本位之成，反成济邦之道。至上六往蹇来硕吉，却是处蹇极自有可济之理，其理何在？五虽尊，以居坎险之中而处大蹇，在于君位系邦之大责，故在五不言其济蹇之功，但天下之民皆如朋来而相助济之，此种济蹇行为为上六利见之。为何言上六有硕大之功呢？在于上六既见众朋来相助济蹇行为，又再引九五之阳刚助已位，实则以己身来宣扬君德，既宣扬君民恩德互施之德，以众民助君反衬君有德在先，又以“以从贵”之助，宣扬九五中正阳刚之位德。让众人见君德，见众民济蹇难之德，所以有功硕大。

纵观蹇卦，初六以“往蹇来誉”，要义在于静以待时，固守远难；六二以“王臣蹇蹇”，立匡济之志，且尽王臣本分之责；九三以“往蹇来反”，反以修身，最能得朋，也最得处蹇之要义；六四以“往蹇来连”的当位笃实之性，为正邦立命；九五以“大蹇朋来”，从朋来助之大而知君德施之恩，继而以身作则，进以经纶，匡治天下以求脱蹇难；上六以“往蹇来硕”，亲比九五又求三之阳德以援，退以从贵而宣扬德政。六爻以处蹇、知蹇、行蹇的居蹇法则而治全体之蹇难。处蹇之时，在于能知蹇势，明了蹇之难在于“势”迫之，知蹇势方能以“知”蹇而寻求出蹇之道。处蹇之责，既知安身立命之责，又知反以修身之要；济蹇之事，进以尽经纶之本分，退以从贵而能宣君德。

否卦：小人之难

否：乾上坤下

应否难当知交感济世

从无体到共同体，从无序到正序，皆因秩序之构建而集成更大的公共关系，也因有效且有序的治理使共体得以亨通，此种共体之构建，既有不同卦之主体的治理之法，又有各卦体形成治理共同体相互关联的构建之会、治理亨通之会。在稳定的大体与共序秩序中，邦民依礼制安分其欲与安位其序，践履舒泰，进退有礼，正是交通往来之时。交则泰，天地、上下、内外、阴阳皆相交而和；相反，不交不通，相互隔绝，则否塞，呈现不交不通且小人当道之否势。

《序卦》曰："物不可以终通，故受之以否。"否卦，乾上坤下，为天地不交之象。交者通，不交则不通，泰卦与否卦围绕天地、上下、内外、君子与小人的交通与否，治其通与塞，而行通泰与否塞之道。《程传》曰："夫物理往来，通泰之极则必否，否所以次泰也。为卦天上地下，天地相交，阴阳和畅，则为泰。天处上，地处下，是天地隔绝，不相交通，所以为否也。"泰与否正好构成事物的两仪，也是政治治理的两种截然相反的现状，从君子与小人的阴阳盈虚过程，即以德政治其君子与小人而正正邪之序，使其通泰时以促万物生化、交易，使否势时可养德辟难。

《杂卦》曰："否泰反其类也。"类者，类而成序，以序成之共言泰通，序之所成，自然法序如阴阳、终始、"有无、终始、阴阳、体用、藏相、顺返、生灭、色空、方圆"九种不易之法则——谓九易法则，在九易法则中，以任一种法则交通便是法序之通；而反其类者，则是不交通而不成序，以反其类的共序不能成而言否；从交通状态而言，否塞反泰通。

四重位域。泰卦与否卦皆从天地、上下、内外、君子与小人四重位域言明超越邦体的大秩序。言"天地"，为道法之序；言"上下"，为邦体之序；言"内外"为往来之序；言"君子"与"小人"，为正邪之序。在"泰"与"否"文明系统内，分别从道法根本、邦民体系、刚柔动静、正邪关系，言明四重位域的"交"易法则与"往来"秩序。每一个位域或自然属性的事物，皆有各自本有的秩序和法度，顺其秩序往来则通，反之则不通，这便是可使其"交易"的根本——基于根本法序和属性秩序。

天地交而万物通，这是基于道法根本的"动态"交易，这个"动态"便是人与宇宙的天人合一全息元象交易，体现在天地同律、人天同构、人天同类、人天同象、人天同数，宇宙与生命的相互收受、通应，共同遵循"四象五行"的对待协调、生克制化的法则。所谓道生之、德蓄之，大道以其道生德蓄而体性一如，发生全息交易，道生德蓄便是天地、万物、人与自然发生交易产生法序的根本。除了根本法序外，就是属性秩序，在泰卦和否卦里，分别以乾坤、阴阳、君子与小人等统一在乾性与坤性的属性秩序里，乾性阳而健，坤性阴而顺。乾与坤处其"上下"而显"志"，志同通泰则振邦，志异否塞则颓邦或无邦。乾阳与坤阴处其"内外"而显刚柔与正邪。内健而外顺者，小往大来，精气升腾，君子道长；内柔而外刚者，大往小来，神气耗散，小人道长。交易者，精气也，天地交易移精变气；往来者，德行也，社会往来建礼正德。

否难。万物相交而通，不交则不通，不通则否塞，因否塞而成否难，否难之成，在于不交不通之难和小人当道之难。言难者，有无序之屯难，亦有主言险、困之蹇难和身困之难，而否难主言与大秩序不交通而所产生的秩序否难，以及在不交之否势下小人当道的治理状态。当体秩序因构建而成其大，又因有效且有序的治理而亨通，当否难之成，使其当体秩序无法与天地、上下、内外、君子四重位域的大秩序产生交通，继而交汇构建，使当体陷于否塞且孤立的状态，无法与大秩序建立天人合一全息元象“动态”交易联系，从而更谈不上在更大的秩序体系里进行治理，无法进行有效治理，正是小人当道且当政的秩序状态。

不交不通之难。处否卦之否难，否之当体与根本法序以及属性秩序皆不能正常交通，不能正常交通则无法往来，尤其是无法发生天人合一全息元象“动态”交易；使否之当体因不交之否塞而成孤立之体，孤立之体无法在大共体里引援而助益，其“体”无法自养，其卦德无法自健，逐渐丧失秩序之明而使昏昧当道，昏昧之邦、民则不守位履礼，出现以乱位序而使礼序、德序皆乱的混乱状态，从履卦所构建的法→礼→德三者一体之德树光明也将荡然无存，继而使邦制弊病再次显露且缺乏有效的治理，邦体之位被阴柔小人占据，君子逐渐隐遁。而因不交不通之难，继而还出现小人当道的小人之难。

小人之难。否之当体无法与大秩序交通往来，出现不交不通之难，是之基于否之当体描述与大秩序的外在关系，为否之外部状态，而小人之难则是否体内部小人当道的内在状态。大往小来，为否塞之势的根本，也是小人之所以昏昧而当道的原因。小人之所以能成否难，在于小人先无明继而无志或变志，多行小人变志且奉君之丑径；小人奉君则为以求济其为身之利；小人为身之利，则会上下相欺且合交以害正道；小人害其正道，则不重天道、不知阴阳、偏居偏安且妄作非为乱其位序；小人乱其位序，则好欲而以欲当政，行败亡之政，乃至兴师好战，伤民误国。由此可见，不交不通之难为否难之根本，而小人之难，以难而有实，成难之深重矣；还有一种否难，为泰极否来之难，依从物极必反之道，使一切内外与往来皆可此消彼长，使泰极呈否势而陷否难。

否难深重，常常出入无期，故而应否难当知交感济世，并找到否难之根本——不交不通。寻求如何交感而通才是治否之道，并以交感之通，通天下君子之志，以此济世治否。

否：否之匪人，不利君子贞，大往小来。

彖曰：否之匪人，不利君子贞，大往小来，则是天地不交，而万物不通也；上下不交，而天下无邦也。内阴而外阳，内柔而外刚，内小人而外君子。小人道长，君子道消也。

象曰：天地不交，否；君子以俭德辟难，不可荣以禄。

卦辞：天地不交，不利君子主正道。

彖辞：四重位域的否易之道。

象辞：值否势宜养德辟难。

否卦，乾上坤下，为天地不交而否闭之象。泰卦与否卦皆连接四重位域大秩序，卦体与大秩序交通与否，决定了是通“泰”还是“否”闭的状态。通泰者，天地阴阳相交且和畅，万物生遂，皆言相生相长的状态，利君子得位行正道；否闭者，天地阴阳不交，万物不通其气，天下正道也否塞而不长，不利君子得位行正道，而是小人道长行非人道之否势。

《程传》曰："凡生天地之中者，皆人道也。天地不交，则不生万物，是无人道也，故曰'匪人'，谓非人道也。夫上下交通，刚柔和会，君子之道也，否则反是，故'不利君子贞'，谓君子正道否塞不行也。'大往小来'，阳往而阴来也，小人道长君子道消之象，故为'否'。"

四重位域交通原则。天地以气交；天之阳气下降，地之阴气上行，天地气交而生万物，呈天地之泰，反之，为天地之否。阴阳以气合。阴阳二气相交则阴阳通，万物生，内阳，生之源，外阴，成于物，反之，不交不生，物不能成。健顺以德言。健者，乾之本，阳性行健，顺者，坤之性，坤顺以载，而能成事。君臣以志和。"以人事言之，大则君上，小则臣下，君推诚以任下，臣尽诚以事君，上下之志通，朝廷之泰也。"上下之志通，则君臣安和。君子与小人以类言；阳为君子，阴为小人，君子来处于内，小人往处于外，是君子得位，则泰。君子往居于外，小人来处于内，是小人道长，君子道消，则否。

取"茅"象。泰卦与否卦皆有取"茅"为象者，以"茅"的牵连相引而言与大秩序之关联，尤其是从道法天地、邦体上下、内外往来、君子与小人的正邪得位等紧密联系，其中任何一个单一元素，皆会与其他发生联系，并相互影响与转化，既联系本质，又影响表象状态。王弼曰："茅之为物，拔其根而相牵引者也。茹，相牵引之貌也。"在否卦，坤三阴虽同道，但不可进志；初六居阴之始，为阴类之首，虽志柔顺，但非能健，不可以健而征志，故同贞为亨，贞而不谄。"否之三阴，上皆有应，惟在否隔之时，上下隔绝不相通，故无应义。"故其志常在得君而进。

往来之道。往来之道需要具备的四种德质，为天地交通而万物生化之时运，内阳而外阴的精气状态，内健而外顺之性德，君子进志得位而小人消退之政治环境。何为大往小来？大往者，阳健居外，天气上升；小来者，阴柔居内，地气下沉，此为外阳而内阴的否之质。否之质有大往之实，而无小来之质，无论是阳气上升发散，还是阴气下沉，皆是耗散，上升与下沉而无应援，则空耗其气，无充其内实以供存养；故否之质为阴阳两气相违而不相交，天道否闭，万物不得生养。

大秩序之往来。有其内阳原动力般的输布，全息元象般的动态交易得以时刻联通，从泰体产生各系统往来，尤其是与天地、上下、内外乃至宇宙的大秩序，从全息交易可知，世间百物不废，任何一物，无论是宏观之大或微观之小都与外界有着深入的交易联系，以全息元象交易相互，而惧以终始，其要无咎。在小畜时，共同体概念初具且各种优质资源集聚，在履时，共同体秩序因制礼而贯通邦体结构，同体位域概念备具，既安其位序又彼此相连，邦之共同体继续从邦之礼制（健全状态）走向与大秩序往来的格局，从而形成了共同体逻辑成果——呈现出泰和否。在大秩序往来中，天地相交，万物生化得遂，上下相应使其下志可上求且上应而能擢升下，内外健柔得体且能精气正常输布，君子与小人能在德政环境里各施其长，各尽其才。但需要注意的是，任何体系与形式的往来，必定履礼，有礼方可交易，且须依德位履礼，要在礼法基础上往来，才能在大秩序里建稳定的小秩序。

君子与小人之道。“君子”与“小人”乃根据阴阳刚柔属性而取象之，乾阳健，君子象，坤阴柔，小人象，非道德品质之评判，也非泰君子，否小人，而是无论泰卦和否卦皆有君子与小人。对比泰卦与否卦，无君子与小人的阴阳平衡则无以构成泰与否的秩序，是通泰还是否塞，为君子与小人处位所决定的，内君子外小人则为泰，内小人外君子则为否。在泰与否中，君子与小人构成了邦民之集合，君子与小人往来，并非消灭小人，有君子必定有小人，所以要有含容之德，能包容其不利，更要依礼制在存乎之地（卦体中的卦爻本位）安位，不越礼则自亨通。

此消彼长。君子与小人因存乎之位的变化而此消彼长，君子履内，小往而大来，邦体精气神充沛而有君子道长，则泰势；小人履内，大往而小来，邦体精气耗散，两神相违而无有生气，故而小人道长。则否势。其泰势和否势是自然界两种秩序状态，皆表达了根本法序和属性秩序与卦体的关系，泰卦和否卦也有自身的政治状态，即内君子外小人的德政和内小人外君子的乱政。从为政治理上，肯定会趋泰避否，力求交通之序和以君子倡天下之正道；结合泰与否，刚好以两种截然不同的状态，来行君子德政。

内小人外君子的乱政。因何有乱呢？因否闭而乱，且有乱道、乱位、乱政之乱。乱道者，天地不交，万物不生，法序不正，虽道焉存但交之不通；乱位者，小人阴柔无明但居其内，不明道、不明序、不明位、更不明政，但居其位使其谗邪进则众贤退，群枉盛则正士消；乱政者，小人志在君，与君应，故而多谄，阴柔又多谄，会陷志，致使邦民精神沉沦，所谓“天地闭，贤人隐”正是如此。所以要杜绝“流氓”当政，政治流氓不明道法秩序和属性秩序，专营投机与谄媚之术，以短期得利，此种人得势，使其君子消退，必将害邦，故而要健德政。

面对内小人外君子之乱政，应裁天地、辅相宜，利用天时、地利，行辅助化育之政，既制定价值驱动力，以驾驭君子与小人，又擢拔君子就位，大倡德政治其否势。其价值驱动力，要明确君子与小人的价值趋向，“君子喻于义”为君子征志向邦，故义在天下治，而“小人喻于利”，为小人异志向君，故意在应君利。无论是取义还是取利，皆要治“明”，既要从根本上明道法之序，又要明位礼、明德、明志等，凡小人不明者，皆要教之以明，不能因民不明反而弄其愚，以供专权，使其邦民堕至更深。擢拔君子就位，擢拔原则就是擢升可以治世之阳明君子，就其政位，以正其乱，所谓“阳生者，生人之本也；贤才者，国家之阳气也。阳气外越则身死，贤才远去则国亡。”

正是如此。在“否”世，因小人当道，故皆重禄不重德，也不明德为何物，有何用处且用在何处？正因人皆以禄为荣，不知失德之难，“禄也者，难之媒也，小人贪之，是以可羞。俭也者，辟之券也，君子守之，所以长亨。”言小人不可荣以禄，其根本原因在于小人之德不能配其所居之位，而禄却多，故位将不堪其重，而至倾颓，这是小人之已难，也是位序之难。

物极必反之道。顺而阴居外，曰“小往”，健而阳在内，曰“大来”，其小往大来、大往小来，以其阴阳盈虚而相互转化，其阴阳盈虚之转化，使其上体与下体可以颠倒，内外与往来可以此消彼长，君子失德可成小人，小人正德可成君子……物不可终安，也不会终乱，所谓治久必乱，乱久必治正是如此。泰极则否，否极则泰为道之所呈，法之所运，皆道法气数也。唯睹运体而思治理之道，泰体时常改革时弊以防否势，否体时常健德以提升气运而打破阻隔。无论泰与否，皆应以德政倡天下正道，以德教教之成君子，睹根本法序和属性秩序而行德政践履之道，履序洞明而明气，履位共礼而言德，履礼举德而可治，履德通泰而能安。

奉君之利否

否卦：初六，拔茅茹，以其汇；贞吉，亨。

象曰：拔茅贞吉，志在君也。

否卦初六阴柔居下，为否之初，与上二阴有同质汇聚而相连之象，亦如“拔茅”之象，初六为坤之初，有入于地之“根”象，根根相连且相通，故而有“亨”。下三阴与上三阳因大往小来而不应，本有同上进之志，乃因有不应而改变志心，有意承君应阳，以求应通，故而志在应君，但宜贞固其节，而行贞正之道。

《程传》曰："泰与否皆取茅为象者，以群阳群阴同在下，有牵连之象也。泰之时，则以同征为吉。否之时，则以同贞为亨。始以内小人外君子为否之义，复以初六否而在下为君子之道。易随时取义，变动无常。否之时，在下者君子也。否之三阴，上皆有应。在否隔之时，隔绝不相通，故无应义。初六能与其类，贞固其节，则处否之吉，而其道之亨也。当否而能进者，小人也，君子则伸道免祸而已。君子进退，未尝不与其类同也。爻以六自守于下，明君子处下之道，象复推明以象君子之心。君子固守其节以处下者，非乐于不进，独善也。以其道方否，不可进，故安之耳，心固未尝不在天下也。其志常在得君而进，以康济天下，故曰志在君也。"

奉君之利否。区别于君子征志向邦，以"君子喻于义"的义在天下治不同，小人异志向君，以"小人喻于利"而因求利以利应君。虽言"志在君"，但以利之求而唯利，唯利以图则行奉君之事。奉君之利否，以茅象言否在自身，为心志之否，否在价值导向不同，因受价值驱动而出现以行动求利之否。初六有"亨"，在于虽否但否在小人自身，以自身之利求而无社稷之害，之所以言"亨"，在于居下无位而否势之小，虽奉君但亦志君。

包承之亨否

六二：包承，小人吉，大人否亨。

象曰：大人否亨，不乱群也。

否卦六二柔顺中正，二上承九五，且能顺承九五，并为其所包容，而有小人吉，《程传》曰："六二阴柔中正，以阴柔小人而言，则方否于下，志所包蓄者，在承顺乎上，以求济其否，为身之利，小人之吉也。而大人当否，则以道自处，岂肯枉己屈道，承顺于上，惟自守其否而已，身之否乃道之亨也。"

“包承”。包者，为九五之大包容六二之小，为以大包小。以大包小才能有包之实，就因有五大包二小，故二承五，以揽包之利，故有小人吉。李士珍曰：“六二居地之中，包天之气，地承天而受其气。小人事君子而能顺其心，得阴之道，故‘小人吉’。”九五虽处否闭之时，但九五仅与柔顺中正之六二相应，并不与其他小人（下三阴中的其他二阴）为群，以“不乱群也”的否亨之实未淆乱正道。刘沅曰：“群谓三阴，六二上承九五，不与小人为群，故否而亨。易为君子谋，故专美大人。”又黄寿祺曰：“六二爻辞兼取小人、大人之象，体现处否的方式，正邪叛然不同。爻辞中强调大人必须以治否为任，故不可见乱于群小。”

包承之亨否，为小人得志之否，小人得志对小人来说是吉事；小人如何得志？为小人事君而顺其心，以五大包二小，使二得中位而应君。之所以有“亨”，在于九五不与其他小人为群，小人群体无法挟君以成阴之群，使阴之核无阳无位而亨，亨在利邦，又利正道，虽然小人得志，但君子也有所为有所不为，大人以处否之方式，分辨正邪并辨别正邪，并示之天下正道。

无位之羞否

六三：包羞。

象曰：包羞，位不当也。

否卦六三阴柔居否，不中不正，处小人之极而欲求上进应乾阳者，故不能守道安命，怀谄奉承而谋虑邪滥，妄作非为而无所不至，终至羞辱。朱熹曰：“六三以阴居阳而不中正，乃小人志于伤善而未能也，故为‘包羞’之象。然以其未发，故无凶咎之戒。”否之六三，位不正，为上所包，故而为阳包阴，阳者明也，阴者羞也，为阳包阴之包羞之象，无羞恶之心的六三应《象》所言之“匪人”，而言应者，三与上应，皆不能得正，而位不当。刘沅曰：“六三居群阴之上，包二与初，为小人之归。阴柔而不中正，羞之所由来也。”

无位之羞否。六三阴柔无位，且以阳包阴成包羞之象，阴在内而羞亦在内，之所以有否，既在于六三以不中不正而行事求利伤其善道，又在于六三急于应上而力不能任，无法守道安命，仅以小人得势之势妄作非为。子曰：“邦有道，贫且贱焉，耻也；邦无道，富且贵焉，耻也。”小人如此急于应上奉君，将极力行谄奉之举，又以无位而妄作非为伤善之举迫使君子隐遁，以小人之势迫正道蒙难……此种种之羞，以羞之极而羞于正道，伤善、伤君子，虽羞还不知耻。

受命益否

九四：有命无咎，畴离祉。

象曰：有命无咎，志行也。

否卦九四处上体之初，值否道转泰之势，以阳居阴，以刚健之质而行柔顺之德，为奉天命以扭转时局来济否闭，有造福天下之志。恰逢九四受命，下卦群阴小人纷纷引导同类来归附于他，以便能同获治世福分，九四以治世之诚，而得遂其愿，更能得践其行。《程传》曰：“九四以刚健居近君之位，是有济否之才，而得高位者也。然当君道方否之时，处逼近之地，所为在居功取忌而已。若能使动必出于君命，威炳一归于上，则无咎而志行，其俦类皆附离其福祉矣。”

何言“无咎”？九四受九五之命，以据三阴，因“命”在故无咎。项安世曰：“当否之时，苟无天命，四虽有志，可若何哉？泰以‘命乱’成蛊，否以‘有命’成益。命者，天之所命，君子之所造也，道之废兴，岂非天耶？世之治乱，岂非君耶？”如何能“据”呢？为治世之诚心，所谓据三阴者，实为治三阴。为何下三阴能丽受九四之福？为四应初而又据三，既有己位之功又有与二同功，故阴类皆附丽其福祉。

受命益否。九四以阳居阴，为否势中以刚健之质而志求济否之人，又恰逢九四受九五之命，既是得命进位近君之时，又是济否立志之时，当得益否。泰以“命乱”成蛊，否以“有命”成益，九四以济否之志，下据三阴以治之，使阴者皆附，且得以阳治阴之福祉，当群三阴得福祉以治，九四有益否之功。

休否之愿

九五：休否，大人吉；其亡其亡，系于苞桑。

象曰：大人之吉，位正当也。

否卦九五阳刚中正居尊位，以大人之风范行休止天下否闭为己任，以戒惧危亡之心而励精图治。其安固之道，必寄系于大体，犹如鸟之巢，若能系结于根深而丛生的桑树上，则能保其无虞；桑之为物，其根深固，苞者，丛生象也，言其固犹甚。李士珍曰：“拨乱反正，君之任也，惟大人为能已乱。孔子不能治春秋之乱，有其德、无其位也；桀、纣不能救夏商之亡，有其位、无其德也。当此爻者其汤、武乎？有大人之德，当否之时，体乾之惕，深虑其亡，而所以不亡者，即在此也。”故君子安而不忘危，存而不忘亡，治而不忘乱，是以身安而国家可保。

休否之愿。九五以大人之范就否势之尊位，否势之当体无可变动，只能立大愿治否而济天下，若否之九五不治否、济危亡，则否难深重矣。否势之难本以不交不通成难之根本，不与大秩序交通本就晦暗无序，且还有小人当道如六三得势妄作非为，羞正道，伤善、伤君子……当伤了君子与天下正道，伤了社稷之秩序，九五就应该以己位而申命，以戒惧危亡之心而励精图治。休止天下否闭，为九五之大愿，处否塞晦暗无序之势，惟九五之大人能自昭明德，视天下所有之危亡如系苞桑。

倾否之喜

上九：倾否，先否后喜。

象曰：否终则倾，何可长也。

否卦上六居否道穷极之位，虽否之日久，但乾阳图治亦久，众阳刚健精进，励精图治，终在上六一举倾覆否闭而转为泰通。倾为覆，否穷则倾；倾犹否，故有先否之象，当倾毕则转为通泰，先否而后泰，故言“后喜”。《程传》曰：“物理极而必反，故泰极则否，否极则泰。上九否既极矣，故否道倾覆而变也。先极，否也，后倾，喜也，否极则泰而喜也。否终则必倾，岂有长否之理？极而必反，理之常也，然反危为安，易乱为治，必有刚阳之才而后能也。故否之上九则能倾否，屯之上六则不能变屯也。”

倾否之喜。倾否之喜并非否之社稷危亡而喜，而是否势终于否极泰来得以转换，天地、上下、内外、君子与小人等可以交通往来，且君子道长，小人道消。虽言有喜，但应知否极之难的深重已久，邦、民遭难已久，光明暗淡已久，先否后喜正是应难已久。否道倾覆，否极泰来，“喜”在正道不废。

大过卦：大过之难

大过：兑上巽下

健德有虚与养正不实

小人当道有否塞之难，唯君子能聚气养德而志养社稷，神足且气精充沛，使精气神不断扬升，从而产生德文明治道之沉淀。君子与小人的区别便是君子有德，君子之德在于君子从“正”而健，而养正之道正是养德之利器，以养之利和正之序，既使天地人三才合德，又使精气神三者合德，以此交而通，继而以心神驭气之正，以气养神志之正，以志进求位之正，有当位以政健序之正……继而见天地万物养正之道。从咸正、萃正、泰正皆可以看出，正是君子以“正”治理而致通，君子通正，又进志能通位，值大行德政内外之治道时，君子当有所作为。

君子作为，既要有修身健德而称位君子的身德之基，又要有进志求位并当位的位德之柄，才能以身君子和位君子之柄健德在政。在以交感五通治否难与小人之难过程中，以正固之利行萃正之教，正是感通君子并激励君子，使以萃正之道聚气凝神而正固身德，又以当位升阶之利尚德政而积位德在政。以身德和位德之健来养政治之作为，健者，动也；养政之作为，亦动也，动则有过，而有大过之体。

《序卦》曰："不养则不可动，故受之以大过。"凡物养而后能成，成则能动，此"动"有养之动和成之动。养之动者，颐养之健动，为人、物经过颐养且养正之成长；成之动者，为人、物养正且成后，又继养之，养而过之，使成之动过积不动乃至灭没于物，致大过，也是"泽灭木"成其大过体之所在。同时，成之动，还有自以为成，进而动，以进之动谋求超越已才之用，而致"过"，且有过之大。

"不养则不可动"。养正之道，不在于动，在于内养其德、外养其贤，且要安止其所妄动，养的目的并非为"动"，以不养则不可动来对照，养而动之为有过错；养之动在于以静养内健其德，非养其外在之妄动，非人、物之成长壮大之长动，这是迷惑养而动的表象。在大过体言以动致过，在于大过呈现的养之动，为外在之妄动，非内在健德之阳动，违背了养正之正养。当违背了养正之正养，衡量君子之实的内在，则出现虚而空的表象，以外在浮夸的养而动之表象，以为养有所成。故而大过体的"君子"以德不备、才不具、功不成、行有过之资，进而妄动，以言过其实欲担当大任，成大过，并成大过体独特的"过"君子。

《杂卦》曰："大过，颠也。"颠者，填而塞也，满而滞也。在大过卦，四阳充实于两阴之间，以此阳满而窒塞不通；其坎卦有一阳中通于两阴之间，而大过体以四阳之填，成为大坎之象。《礼记》云："盛气颠实扬休。"郑玄注："颠读为阗……盛声中之气，使之阗满其息，若阳气之休物也。"陆德明释文："颠，依注读为阗，音田。"孔颖达疏："颠，塞也。实，满。"《说文》云："阗，盛貌。"段玉裁注："为盛满于门中之貌也。"

在大过体，中通之位被四阳所填，以致满而塞，塞则不通，使中通成否势，否则无以担当泰之栋，从而使栋"桡"；桡者，削弱，弯曲、屈服之义，为否弱之资削弱泰栋之才，使其无以成栋，当栋梁被削弱，可想而知，已致大过也。否弱之资无以成泰栋之才，且满塞栋梁之位，既使该通之体窒塞不通，又使栋梁之位资、才不足而致大过。观大过体，此种满塞中通之位的四阳，便是否弱之资的“过”君子的不实之阳。

大过卦，兑上巽下；为泽在木上的灭木致过之象。泽乃润养于木，乃至泽过动而灭没于木；灭之，使木不存，成其大过。大过者，阳过，故为大者过，过之大与大事过也。《程传》以“凡事之大过于常者” 立义，又以“道无不中，无不常，以世人所不常见，故谓之大过于常也。”释义，又“以阳过中而上下弱”言过。

在大过卦，中通之位被过君子之激阳所填，使激阳充实于两阴之间，以阳塞满而滞，使中位之泰通成否势，否弱之资无以成泰栋之才而致过。其因在于否弱失资的过君子，自视过高，言过其实，浮夸妄动而充当栋梁之大任，以过君子之质地行称位君子之表，通过激进事件，占位以政；以德不备、才不具、功不成、行有过之资占位，又以智昏不明、自视过高而担当栋梁大任，再以志大才疏之昏昧行盲政、昏政，虽据位而不通政，无良政以疏通邦体民众之往来，将本来泰通往来的局面打破，导致政务瘫痪，使其重新窒塞，犹如栋“桡”，酿成误国误民之弥天大祸。

观大过之象以及过君子如何致大过的过程可知，唯称位君子当道，以正阳进正志，履法、礼、德三位一体之正序，行德政之治道，方是治国安邦之正途。同时又能治理和教化独特的过君子群体，教导他们如何才能以治君子九德系统健身德，以养正七渐行渐养，以交感五通行交感致通泰，以德政之治道行小往大来之往来……而成为身德、位德、政德均称位的君子。

难得作为之难。在大过卦欲作为却致大过而难得作为。本来在大过卦，以“大”可行大事，以“过”有阳过中，是以得阳而行大事之良机，却奈何其阳不实为虚而无实之激阳，所行大事亦为无德政甚至无良政的激进之事，以激阳激进用过，既冲击了称位君子，又冲击了原本泰通往来之政；既使称位君子远遁避祸，又致王道壅滞，鼎足不强，成其大过体。

初与上对。初六有“藉用白茅”之敬慎，上六有“过涉灭顶”之危行，为“位”之大过。二与五对。九二有“枯杨生稊，老夫得其女妻”之利，九五有“枯杨生华，老妇得其士夫”之丑，为“时”之大过也。三与四对，皆为栋象，上隆下桡，九三有“栋桡”之凶，九四有“栋隆”之吉，为“体”之大过。唯有持中正之道的二与五，稍有生机，以上华下稊之“生”象，处不利之体言可为之事，实际上是难得作为的勉为其难。大过以阳盛为过，又以阳多塞而满，在卦爻处位上，又复以刚居阳，有过上加过；故而出现刚居阴位得吉，刚居阳位得凶。大过体，并非只言过错，言难得作为之甚，九三最难得作为，而九二、九四、九五皆可有所作为，以行大事言大过，只不过处不利之体言可为之事，无论是得吉、得丑，还是得凶，实际上是难得作为的勉为其难。

从难得作为之因可知，持中正之道的九二与九五，有阳刚之才又值中正之道，却只能以九二枯杨生稊之象与九五枯杨生华之象处之，还是九二比初近本以及九五承上近末得阴助济，才勉强为之。可想大过体所导致的灾难何其严重，致使全卦中所有爻位只能图自保而安乐，把难得作为推向了极致。

枯杨之因，从“泽养于木使木成长”的养之动，来理解“养正”，是过君子群体从开始便出现的偏差，杨树之成长只是养正之表象，为外在之养成，非内在养正之序的正养，养正为以静养内健其德，非养其外在之妄动，非人、物之成长壮大之长动，这是迷惑养而动的表象，过君子群体把这种外在养成当作健德有实和养正有成。为何会有这种误解？在于过君子群体无有明德以明养正之真实义，亦无明德洞悉称位君子之所以能称位的基础、条件、内在规律和规则等，以外在表现之比对，从而自视过高，造就妄动之因，进而以志大才疏之志，再进而妄动，以谋求超越己才之位而担当大任。以虚而浮夸志大才疏的激进之志，自我激励，直到激发种种激进事件。过君子壮大成群以虚而浮夸的无根之阳，行过激之进，据位以政，以政不通而使王道壅滞，以致泰通往来滞阻，使阴阳输布使其平衡无以养邦民，成其栋桡而危的大过之难。

大过之难。大过之难是过君子群体以虚而浮夸的非君子行为所造成君子文明之大难。值大过之难，别说有所作为，称位君子及民众唯恐避之不及，或卑以居下，或远遁阳外，使本来鼎足支持之群体，成弱而无力之人，能如初六保其自洁就已不错。最终德不备、才不具、功不成、行有过的过君子群体，以健德有虚、养正不实、自视过高、言过其实、浮夸妄动的过君子之质，违背事物正而序的发展规律，行其泽灭木之大过，以害称位君子、害位、害政、害王道、害民、害泰通文明之桡，成其大过之罪。

大过：栋桡，利有攸往，亨。

彖曰：大过，大者过也。栋桡，本末弱也。刚过而中，巽而说，行。利有攸往，乃亨。大过之时大矣哉！

象曰：泽灭木，大过。君子以独立不惧，遯世无闷。

卦辞：值栋桡之大过，当尽匹夫之责往而致通。

彖辞：大者过与本末弱的栋桡之因。

象辞：值大过时，把避祸方略当成正固指南。

大过卦，兑上巽下，为泽在木上的灭木致过之象；大过者，以“大”言阳过中而盛，以“过”言大盛壅滞而致过。四阳居中以大盛壅滞，使泽的润木之性，以阳过之盛动灭木，使木之不存，而致大过；上下二阴不胜其阳重，成“栋桡”之象；故致过在乎阳，使栋桡亦在乎阳，其二阴被阳逼迫使其一阴退而居卑，无以承阳之盛、重、激，另一阴远遁阳外，避而远之，只能以身涉艰险；而中间四阳以阳盛过激使中位郁塞，迫使泰通往来无以交通，以政不通而使王道壅滞，鼎足不强，成其大过体。

“栋桡”。栋者，栋梁也。《说文》云：“屋内至中至高之处亦曰阿，俗谓之正梁。”《释名》云：“栋，中也。居屋之中也。”栋取其能胜重，既厚而实能承重，又责大而任重。《系辞》云：“上古穴居野处，后世圣人易之以宫室，上栋下宇，概取诸大壮。”以“大壮”取栋义，在于师法大壮之体，为以德之大畜与阳之大壮两者相辅相成而成栋。四阳聚于中位，有承重之象，又九三、九四皆取栋象，而获任重；是故，卦辞言“栋”是指中位四阳，爻辞言“栋”专指三四爻，在于举中枢之任。德与阳两者之赋予，成栋，而大过体之栋，有阳却为虚而浮夸之激阳，也使其成为大过卦独特的过君子，过君子又因健德有虚和养正不实，而德之不存。在卦中，四刚居中，二阴不胜其重，造成“阳过于中而上下弱矣”的栋桡之象。桡，取其中强而本末弱，是以成桡。《汉书》云：“主疾无嗣，弄臣为辅。鼎足不强，栋干微桡。”注：“桡，削弱。”中位之阳本来要自做栋梁，并以阳性养木，使木能渐养渐长而厚其本实，却因泽性太过，使其弱木避而远之，以灭木之象成其栋桡。

过君子。“过”君子为出现在大过体的独特“君子”现象，他非有称位君子（真君子）的德之实，却又非有小人无志、无德的阴柔之害，虽言君子，但又有小人之质，言小人又行君子之志，又具阳之属性，故为介于称位君子与小人之间的过君子。过君子的特质便是：德不备、才不具、功不成、行有过；过君子是违背了养正之正养的群体，以养而动表象之成，自以为有称位君子才德之实，以此妄动而往，求进位且当位，益虚而空的内在，欲充当大任，从而致过且有大过的群体。过有多大，在于所充塞之位的高低与责任之轻重。

位高、责重过君子之质行称位君子之表则大过，才德越虚，过则越大。言过君子，并非已有过，而是以过君子之质，进而动则会致过。故而，过君子为健德有虚，养正不实，自视过高，言过其实，浮夸妄动必将得致过的群体。

过君子健德有虚是其不能称位君子之重要原因，在治君子九德系统里，历经困→复→损→益→恒→井→巽→履→谦修而健过程，从而治有身德之成，以身德修健之终与位德修健之始而称位君子；身德者，君子私德，君子私德以身德修健之终有成，而身德君子只是衡量君子的基本条件，过君子连这个基本条件都修建未及而致虚。养正不实是过君子不能治明德而称位君子的原因，不能治明德在于过君子对养正之理解有重大偏差，误以为人、物外在之养而成长便是养正且有德的标志，而养正在乎内，以专诚、守静的正固之利行萃正之道，在于心不外驰凝神聚气的萃聚而正养，以阳裕德健之动，方为养正之动，过君子无明以知养正之大义，把浮夸无实的外在之成长当成养正之成。以此谬误，既违背养正之正养，又继再行妄动之举。过君子效仿称位君子志向远大，志在当位以政而健位德，谋求以大善济邦，以此自视过高，并言过其实，认为称位君子能当位而政，自己也能独当一面。要知道养正之义，除了养之利，还有正之序。养之利在乎内之养，我们说天地人三才合德以及精气神三者合德以阳出震，而有震之动，此为内养，非人的长大成人外在之长动；而正之序，为履法、礼、德三者之位序，这是君子进位、向邦与共育位德之必要条件；除此以外，还有在养的过程中履正，如心神驭气之正，以气养神志之正，以志进而求位之正，有当位以政而健序之正等，才是养正之大义。对养正大义理解的偏差，是无明德的结果，而明德又是与身德之健息息相关的，故而形成了连环误差。

正因为过君子健德有虚和养正不实，又无明德洞悉称位君子健位德的基础、条件、内在规律和规则等，从而自视过高，造就妄动之因，以志大才疏之志，进而妄动，以自视过高自期望欲担当大任，谋求超越己才之位，纷纷激进上求；而这种志大才疏之志正是过君子激进之志，正因为激进，又不切实际，才造就四阳填满中通之位，此四阳正是有称位君子之表与有过君子之质的过君子之四阳。过君子四阳以激进之志求谋位，又以同类之激进使称位君子失位，导致中通之位填而塞、满而滞。为何会出现填而塞、满而滞的状态呢？在于过君子虽然占位，但无才德以为政，自视过高终究是自视过高，使其政务瘫痪，空有其位，而无良政以疏通，连之前的泰通往来的局面也被打破，使其重新窒塞。

中通之位，是邦体政治之中枢，被过君子四阳以激进为由占据，以言过其实之资行大事，结果可想而知，此四阳以德不备、才不具、功不成、行有过之资，担当栋梁大任而导致栋“桡”之大过。此大过，是误国误民之弥天大祸，比否难时否塞以及小人当政更要严重。称位君子皆志通而知通，在政则懂政，而过君子空有一腔激进之志，最终因为才粗质略之政盲而将本来泰通之政，拖进窒塞不通之否势。在否难时，尚有政可疏通上下，虽然是小人当政，唯利是图，但不至于以中枢瘫痪导致邦体秩序、政治架构、行政治道等全部失灵，以此导致文明失陷之大过，其灾难可想而知，过君子之“过”，乃是大罪社稷、邦民、文明之大罪过。

为何会出现四阳这一类过君子呢？从蹇卦言“利西南”到解卦亦言“利西南，往得众也”，便是以“利西南”的得朋之利合群了过君子群体。之所以利西南，在于西南利退复自治之安，也符合大人以贞正之德固守自安之理，更利于君子反身修德而正位济蹇难，以得朋之当位，行振济蹇难正邦之政。故而西南为可固守自安之地，立于难初解而休养生息，为难得的安生之所。西南以固守贞正的有德之地以及得朋之地，使其西南有德亦得朋。有德亦得朋，正是君子以振济蹇难立正邦之志，通天下君子之志而有众君子之同，有众君子之同，必是德化之所，再以得朋之众聚，以利于生养之气机，驭得朋之当位而德化苦难之人，以此既得休养生息的安生之所，还得德化众人的德化之功。值萃卦时，君子萃聚后再类分后集，得朋的君子群体再次在萃体，以萃正之序的分类萃集结成朋党，延续了“得朋”之聚以及“往得众”之义，更延续了安解之德政，以及以德启蒙之教化。而有一部分非君子之“朋”，为君子安政与教化的对象，他们被合群，如屯卦的草昧君子和蒙卦的启蒙君子走进草昧去合群、启蒙民众一样，从被合群，到被教化，乃至被激励以及被感通，以亲众朋党君子之便利，进入了“朋党”之列，便是过君子群体。

从被合群、被安政、被教化、被激励之过程，再以亲众君子之侧之便利，以昏蒙之识盲目自视，认为自己已有称位君子之类同，再加上无明德以知健德于养正之大义，产生的理解的偏差以及错误，决定了他们的德不备、才不具、功不成、行有过的过君子之质。正因为过君子群体的成长是伴随着被合群、被安政、被教化、被激励之过程，也就决定了他们在健身德与养正而称位君子上，必然存在健德有虚和养正不实的大问题。从过君子的产生过程可知，他们首先划分了与君子的界线，他们在称位君子之侧，虽然也做了很多面面俱到的健德、养正、进志等肤浅的表面工作，但终究才德不具，时位不予。当从交感互通至泰通往来的局势到来时，他们被君子当道小往大来的局面所迷惑，因智昏不明并自视过高，且被自我激励，继而形成一个群体的激进，从而酿成大过的灾难。

过君子激进事件。激阳是发生在过君子自身的激进事件，过君子群体以常伴朋党君子之侧，听政解、结政要、应德化、参与德政等种种君子该有的作为，自以为已成称位君子，尤其是朋党君子在萃卦以“利见大人”之利而进位得政，被过君子群体洞见，故而自我要求激进式的进步，自我激励要有如称位君子般之作为，看似是励志，却是激发己身虚而浮夸之阳。经过自我激阳，在泰通往来的德政局面里，以君子当道该有所作为之由，行占位以政的激进事件。

之所以说占位以政为激进事件，在于称位君子进位得位，有其特定程序和礼序。在泰卦有“拔茅”考察擢拔的过程，且在多个卦体也有“利见大人”之言，即如是告之君子进位且当位以正，在乎时与位，只有德裕才足的条件具备了，才能逢时、位之机而进。而过君子以自我激发的情绪涌动，以激阳为基础，行占位、抢位等激进之事。《彖辞》云“大过之时大矣哉”，为大过体言时，又以时言位，程颐曰：“立非常之大事，兴不世之大功，成绝俗之大德，皆大过之事也。”极言大过之时用。

大者过与本末弱。中通之位被过君子这种激阳所塞，虽“激”而不能当位以政通，反而以昏误政，以蒙昧昏先前之政。健德有虚和养正不实是他们的底色，虚而浮夸是他们的门面，故而虽有阳之表象，但此种激阳却不能去阴之郁积，反而以微弱之阳的当位便利，害称位君子之真阳，使称位君子受尽迫害。当过君子群体以激进的方式壮大，所抢、占之位日渐增多，原本称位君子之位便因此消彼长而削弱，面对激进事件，君子所受冲击可想而知，为了避免迫害，称位君子只能远避之，或卑以居下，或远遁阳外，皆无以承过阳之盛、重、激烈，且“避”之不及，故而呈现了大者过与本末弱之象。

大者过与本末弱便是造就栋桡之因。过君子壮大成群以虚而浮夸的无根之阳，行过激之进，据位以政导致政不通而使王道壅滞，以致泰通往来滞阻，使阴阳输布失去平衡无以养邦民，继而称位君子及民众避之不及，或卑以居下，或远遁阳外，使本来鼎足支持之群体，成弱而无力之人。大而过之激阳无以成栋，鼎足不强之人又无以承重，使其栋桡而危。之所以成“桡”，就在于过君子群体通过激进事件占位而害当政之位，继而又以当位之利害政，以当政之无能害王道，再以王道壅滞使国陷难而害民，当民受大难，政不通人潦倒，而害泰通文明。以害称位君子、害位、害政、害王道、害民、害泰通文明之桡，成其大过之罪。

“利有攸往，乃亨。”值过君子当政致使栋桡之大过时，必因窒塞而不通，虽言称位君子被迫害而远避之，但值国危民难之际，当有健德有实、养正有序之人，往而致亨通，以尽匹夫之责。利于称位君子往，以当位且能称位之能用良政疏通窒塞之满，以有用取代无用，治壅滞不通而亨通。称位君子志通而知通，又善治通，尤其是以交感五通治否难——从否塞不通到泰通之治道。卦中虽四阳大过，但二五得中，内巽外说，有可行之道，在于守中正之道而济通，终究，过君子有阳而无实，言养而泽性太过，所发起的众多激进事件终无以胜正道，故利有所往而得亨也。

“君子以独立不惧，遯世无闷。”在值大过之当时，从致大过之因到以匹夫之责利有攸往济大过之体，君子应以“遯世无闷”为避祸方略，以及以“独立不惧”为正固指南。君子师法大泽灭木而大过之象，首先应洞察致大过之因，其次从致大过之因里找到振济大过之良方，然后在大过之盛时，明时局之盛衰，用正固指南用之则行，行则独立不惧，用避祸方略得之则藏，藏则遁世无闷。

独立不惧，为称位君子的本质修养，以独立不改之秉性，正阳固德，以健德有实、养正有序区别健德有虚、养正不实、自视过高、言过其实、浮夸妄动的过君子群体，从德之根本上下手，在德、才、功、行上下功夫，以此独立不惧之敢作敢为，既区别于过君子而健德养正，又担当匹夫之责对虚而妄动的过君子行教化之能，让其明白过德不备、才不具、功不成、行有过乃过君子之质地，虚妄之激阳是徒有其表，也是因此自视过高而妄动激进造就栋桡之因。

值大过体栋桡之盛时，应审时度势，以“遯世无闷”避祸自保，同时以扎实而实在之修持为过君子群体立下健德、养正之典范，称位君子之所“遯世无闷”以能称位而当位，是有其本因的，是以有德且养正为根本的。“遯世无闷”是师从复卦一阳来复时至日闭关之举，以得阳、裕阳、固阳的德之本修持，行“先王以至日闭关，商旅不行，后不省方”健德之法。先王重德以及倡导修健之传统由来已久，师先王崇德之道，法先王固德之法，修健与养正之事来不得半点浮夸。之所以言“遯世无闷”，就要如潜龙般能遁能隐，其修真证道的心耿介如石，毫不因世俗功名与世风看法而转移。

单以避祸自保只能独善其身，应从过君子之产生来反思，要谨慎结不类之党，同类萃聚也必须坚持萃乱与正集的萃集原理。萃之初有乱，避免不了被合群、被安政、被教化、被激励的那些民众混入君子之列，但要遵守聚后而再分类集，以真正的朋党之群守位、履礼。

守位则是以德之差别而分位不同的礼序，如称位君子有朋党之位，而那些亲朋党君子之人因德不配位而不能称位君子，故而无君子之位，他们只是被合群、被安政、被教化的对象，非“朋”类。履礼则是防止自视过高事件和激进事件再次发生。称位君子进位以求，继而当位，都得履礼以法，何况过君子群体。对过君子群体更要严格擢拔制度，以礼制规范且约束之，使其有才德而进退有度。

敬慎且自好

初六：藉用白茅，无咎。

象曰：藉用白茅，柔在下也。

初六阴柔，履居巽体，卑以处下；以阴柔居巽下，用茅藉物之象，以过慎之行是以无咎。白茅，洁物与薄物。物之洁者，洁物示敬于神，值大过体，遇大过之事，必先祀天、祭地以示专诚，同时再以物之洁而洁自身，修身而自洁。物之薄者，趋时而敬慎，茅之为物虽薄，而用可重者，以用之能成敬慎之道。

藉者，衬垫，用白茅垫祭器。《说文》云：“藉，祭藉也。”按：藉之为言席也。白茅，菅草。古时祭祀，以白茅藉祭器，包牺牲，缩旨酒。巽象白茅，兑主祭器，藉用白茅之象。

《系辞》曰：“苟错诸地而可矣，藉之用茅，何咎之有，慎之至也。夫茅之为物，薄而用可重也，慎斯术也以往，其无所失矣。”正是以藉之用茅言敬慎之至，茅虽至薄之物，然用之可甚重，以之藉荐，则为重慎之道，是用之重。胡瑗曰：“为事之始，不可轻易，必须恭慎，然后可以免咎。况居大过之时，是其事至重，功业至大，尤不易于有为，必当过分而慎重，然后可也。”

敬慎且自好。茅之为物，薄而用重，在于敬而成慎，慎而有诚。初六执柔处下，不犯乎刚，以独立之慎，修专诚之德，以洁之诚而自洁于己身，正如“白茅纯束，有女如玉”所云，为以白茅譬喻贞洁。

处大过体“栋桡”之凶，既以柔巽下，从卑而避祸，同时又知修德之要，以敬慎且自好得修健之要领。栋者，栋梁之体，茅者，薄弱之基；栋与茅皆君子之器用，以薄之用，亦可用之重，虽薄，但志向远大，可以薄致重之栋梁；拔茅连茹，正是君子固志并征志的写照。《案》曰：“任重大者，栋也；基细微者，茅也。栋支于上，茅藉于下。”君子以藉用白茅，谨始虑终，则无所不至，以身无过动，行无败谋，何咎之有？

激阳用过得凶道

九三：栋桡，凶。

象曰：栋桡之凶，不可以有辅也。

三四二爻，居卦之中，栋之象，象栋居中而众材辅之，奈何过刚特甚，以刚居刚，独刚过而不济，不能近于人，人亦不能近之，无辅而不能任重，以不胜其重而不支，犹栋梁下桡，象桡而占凶，凶之道也。

九三栋桡，乃太刚则折之自桡。之所以有栋桡之折，在于激阳用过又激进欲独大。

《程传》曰："夫居大过之时，兴大过之功，立大过之事，非刚柔得中，取于人以自辅，则不能也。既过于刚强，则不能与人同。常常之功，尚不能独立，况大过之事乎？以圣人之才，虽小事必取于人，当天下之大任，则可知矣。九三以大过之阳，复以刚自居而不得中，刚过之甚者也。以过甚之刚，动则远于中和，而拂于众心，安能当大过之任乎？故不胜其任。如栋之桡，倾败其室，是以凶也。取栋为象者，以其无辅而不能胜重任也。或曰：三巽体而应于上，岂无用柔之象乎？曰：言易者贵乎识势之重轻，时之变易。三居过而用刚，巽既终而且变，岂复有用柔之义？应者谓志相从也，三方过刚，上能系其志乎？"

激阳用过。激阳之阳，非君子刚明之阳，而是虚而浮夸之气被自我激励所成。而这种自我激励乃是对称位君子之误解，只看到了称位君子进位当政之表，并没有看到称位君子才、德皆具之质，又对健德与养正存在误读和理解上的偏差，他们只是在被合群、被安政、被教化、被激励的过程中，做了一些健德、养正、进志等肤浅的表面工作，并没有依照治君子九德和养正七渐的过程，来解决健德有虚和养正不实的大问题。要知道称位君子健身德而称位君子，要经过以困卦德之辨，行辨质见修之道；以复卦德之本，行性命双修之道；以损卦德之修，行损修固阳之道；以益卦德之裕，行益阳裕德之道；以恒卦德之固，行德固恒养之道；以井卦德之地，行善地井养之道；以巽卦德之制，行进位节制之道；以履卦德之基，行履位制礼之道；以谦卦德之柄，行谦谦君子之道的完整过程，之所以言治君子九德系统便是如此。一个完整系统的修健过程和执行方略，才能造就称位君子之身德；以身德之成终，才能进而有位德之始，才有过君子群体看到的进位而当位，行当位之政，在解卦安解蹇难、否难之民，使生息休养与正序复生，虽然他们当政执政，握有权柄，在于当位执政之才德是自己修健而来，是从七日来复阳积善累而来，非得朋结党之便利。

以过君子之质地行称位君子之表便是他们最佳的写照，称位君子以德政激励他们对其产生了误解，从而激阳用过，让名位、功德冲昏了头脑，以过刚之特性行称位君子之政。过君子之质地与行称位君子之表，此两者皆是大谬，过君子之质地决定了他们不能担当大任、重任，行称位君子之表更是让他们抢位、占位、据位后，以得位而忘乎所以，哪知“位”被德所定位，又被政所赋予，当位、称位、配位之德位属性在“位”的定位上和政的赋予上，是相辅相成而分毫不差的。

德配位，政称位才能得其当位。过君子激阳用过便决定了激进欲独大的秉性。独大便自视无所不能，九三处巽木之上，以木长成之表象之短见，浮夸之气气焰冲天。哪知道“位”是礼序之表达，是法、礼、德各种类秩序交织在一起的综合表达，牵一发而动全身。故而一位之位可以说是全他位来辅，同时又以己位辅他位，无辅而不能任重，何况九三欲独大。最终九三因才德不具，时位不予成为过君子群体中最典型的代表，以栋桡而致大过，风雨飘摇，大厦将倾，不可终日。

行大任得吉道

九四：栋隆，吉。有它，吝。

象曰：栋隆之吉，不桡乎下也。

九四刚居阴位，居上卦之下，下实而不桡，以阳居阴，过而不过，其象隆。隆者，盛大，取乾之大。李过曰："下卦上实而下弱，下弱则上倾。故三居下卦之上，而曰栋桡凶，言下弱而无助也。上卦上弱而下实，下实则可载。故四，而曰栋隆吉，言也。"

九四之所以"隆"，在于三以刚居刚，而阳激刚过，四以刚居柔，阳爻皆以居阴为美；三在下卦之上，下卦巽木有表象之长成，有自视之短见，而四在上卦有泽之润物之性；三处下为上实下虚，四于上卦为下实上虚。

行大任得吉道。四居近君之位，为担当大任者；之所以能担大任，在于九四乃以刚居柔，能用柔相济其阳，使阳不过刚。值大过体时，阳刚不能济体，四阳已满，中位已滞，再用阳则阳太过，唯以刚处柔，从柔来济刚，使刚柔相济而得济，况且九四与初六相应，得柔之气，以此能胜其任。值大过体虽言独木不支，但大难时总有支撑者。

《程传》曰："若又与初六之阴相应，则过也。既刚柔得宜，而志复应阴，是有它也。有它则有累于刚，虽未至于大害，亦可吝也。盖大过之时，动则过也。有它，谓更有他志。吝为不足之义，谓可少也。或曰：二比初则无不利，四若应初则为吝，何也？曰：二得中而比于初，为以柔相济之义。四与初为正应，志相系者也。九既居四，刚柔得宜矣，复牵系于阴以害其刚，则可吝也。"

养正才能得济

九二：枯杨生稊，老夫得其女妻，无不利。

象曰：老夫女妻，过以相与也。

九二居中，刚健履柔，以阳从阴，独能济其过，卦爻以枯杨生稊取象，占其老夫得其女妻之事。阳之大过，比阴则合，故二与五皆有生象，此“生”象犹老夫得女妻，阴阳相与，能成生育之功。九二当大过之初，得中而居柔，与初密比而相与，九二象老夫，初六象女妻；九二处乾，为老夫，初处巽下为女妻，二乘初，巽承乾，阴阳有情，故曰“老夫得其女妻”。

枯者，木之老也，巽木长成而至乾为老；杨者，速生早凋之木，易感阳气而生，阳过则枯，兑为泽，巽为木，木生泽中之象；稊者，刘琨《劝进表》云：“生繁华于枯荑，谓枯根也。郑康成易亦作荑字，与稊同；取稊之根，为荣于下者。”女，《说文》云：“女，妇人也。”王育曰：“对文则处子曰女，适人曰妇。”《尔雅释估》云：“女，如也。《白虎通》曰：“言如人也。”徐锴曰：“女子从父之教，从夫之命，故曰如。”取巽从、为如；妻，巽齐成妻，《白虎通》云：“妻者齐也，与夫齐体。自天子下至庶人，其义一也。”

胡炳文曰：“巽为木，兑为泽，杨近泽之木，故以取象。枯杨，大过象。稊，初在下象。老夫，九象。女妻，初柔在下象。九二阳虽过而下比于阴，如枯阳虽过于老，稊荣于下，则复生于上矣。老夫而得女妻，虽过以相与，终能成生育之功。无他，以阳从阴，过而不过，生道也。”

九二之养正。九二以中自处，用柔相济刚之过，以下养之，为得其养正，故而杨枯槁而复生稊。阳过而未至于极，在于柔养之功。处大过难得作为之体，过刚不能有所作为尤在九三也，九二作为四阳之列，也受难得作为之限，且在九二因刚过使木成枯，枯木既无新生之能，又无栋梁之材，且唯恐无用而遭弃。“栋负众榱，则木之强者也。杨为早凋，则木之弱者也。此卦本末皆弱，二近于本，五近于末，故均为木之弱也。” 九二以中正自处，得柔以相济，使其复生稊。老夫得女妻，以能成生育之功使其再生大用，且无阳刚过极之失，故言无所不利。

虽生华但得丑

九五：枯杨生华，老妇得其士夫，无咎无誉。

象曰：枯杨生华，何可久也。老妇士夫，亦可丑也。

九五承上，近于末，阳过之极，又比过极之阴，以生华耗气，使气势将竭，故无咎无誉。

何楷曰：“生稊则生机方长，生华则泄且竭矣。二所与者初，初，本也。又巽之主爻为木、为长、为高。木已过而复芽，又长且高，故有往亨之理。五所与者上，上末也。又兑之主爻，为毁折，为附决，皆非木之所宜。木已过而生华，又毁且折，理无久生已。”

九五虽以中正居尊位，但值大过体，苟泽灭木有其体亡之祸，九五亦当不能免难，九五应难，不能济全体，下亦无应助，不能行大事成大过之功，更不能济大过之难体。然而九五上比过极之阴，以阴济阳，使其枯杨之生华。枯杨生华，首先是枯木得生机，其次是生华耗气，使气势将竭。五上亲比上过极之阴之老妇，为老妻少夫的夫妻之象，老妻少夫不能生育，犹老树开花，为不可久长之象。苏轼曰：“稊者，颠而复蘖，反其始也；华者，盈而毕发，速其终也。”枯杨下生根稊，则是复生与生机之象，而上生华秀，虽有所发，终气尽而干枯。

九五得丑。九五得丑既在于处尊位未有济大过难体之功，有政之丑；又在于本阳刚之才却以极之阴济之，使其枯杨生华，有行之丑；再以士夫而得老妇之行径，虽无罪咎，殊非美，故象辞言其可丑。

灭顶之凶

上六：过涉灭顶，凶。无咎。

象曰：过涉之凶，不可咎也。

上六处过极之地，才弱不足以济，值泽之灭木之极，处上为其灭顶，呈大过体的灭顶之灾凶。

《程传》曰："上六以阴柔处过极，是小人过常之极者也。小人之所谓大过，非能为大过人之事也。直过常越理，不恤危亡，履险蹈祸而已，如过涉于水，至灭没其顶，其凶可知。小人狂躁以自祸，盖其宜也。复将何尤？故曰无咎，言自为之，无所怨咎也。因泽之象而取涉义。"

值大过难体的灭顶之凶灾，为难上又有凶，而辞言"无咎"，在于应"遁世无闷"之言，以灾祸成其独立不惧之人格和健德修养之良机，所谓在大失处有得，便是此义，孔子所以观卦象，言"不可咎也"，在于应大难而有大思，物不可终过，亦不会全灭。

《案》曰："此爻《程传》以为履险蹈祸之小人，《周易本义》以为杀身成仁之君子。《周易本义》之说固比《程传》为长，然又有一说，以为大过之极，事无可为者。上六柔为说主，则是能从容随顺，而不为刚激以益重其势，故虽处过涉灭顶之凶，而无咎也。如东京之季，范李之徒，适足以推波助澜，非救时之道。况上六居无位之地，委蛇和顺，如申屠蟠、郭泰者，君子弗非也，此说亦可并存。"

坎卦：重险之难

坎上坎下

阴阳尽陷须维心尽诚

君子行德政内外之治道，当有所作为，却最怕蒙受大过之难，各难体均还能有所作为，唯大过之难使君子难得作为。在大过卦以阳过中之“过”本来可行“大”事，却奈何激阳虚而不实又激进用过，“过”君子群体据位以政，致泰通往来之德政壅滞，而受大过之难。大过之难是过君子群体以虚而浮夸的非君子行为所造成君子文明之大难。称位君子或卑以居下，或远遁阳外，以远遁避祸只求自保；过君子伪作称位君子，违背事物正而序的发展规律，无以担当泰之栋，行其泽灭木之大过，以害称位君子、害位、害政、害王道、害民、害泰通文明之桡，造就君子文明之大难。

当德不备、才不具、功不成、行有过的过君子群体以虚而浮夸之质，陷入小人之体，便陷入重险之难，而成坎体。重险者，坎也。《序卦》曰：“物不可终过，故受以坎。坎者，陷也。”大过因栋桡而使王道壅滞，因害正道而大过至极，过极必陷，陷入重难之坎险，此坎所以次大过。卦中一阳上下二阴，阳实阴虚，上下无据，一阳陷于二阴之中，成坎陷之义；坎者，陷也，卦之所言，因陷而处重险之难。阳居阴中则为陷，阴居阳中则为丽，阳在中为陷，阳被二阴所陷成坎。

小人当道的卦体环境。阳在中为陷，阳被二阴所限，阴者小人之处位，而“阳”从大过而来，却为“过”阳、激阳、伪阳，大过的称位君子早已在大过蒙难，或遭迫害，或远遁避祸，卦体皆是小人当道的处世环境。原本在大过卦当位的过君子群体，由于阳本来就虚而不足，再随大过德政系统之崩溃而皆沦为小人。过君子为出现在大过体的独特“君子”现象，非有称位君子的德之实，却又非小人无志、无德的阴柔之害，虽言君子，但又有小人之质，言小人又行君子之志，又具阳之属性，故为介于称位君子与小人之间的过君子。过君子群体皆健德有虚，养正不实，自视过高，言过其实，浮夸妄动，经过占位、抢位等激进之事后，造就大者过与本末弱的栋桡之因，在大过体成其大过之难，使称位君子、邦、民皆应大过之难。原本还有过君子之质、称位君子之表的非君子，已完全沦为小人，使其小人当道。坎卦继大过卦之卦体，小人当道的处世环境在大过卦时已然全无君子当位之可能，然并非已无君子之实，而是明君子睹大过之难境遇，时位不予皆远遁，且远遁于野。

阳皆不实。当小人当道的处世环境无从改变，只能求阳以救阴，而言“阳”者，以过阳、激阳、伪阳而皆不实。阳不实之因在于健德有虚与养正不实两者，健德不能激进求速，养正更要行渐进正固之养，而过君子发生在大过卦的激进事件皆对健德与养正不利，所以“阳”皆无实。过阳者，致否塞；阳虽过中，却以无实充塞中通之位，使虚而不实之阳充实于两阴之间，以阳塞满而滞，导致否势，以“否”势成小人当道之主因。激阳者，害正道；过君子群体通过激进事件占位而害当政之位，又以当位之利害政，以当政之无能害王道，王道壅滞而正道废。伪阳者，害文明，大过体所有当位之“阳”，皆无力当担大任，栋之所以成“桡”，在于四阳虽充塞但皆伪，伪于表而害于质；

崇德推明之德政，本以阳求离明，而阳皆伪，则文明蒙难，以否塞之势和正道之废，首先便使泰通文明蒙难，继而难势蔓延，损伤其他卦体与治道，而使大过至极。

过极必陷。过极必陷，是大过必陷坎难之所在。大过卦以过阳、激阳、伪阳太过，而导致害称位君子、害位、害政、害王道、害民、害泰通文明，且皆“害”其至极，才德越虚，过则越大，过君子群体过激的气焰在大过有多盛，其大过重罪便有多甚。过极必陷，所陷者，包括正当位的过君子群体，本来过君子群体阳皆不实，再造坎阴所陷，便阴上加阴，难上加难。

坎体以重险立卦，以陷取义。陷者，阳被大过所伤使阳陷于阴，此为阳之险，亦是成坎之体；坎体以陷伤阳，继而伤阴，当阳被伤且阳陷，阴之陷则甚于阳陷，此为阴之险；最后阴阳俱伤，阳伤重而阴伤残，阴阳皆陷入重险，便是坎卦主陷之义。阳险，阳先被伤在大过体，过君子以非君子之质和小人之实充实于大过体，说明大过体皆成小人当政且胡作非为之体，在激进事件中，其占位、抢位等皆是伤当位君子之举，尤其是使王道壅滞而正道不立，大伤君子之道。君子之道伤则阳伤，君子与阳皆社稷之栋，栋桡至极必致王政塌陷，当王政伤废，社稷有危，称位君子就算有避祸之明而远遁于野，在卦体整体之陷的情况下，覆巢之下焉有完卵？继而值大过至极，阳陷于坎体。阴险，大过之伪“阳”皆坎体之阴，亦是坎体小人当道的处世环境。他们在大过卦便已据位而当道，在大过卦还有阳的过、激、伪等特质，而在坎卦已然全为小人之实的阴质，当自保正固之阳随卦体之陷而遇阳险，其充塞中位之伪“阳”小人亦全陷于坎体，陷阴比其陷阳而言，阴之陷更甚，以此成坎卦四阴之体，且处下有阴，居上亦有阴。

《杂卦》曰：“离上而坎下。”坎为水，水曰润下，水以润下之性，使坎体下陷。陷者体陷，阴阳之众皆成体，在坎之大体内有内外之体，内外之体内亦有小体，值润下之性主坎，故体显下陷之象。坎卦四阴，居上与处下皆有阴，阴者无阳不实，足踩阴而不实，根基不稳，使其陷下而愈深；头顶阴而无明照，明德不具，使其昏蒙而暗至极。

阴阳皆遭险。伤阳之险，阳被大过卦所伤，使真阳无以成栋，而伪阳充塞四体且当政，使其大过陷坎体，在坎体阳又被阴所伤，为伤而又伤之险。阳被两体所伤，在大过无阳成栋，故大过至极，阴阳皆陷于坎体，在坎体无阳作根基，陷下之势而愈深。一个卦体受难之程度从卦体之阳被伤到的程度可知，处坎之阳被大过体与坎体两体皆伤，且伤而陷，陷而重险，成其诸难最难之体。

对比明夷之难伤阳而言，明夷伤阳为阳性被阴性所伤，而坎之伤阳为阳被政所伤，被体所陷。阳弱明小与阴强妄大的明夷之体，有明系统和暗系统两者，明系统为有圣贤、大君子与君子等群体，主导明德、明志、阳德、德政、德教等内文明，暗系统为有昏蒙草昧、欲望刚强的暗众，主阴与妄，成履明夷之主体，也是遭明夷大难之主体。暗系统以大阴体的阴强妄大行大阴诛阳、昏蒙诛明、迟钝诛志、否塞诛序、险困诛身、大过诛位的明夷六伤而伤阳，造成善政难为、教化难行、阳德难积之明夷大难，虽阳被伤，但明夷内文明系统尚在，其纯粹精神尚隐，在明夷的这种夷伤是被阴阳法则所主导的阴阳盈虚过程，也是正大之德政的转化过程。明夷的明系统以正大之进行内阳化外政而被阴体夷伤，非人为攻击、征讨之夷，而是阳小而阴妄大之转化。

坎之伤阳，阳被政所伤和被体所陷。大过致栋桡之政，致王道壅滞而正道废弛之政，是伤阳致否之祸首，尤其是当小人当道对阳的消耗比明夷伤阳还甚，明夷在乎转化，当阳被阴噬，为阴吸阳而收，阴收阳则阴体内阴消阳长，而大过之阳被小人吞噬，长了小人之势不说，阳还将被消解或荡然无存。从大过陷入坎体后，阳又被坎体所陷，以“陷”主义，在于阳有明因陷而不能照，阳有志因陷而不能伸，无政亦无位，被小人围困而陷。当坎卦之阳有明不能照暗，有志不能升而进阶，此难深重程度可见。

坎之伤阴。坎之阴为大过塌陷之全体，已然应大过之难，那些在其他卦体被合群、被安政、被教化、被激励，使其伴君子之侧的人，皆迫于应难，无以效法明夷体围绕在君子身边被教化，况且大过体君子早已在激进事件发生时远遁于野，小人无明以引，无德政以教化，自己无明亦无志，以欲当政而堕落自伤，致坎体后，越陷越堕落，自伤便越深。坎体之阴，为诸多难体的受难主体者——昏蒙草昧与阴强妄大的刚强众生，处明夷体为暗众，处坎体为陷众，他们总是受难的主流群体，且贯穿于任何卦体，和君子有明亦有志相比，他们无明亦无志，有时候连小人都不是，常常不会跟随君子，且只愿随小人或被小人结党且类同，认昏蒙习以为常。坎之陷众被伤，以阴上加陷而成险，应难不及又遇险自伤，难上加难，难以自持而疲于奔命。

坎以陷义主险，当阴阳皆陷于坎体，上下皆坎，陷之又陷，是为重险，重险之难便生。值重险之难，阳虽陷，但阳有明有志，遇时位得体时可自行出难；而阴之陷因无明以识时务，亦无志正固健德，则出入无期。凡是伤阳之卦体，阳被伤应难，终究难更甚且更苦不言的还是昏蒙暗众，在坎体重险之难面前更是，阴遇重险，阳亦同陷坎体，则无引出坎之人，且阳政早已在大过体室塞且正道伤废，无有助援之体。无引援之人亦无助援之体，使坎之陷众苦难深重矣。这些深陷苦难之众，大多时候帮衬小人，助小人得势，岂不知终究最苦不堪言的还是自身？不知跟随君子得教化，致难时又无良知保护君子不受中伤，处处应难不知祸难皆自招。

重险之难。坎卦重险之难集诸难于一体，坎之重险从大过过极而陷，因过阳塞满中位栋桡，泰通成否势使王道壅滞，否弱之资无以成泰栋之才，虚而浮夸之“阳”随德政系统的崩溃而皆沦为小人，不仅造成大过之难，还以否塞不通致否难与小人之难。否塞不通则无法与大秩序建立天人合一全息元象“动态”交易联系，使本来就陷落之体无法在大共体里引援而助益，故陷之愈深。小人之难则以小人之秉性当道，小人不重天道、不知阴阳、偏居偏安且妄作非为，以好欲且趋身利为秉性，以害正道和乱位序成为他们的显著特征，害正道则伤君子之阳和德政之大明，乱位序则容易引入失序之难。无明亦无序是导致昏昧之主因，也是坎体愈发深陷之所在，本来居坎体治明与治序已很艰难，再加上小人伤无明和乱序，使坎卦混乱之局面可比肩屯难之无序状态。小人无明且无德，又困陷君子，使其发生如蹇卦的险、困之难，既有蹇难之有险阻，又有光明掩蔽之困，使其身困险难，集蹇卦、困卦之难于一身，既无济困之道，又无脱身之途。面对重险之难如此，小人或民众必涣散，小人或民众迫于应难将从君子处涣而离散，不得已而疲于奔命，心神涣散。重险之难深重且大如此，引发君子都有丧志的风险，至少君子之志被坎险所陷，只能坚贞于内而无能为力于外，故而卦中有孚心亨之象，有孚则诚立，心亨则明通，以此正固静待时位济坎体。

坎：习坎，有孚，维心亨。行有尚。

彖曰：习坎，重险也。水流而不盈。行险而不失其信。维心亨，乃以刚中也。行有尚，往有功也。天险，不可升也。地险，山川丘陵也。王公设险以守其国。险之时用大矣哉！

象曰：水洊至，习坎。君子以常德行，习教事。

卦辞：维心君子居坎习坎且通坎而济难。

彖辞：居重险之难当明重陷之因果。

象辞：习坎，通坎，师坎，方能用坎。

坎卦，坎上坎下，为阳陷阴中而重险之象。卦中一阳陷于二阴之中，以阳陷阴而成坎陷，阳居中成实，上下二阴成虚，阳实阴虚，上下无据，使其头上无明，脚下无根，阳实有重，阴之虚无力承阳重故陷；坎者，水也，水以润下之性而陷体，相比性柔体则沉重，坎之体者皆小人之体，其中实之阳，为根于大过卦体之伪阳，皆欲重而妄沉，阳且如此，阴体更甚，欲、妄沉重堆积，故无力承受其难而重陷。阳实居体而重，亦是出坎之任重，惟寄君子本心，习坎而见性，以有孚心亨处险难，而得居坎之道。

“有孚，维心”。坎以有孚维心立卦德，在于睹坎象，见重险之难，明处坎法则，而得居坎之道。睹坎象，睹阳陷阴中而重险之象，在于明重险之难；坎陷之发生在于坎体根大过体，大过行至极之过而致使过极必陷，从过极陷入坎体；坎体之阳从大过栋桡后塌陷而来，大过之阳以过阳、激阳、伪阳本来就虚而不足，随大过德政系统之崩溃而皆沦为小人，成其坎体小人当道的卦体环境；阴体当道且阳皆不实，坎体以陷伤阳，继而伤阴，当阳被伤且阳陷，阴之陷则甚于阳陷，阴阳皆遭险而阴阳俱伤，阳伤重而阴伤残，阴阳皆陷入重险。

见重险之难，从睹阳陷阴中而重险之坎象，当知坎之重难发生过程，知难之所生，陷之所在。卦中阳实阴虚，阳虽实但阳为欲重妄沉之实，欲、妄之沉重与重陷堆积，又值上下无据，足踩阴而不实，头顶阴而无明，使其陷之又陷，所陷者不仅是阳陷，阴亦沉陷，尤其是坎之阴无明以引，无德政以教化，自己无明亦无志，以欲当政而堕落自伤，越陷越堕落，以阴上加陷而成险，应难不及而疲于奔命，故坎卦重险之难集诸难于一身，昏蒙而暗至极。

明处坎法则。居诸难于一身的重险坎难中，当以习坎为居坎法则，从坎难中学习坎道法则而居坎，以图出陷而济难。谁能习坎而明居坎法则？唯坎体君子，值坎陷至盛时能以明避祸，再固志习坎，以得坎道而通险难。坎体中虽阳不实且受陷，坎阳与众阴皆应坎难而无力习坎，唯从坎难中出维心君子，通过应陷，习坎，再居坎和出坎。陷体所出君子，便是维心君子，坎体因陷伤阳，阳被政所伤、被体所陷，阳虽中实但阳为欲重妄沉之实，在坎之表体只能因“重”而沉陷，这是为何坎之阳亦陷之所在。表阳欲重，阴体陷而无力承重，致使坎体陷而又陷。

表阳逞能。维心君子者，乃坎体真阳，经坎难之炼方出，为何真阳君子值坎难要经坎难之炼方出呢？在于坎难时有表阳逞能之过程。表阳逞能，在坎陷初期，阴体皆附于阳，以求救与求教于表阳君子，表阳欲重无能却欲担大任，欲以“中实”之力领众人出坎陷，居坎而轻视重险之坎难的破坏力，这是表阳君子无明所致，而阴体从来皆无明亦无智，表阳君子好大喜功，欲揽大任，故而皆附从之，哪知阳不实却又负阴体之重，如同大过卦之栋桡塌陷般，自身亦陷而阴阳齐沉沦，陷入坎难的至甚之陷，这便是陷之又陷之陷义。又陷便在于表阳逞能，在坎陷之难的基础上又陷。由此可见，表阳君子同大过体的过君子一般，皆有德不备、才不具、功不成、行有过之显著特征，尤其是造成大者过与本末弱之祸，在大过体为造成栋桡之因，在坎体为造成陷之又陷之因。表阳君子不仅无力救坎还因阴阳齐沉沦牵连自身亦陷之更深，坎体重险之难进入了陷险深重且民众皆心神涣散的至难时刻，原本在大过体远遁避祸的阳君子于坎体以有孚维心之使命，通过习坎而知居坎法则，以得居坎之道，经过合群、安政、教化、激励之过程教导尚存志心之人，以“行有尚”和“往有功”之君子行，救坎众出坎难，这便是经坎难之炼方出维心君子的原因。

坎难之炼。坎难先炼出表阳君子，再炼出维心君子，维心君子经过坎难炼出习坎之道，君子再在坎难中炼难救众。坎难之深重在于难深而日长，一个“炼”字，可见维心君子只是以维心之质应难，亦要经过坎难之外在，方能洞悉坎难陷之原因而知居坎法则，维心君子在坎难中可能和应难众人一样，居无定所，衣不遮体食不果腹，亦如明夷卦文王与箕子都不免蒙难，但这只是难系统的外在，维心君子与明夷卦的内阳精神一样皆隐而不常见，当道与时违，内阳归虚隐而不见，维心君子亦难炼，方归位明心和志心，而这个归位的过程便是习坎。

“习坎”。习者，重习、服习、温习，皆有重义。孔颖达曰：“坎是险陷之名，习者便习之义。险难之事，非经便习，不可以行。故须便习于坎，事乃得用，故云习坎也。” 习坎，习坎水流而不盈之理，习水乃知坎，坎非用物，以习为用，以用达知，虽被重坎所陷，但唯习水知水，方能出入水而不溺，习乎险难，方能知难因何在。所谓以习为用，以用达知，无非是通过习坎之过程，而做到洞坎水之法序原理，再师法坎性，取法水用而出难；习坎之首要便是应难，只有在难中方能吃透坎水法序，洞悉坎性，明居坎之重险的法要。

故而言习者，为居习、洞习、师习三义。居习者，应坎难而居之，不以重险之陷而乱志心，以外在之难而炼心明；洞习者，洞悉坎水致陷之因，以及从润下之特性而明坎水法序，再从法序知坎性，洞而习，以习炼智明；师习者，师法坎性而用水，用水之所行，当居物能用物则能得心应手，炼出难之明。三习三炼，便是坎炼维心君子的过程，在坎卦只有维心君子能习坎，从水流不安众求安，从坎之悲苦中求乐。当维心君子从坎难中炼出，君子内圣外王时，方是维心有用武之地时，方是君子之时位，方能君子正位居体而拯重险之难。吕大临曰：“习坎，更试乎至难也。八卦乾健坤顺，震动艮止，离明坎险，巽入兑说。惟险非基德，君子所不取，故于坎也，独以习坎为名。更试重险，乃君子所有事也。”

“维心亨”。居坎如何得“心”？在卦中二阴得之于坤，一阳得之于乾，乾辟坤乃成坎象；天地开辟，唯水始生；坎，水也，一始于中，有生之最先者为生水，所谓天一生水，地六成之，生于中，乃金性生水，才成于水之物象。管子曰："水者何也，万物之本源也，诸生之宗室也。"金性生水，习坎既见坎性又见相生之金性，金为水之母，从坎性循金性为循流而达源，以致乎心。故从乾辟坤之坎体，以习"用"而见体，从见体而见心。六十四卦，独于坎卦指出心以示人，八纯卦，亦惟险非基于德，而直言心，便是坎之重险之难已为诸难之最，难之至难矣，唯有君子明心见性之大洞明方能出难济难。当维心君子出则刚中，所谓"维心亨，乃以刚中也。"便是如此。以维心君子对比华而不实之表阳君子，可知道心惟微，必知至深至微处。言"亨"，为维心君子明心见性习坎通坎，从三习三炼居坎难而达明。

"行有尚"乃维心君子济难之行，有可嘉尚而有功。维心君子身虽居险，但经过三习三炼，以维心之亨通心已出险，之所以有"行有尚"之谓，在于阳实而有孚，阳明而心亨，以此诚一而行，维心君子以有孚心亨济难。维心君子济重险之难，为何强调有孚致先呢？在于表阳君子逞能致重陷而失信在先，因失信之祸致使不再信能出险之言行。

一个经过三习三炼居坎难而达明的维心君子，志心济重险之难，却先要为昏蒙陷众治孚信，这本身就是对昏蒙陷众无明至甚的讽刺。不信和不能致信，是昏蒙陷众无明亦无智所致，维心君子治孚信在于济世的大乘之心，来图谋建德政正序之利。

吴曰慎曰："阳陷阴中，所以为坎。中实有孚，所以处险。有孚则诚立，心亨则明通。心之体，静而常明，如一阳藏于二阴中也。心之用，动而不息，如二阴中一阳之流行也。一阳者流行之本体，二阴者所在之分限。流而不踰限，动而静也。限之而安流，静而动也。有孚心亨之义，发于习坎，至矣哉！"

"天险，不可升也。地险，山川丘陵也。"维心君子以中孚维心居坎习坎，以行有尚济坎险，当明天险与地险之分别，天险者，致重险之坎难的内因，也就是因果法则所主导的心险，唯因果不可违，而天险不可升。济当济可济之人，不可升险之人必有因果所主，之所以陷如此深重之坎难又无法跟随维心君子出难，自有“天”之因果所在，君子行有为法难以升其内在因果，故君子睹天险不可升，应回归德政与德教，对陷众教之以因果，以治明和立志重塑德政之序，使其自健德而出重险之难，唯内健其德能自升，非外力可主升与助升。地险者，便是君子能三习三炼之所在，通过师法水象，从山川丘陵中找到生克制化之理，洞悉坎水润下之特性而明坎水法序，再从法序知坎性，师法坎性而用水，用水之所行来济险。

“王公设险以守其国”。言应重险之难时应“设险”防重险波及甚广，心神涣散如水决堤将一泄千里，只有以“守”言固守。国者，大国小民，小国寡民，乃心中一明神，身中一口真气，必当固守之，以待时变，当真气守于内，方能设城隍之险，以守山河在外。之所以言守神守气，在于心神最易涣散，要能从坎之悲苦中固守求安。

“险之时用大矣哉”。坎卦言“时”，在于坎难发生过程有“时”义，从初应难到陷难，又从陷难到陷之又陷之重陷，从重险之难到坎难至深重，再到维心君子济难，皆依时而成，尤其是遇时位得体时方有维心君子出，亦时位得体时才能使维心君子正位居体，且中间还贯穿了君子三习三炼之过程，以及“行险而不失其信”治中孚健信的过程，皆依时、待时而成。不知“时”之变，不明出入无期究竟何义。时者，处坎体乃正道之天时，唯有孚维心者能通天时。

“君子以常德行，习教事。”值重险坎难，应思坎难之因，如水汇江成海而亦在源，源者，因果之“天”，而能主导因果者唯德，德积之于行，健之于明。君子习坎、主坎、济坎皆当知因果，唯明因果之教，方至维心之境。

积之于行，以常德行尚之，积小以汇大，如涓涓细流终成江海，《荀子·劝学》云："不积小流，无以成江海。"习教事者，教之以明，以因果之道教之，使其自健德而出重险之难，唯德能自升，非外力可主升与助升。

陷之又陷

初六：习坎，入于坎，窞，凶。

象曰：习坎入坎，失道，凶也。

上六：系用徽纆，寘于丛棘，三岁不得，凶。

象曰：上六失道，凶三岁也。

初以阴柔居坎险之下，柔弱无援，阴柔失位而处不得当，为不能出险且险陷益深者。窞者，深坑，《说文》云："坎中小坎。"坎主陷，坎中小坎为陷之又陷。

张浚曰："阴居重坎下，迷不知复，以习于恶，故凶，失正道也。传曰：小人行险以侥幸，初六之谓。"初六居下已在坎之至深处，又陷深坑，其凶可知。初六以不实、不中、不上居坎，陷之又陷而不能出险。不实者，阴而无阳之实；不中者，既无中位又无中道；不上者，无引援使其上。迷不知复又行险，心存侥幸而往，往而又致陷，使其入坎窞。

上六以阴柔而居险之极，坎陷已深，又居险极，失济坎之道而不得出，以其陷之深，取牢狱为喻，以牢狱拘系为象。系缚之以徽纆，因寘于丛棘之中。阴柔而陷之至深，三年牢狱之灾不可免。王弼曰："囚执寘于思过之地，自修三岁，乃可以求复，故曰三岁不得凶。"

系者，捆绑，《说文》云："系，约束也。"徽纆，绳索也，陆德明《经典释文》云："三股曰徽，两股曰纆。"徽纆皆刑具；寘者，安置，孔颖达疏："谓囚执之处，以棘丛而禁之也。"《九家易》云："周礼，王之外朝左九棘，右九棘，面三槐。司寇、公卿议狱于其下。害人者加明刑，任之三事。上罪三年舍，中罪二年舍，下罪一年舍。" 三岁不得，其罪大而不能改者。《案》曰："不得者，不能得其道也。如悔罪思愆，是谓得道。则其困苦幽囚，止于三岁矣。圣人之教人动心忍性以习于险者，虽罪苦已成，而犹不忍弃绝者如此。"

陷之又陷。初六脚下无根致陷而又陷，上六头上无明致牢狱之灾。在坎体中一阳陷于二阴之中，以阳陷阴而成坎陷，上下二阴成虚。上阴者上六也，下阴者初六也，初六脚下无根，阳实有重，阴之虚无力承阳重故陷，致坎陷时又迷不知复而又行险，心存侥幸而妄动，往而又致陷入坎窞。上六头上无明，无明无以习坎，更无以知坎，坎之伤阳亦伤阴，尤其伤阴使陷而至深，坎之阴皆无明，上六无明犹甚。初六与上六皆尽失坎道而不能出险，既不能自救，又无引援以救，更无正道来救，无引援之人亦无助援之体，可谓悲惨至极。

受如此深重之苦难，从自身而言，初六下欲重，上九上无明，行欲与无明在坎体以重险之难显现，且陷之又陷。从卦体而言，欲、妄沉重堆积，无力承受其难而重陷，小人无德无明亦无智，非出坎之人，亦是无缘见维心君子而出难之人，《彖辞》以"天险"言坎难之因果，便是行欲之初六与无明之上九两类，他们便是被"天险"因果所主而不能升险之人，在易体中很难出现如初六、上九这种死路一条之人，只有在困卦上六困于"葛藟"之极悲惨如此。可见平日所说节欲且治明无人信以为真，可能是难不深，祸不大，所谓不见棺材不落泪吧。

小得与既平

九二：坎有险，求小得。

象曰：求小得，未出中也。

九五：坎不盈，祇既平，无咎。

象曰：坎不盈，中未大也。

九二以阳刚之才居中，虽居中却处重险而未能自出，为有险之象。然刚而得中，使其求而有小得。求者，自求，刚中之才虽未出险，但亦未深陷，求于心以中济之；外虽有险而心常亨，故曰求小得。

《程传》曰：“二当坎险之时，陷上下二阴之中，乃至险之地，是有险也，然其刚中之才，虽未能出乎险中，亦可小自济，不至如初益陷入于深险，是所求小得也。君子处险难而能自保者，刚中而已。刚则才足自卫，中则动不失宜。”

九五以阳刚中正居尊位，为得时而将出之人。九五居坎中，是不盈，盈则平而出矣，必抵于已平则无咎；曰不盈是未平而尚在险中，故未得无咎。有咎在于人君之才却不能济天下坎险，不能使天下人皆能出险，未有称位之德，故而成咎。

坎不盈，以其流，流则动，居坎陷有动，非九五处坎之道，之所以九五求平，在于以平求静，处坎陷而求静，乃平而能出之理，然而动则不平，违背求平求静的出坎之理。九五居尊位非求自身之平，若不能济天下太平，则为有咎。在坎之重险中，九五有阳刚、有中正、有尊位尚只能求平，可见坎难之深重。

九五既平则将有孚天下，先治孚再济险是坎之特例，坎卦之所以不基于言德，就在于一切所陷者皆失德基，皆不唯德，更不识德，连有孚之德必先治之，方能使众信。故坎体继大过体栋桡后又塌陷，所陷者，皆是礼崩乐坏之陷，礼序失恒方从根本遭其破坏，人皆无乐。

小得与既平。九二与九五皆刚而中，却只能小得；九二与九五皆只能求其小，不求其大，亦在不能成其大，处坎难已然艰难，无大得可言，更无济天下之力，连立大志都是奢侈。九二与九五也是处坎有“得”之人，有得则能汇其大，如掘地得泉，总能涓涓不已而汇流为江河。从小而言大者，在于有源地，从九二小得到九五既平，要借水德之功，有源之水，涓微而不舍昼夜，只能如此才能习坎而用水，从习到用是一个漫长的过程，因为处坎体大明皆丧，只有微不足道的小明可用，类九二与九五之人，言出坎要经过三习三炼方能知坎而用水，何况他人乎？这也是为何有出坎之慢亦在此。《案》曰：“盖不盈，水德也。有源之水，虽涓微而不舍昼夜，虽盛大而不至盈溢，惟二五刚中之德似之。此所以始于小得，而终于不盈也。” 凡人为学作事，必自求小得始，立行险之本方能图厚大。

虚中尽诚

六三：来之坎，坎险且枕，入于坎，窞，勿用。

象曰：来之坎坎，终无功也。

六四，樽酒簋贰用缶，纳约自牖，终无咎。

象曰：樽酒簋贰，刚柔际也。

六三阴柔失正，履重险之间，来往皆险，前险而后枕，进退皆无事功。枕者，支倚，倚着未安，为不安之甚之意。王申子曰：“下卦之险已终，上卦之险又至，进退皆险，则宁于可止之地而暂息焉。且者聊尔之辞，枕者息而来安之义。能如此，虽未离乎险，亦不至深入于坎窞之中也。其进而入，则陷益深，为不可用。勿者，止之之辞也。”

六三在坎险之时，居险支倚以处，不安犹甚，是因入于坎窞至深，下险未终上险又至，以致进退不得，以“来之”入坎，下来亦坎，上往亦坎，之者，往也，进退皆险而不能自处。险且枕，犹在意不能安睡，非枕得安，却使枕而不安，不枕又困倦至极，心神憔悴非同一般。入于坎是六三现状居下卦之终的现状，在坎中不能出坎，又值上卦临界，从上卦看六三，六三又“窞”于深坑，六四在上卦之下，而六三又在六四之下，双阴居中而无力。如此危厉临近，不可以有为，无静处之修为，动之为皆为行欲，恐为不及而又致祸，言不可用，故戒勿用。

六四居正而顺承九五尊位，以柔居柔，履得其位，五亦得位，使刚柔相亲而各得其所；相比他爻无应，六四比五而承阳，明信显著，故修其洁诚，进其忠信，祭品虽薄，祭礼虽简，以进结自牖之象，尚其质，终得无咎。王弼曰：“处坎以斯，虽复一樽之酒，二簋之食，瓦缶之器，纳此至约，自进于牖，乃可羞之于王公，荐之于宗庙，故终无咎也。”

樽者，酒器。簋者，祭祀时盛黍稷之器，内方外圆曰簋，以盛黍稷。外方内圆曰簠，用贮稻粱。《周礼·舍人》云：“凡祭祀共簠簋。”注：“方曰簠，圆曰簋。”贰者，副益。《说文》段注：“当云副也，益也。”《周礼》云：“大祭三贰，弟子职，左执虚豆，右执挟匕，周旋而贰。”是也。缶者，瓦器，祭祀时因尚质素故用陶匏。纳者，荐献。约者，简约。牖者，窗牖。一樽旨酒，副一簋黍稷，用瓦盆作祭器，简单的祭品通过窗户荐献。

《周易本义》曰：“晁氏云：先儒读‘樽酒簋’为一句，‘贰用缶‘为一句，今从之。贰，益之也。《周礼》大祭三贰，弟子职，左执虚豆，右执挟匕，周旋而贰，是也。九五尊位，六四近之，在险之时，刚柔相际，故有但用薄礼，益以诚心，进结自牖之象。牖非所由之正，而室之所以受明也。始虽艰阻，终得无咎，故其占如此。”

值重险之难而又虚中之位，必用享祭祀，示诚示礼于天地，此为应难处难第一要义。一樽之酒，二簋之食，瓦缶之器皆乃以至微物，但以虚中尽诚行有孚之道。“樽酒簋贰用缶”与损之“二簋可用享”意同，言简仪而尚诚实；“纳约自牖”与睽之“遇主于巷”意同，言自间道而通于君；六四开自牖既通君又通明，在坎卦九五之君为心所明处。

六四以柔居臣位，为臣却处险道，自无助又不能济天下，唯至诚见信于君。示诚不在多仪而在见质通孚实，故言当不尚浮饰，唯以质实通明。而通明又须纳约自牖，以牖之开通室之暗。六四为何只能以牖通明呢？在于陷难至深，所见明只有牖户之大小，可见连如此进君之人都艰难如此，可贵的是尚知通明，且尚有通明之处。《程传》曰：“人臣以忠信善道结于君心，必自其所明处乃能入也。人心有所蔽，有所通。所蔽者，暗处也；所通者，明处也。当就其明处而告之，求信则易也。故云纳约自牖。”

纵观坎卦，坎以陷义主险，本以阳陷为象，实则阴阳皆陷于坎体，上下皆坎，陷之又陷，是为重险之难，故六爻俱无吉辞。二小得与五既平尚能以小汇大，且求还不能立得；初与三皆值陷时又入于坎窞，为陷之又陷，上以牢狱之象三岁不得；唯六四正位，亲比九五而刚柔有情，知示诚示礼于天地，又知开牖户而通明，虽阴亦在陷，但为治孚得孚之人，且知谦恭自处，应是居坎重险之难中习坎之人，亦是卦辞言维心有孚之人，维心有孚而三坎三炼之人，必陷深难而目睹九五尊位无力济难，而自身通过治孚通明来习坎炼坎，终以自身苦难尝尽行险，终致大通明之人。

明夷卦：无明之难

坤上离下

避祸藏志再正志向明

执抱元守一之精神。以萃正、颐正、蓄德以及纯粹精神的养正之功，使德刚体壮而通君子正，凡能得正之事，皆能以养外德、健善政、化德教贯通于执天道行王道之政中，来通天下大正。从大正走向正大，便是从一卦之体，走入卦体之全，以“大”而应所有，把中正之道，放“大”于全万民之体中，并建“中正”成序，再以一卦之序贯通所有正序，从而建成适用于大体的正序。正大之序，以“中正”立义，以“全大体”为用，贯通法、礼、德三者正序之“正”，以治道通正序，使天下所有体皆能壮大。正大之序，是践行大同理想，通往德被天下与德服天下最直接也是最可期路径。

天下大正，健正大有序，在于进善政，化德教于外，此“进”与“化”便是执德政而普施教化的治理过程。因全大体而有万民之体大，此万民非君子及朋党群体，而且大多从昏蒙无知之草昧安顿或合群而来，为阴、妄太过的过阴之体，过阴之体大耗阳气，大耗君子心志，大耗明君善政……总之，如同“黑洞”般使阳、善、德因消耗而遁消，使其陷入明夷大难。

明夷大难在于过阴之体在外，且体大，明君、大贤、君子有阳的群体尚弱小，内刚壮之阳体不足以支撑这种大体过阴之局面。当根基失恒，则伤于明夷。故而，欲善政与德教治天下，必先解明夷之难，内固养德并蓄德牢固纯粹精神之根基，再继而执德政以教化，以德教十政养于外，使外有“明”而得养，既脱明夷大难，又践行善政、德教之化。

《序卦》曰：“进必有所伤，故受之以明夷。夷者，伤也。”进而伤，非进而不知退，而是要知为何进必有伤以及如何被进所伤。在从大畜卦通过升卦到大壮卦的过程中，刚上出柔在内在曰升，在外在曰进，升卦之进，有升志进位之进与爻位之进，升卦以“用见大人”言君子之志进与位进，升而进，依阶序而进，为进之有度，履进有法，得时位法度之升进，进而能壮，故大壮有进盛之象。值大壮之进盛大象言“进”，必然有秩序且正序升华而进，有德力强盛蓄德刚壮而进，君子升志以阶序而进，无论是萃正、颐正、还是养德、蓄德，都要有养而固、蓄而壮之体方言进。故而，言“进”要么是秩序与精神升华，要么是善政与德教壮大，要么是君子健德有成或当位有善政，皆德凭而升进，其根基皆在于有德，且要有与养德、蓄德相称位之进，才能得贞吉。

非与德相称位而进者，则必被进所伤，如大过卦的过君子群体，便是以虚而浮夸之志激进，以养正不实，健德有虚致大过，便是激进被无才亦无德所伤，虽值大过卦时伤在别人，但最终伤其大过体与过君子群体本身。当“进”无称位之德相配，则被进所伤，之所以被进所伤，非进而不已不知退，而是进而不已易失根，失根之进是被伤的原因。

失根，失去精气神正固之根而被大阴所伤。有无根之伤和被大阴所伤两者，无根之伤为从失根到无根，最终因失正固之养而被伤；被大阴所伤，为阴、妄太过的过阴之体，以阴伤阳、伤明、伤志，使明有损，德不固而被大阴所伤。

君子群体因健德、养正、养德以及进志而治明，为有明之群体，而大畜体、升体、大壮体为从养正七渐养而有明，且是德蓄壮而盛之体；对比有明，阴、妄太过的过阴之体则为无明，被无明所伤而致明夷之难。

明夷之难，难在外无明的过阴之体盛大，要想养而教之，必得大耗阳气、大耗君子心志、大耗明君善政等，以致于从大正走向正大的执天道行王道之政时，阳被阴所耗，内德被外阴之体消融使其隐而不见，既在于内德之阳与大正之善为渐养而来，非恒有之，阳之根有限，又在于阴妄之体过大，昏昧且愚昧的刚强众生顽固至极，两相作用，使其无明甚大，成其阳弱明小与阴强妄大的明夷之体。

阳弱明小。阳之根有限且弱，尤其是尚未打通元阳之根，虽说真如体的元神元精元气周遍圆满而无有穷尽，但值一卦体之明无法通全体之明，卦体如同“封印”使元神之体尚存，但元精与元气因未通全体而被卦体封存，只能从内健心性，从外行渐养；这也是为何在养正七渐过程中，一再强调要舍识弃意虚我从心而行洁静精微之正固，以精气神养而固的抱元守一之精神，心不外驰，神不外散，便是以明心见性之体通万体之明，从而以一处之至明而攻破全阴。值明夷之体，元神元精元气三元归一的元阳之根尚未打通，只能从正固、养正、蓄德、升阶而渐养之。

阴强妄大。阴在于无明而阴，大昏而冥昧，且昏昧足够深，只有少部分草昧被合群、被安政、被教化、被激励，使其伴君子之侧，随从君子而待教，但亦不足以治明；从外而教之，虽能治明，但明而有限，无内阳以刚壮成德，其明烛有小。故健明德是以正大来全大体的永恒之治道，只有健明德才能随之健志德，只有足够的明才能守志、固志以及养德而升志。妄大，在于以阴而无明逐妄，此妄皆大气习且习气顽固，使其被习气缠绕而无法致明，无明又昏昧刚强，习气顽固，以阴强妄大之无明成其明夷之主体，昏昧足够深、习气足够顽固为以刚强众生难以教化的阴妄之体，此刚强为阴妄之极而阴刚欲强，非阳壮之刚强。从习气而言，在治君子九德系统中有从惩忿窒欲到有过则改的损益过程，便是针对习气修健而言，对比损卦遏制嗔怒、止息意欲修习之“遏”与“止”来说，在益卦言“改”，改过则益，可通过在损修身而习气渐浅淡，是损益之功，由此可见阴妄习气与修德健阳的关系。

大乘之进。进而被无明所伤，非进之过，而是失根致无明以及大阴体太过，正大之进在于全万民并建正大之序，且在践行通往大同理想的路上。失根致无明，前有体大的过阴之体而无进途，后又有阴失根缺阳以养而跌落到明夷体，以此蒙难。值明夷体，必然有圣贤、大君子、君子等群体，就算被伤亦要正大之进而进。进，从大正走向正大，便是执天道行王道，行进全大体而大同的理想。进往明夷体，是舍身取大义之行，是“我不入地狱，谁入地狱”的大悲之行，以舍阳壮之身投入阴妄之体，以纯粹精神且抱元守一的内光明，刚而化外，照外以大明，乃救苦救难、慈悲喜舍是也。

昏蒙草昧与刚强众生一直陷入明夷之难中而不觉，且以明夷为安，不仅不知大光明是何物，求之何用，更对正大之善政与教化嗤之以鼻，不屑一顾，远不如嗜欲逐利欢快。故而，在进必有所伤且教而难行的明夷当体，圣贤与大君子必以大无畏的精神勇往前行，为正大与大同理想而来，必持大正而原始要终。正大之进，从进之始而言，进而升，内刚化外柔，贵在转化，在明夷体的转化因位域差太大致使转化亦有障碍，纯粹精神的心性元阳在内，因无明包裹与位域差太大而无法外化，从纯粹精神的精神位域到昏蒙草昧的位域之差便是位域差。故只能从正固之养、蓄所成的刚壮来化，转化之首要便是教君子，使君子群体壮大，让每一个养德有成的君子，都有济天下苍生脱明夷之志，星星之火可以燎原，便是内文明而外应难的解明夷之思路。

《杂卦》曰：“明夷，诛也。”诛者，责备、谴责、诛杀、讨伐、消耗是也。

《说文》曰：“诛，讨也。”段玉裁注：“凡杀戮纠责皆是。”《论语》云“朽木不可雕也，粪土之墙不可杇也；于予与何诛？”则是取消耗、诛杀义为主。明夷之诛，内在原理为以阴耗阳，阳体被大阴体消耗，使阳化善政无发力之处；外在为明入地中的明夷之象，明伤而昏暗，光明被法序诛杀而伤，明暗者，为自然法序显于明夷之体，非人力诛杀与讨伐。内外合明夷义可知，明夷有大阴体为主的暗系统，以暗体为常，也是履明夷之主体者——昏蒙草昧与刚强众生；还有极少量以有明德、明志、阳德、德政、德教等特征的明系统，为拥有“内文明”主体者——圣贤、大君子与君子群体。明暗两大系统以明系统作用暗系统，以明被夷伤为义。

明如何被夷伤呢？为大阴诛阳、昏蒙诛明、迟钝诛志、否塞诛序、险困诛身、大过诛位的明夷六伤成内容；暗系统以大阴体的阴强妄大之特征，几乎将明系统的优良特征全部消耗化解，使其仅存阳文明在内，而外象则与众人一致。这种夷伤，是基于阴阳盈虚过程，被阴阳法则所主导的，非人为攻击、征讨之夷。由此可见，明系统作用暗系统的内刚化外政，从大正走向正大的过程中，善政难为，教化难行，阳德难积；也正是应大难，才有大乘之进而履正大之义。

明夷之难。明夷有三大“难”系统，以昏蒙草昧与刚强众生居明夷而蒙大难，为明夷之难的主体。昏蒙草昧与刚强众生阴强妄大，且因昏蒙而欲妄更刚强，草昧众多而有群体之大，是明夷体基于屯卦而独有的群体——暗众。暗众是主流群体，贯穿于任何卦体，和君子有明亦有志相比，他们无明亦无志，连小人都不是，因对“明”没有任何识别能力和取用价值，常常不会随君子，且只愿随小人，被小人结党且类同，以欲当政，呈现越昏蒙越堕落且习以为常的自伤局面。暗众群体居明夷因以欲当政而堕落自伤，成明夷的主体之难。

处明夷德政与教化难。暗众无明亦无志，且无对“明”与“志”的取用价值，而且君子主导的以明、志为代表的进步系统，常常违背他们习以为常的驱欲、逐利等价值观念，再加上被昏、蒙自伤，德政与教化难行，尤其是离法、礼、德三大文明系统尚远，对德文明难以理解。从大正走向正大，在于进善政，化德教于外，其施政对象便是暗众群体，使暗众群体能知德、识德，继而顺德，以积小以高大之训，并用德来提升品格出明夷大难。德政之治理需要建正序，以正序来输布，暗众群体因昏蒙对法、礼、德的序系统无知，常只以是否得利为衡量，让德政难行，当德政难行，则德教更难。故德政之初始，一定是让暗众群体取利而正当逐利的，也往往成为宗教化的施行手段。

君子艰贞且正志难。君子贯穿德政与教化的始终，是践行大正走向正大而德文明以健的主体，更是正大之序与大同理想坚定不移的主导者和执行者，使命相当。卦中以文王与箕子应明夷之难来激励君子如何处世与作为，文王者，古之圣贤也；箕子者，古之君子也，圣贤与君子处明夷，尚蒙大难，虽艰但贞，亦能持贞正而正志，求作为并有作为，使明夷之难处在当前而功德在后世。

明夷卦，以明入地中取象，以“伤”立意，以“正”为体，以“进”为用，以内文明隐于内，暗众柔顺于外，虽应明夷之难，但终显内阳化外政的治理之功。全卦、爻以文王、箕子而引史证辞，举明夷“利艰贞”之卦德。上六象暗主，本执暗，且自耀其独明，而伤他明，故爻皆被其伤，而各存避祸与济夷之道。下三爻以明夷为句首，四五明夷之辞在句中，上六不曰明夷而曰不明晦，上六不明而晦，在于五爻之明皆为其所夷。初九夷其羽翼，在伤之初，以垂翼而避祸，类微子用行，显其明与智；六二夷其肱股，六二用拯，乃文王守柔而示顺，亦为避祸而自守之道；九三用内明以进，夷于南狩而得大首，力能正则正，类武王用明；六四夷其心腹，深交于君，类比干以忠勇守艰；六五以贤切近暗主，处位最难，正之则势不敌，救之则力不能，去之则义不可，唯独明不可息，类箕子守贞；上六暗主不明反晦，本上天却入地，类商纣失道，终亡国。故而君子居明夷之世，当健明德以通内文明而享用纯粹精神，以精神济阳功，进志从大正走向正大，以内刚化外善，用晦向明，治天下皆能大明，师法诸圣贤，就算灭其身亦不失其正，虽入地却上天。

明夷：利艰贞。

彖曰：明入地中，明夷。内文明而外柔顺，以蒙大难，文王以之。利艰贞，晦其明也，内难而能正其志，箕子以之。

象曰：明入地中，明夷。君子以莅众用晦而明。

卦辞：处明夷宜正固其内而守贞正之德。

彖辞：师从圣贤明夷之道，以内文明化暗而柔顺。

象辞：以莅众之道治暗众向明。

明夷卦，坤上离下，为明入地中昏暗有夷之象。离主明，坤为地，日入地平而明灭，为明入地中的明夷之象，明夷主暗，为明夷之主体，虽暗但有内阳隐其中。明夷反晋，明入地中为明夷，明出地上为晋，晋者明盛，日照当空，万物进长，明君在上，群贤并进；明夷无明而昏暗，日入地中，明伤昏暗，万物夷伤，暗君在上，明者见伤。明夷主暗，卦中上六为暗之主，不明反晦，使暗而犹暗，五爻皆被所伤，为明夷至暗之时、位，虽暗至深至重，但亦主明而不息。胡炳文曰："以二体，则离明也，伤之者坤。以六爻，则初至五皆明也，伤之者上。上为暗主，而五近之，故《周易本义》从彖传以'利艰贞'为五。"

内阳隐于明夷之中。在升卦，大畜卦蓄德的刚健之乾性化在升卦成能育万物之坤地，而在明夷卦，大壮卦的刚壮之性化外政而内阳隐于"体"内，无明不得见之,便是明夷之体。明夷虽难大,但内阳文明既有抱元守一之精神,又有萃正、颐正、蓄德以及纯粹精神的养正之功,故而明夷的精神属性并不低。如同升卦的精神品格虽在坤，却是由乾性主导一样，明夷的精神品格由内阳精神属性所决定，这也是为何《彖辞》以文王取辞之所在，明夷大难有圣贤定其精神位域，虽然文王与箕子都不免蒙难，但这只是难系统的外在，并非是衡量文王与箕子的标准,反而要以文王与箕子之难启发如何看待明夷之性,以自身遭难而践履精神价值。明夷之精神因内阳隐之而归虚，外阴体的阴妄为实，使明夷之世，道与时违，内阳归虚隐而不见，唯圣贤与君子能洞明。

内阳精神与外难因位域差太大而极不平衡，使其在暗众眼里并无内养精神，精神体与外难体中间在于无明重重包裹，无明包裹内阳精神，故而有明夷之难；反之，处明夷之难的暗众无法见其内阳精神。原本在大畜卦和升卦有相对平衡的内外状态，出现在明夷之差别，在于“体”位域不同；言“体”，如大过体与明夷体的文明位域并不一致，大过之乱在内外全体中，明夷有“暗”，但暗在外体暗众之中，内文明已完成沉淀，且内文明的德文明样式已然坚固，而明夷的外体却处于寻常之卦体中，只是没有形成明夷体内外对照而被忽视。

“利艰贞。”艰者,在于明夷难体的时局所限。明夷大难,无论是行精神,还是践德政，皆是艰辛、艰苦甚至艰危之路；贞者，大正之道也，必守正不移，此为内阳精神的大义所赋予。正因为有抱元守一之精神，亦有成其大畜体、升体、大壮体的养正之功，还有内刚化外政使全大体而教天下人同德的崇高理想，这三者一同才赋予了利艰贞的意义。之所以有利艰贞之言，在于内阳精神如同秘密一样在明夷世界里流传，而开启它的密码只能被极少数人掌握，明此至理的人明白，密码只是打开了一扇门，而路程需要自己去践行，在明夷体下无明师不能致大明，路必定黑暗而曲折，那些不能寻大君子以伴之的人，注定无明灯照路途。

“利艰贞”成为明夷体的显著标签，首要地便在于明夷言大难，且此难尤其是君子难行，明夷六伤，皆伤在君子身上，也是文王与箕子应难的原因。李氏舜臣曰：“易卦诸爻，噬嗑之九四，大畜之九三，曰利艰贞，未有一卦全体以利艰贞为义者。此盖观君子之明伤为可惧，而危辞以戒之，其时可知也。”明夷言体，又言时，尤其以明夷应时而无明致暗，明与暗最在乎时，因时而成体，以时言先后，以体言内外。时至暗而体至艰，圣贤与众君子为正大与大同而来，必持大正而原始要终，正因难行而能行，才立志以内养照外明，崇德政贵教化，才践行“菩萨”道，从而坚守正固，守其贞正之德。《程传》曰：“君子当明夷之时，利在知艰难而不失其贞正也。在昏暗艰难之时，而能不失其正，所以为明君子也。”

明夷六伤。为大阴诛阳、昏蒙诛明、迟钝诛志、否塞诛序、险困诛身、大过诛位的明夷六伤，以伤于君子，亦为明夷君子六伤。大阴之体的暗众，因无明亦无志，以种种昏蒙和难以教化，使君子行善政与德教在他们当中无发力之处，以“诛”的方式示阴暗众对待阳君子的态度与方式，也因为“诛”式讨伐，独照昏昧。虽言伤，但君子因明德而有觉知，知伤在何处以及如何被伤，其阳、明、志、序、身德、位序等皆是君子在明夷化外政所执利器，也是君子区别于暗众的傍身之器。明君子虽见其伤，但终未被其所伤，伤只是伤的暗众自己，不被德政所安顿，不被正序所教化，不被精神所提升，伤在君子身，却害在他们自身，故而比明夷六伤更严重且危险的却是暗众自伤，为伤而不觉，逐妄堕落而自以为常，这是明夷最大的难体所决定的，也是伤于君子而被反噬的。

文王与箕子应难。文王有羑里之厄，箕子有箕子明夷，皆是以圣贤、君子之身而应难。文王，为周文王，姬姓，名昌；周朝奠基者，文王之贤，不言而喻：作为“易经三圣”之一，对易学有开创性的贡献，有上古“圣贤之君”的美誉，是“内圣外王”的典范。箕子，名胥余，是商纣王的叔父，帝乙的弟弟，官太师，因其封地在箕，故称箕子，箕子与微子、比干史称“殷末三贤”。《论语》中所云“微子去之，箕子为之奴，比干谏而死，殷有三仁焉。”正是反应商纣王暴虐无道，而致使殷末三贤应难之事。圣贤与君子应难，如何理解和解读灾难是重中之重，要知道明夷的君子六伤只是圣贤、君子处明夷体以身试法，现身说法；在于以难行能行而行教化，以身为镜，让众人自照，以亲身经历成史，让名典故来警醒后人，既成史以为鉴，可供明事理而治明，又以“多识前言往行”之教导，教导后人应亲圣贤并从圣贤，以圣贤的言传身教，日新其学，学以致明，以致修身、亲贤、正固之利用，从而立志蓄德济天下。邵雍曰：“用也者，心也。体也者，迹也。心迹之间有权存焉者，圣人之事也。”

“内文明而外柔顺”。在内有文明而外有应难的明夷之象里，既要识取内文明之内核，又要读取外柔顺之顺化。内文明，为内阳文明，并非只指内阳，而是以内阳言阳文明之成。内阳文明成在交感五通与养正七渐的渐养过程，尤其是聚气正固在萃卦，德蓄在大畜卦，刚壮成体在大壮卦，精神位域升格在升卦；由于内阳文明因体世界不同，并不显像在明夷体中，故内文明以内在精神隐而不见。为何有“隐”的状态出现呢？既在于明夷体的明入地中，又在于内刚化外政之“化”，以化之功的转化，隐而不见，只以内阳表示与阳文明世界的联系。外柔顺，因内文明的德化之功，使暗众以明之牵引而渐柔顺。外柔顺同明夷六伤言“诛”不同，无论是“诛”义，还是“诛”的方式皆非柔顺之义，之所以有外柔顺之谓，在于处明夷见伤之体，圣贤与君子难行能行，以身为教，现身说法，终有教化之功，使刚强暗众渐柔顺而顺承阳君子或顺承于正序。

内文明而外柔顺，为处明夷而教化有功，虽有功但并无教化之成，功在建立了有依附内文明的明夷之序，使暗众皆能认同而柔顺在外，依附内文明的明夷之序，非秩序建成的正序，只是让暗众从“诛”的对抗方式，逐渐走到柔顺的暂用工具。仅是柔顺在外的局面，也需要圣贤与君子付出艰辛努力，甚至需要经过漫长时间的不断改造来完成。圣贤与君子行教化是使外柔顺的首要之功，而最终决定之所以能柔顺的在于内文明向上的引力，而这个绝对引力恰恰来自暗众之自心，人人皆有如来智慧德相，心便是向光明之牵引，使内因应外缘而发生明夷之转化。

正志。明夷大难需正志以处艰难，唯正志才能得其贞正，也只有从贞正方能固志而不忘大正之初心。从大正到正大之过程，一切发乎于志，因志而得明，又因明而正志且固志，明和志，是君子自我修持且教化暗众的两大利器。难者，时也，逢时而生，遇时而转，无论是否难、大过难、还是明夷之难，皆依时而成体。内难，上六暗主，六五承之，其他爻位居其内，每一爻位皆有难象，箕子因奴而不改其志，谓“内难而能正其志，箕子以之”，为以引史而证辞。内难者，难始于上，使难在邦内而重言政难；大难者，为天下之难。在难体止志，乃以正固的方式固阳、固德，唯有寻求阳、德之道，方能保全自身，乃至帮他人脱难，贯通以卒正、颐正、蓄德以及纯粹精神的正固之路，便是志，以正志之用，使明志互发而固守时艰。

“君子以莅众，用晦而明。”君子法明入地中应明夷大难之象，以莅众而察治，察在于以明察晦，治在于以明治晦，使其由晦向明，有明则能治明夷之无明。莅者，察看与治理，《孟子》云：“莅中国而抚四夷”，便是君子的莅众之道。察晦，在于查明之所以晦之因，再以“明”治之，使其有明，而察晦在于莅众，要走察众之所需的群众路线，只有从群众中来，才能治其晦。孔颖达曰：“冕旒垂目，黄主纩塞耳，无为清净，民化不欺，若运其聪明，显其智慧，民即逃其密网，奸诈愈生。岂非藏明用晦，反得其明也。”

用晦而明。用晦，不在于察太明，而在于以明治其晦，察太明谓太察，太察则将伤于察，非察晦之目的，察晦的目的在于用“晦”而治晦，使晦能明。察之所以晦的原因，用察之手段和过程，目的在于用晦而治晦，结果是使晦能明。君子的莅众之道，在于通过临众之察而重在治，治众之难，方是从大正到正大而全大体之志，也唯有进善政，化德教于众，才能实现执天道行王道之治理。

避祸与藏志

初九：明夷于飞，垂其翼。君子于行，三日不食。有攸往，主人有言。

象曰：君子于行，义不食也。

六二：明夷，夷于左股，用拯马壮，吉。

象曰：六二之吉，顺以则也。

初九以阳居离体，既处明夷之始，又去上最远，为见伤之始，见伤即避，有飞而垂翼之象。九为阳，在最下，为阳明反而上升者，故取飞象。昏暗在上，伤阳之明，使不得上进，是于飞而垂其翼，垂其翼，不言夷，为尚未伤，言夷于左股，言已伤；阳在下，有明，以敛翼而下飞，实为避祸之象。君子以明垂翼避祸，为佯装而求全。

立飞鸟垂翼之象，以喻君子不食之事，君子谏言，三日不受，臣子义尽，三日不食，为义犹存；有攸往，以远害也，应垂翼避祸之象，为君子以明见之将有必伤，故避之；主人有言，自暴弃也。盖可以不食，而不可以不去，去之义重于己之食。微子曰：“父子有骨肉，而臣主以义属。故父有过，子三谏不听，则随而号之；人臣三谏不听，则其义可以去矣。”坤主晦，离象鸟，震主飞，坎下首，故有禽鸟垂翼低飞之象。飞，鸟翥，“明夷于蜚”，古代蜚与飞通，为臭虫；行，谏言也；食，接受；不食，不接受劝谏；主人，指上六；言，谏言。

君子以明避祸。明夷之初，非以凶吉之占来言伤，在于君子莅众则必于行，不会趋吉避凶，反而若有凶吉之占，小人将因凶、害而不行，这便是君子与小人在取义上的不同选择，所谓“言吉凶者，转开小人趋避之门，非圣人莅众之道也。”便是如此。君子明照，见事之微，见将有必伤，故行去避之；《程传》曰：“君子于行，谓去其禄位而退藏也。三日不食，言困穷之极也。事未显而处甚艰，非见几之明不能也。夫知几者，君子之独见，非众人所能识也，故明夷之始，其见伤未显而去之，则世俗孰不疑怪，故有所往适则主人有言也。然君子不以世俗之见怪而迟疑其行也。”见伤之发端而未显，但必有其害，故垂朵而示伤，行取避之，君子于行，谓去其禄位而退藏，能去禄位而退藏者，其心之所向既不在禄位又不在凶吉，而在取义之心志。

六二以至明之才，位中正而体顺，以六居二处之至善，柔顺之至文王以之，为文明之主。值明夷阴暗伤明而言伤之时，六二至善亦不免为其所伤，君子知伤必将终能违避，当伤而未切，如夷左股，尚能安顺以处，犹去马之势，不用其行。

夷者，言伤。左者，先天离位值左，后天震位居东。古人指东谓左，六二“夷于左股”、六四“入于左腹”，皆取左象。“升车象阳，阳道尚左，故人君居左，臣居右。”右为宾阶，左为阼阶，君居左，臣居右，主居左，宾居右；夷于左者，君伤臣，为主伤宾。股者，巽也，巽伏则伤其股。拯者，阉割义，为去马之势，阉割马使去其马的强壮之势。

夷于左股，为肱股之伤；用拯马壮，不用其行，顺处为常，为遇强而示弱以避祸。足，在于行，而股在胫足之上，于行之用更为迫切，夷于左股，伤害其行犹深。二以明居阴暗之下，所谓吉者，得免伤害而已。二之所以免伤害在于自免有道，拯壮健之马，则获免之速而吉，用拯之道使马不壮，以顺处为常。

六二为明之主，并不救昏主，反而用拯之道以顺自处，在于识时局明昏之深切所在。暗伤明渐深，非救主之时位，居暗主之内则先自救避祸，用去马势而示弱、示柔，在于藏志。六二有至明与至善，自当有志，只是志未到显露之时。六二应难、避祸、藏志的过程，如文王羑里之厄，以甘愿被囚禁来打消商纣王猜忌之心，而藏久远之志于心胸，表面上用拯之道使马不壮在外，实际上壮其马势在内，在于蓄德待时，君子内昭明德，外顺暗主，藏志于内，如文王先蒙难而后安泰，值蒙难时身安且顺，在于明而有智，化解夷伤之难亦神速。

《案》曰:“明夷与丰卦略相似,然丰者明中之昏,明夷则昏极而不复明也。两卦皆以上六为昏之主，六二为明之主。既为明之主，岂可不以救昏为急?故此之夷于左股者，与丰二之往得疑疾同也；此之用拯马壮者，与丰之有孚发若同也。盖未至于丰三之折其右肱，则犹有可为之理也。”

进志而得首恶

九三：明夷于南狩，得其大首，不可疾贞。

象曰：南狩之志，乃得大也。

九三刚居阳位，在明体之上，处文明之极，又处刚而进；处离上伏坎中，值外暗内明之际，应上六暗主，其志有向明除害，擒获首恶之象。九三以明之极进应上六暗之极，至明居下而为下之上，至暗在上而处穷极之地，正相敌应，有以明去暗之势。然明夷已久，暗已成常态，南狩之志不可以操之过急，故有不可疾贞之戒。夷者，诛与灭；南者，离也；狩者，田猎；疾者，急躁。

夷于南狩，用内明以进，南在前，为明方，田猎进南，以前进欲除害而曰南狩；大首，谓与九三敌应的暗之魁首上六，得其大首，为除恶首或首恶，上六虽非君位，但居上位暗之极，以暗之主谓之大首；不可疾贞，为不可速，为不可速成亦不可速进，而利艰贞。胡炳文曰："二之救难，可速也。三之除害，不可速也，故有不可疾贞之戒。"

九三以阳明见恶，又以内文明之健，有刚进。九三与上六虽为正应，但九三至明，上六至暗，实为大敌；九三以内文明之刚，进而健志，志行则有志除害，以至明克至暗，擒获首恶。诛暗主，枭恶首，为九三内文明逢外明夷之使命，九三进志，以刚壮之勇能勇而进征，虽擒获首恶，但涤暗使明与用晦向明之事不可疾，旧染污俗未能遽，革新必行渐，犹如旧疾重病缠身而不可疾取。《周易本义》曰："成汤赴于夏台，文王兴于羑里，正合此爻之义，而小事亦有然者。"

唯变所适而用藏

六四：入于左腹，获明夷之心，于出门庭。

象曰：入于左腹，获心意也。

六五：箕子之明夷，利贞。

象曰：箕子之贞，明不可息也。

六四以阴居阴，既在阴柔之体，又处近君之位，是阴邪小人居高位，以柔邪顺于君者。初、二、三均在暗外，至四爻则入暗中，暗随远近高下之位不同，越近上六则越暗，六四虽入暗，但比之六五迫暗之犹近，以柔正之当位入暗尚浅，犹可得意于远去。

《程传》曰："四以柔邪顺从之，以固其交。夫小人之事君，未有由显明以道合者也，必以隐僻之道自结于上。右当用，故为明显之所。左不当用，故为隐僻之所。人之手足皆以右为用，世谓僻所为僻左，是左者隐僻之所也。四由隐僻之道深入于君，故云入于左腹。入腹，谓其交深也。其交之深，故得其心。凡奸邪之见信于其君，皆由夺其心也。不夺其心，能无悟乎？于出门庭，既信之于心，而后行之于外也。邪臣之事暗君，必先蛊其心而后能行于外。"

入于左腹，以柔邪顺从的隐僻之道深交于君，因结上且交之深，得其心，以此获心意。从近五之位言四，四为五的心腹重臣，入于左腹，伤之深亦交之深，皆值居暗之时位，明夷之心，在于忠且勇，如比干所云："主过不谏非忠也，畏死不言非勇也，过则谏不用则死，忠之至也。"值暗之时，此种忠勇为愚忠蠢勇，比干招祸，便由此出。于出门庭，既信之于心，而后行之于外；虽言于出门庭而不避害，实则出而行遯，以避终被暗所伤害。胡炳文曰："获明夷之心者，微子之自靖。于出门庭者，微子之行遯也。"

六五值坤体，又履君位，居至暗之所，承至暗之主，虽尊而不能成主，正之则势不敌，救之则力不能，去之则义不可，成明夷之处位最难者，唯以中位而正其志；正志者，箕子之象也，六五迫近上六，为阴暗伤明之极者，唯箕子正志能济之。

箕子虽被位所伤，但能贞正其志，以内贤将志隐伏其心，箕子明不可息，在于贤于内阳，正应下体文明。五虽履尊但不以君位言，上为暗主，一体不容二主，故五以尊位言大贤，贤得中正之位而正固其志。五切近伤明之主，若显其内贤之阳与正固之志，则必将被害，害非伤能比，将更加凶险，故箕子自藏明志于内。《程传》云："虽晦藏其明而内守，其正所谓内难而能正其志，所以谓之仁与明也。若箕子，可谓贞矣。"同处明夷之世，文王用柔顺，以济外难，箕子用贞藏，以济内难。外晦其明而内正其志，时位不同而藏之道亦不同，能唯变所适为外化王道者。

本上天却入地

上六：不明晦，初登于天，后入于地。

象曰：初登于天，照四国也。后入于地，失则也。

上六以阴居坤之极，亦为明夷之极者，不明其德以至于晦，五爻皆为其所伤，失道已极，始则处高位以伤人之明，终必至于自伤而坠厥命。

上六为至高之地，明在至高，本当远照，明既夷伤，故不明而反昏晦，上六有昏晦至极。本居于高，明当及远，如照四国，为初登于天之象；乃夷伤其明而昏暗，后入于地而失则。四国者，五爻居上六之内皆被伤，独九三不伤反有刚壮之进，故成四国；又以“四国”言四方，犹指天下。苏轼曰：“六爻皆晦也，而所以晦者不同。自五以下，明而晦者也。若上六不明而晦者也，故曰不明晦。”

初登于天，以自耀其明，反伤人之明。当暗主不食谏言，商纣王逞己之能，伤贤之明，以杀比干、囚箕子，终至亡国之祸而坠入深渊；后入于地，为坠而自毁其明。明不可息，比干虽亡，箕子虽遭贬，但贤明和能正志的事迹却在，以“贤”成文明，继而成激励君子而不息之精神。

本上天却入地，为商纣王之写照，与其同成写照的便是比干、箕子等诸贤，与之反衬的为文王之圣贤。本居上，为主，有其明，应照天下使其明，却自以其明，要独耀其明，天下若独一明而他暗者，必使因主有暗而天下暗。当暗主不食谏言，不知忠勇，一意孤行来伤天下之明，天下本暗而明又被伤，故暗上加暗；当天下有至暗之时，必是天下主一人之责，故而主之明亦至暗，这便是明而不明的原因。相反，圣贤以明居内，并居四方，正是以己之贤明照四方，助主上照天下；当能使天下共明时，却被上主伤其明，害其贤，此为天下至暗之因。当主明而不明，天下亦至暗，便是本上天却入地之写照。本上天却入地，与天下君子离火共照而德被天下刚好相反，君子以通天下君子之志，用天地合德而君臣同心，离火共照德被四方，正是成其大有之时。然而明夷之上主要独耀其明且不应四方贤明，还伤明害贤，既作亡国之君，又留千古骂名。

商纣王成历史写照，而虽入地却上天的恰恰是比干、箕子，乃至文王等，皆应明夷之难，且比干还有戕身之灾，亦不能阻止其贤明于后世。明夷正精神，正是此谓，唯有精神不息，方能通明，以明进志，继而治暗于明。“君子以莅众，用晦而明。”以莅众之道，治众之难，济众之明夷，方是从大正到正大而全大体之举。君子以身试法而教人以明的故事，永远如明珠耀于天际，照人路途。

涣卦：涣散之难

巽上兑下

以宗庙制礼正涣风立德范

在中孚卦，立“豚鱼”言卦德，以专诚之信在小内，通过咸出萃入之气机交感通过，使感通往来之应在大外，既通信之本，又通信之实，以感应之体全中孚之德，呈现以孚之破出正求又以信笃应的感应之道。中孚之用，既以专诚斩妄去欲，又以感而有应行中正之道，以此“乘木舟虚”之利，虚实相济，以诚信感格四方。

感格者，尤以宗庙承感格之道，故涣卦以“王假有庙”立卦德，并崇尚宗庙之道。同为“感格”一事，观卦以“盥而不荐，有孚颙若”立孚信，主言诚敬，以敬示诚，敬于外而诚于内，治感格于大观之主体，以德政与德化之感格，使“德”的外、身、政位域明晰，又在同一观体之中，既在以敬示诚之行外，又在以诚治信于身内，还在以仰求同的王政之中。萃卦以“王假有庙”立孚信，以“庙”的收神取信之能主言聚气凝神之萃取，萃取者，以收神凝聚之专再取信，再以收、取相兼而言信德；萃犹能聚，舍识弃意虚我从心而神不外驰，以心通感而萃神以聚，继而聚气，既萃聚君子同人之志气，又萃聚贤才养邦之正气，君子与贤才皆以“宗庙”精神萃聚而志心向邦，使宗庙成感格天下而教化的器用之物。中孚卦以“豚鱼”立孚信，以“豚鱼”之隐微主言专诚，以专诚通感格之要，感格犹在乎诚，祭祖要诚，感通要专，才能令祖、人精神相通，专诚者，推中孚之道，立诚信之本，才能以诚信通感格而行王道。

感格先取物象再贯穿感应之道的感通过程，取孚信，立孚德。其宗庙与豚鱼皆是借用之器物，宗庙高大上，豚鱼隐微低，在术用上也形成了重用与简用之别，宗庙多用在国家仪礼上，以国器有用之重，豚鱼比宗庙以微而常见而有用之宽广。宗庙与豚鱼皆能通诚取信，亦是涣卦与中孚卦皆言“乘木”之所在，中孚卦以“乘木舟虚”将豚鱼致用，涣卦以“乘木有功”将宗庙致用，皆是通诚立信而达孚信的借用之物。宗庙与豚鱼之用，皆是“乘木”之象，从豚鱼之由来，可知身边万物皆可类豚鱼，至于如何取象以及取什么象，只是取木作舟，又以舟之用虚而达实意，所谓“至信可感豚鱼”，只要建立示诚之仪礼，致诚之通道，专而诚之敬意，便能随时随地感诚。尽管如此，但国之用神、聚气、王天下必立宗庙以治涣散。

《序卦》曰：“兑者说也，说而后散之，故受之以涣。涣者，离也。”涣，取“离”义；言“离”义之涣，必然先取“说而后散之”之涣；兑言说，说者有讲习之主体和悦之主体，大众是受讲习的主体，因讲习之得而悦于心，故兑之说，以说之对象取众义。众，受讲习，此受为受用于精神并悦然于心；后散之，是众聚而散，为形散，但受用之精神和悦然之心依然相联系，这种以精神和悦然于心的联系，便是“离”义。故涣以“离”言散，而不直接以“散”言之，在于取虽“离”但离前之联系，此种联系正是精神与情志的联系。因联系于无形，而散于有形，故立宗庙以作象征，用重器与大用之器，使能凝而聚之，便作涣体言散于有形之状态，而凝于无形之精神。

涣之散，散于有形之聚散；涣之离，聚散后仍有精神之联系，虽离却不涣，并以凝而聚之作涣体之使命。涣，有散义与离义，散义从有形之离散而言之，离义以无形之联系言离散的状态，而涣却从离散的状态和无形的联系两者来言说凝聚之必然，为散而不离，离而有凝，凝而聚之。散而不离，有形之聚散但精神仍未相离；离而有凝，外在虽散，精神相联，聚精神便能凝离散；凝而聚之，从凝精神到使有形离散之重聚，成其涣之大义。

止涣，先止有形之散，从“说而后散之”找出有形聚散之因，再从涣散义找出值涣体导致的涣散之因，从因寻治道，止有形之散；涣之最难在于情志散乱，以致精神涣散。情志散乱在于阴、妄之多欲干扰，精神涣散在情志散乱的基础上再精气散失阳而少神，乃至无神，从有形之聚散到精神涣散，便是风行水上散而涣之的过程，当涣体已成，治涣必治其精神，寻其根本，以凝精神之道治涣，便是涣卦以诸涣象立治涣之重器，而赋予此王道重器的便是宗庙之道。从止有形之涣到再凝精神之道，便是治涣之思路与过程。

从“说而后散之”之患到豚鱼之祸，便是致涣之因。“说而后散之”的过程，为从讲习之教悦而受之，自以为受教领悟了而散之。从中孚卦继涣卦，讲习之教的主体便是以取孚信而教中孚之道，教大众如何从正志求孚同应得信的感应过程中获取孚信，尤其是以专诚驱动的感通过程。由于中孚之大众皆是明夷体阳弱明小与阴强妄大之暗众群体，是善政和德教难以教化的群体，从观卦以大观之道解明夷之难，继而中孚体以孚信教之，昏蒙草昧与刚强众生因内阳化外政的治理之功，而柔顺在阳君子之外，使其能从讲习而受教。教导明夷暗众群体学习以专诚驱动获取孚信的过程，必然要举“豚鱼”之器，豚鱼隐微低，有用之简便，与宗庙皆是致感应的借用之物不同，由于暗众不能理解宗庙重器之大用，故以豚鱼之简祭教之，目的在于以专诚之用而得至信可感豚鱼。关于豚鱼之用，暗众群体明白了个大致意思，欣然领受，悦然而散，这便是“说而后散之”之过程。

“说而后散之”之患。豚鱼与宗庙皆是“至信可感豚鱼”的借用之物，至于如何取象以及取什么象，只是取木作舟，又以舟之用虚而达实意，从豚鱼之由来，可知身边万物皆可类豚鱼。舟之用虚便是取象而立意后，其舟之用已完成，用虚反而更利致远。“乘木舟虚”堪比禅宗顿悟之境界，连一般君子都无法乘舟致远，何况明夷的暗众群体？豚鱼之行简，越用简越难，要以见象到破象再到入法序之功，穿越物象之屏障，以取象比类的法序联系而达专诚之本质，这个过程完全是明心见性的感通过程，昏蒙无比的暗众群体怎么可能从豚鱼之教而领悟乘木舟虚之功？故而这种欣然领受并悦然而散，便是“说而后散之”之患，为豚鱼之祸埋下了致涣散的祸患。

豚鱼之祸。从“说而后散之”之患所埋下的豚鱼之祸患，以暗众群体离开讲习所便开始发酵，自以为掌握了简物致通、致远的豚鱼虚舟之利。这群愚昧众生，开始从中孚体与大涣体大行其豚鱼之用，他们不以专诚为目的，却以“乘木舟虚”之虚妄，望文生义，借兴风而作浪，闻风而奏，继而煽风点火，发起陷害忠良之事，以此掀起刑狱。风行泽上而感于水中的中孚之象，在中孚体的善政与德教中并没有让暗众以感而示诚见信，反而在涣体以风行水上刮起豚鱼之祸风，致涣散之祸“风”便是从这样刮起来的。

涣散从暗众群体离开讲习所以有形之聚散开始，逐渐发展兴起豚鱼之祸风，而起无风亦有浪的涣体见祸旅程，君子被“虚妄”陷害，继而柔顺在阳君子之外受讲习而教的暗众亦逐渐离散，有形之涣散在涣体成实。那些无风起浪的小人群体，对以专诚驱动获取孚信的正教疑而不信，将“至信可感豚鱼”用于正道不行，反其正道、成祸道却样样在行，涣小人便从中孚卦脱离出来，在涣卦兴风作浪，尤其对中孚卦言“君子以议狱缓死”之戒置若罔闻，依然兴风作浪，唯恐祸乱不生。反观君子被冤狱缠绕，无力辩解“至信可感豚鱼”

的“乘木舟虚”而致远之事，值风不起浪亦在的涣体，心力交瘁而情志涣散。

涣小人群体。涣小人得伪作孚信之利，在于孚信的以小见大之用，尤其是作为能升迁当位之凭，在涉大川行王事的善政与德教过程中，必然被涣小人群体视为进阶之捷径，故而行“中孚可以人伪为之”之事。在中孚卦之上九，翰音登天者，声闻过情，无孚而做作其诚，便是伪作孚信之事。虽违背中孚之道，但却得矫伪为尚之表，以伪作声势而华美外扬，涣小人把不文且无质的“乘木舟虚”之事，伪作中孚有翰音飞天，且有鸡振其羽翮而后出于声之状，比其中孚君子行“乘木舟虚”悟在心中、明在至理来说，涣小人的翰音飞天有出声前之情状，有声出而飞于天之“音”，有声闻音而知“翰”之实的，更受无知暗众附应，故而伪作孚信以华美外扬，虚声外饰闻名，使其真假难辨，忠奸难分。

涣小人起无风之浪，中伤与迫害中孚君子。有伪作而期得利之涣小人，必然有见象、破象并穿越物象之屏障而达专诚之本质，既有孚信之得，又有“乘木舟虚”乘舟深悟而致远之能的中孚君子，中孚君子洞察涣小人伪作孚信之事，必然要揭露和制止伪作中孚事，以试图纠正且终止涣小人得利，反被涣小人报复，兴无风而起浪之能事，迫害以豚鱼之舟而致远的中孚君子。这便是涣卦独有的涣小人群体，以浅见遮挡远见，以虚无替代信实，以人伪中孚华美外扬而得利，以兴风作浪起涣祸而不以为耻，在中孚卦以象辞曰“君子以议狱缓死”之严戒，不但严戒无果，还掀起了涣体致涣散之祸。

涣散之祸。昏蒙无比的暗众群体自认为领悟豚鱼之教，从“说而后散之”悦然而散到兴起豚鱼之祸，涣小人以华美外扬的翰音飞天而人伪中孚，以不文且无质的“乘木舟虚”伪作孚信之事，得进位升迁之利。待中孚君子揭露伪作中孚事，并试图纠正且终止涣小人得利，反被涣小人起无风之浪中伤及迫害，刮起涣体风行水上之祸风，致使柔顺在中孚君子身边的暗众亦逐渐离散，从致涣散，而起涣散之波澜，以有形涣散之实呈涣卦之“涣”象。从涣因到涣成的致涣过程无不显露出小人趋利而害正道之本质。

治涣。涣体以崇宗庙而立“王假有庙”之卦德，在于以宗庙之道治涣。值涣体的涣散之祸，必立重器以正魂魄、聚人心、摄众志而达到凝精神且治精神之目的。尤其是从涣因起治，止“风”则止涣。先祛风止浪，以取真中孚而明德慎罚救于中孚君子，再出刑入礼，使刑法基于正序，刑不以风闻奏事，要以中孚之道正德厚生，以此正风气；继而立宗庙之重器来凝涣散之情志，且正“乘木舟虚”之大义，使小诚通大德、大诚范大邦的正邦礼器成王道德化之大器，以此正风化。

涣：亨。王假有庙。利涉大川，利贞。

彖曰：涣，亨。刚来而不穷，柔得位乎外而上同。王假有庙，王乃在中也。利涉大川，乘木有功也。

象曰：风行水上，涣。先王以享于帝立庙。

卦辞：以宗庙承祖考，行收神制礼凝精神之道。

彖辞：立宗庙礼制之“刚”务实，行乘木济涣之功。

象辞：以宗庙之道崇先王德政。

涣卦，巽上兑下，为风行水上而水遇风涣散之象。巽坎合而成卦，水遇风则涣，巽善行，故有散而远之成“涣”。《杂卦》曰：“涣，离也。”离者，离而散。《程传》曰：“人之离散由乎中，人心离则散矣。治乎散亦本于中，能收拾人心，则散可聚也。”之所以有散，在乎“中”，而治其散而聚，亦在于“中”。

“王假有庙”。涣以宗庙立象。涣卦云“王假有庙”，为君王来到宗庙以祭先王；假者，至也；庙者，宗祠也。巽者，主命，言气、魂；坎者，主祭祀，言鬼、精；艮者，宗庙也；涣非言人命终精散神离之“鬼”状，而是以涣的离散之象，取精散神离之义来言人心涣散，离世之人需立庙以收魂魄气，人心涣散之民在于以立庙来聚神并凝人心，邦、民进志迈向大同文明，更需要正精气神；况且逝者为大，何况有功于社稷之先王，行孝道之事，示传承有序，为臣为子之道也。《案》曰：“涣与萃对。假庙者，所以聚鬼神之既散也。涉川者，所以聚人力之不齐也。盖尽诚以感格，则幽明无有不应。秦越而共舟，则心力无有不同。此二者，涣而求聚之大端也。然不以正行之，则必有黩神犯难之事，故曰利贞。”王之所以来宗庙，在于宗庙有大用，王者有德，则民与物皆向往而归；庙以供先人而使气精有寄托，为气与神之归往。建宗庙、来宗庙、行宗庙为王治德服、心服而产生服同之治道。

宗庙之道。萃卦以宗庙之道行收神取信之能，之所以能收神取信，在于“庙所以聚祖考之精神，又人必能聚己之精神，则可以至于庙而承祖考也。”聚祖、人之精神，以承祖考。祖、人者，尊卑且传承有序，是人以宗庙建礼序之举。宗庙之精神在于以承祖考取神明外用而感格天下，宗庙以总摄众志而有“精神”象征，此象征意义便是以收神取信之能，行德化天下而感格之王道，为凝人心、摄众志、收神制礼、立德范之王道重器。以宗庙所具的“神明”特性，而行感格天下之外用，为行宗庙崇精神而感格之王道，非弄鬼神的愚民之术用。行宗庙崇精神而感格之王道，必推中孚之道，立诚信之本。

萃卦主言凝神聚气，以心通感而萃神以聚，舍识弃意虚我从心而神不外驰，得内在之真心、元神而正精神，“精神”正则气能聚，既萃聚君子同人之志气，又萃聚贤才养邦之正气，故以“宗庙”凝精神、萃正气。涣卦主言以宗庙凝人心、摄众志、收神制礼、立德范，尤其是以宗庙之重器，正致涣之“风”气以及正王化之道的“正”气。有此治道，则能“利涉大川”，《周易本义》曰："以祖考之精神既散，故王者当至于庙以聚之，又以巽木坎水，舟楫之象，故利涉大川。"利贞者，涣散之道，在乎正固其气、其神而行中正之道。

承祖考与收神制礼。宗庙以承祖考而立见诚见敬之范。中孚卦所言孚信贯穿易之全体，无论是卦体，还是诸爻位，皆处处见孚，位位见信，且又是中孚与涣卦进位升迁之凭，涣体之涣小人伪作孚信之事，行伪诈之能事，成其致涣之因造就涣难。涣难之成便在于涣小人之孚信不文不质且无诚无敬，以声闻过情、华美外扬而浮于表面，这便是行豚鱼简便之法，通"乘木舟虚"之虚妄所在；而以宗庙承祖考，避免豚鱼之简祭了事，以收神制礼行王礼之重典。以宗庙祖、人之传承，而知"祖气"之来格，以祖气之来和萃气之来，以"来"由有根有据，再萃合人心，便是收神；祭祖要诚，感通要专，才能令祖、人精神相通，达感格之用。故先敬祖，再敬用，继而敬己，不立见诚见敬之范无以立宗庙，故而宗庙之礼多用在祭祀、册命、重大礼仪、议政、卜筮等国家仪礼上，以礼之庄重谓诚，以礼之庄严谓敬，见诚见敬既象征国家礼制的崇高，又以见诚见敬而行收神制礼之能事；其庄重且庄严的仪程与规制皆师从自然礼序，从礼制中来，再以此制成宗庙之礼，君王作表率，天下共敬之，而制宗庙之礼。祭庙在于行章文，坤为文，文章象也，为以立庙而崇文明，《礼记大传》曰："考文章，改正朔。"郑玄注："文章，礼法也。"巽为礼，坎为法，以立宗庙终成礼法也，因其礼法属性而成邦之正序。

收神制礼则能正风气。在涣卦应明风行水上致涣之涣因，此"风"正是通往感诚过程行豚鱼简祭而礼制不严之风，以至于被涣小人利用而行伪诈之能，以诚敬虚妄刮祸风。当制宗庙之礼便能以"礼"来正刮祸风之风气，让祭祀通诚之仪礼皆按礼制行事，从涣因上杜绝伪诈、虚妄与不文不质，反之以庄重、庄严、王制来代替豚鱼简祭，弃豚鱼而立宗庙之重器，把行豚鱼简祭而致远之事，以宗庙之礼制来规仪礼、定规制。舍乘木舟虚以致远之务虚，而行宗庙礼制之务实，非豚鱼之用不能致远，而是取豚鱼之简行示诚之事，是精通了无比高明之洞察，此高明非致明君子而行之，非“豚鱼”之路径不行，实在是不解“豚鱼”甚深之大用，却又拿豚鱼说事、谋利之人太多。故而删繁就简，舍高就低，以宗庙礼制正风气，且以君王作表率而天下共敬纳入礼之正序，以此摄众志与凝人心。

摄众志与凝人心。以宗庙礼制止住兴风作浪之歪风，止“风”则能止涣，当中孚君子在涣体得拯济，天下君子之心便能重新回到礼制正序上，正因为君子能看到宗庙通往礼制之大用，故而君子之志依然将被正序摄受，亦被君王“王假有庙”的承祖考、正魂魄之事迹而感格，更能正君子之志。当涣卦君子被激励，其善政与德教自然又回归到从大正到正大的正途上来，明夷的内文明隐于内、暗众柔顺于外的内阳化外政的治理之功又将显现，且得观体的大观之力，以及中孚体的孚信之贯通，先前涣散之人心更因君子众志被摄受而更加凝聚，暗众人心归涣，才是最大的救涣主体。

以乘木有功正乘木舟虚。涣卦以行宗庙礼制之务实，代替了乘木舟虚以致远之务虚，为以乘木有功而正乘木舟虚可能出现的歪风。乘木之功，以行宗庙承祖考，收神制礼入王礼，以礼制正序之“木”，行摄众志与凝人心而拯济涣难之功。值涣卦之涣散之难，以宗庙礼制之务实来济中孚君子被兴风作浪的歪风所陷，所陷越深则致涣越大，故而宗庙礼制恰如《彖辞》言“刚来而不穷”之“刚”，以礼制阳刚之明，以礼制共序之序，成社稷之刚、众志之刚和人心之刚；以承祖考、摄众志与凝人心而正风气，风气正，更能以宗庙礼制重器之“刚”凝精神而正风化，风化能正则善政与德教行之畅通，致使涣散之歪风以“刚”正而成德教德化之风。在卦中，九二阳刚执中居坎体，困而不穷，险而不陷，以君子之质与四五共济时艰，以内刚而格涣散失陷之祸。

涣卦云“乘木有功”，以木道乃行，言乘木的舟楫之利，而达成利涉大川之愿。乘木者，更以“乘”而言凭借；首先，木有根才能长成大用，同宗庙一样，祭天地，配祖考，在于法“物本乎天，人根乎祖”，以传承有序而示根本；其次，木成材才能做成舟，来行舟楫之利，因成其材而有其用；最后，和乘木有功一样，宗庙亦为可借乘之物，皆为德教化之工具，只是此“工具”重之又重，不可随意用而弃之。《系辞》云：“刳木为舟，剡木为楫，舟楫之利，以济不通，致远以利天下。”木道乃行，以舟楫之利，皆以“木”乘其行，以行达其愿，以愿利天下。

“亨”。涣卦得“亨”之占，在于行宗庙之享，以享立卦德。以享作享，通过用享见诚见敬，深示专诚而从孚信得中孚之道，以此得中孚之亨；以务实之真孚信，以诚且实正伪，使伪诈无所遁形，止不正之涣风而得救涣散之亨；以宗庙礼制来承祖考、摄众志、凝人心的乘木有功，正致涣散的乘木舟虚之歪风，得正风气之亨；风气正，更能以宗庙礼制重器之“刚”凝精神而正风化，使善政与德教行之畅通，得正风化之亨；以务实之功取代务虚之祸，而得乘木有功之亨；宗庙礼制以礼制阳刚之明和礼制共序而成国之重器，得宗庙重器之亨；涣体以凝精神而治于精神，最终能收涣散，立德范行教化，使本涣散之民众因凝与精神而得宗庙治道之亨。

涣卦以“亨”德治宗庙，以宗庙之道治涣体且有成，使本涣而离散之众，因人心被凝、精神被聚、众志被摄而重新归聚，涣之象，最终变成王道施善政与德教的施散之象，是风行水上而王化无迹民感其中之象。在卦中，六四阴柔比五，四五有情，谓“柔得位乎外而上同”，以宗庙礼制之功，同九五一起，以感格天下之诚，承祖考之敬，用中正且行中正，以“刚”来内守且固守，崇宗庙尊礼制而执天道行王道。

涣之卦体以离披解散之象言涣散之弊病，再以六爻言治涣之法。初六以阴柔居坎之初，其才柔，其处位有险，以“用拯马壮”（阴承阳者阳为体，阳乘阴者阴为用），去其野性，顺承九二而蓄养其力，保其刚健，以治未涣。九二以刚居中，面对涣状，奔走以求而安，以“奔其机”而忧悔消亡，水地亲比，初与二两相亲比，初视二作马，二视初如几，合力以济天下，以治其九二中位之涣危。六三以不中正之才，而阴柔失位，处坎之终未出涣险，以“涣其躬”而止于其身，以躬通穷，为困苦不得志而困其身。“救天下之涣犹治一身之疾”，涣躬之志在于治天下而治其身困。六四居阴得正，巽顺而承九五，以大臣之位，行“涣其群”（私党涣散，公道乃光）成济涣之任者，君臣合力，刚柔相济，以拯天下之涣，天下涣散而能使之群聚，可谓大善之吉，以治之于公而无偏私，得“涣有丘”（丘，聚之大也；涣散而能致其大聚之义）之赞美，孔安国《尚书序》云：“九洲之志，谓之九丘。”九五阳刚中正居尊位，五与四君臣合德，以刚中正巽顺之道治涣，以“涣王居”使信服而从，得其治涣之治道，以济天下之涣，居王位为称，成就其德位之大称位；王以居正位，以德位之大称位，发号新民之大命，救涣之大政，从而汗出则宣气之壅滞，以散小储而成大储，是以能得治涣之治道。上九以阳刚居涣之极，九以阳刚处涣之外，有出涣之象，以“涣其血”（险有伤害畏惧之象，故云血惕）能使其血去其惕出，而出涣远害。

“先王以享于帝立庙。”以先王来谓宗庙之道来之有序，有据可依，非假鬼神以事之。“王假有庙，王乃在中也。”从祀天帝之庙，供奉先王之庙，可见王亦会步先王之后尘，死后进庙以供后世祭享，死后进庙在于有德于邦序，有政功于万民，才能当之无愧，所以宗庙理所当然成为有德与功绩之显征。“在中”者，宗庙之道为健中正德之道，当明宗庙在于中道，以持宗庙之道而行中道，为借物为政，有其术道；假者，凭借也，假借宗庙之物，来行健中正德之德政，以此风化天下，为借而有据。

何为先王？为倡德风治世且立德范之主，以德凭而行任用君子者，思制而求教天下之以德者。在蒙卦言“先王以建万国，亲诸侯”，我们说先王既为“师”之“大君”，又为齐军以律明法、明礼之“丈人”，既是建比制之王、行革变之王，又是重君子远小人之王……总之，并非一个君“位”所限，反而以开明、治德有成而显著，因行之于先，治之于前，皆可当一个“先”字。修德行政再以德教化，非一天一时之功，从秩序构建、定邦制、正序、治君子等过程，其德化需要漫长的浸润周期，一切正序文明与德文明成果的沉淀与进程，皆在“先王”崇德尚善的基础上，以先王言，以宗庙立，在于给位、政、德立一个有“尺度”的标尺。

在涣卦以宗庙之道言先王，首要的便是制定从大正走向正大，以内刚化外政执天道行王道之先王，尤其是值明夷大难，就算被伤亦要行正大之进而进的先王，以舍身取大义之行，践行全大体而大同的理想。正大之进在于全万民并建正大之序，也是观卦以“大观在上”的俯仰之察，观天道、观四时法序、观宗庙、观天下民状、观政、观教化……以道→法→术→用之王道系统而观其所有，巡视民情，制定王化之政。观卦行王化之道而德被天下必以孚信贯穿始终，以专诚之信在小内，感通往来之应在大外；故中孚之用，以中正之感通，借“乘木舟虚”之利，以诚信感格四方，便是执先王的王化之政，倡德范之风。

得时与得愿

初六：用拯马壮，吉。

象曰：初六之吉顺也。

九二：涣奔其机，悔亡。

象曰：涣奔其机，得愿也。

初六居涣之初，以涣之始使成涣之时未至，当此之时，顺此之势而亟救之，处始涣而拯之，为力既易，又有壮马，故必马壮而后吉。用者，施行；拯者，以阉割去马之势；壮者，强健；顺者，柔顺而顺承。

在涣卦五爻皆言涣，独初六不言涣，在于既处成涣之时未至，又及用壮马而救之有早。初六阴柔，居坎之初，其才不足以化涣险，始涣而拯之，又得马壮。初六承阳，以刚健为体，柔顺以为用，用拯去其野性，顺承其刚健之阳而使马壮，再保其刚健，故初六唯顺承九二之刚健，以刚为体，蓄养其力，以治于未涣，所以得吉。

用拯去马势，马去势则失野性而安，再顺承九二之刚，以刚健为体且已安于养壮，故以顺承之柔使已壮健，九二以刚中之才与初皆无应，无应则亲比相求，以刚健成为阴柔之依托，使初能壮马而拯其涣。子曰：“质胜文则野，文胜质则史，文质彬彬，然后君子。”用拯马壮，为依质求文，亦是初六之吉顺所在。初六吉顺在于得时，有时之顺，既顺在涣之时未至，又顺在有刚健可顺承而壮其身。治涣得时，行教化救人心更应得其时。

九二以刚居中，为固本之象，值涣之时，固本得中便安，不仅自安，还与初两相亲比，初视二作马，二视初如几，相互依存，虽处涣而不穷。九二应《彖辞》“刚来而不穷”之言，此刚自外来，得刚且就中，有“取去危就安”之义，成其“奔其机”之象。

涣，值涣散而离之时，初之涣未到，而二之涣时已到；言奔者，乃快速，急往也；机者，俯凭以为安，而俯，为就下，类依托之几案；愿者，慎重也。值涣散之时，奔就所安，使其如几案能成为依托，以消其涣而忧悔消亡。处涣之时，又居坎险之中，上无应于，其悔可知，然而九二居中比初，敬慎奔就所安，以平易而度艰险，以阴阳亲比相求，为相赖者，其悔乃亡。

《程传》曰：“故二目初为机，初谓二为马。二急就于初以为安，则能亡其悔矣。初虽坎体，而不在险中也。或疑初之柔微何足赖，盖涣之时，合力为胜。先儒皆以五为机，非也。方涣离之时，二阳岂能同也。若能同，则成济涣之功当大，岂止悔亡而已。机谓俯就也。”

得时与得愿。初六之安，既安在得未涣之时，又安在有刚健可顺承而壮其身；九二得愿，既得与初六值涣难离散时还有亲比相安之愿，又得合力为胜而拯涣之愿。值涣难又离散时，九二奔就所安既度过涣难，又实现与初六亲比，亲比则固离散，使“奔其机”之奔赴能得拯涣之愿。

光大与正位

六四：涣其群，元吉。涣有丘，匪夷所思。

象曰：涣其群元吉，光大也。

九五：涣汗其大号，涣王居，无咎。

象曰：王居无咎，正位也。

六四巽顺而正，上承九五而居大臣之位，五刚中而正，居君位，阴阳合同且君臣合力，以刚柔相济成拯天下之涣者。六四当济涣之任而居阴得正，下无亲比私应故而不散其君臣之群，以能辅其君得涣之大善者。四以巽顺之正道，辅刚中正之君，君臣同功，所以能济涣。群者，朋党也；丘者，四周高，中央低，使能聚居而有聚之大，方涣散而能致其大聚，“其功甚大，其事甚难，其用至妙”。

天下之涣，起于结私党而使党群涣散，而初六不与四应，故四无私党之利益牵绊，能尽心守君臣之群而能为散其朋党，《周易本义》云，为散其小群以成大群便是如此，小群受私系牵绊，而大群则为当济涣之任者，以“使所散者聚而若丘”济涣。胡瑗曰：“天下之涣，起于众心乖离，人自为群。六四上承九五，当济涣之任而居阴得正，下无私应，是大臣秉大公之道，使天下之党尽散，则天下之心不至于乖散而兼得以萃聚，故得尽善元大之吉也。”

为何会有匪夷所思之谓呢？值涣时而人心涣散，皆各相结朋党以抱团，试图无有离散之忧，这是人之常情。而六四不受私党牵绊，以主君臣大群之公道而当济涣之任；匪夷所思便在六四舍小群抱团之常理，而就大群济涣之重任，舍小就大，惟六四能涣小人之私群，所谓散小群以成大群，成天下之公道。小群抱团只能临时“取暖”，非真聚，不仅不能拯济涣难不说，值大涣来临时依然会散；惟无邪者，正理可以动众，便是六四之所以成公道而舍私情，不据人之常情，便在于高瞻远瞩之识和济难救国之志，惟六四能明散中之聚，散中有聚非常人思虑所能及，只有人臣体国者当知。陈琛曰：“天下之所以涣者，多由人心叛上而各缔其私也。私党既散，则公道大行。而势合于一，如丘陵之高矣，所谓散小群以成大群也。然此必才识之高迈者乃能之，非常人思虑所及也。”

九五居中履正，以阳刚居尊位，居得其正，履得其中，能出其号令，布德正光泽，以此济涣。且五与四君臣合德，散其德政号令，以中正巽顺之道治涣。九五巽体，有号令之象，此号令如汗，出而不反。汗者，肤腠所出，发乎内里而浃于四体，出则宣人之壅滞；王命如汗，愈疾之汗出而不返，救涣之命发而不收，故曰涣汗。

王政号令如汗出，出乎王居而洽于万方。王居，令出之所；涣汗，令所行如汗出。令出于王居为令出自当出之所，济天下涣难之令，当由忧天下之人发出，汗出而不收，非一般朝令夕改之文，而是喻君王德望之重，令出不改，济天下民难之心不改，汗出全身，令行万方，由中而外，由近而远，虽至幽至远之处，无不被而及之，上下依号令而正位凝命。

何楷曰："王者以天下为一身，欲涣周身之汗，其必有大号以与天下更始而后可。凡大命令之下，大政事之布，大财用之发，以散则为和风，以润则为甘雨，如人之汗从心而液无不沾透，则群邪之郁积尽涣而天下之险难亦庶乎可解矣。"

光大与正位。六四光大与九五正位。六四光大在于顺承且辅助九五济涣之君，以巽顺之正道散小群以成大群，以天下为公之道正理动众，同九五一起志在济天下，从而五与四君臣合德，以王政涣汗之号令，出自王都，浃于四体而告于四方，以内知外顺之贞吉治涣，使天下信服而从。

涣者，离散也，从人有形之离散到情志涣散，再致精气失散，而六四辅其九五正位，政命畅通如涣汗然，足以通上下因涣难而四散所致无序之壅塞，且以凝精神、聚人心之王政，使涣散者能聚，以神主气精之聚而回周身之元气，拯之使合。之所以精神能聚、元气能回，在于王居尊位，以尊位行中正之道而济天下之涣难，为心系天下之位，故而以正位之当位，行称位之王政，得大配位之政德。其新民之王政如散人之疾，汗出而愈，汗出乎中而浃于四体，未得治四方之疾。此为君臣合力同功，亦应《彖辞》曰"柔得位乎外而上同"之辞，爻义相须，时之宜也。

无悔与远害

六三：涣其躬，无悔。

象曰：涣其躬，志在外也。

上九：涣其血，去逖出，无咎。

象曰：涣其血，远害也。

六三阴柔不中，失位，处坎之终，犹未出险，有私于己之象；三处涣，上九应与，且是卦中独有应之爻，六三居阳位，志在济涣得时，以能散其私，止于其身，而得无悔。躬者，困厄也，有困苦不得志之谓；志在外，指上九之应。

自六三及以上四爻，皆因涣而能拯涣，故虽处涣，但能拯涣。六三之拯涣在于出有悔之位而得无悔之占，便是因涣而能拯涣。《案》曰：“易中六三应上九，少有吉义，惟当涣时，则有应于上者，忘身徇上之象也。”

上九以阳居涣极，为能出乎涣者，远乎伤害，象曰远害，能远害则无咎；王弼曰：“逖，远也。最远于害，不近侵克，散其忧伤，远出者也。散患于远害之地，谁将咎之哉。”上居涣终，去坎陷之害甚远，故其象为涣其血。血，谓伤害，涣其所伤而免于难，言涣其血则去，涣其惕则出。

涣之诸爻犹以无系应而言涣且离，涣者离也，要么终离而远涣，要么以离而相连之义治涣而聚。惟上应于三，三居险陷之极，为不能出涣且远涣者，且三以忘身徇上之象而依附于九，以远位而远涣。险有伤害畏惧之象，故云血惕，涣其血则为涣所伤。惕血象恰恰成为远涣之代价，伤而出血以换取免于涣难。上九以阳刚处涣之外，本有出涣之象，却又以居巽之位，使其巽顺于事理而不能不济六三之应，况且六三以忘身徇上而寄系上九，使上九心有牵绊，也是难免出血象之因。

无悔与远害。六三无悔，上九远害。六三以处坎终之位而不善，使其得一身困厄，但以忘身徇上而志应上九，使其终得无悔。上九以阳刚处涣外，为处涣而远害之人，只因上应于三，被三陷位牵绊，虽处涣却涣而未离，以被涣所伤之血象为代价，换取免于涣难之害，上九有系而临险，但终以能出涣远害为善。《案》曰：“天命之正，人心之安也。涣以离为义，故至卦终而遂远害，离去以避咎者，亦乐天之智，安土之仁也。古之君子，不洁身以乱伦，亦不濡首以蹈祸，各惟其时而已矣。”

亨卷：非君子八灾

姤卦：不正之患

乾上巽下

以中正德制正不正之柔

在震卦，取雷为象，以刚动立义，从阳裕刚足的起震之机里，言阳气蕴藏且贯穿成势、起势、受势的出震过程，以雷势出于地而升于天，使震上入大法序下潜构新序，并网通大小秩序而定序督职，成其“震”为传德承序之重器。雷尚时，震尚位，出乎于天地礼序，达之于国家礼制；以鼎器立体用，既有长养万物的生化之功与养之大德，又以雷震之威治涣散凝精神，以宗庙制礼传位序、安家国。

震以得神且精气阳裕刚足而贯通天地万物，烹精气神使万物能食并知其所食，以此引养、引食而至道体德性之根源，在传德为上、承序为主的道法本序中，犹助君子升志，并健德养正。临震若不师震得正或进志、升志，则将遭祸患，尤其重器非用与大器小用，见震得神之时，不知进志升志而谋进取，却以小德薄功居之，必遭失志的陷溺之难。

志主正，失志则有失正之虞。当己不健正，又受外在不正侵袭，势必因失正而造成祸乱，而祸乱与不正之初始者，姤也，以柔遇刚而有不正之遭遇。

《序卦》曰："决必有遇，故受之以姤。姤，遇也。"决者，刚决柔而使柔退，是以刚主内共决之，使阴柔退而成决；当阴柔主内，则为柔遇刚，一阴为主于内，五阳听命于外而成姤体。无论是刚决柔，还是柔遇刚，均有刚柔之遇合。刚柔成体本合，奈何时位不同则际遇不同，从夬决阴使阴退，而阴不可灭，又以一阴返下，复遇五阳，且奉行风行天下之化。

《杂卦》曰："姤，遇也，柔遇刚也。"一阴方生，求遇于阳，自是而长，阴渐长而盛大；柔遇刚，以柔成主，以遇成体，一阳在下而成姤。遇者，相逢，不期而遇；以不期而遇言阴阳转换之消息，至刚至极必然遇阴长，阴长必因浸阳而渐壮大；以不期而遇之"期"言阴阳以时，也是"姤之时义"；"遇"是结果，而"时"才是主导夬、姤成体的主轴。柔、刚以时而遇，在姤体为以柔逢刚，阴之初成为姤遇。姤遇非阴之初生，而是阴生于阳体，至姤时而有阴成，阴成居下有位，阴始生并不见阴，阴在阳中孕育，致阴初成则见阴，阴成有体、有形、有位而见阳，此时方成遇。

阴柔总是起势，乃阴阳互生之理，如同阳亦会在阴中生长一样，只是值阴阳盈虚转换过程中而成不同的"体"，这便是为何成夬时，要建夬制以制抑阴。在晋或离时以德序固阳而壮阳裕，便是在有"体"时能正固其体，值体而治，产生治道文明，以此治大时。阴阳盈虚转换何时成体呢？便是如姤之阴成一阳，从阴生到阴初成而见阴之形体，并以此成爻，亦是爻有体、有形、有位之所在，这个过程贯穿了太易、太初、太始的气、形、质过程，到质之始，而成形体，故而姤有阴之质，此阴之质从阴始生之气、形而来。

姤之生。姤以二体言之，乾上巽下，为风行天下而风物，风物者，德政教化也，姤从风物而生。风物所生，为从夬到晋、离的过程，在夬卦，以五刚决柔，以德决出夬制，以一制之刚而统万政之繁乱，决在于正，且立公正决阴，从而立刚制，再到晋、离二卦离明以照，德施天下，并成就晋制离序之德政文明，以德政文明普照天下而行风物之教化，此为风物所生之过程。风物教化在于以晋制离序之德政文明行正大之事业，正大之事业正是以小体之养正而全大体之同德同正，在风物天下以阳照阴、以德化阴之时，总有阳无照之地以及德无施之地，成就了阴之势存，况且姤之阴生乃从乾体生，有生阴之源，故而阴能渐长，经过气、形、质的浑沦过程后，阴成形、成体，而渐生爻位，形成一阴遇五阳之姤体。从姤体可知，阴柔总是起势，德政与德教未曾有功成身退之时，只有值“时”而治体，方能沉淀并升级德政文明。

姤遇。风行天下之风物，总会以阳遇刚，而以阳遇刚乃德政之体，为德遇，非姤遇之体。姤遇之体为阴成体且有爻位后，以阴遇刚而产生的姤遇。在夬卦，以五阳共决一阴，非去阴使阴不存，而以制之刚使阴退，阴退而复生于下。为何会有夬阴复生于下呢？在于夬卦为祸且居上位的阴小之首领，被夬制剥夺特权并贬为平民以习教化，以此成姤起势之核，有了姤起势之核，便有了姤之阴渐长而壮的过程，从而产生了姤遇成姤体的情况。从姤遇可知决遇与德遇之区别，姤遇以阴遇阳刚，在于阴长而壮；决遇为五阳共决一阴，以扬于王庭之德决，决出夬制，以制之刚限阴胡作非为，虽言遇，却是制之成，共决之成，亦是德政大起势之时，为以制遇政。德遇，德政普施之遇，此遇成于多个卦体，以晋、离、贲为盛，德遇是以制遇政之升华，通过一制载万政和一序厚万德而著称，使以德政普施而遇阳善。

姤的文明品格被乾体赋予。姤卦阴渐长而壮，在姤体并非无德政或无德教，反而姤体德政与德教之功盛大，才出现“女壮，勿用取女”之戒言。在姤卦，以五阳之阳壮反衬阴势盛大，又以“女壮，勿用取女”之戒言反衬姤体德政之基和德教之功。姤卦阴渐长而壮非德教失利，而是在以“时”为轴的阴阳法序转换过程中必生其姤体。姤体值乾性文明而来，为德文明无论是精神还是精气皆处鼎盛之体，从乾体所生之姤阴，言“阴”非大昏冥昧、阴强妄大之阴，非昏蒙行欲并以欲为政之妄，而是粗妄漏习经过教化后的细妄与妄识流注，正好被乾体大阳明所照注，常人无法觉察之内阴，流注于“内”神成识，作精气之用，值阴长有位而产生姤遇。

不正之姤。姤的文明品格被乾体赋予，阳明刚健是姤所依之本体，德文明风化天下亦是姤之主体，此种品格界定是《彖辞》为何言“品物咸章”之所在。正因乾性文明的大正，德政与德教风行天下之大正，姤之阴成且以阴浸阳，使姤体成了不正之姤。姤之不正，长在乾，成在姤体，却害在德性，以“时”成轴，形成了周乾而易坤的乾→姤→遯→否→观→剥→坤执迷妄失图，其执妄迷失图正是由姤浸乾不正开始，以阴长而阳消，使不正害乾性，阴妄逐渐遮挡心性，成其柔道牵“乾”，迷失道“坤”。

乾体六爻皆纯阳金性之体，以元亨利贞之圣德妙化万有，此在圣之刚健，为道体自强不息的好生之德，其好生之“易”念，为净念朗照，为大哉乾元，显乾道变化各证性命之妙用。乾之初九阳被阴浸，使阴长而成形，刚强金性的光明净念被“女”“柔”牵引，柔遇刚且居位成姤体。姤体之成，正是姤之时义成其阴之爻位。金性被阴、妄之柔道牵而迷，由柔之不正主姤，使姤体文明品格因姤遇而脱离乾体，自成姤性。姤性者，从德文明风化天下之主旨，却被阴妄之不正浸袭，而逐渐失志。自震体发出失志之警戒以来，言失志致必招陷溺之祸，终在姤体成一阴之姤祸。一阴之姤祸在姤体成，起于失志，继而因失志而失正，不正亦自姤成。姤之九五言，“有陨自天，志不舍命也”。仍在强调趁阳刚中正皆具在时，应正固其志而戒其失志。

不正之患。不正之姤体，之所以成祸患，在于在姤体阴成且有位，其阴能从乾体而长，自然为德无施之地；在于德化之政大多在外，而姤阴却滋生于内，从妄识而生，长成在外渐成阴妄之体，且阴体有长而盛之势，非德化无功，乃成于天，堕降于姤，自姤之成便与德化脱离，从乾性德文明脱离而被姤性所主。患者，祸之将生而未生，为祸之初始，从患再发展则即将致祸。

不正之患，既祸在姤之本身，又是一切阴为祸之因，七难九祸皆因阴之不明且失志而致祸生难，乃至一切阴妄之长皆是致祸之因。在姤体言不正之祸，其不正犹祸在明夷以及涣难。从夬决之因可见，夬体有五阳决一阴之德决，在于因中孚的豚鱼之教而起祸风，致使涣难发生，不正之风宜祸乱中孚，更祸乱涣体，风行水上之涣，便是“阴”风致涣，乃夬卦所决一阴之祸，而夬与姤互综，皆是一阴之共存和转换，其质地相同。反观夬之阴为何居上有特权且成为阴小之“首领”，在于阴承继乾体的高级文明，以及姤之因生于妄识，主于首脑，故而夬阴祸在首脑，以此成为涣祸之源，故而有五阳刚进而共决，去上之一阴，使阴尊夬制而阴退，君子道长而君子当道，小人道消而阴妄将尽。

从固志而固正。从夬决阴可知，阳战阴，皆是德决；从明夷伤阳可知，阴战阳，皆是伤食。故而形成了夬体以刚成事，而姤体以柔主事。姤以时成体，而姤体又阴柔之“位”而主事。从姤之成因以及柔主事而祸及不正可知，寻常关于不违礼背德而不招祸的戒辞，只能应对寻常祸变之体，若想一劳永逸只有故守金性且照见妄识，使妄皆转刚健大正，方能固正。姤之不正，皆因遇阴浸止不固而失志，失志则需固志，且只有做好固志才能更好地固正。固志者，乃坚守正固之志，在姤体为正固其不正之“风”，姤之风若任其妄长，则致姤→遯→否→观→剥→坤执迷妄失过程的发生，亦是诸灾祸到来之时。

姤：女壮，勿用取女。

彖曰：姤，遇也，柔遇刚也。勿用取女，不可与长也。天地相遇，品物咸章也。刚遇中正，天下大行也。姤之时义大矣哉！

象曰：天下有风，姤。后以施命诰四方。

卦辞：一阴独当五阳而成姤，勿被柔道牵而失正。

象辞：中正主柔成之姤，以德决共阴而包容万类。

象辞：履德制并施德化之风行天下，察其不正之弊。

姤卦，乾上巽下，为天下有风柔遇刚而姤之象。姤者，遇也，一阴主内而遇五阳，使五阳听命于外而成姤体。姤体之成，为阴以“姤之时义”渐长成柔主，柔与刚以阴阳盈虚转换之“时”遇而成体，因时成，其阴从气、形、质而长，渐盛而成形且居位在姤之下，值时而生有位而成。姤者，风行天下而风物德化，使阴遇刚并浸刚体而生不正之姤，阴长而阳消，姤之不正，长在乾，成在姤体，却害在德性，以“时”成轴，阴妄逐渐遮挡心性，形成了周乾而易坤的乾→姤→遯→否→观→剥→坤执迷妄失过程，成其柔道牵乾、迷失道坤的柔遇刚之姤义。

姤卦立“女壮，勿用取女”为戒。女壮，一阴生而有位，居下自是而长，渐以盛大而成壮，女之所以壮甚，在于一女而遇五男，五男刚壮，故而女亦刚壮，以刚壮反衬女壮，《周易本义》以为一阴当五阳而有女壮便是此义。郭雍曰：“阳至四五而后言壮，姤一阴方长即为壮者，亦见君子小人之情不同也。”一阴独当五阳为姤阴之势，而女壮之质在于女阴居内且主内，并主一卦之体，而成姤壮之时。姤之下阴自乾体而生，乾者四月之卦，姤为五月之卦，从四月到五月便是阴成有位之时。姤已非正，女壮故不可取，所以戒之。

勿取女。女主姤，阴柔之见多不明，故勿听取阴柔不正之言，阴本就害阳侵正，若再以不明不正之见主之，只会加重不正的发展趋势，使其产生不正之祸变。取者，娶也，勿娶女之义，女渐壮且主内，若娶姤之女，则失男女之正而致家道伦序不正；渐卦与家人卦主婚嫁，乃以婚嫁言礼序，从礼序入伦理正序，使其养正，为正序养正而行嫁娶，非娶姤之女壮之女。姤之“女”，以阴犯阳正，渐壮而敌阳，此敌为伤食之敌，将侵阳体夺阳位，姤虽一阴甚微，但微而有位，且有渐壮之势，不可取，又务必戒之。

“不可与长也。”既不可使姤之阴势长，又不能与姤之阴长期以处。姤以阴为主，且势渐长而盛，必以阴犯阳体，使阳不固，姤体本有不正之姤祸，若与阴长期以共则被阴浸，而发生时位与卦体之转变。不正之姤到不正之祸发生，亦是失志再失正且长期累积所致。“不可与长也”是对“勿用取女”的再次敬惕之戒，此戒是将生不正之祸之戒。

“天地相遇，品物咸章也。”从姤言天地相遇，在于从姤远见坤。姤体从乾体生阴而来，且阴之势因“时”而不可拔，阴妄生于妄识且主于首脑，经过气形质的浑沦状态后，阴成形、成体，而渐生爻位，成一阴遇五阳之姤体，姤体以阴妄主姤，以不正主姤体。阴渐盛而长，值“时”而成不同体，乃至有周乾而易坤的乾→姤→遯→否→观→剥→坤执迷妄失过程发生，从阴妄之势长，便能见坤，以此言天地相遇，乃从姤远见于坤，虽言远见，却是以势长而见。阴从乾始，至坤全阴而终，天地相遇以阴柔渐长为路线，以时为轴，形成执迷妄失之过程。虽然柔道牵乾、迷失道坤，但见姤之不正，更应见德文明之同，见乾文明品格。姤之文明品格被乾体赋予，这是姤体仍有五刚成体之所在。

姤之同。见姤更应见天地品物咸章之同。咸者，交感也，阴阳之气交感继而卦体的上下阴阳之位交感；章者，文明沉淀作成章文，坤成文，乾文明必有乾中坤，为坤之文德写照，以文德彪炳德政功绩而文在中也，为有已成文明沉淀之写照。所以天地相遇而品物咸章依然作用在姤体，见姤更应见同，若不能见同，如同姤阴遮挡心性一样，使其不明又丧志。不能因姤阴主不正，便不能见乾文明之主体，不能照见品物品章之同，姤之阴妄虽居下且主姤有位，但同五阳相比依旧势弱，“女壮，勿用取女”之戒，便是戒在柔遇刚之姤初。姤同方是姤承继乾文明之主体，之所以言文明，在于姤体依然以风行天下的德政风物为主，依然以大正之进来，风化阴妄为使命。

“刚遇中正，天下大行也。”姤体遇阴，使阴主姤，继而以阴遇刚成其姤体之姤义，但姤体以承继乾文明之姤同为主体，五刚之中，仍有二五之刚居中正，以中德主姤，虽不正有祸，但阴弱祸小，柔遇刚尚有“时”，故而正大的德化之风正从姤体施行，以正大之事业来正不正之姤。虽不正将有祸，但固正则能防祸，如同震卦言失志之戒，却是值震时应师震而升志，使大器能大用。在不正之风祸乱中孚，更祸乱涣体时，皆有阴小成其“首领”，姤以柔主姤体，若不以阳抑阴正固，则又将成以阴居首之可能，故而姤言九五中正，以九五当中正之位而决阴，使阴不能成姤首，阴虽有位，但位居下，姤之阴虽主姤义，但值姤体之主仍为九五。主姤义之阴是成姤体之因，而主姤体文明者仍是九五，九五以中正之道德决其阴，使柔之“位”不能主姤事，而不能成为姤体涣祸之源，以此正姤，则是“刚遇中正”之吉。天下大行，乃风行天下的德化之教，阴之所存，便是德化之命，此为正大事业的职责与使命；风行天下亦是九五正位居体，以德决共阴而有包容万类之德。

“姤之时义大矣哉！”姤以时成，言时，又值时，在时轴上有位而成姤体，故而姤以时、位、体备具而成卦。时者，为成姤之主轴，姤之阴，长在乾，阴从气形质的过程长成而有位，成长在乎时，阴之质与阴之位皆以“时”成，正是阴之质与阴之位成，才成其姤体，姤体成方有柔遇刚之势，姤因时义方成其姤义，尤其是周乾而易坤的乾→姤→遯→否→观→剥→坤执迷妄失过程，从乾到姤的开端赋予了“时”轴之起势。故而姤之时，既是姤成体之时，亦是执迷妄失之大时。正是这个姤之小时，成了其柔道牵乾、迷失道坤的心性被阴妄遮挡之大时，亦是细妄流注之妄识如何阴长而盛大，成昏蒙坤众而乾坤颠倒失明之过程。

“后以施命诰四方。”值姤有不正之阴，众阳皆有制阴之任，以正散伏阴，以正固去不正之姤，故而以正固制阴成己命，五阳正固且制阴者，以履德制来施德化之政，以制之刚而制不正之阴，从而发布政令，昭告四方，使众皆能自察其弊，自觉其阴。后者，乾之君体也，《说文》曰："后，继君体也。"施者，发布。命者，政命。诰者，昭告。四方者，风物德化所行之方，以四方言无所不及。在夬卦有呼号之言，以"号"在于言危厉，而姤言"诰"，在于言严正；之所以有严正之言，在于五阳履德制而不违制，制之刚严，正是中正天下之命，以"后"承乾之体制，行正大之全大体而同德同正之事业。

不正与大正

初六：系于金柅，贞吉。有攸往，见凶，羸豕孚蹢躅。

象曰：系于金柅，柔道牵也。

九五：以杞包瓜，含章，有陨自天。

象曰：九五含章，中正也。有陨自天，志不舍命也。

初六以阴处姤下，为一阴之位，正因阴有位，故为阴长而渐盛之时。阴有位且渐长而盛，以此遇阳使阳渐消退，故制阴当制其微而未盛之时。既制阴更应正固其阳，阳固不退则阴无可乘之机。"系于金柅"为正固其阳，不受阴牵。胡炳文曰："彖总一卦而言，则以一阴而当五阳，故于女为壮。爻指一画而言，五阳之下，一阴甚微，故于豕为羸。壮可畏也，羸不可忽也。"

金者，乾之金性之体。柅者，止车之物，柅止轮动之木，马融曰："柅者，在车之下，所以止轮，令不动者也。"止之以金柅，又系之以金，为止之固也。豕者，阴躁之物。羸弱之豕，虽未能强猛，然其中心在乎蹢躅。蹢躅，徘徊不进之貌。羸者，瘦弱。虽阴而柔微，但羸弱的猪也要确信其不能前行。

处姤之初，从金而不从阴，方能正固，柅所以止车，以金为之，其刚可知，既止之以金柅，系之使阳能固，又防阴微之进，以最易忽视的阴微之物喻之，在于得察阴微之进。李光地曰：“一阴穷于上，众以为无凶矣。而曰终有凶，防其后之辞也。一阴伏于下，众未觉其凶矣。而曰见凶，察于先之辞也。阴阳消息，循环无端。能察于先，即所以防其后，能防其后，即所以察于先也。”固止使不得进，则利阳刚贞正之道，若使之进往，阴渐盛而害阳，则将见凶。

既固又防，方是处姤之道。姤之阴始生于乾体，此“阴”非大昏冥昧、阴强妄大之阴，非昏蒙行欲并以欲为政之妄，而是粗妄漏习经过教化后的细妄与妄识流注，姤之因生于妄识，主于首脑，经过气形质的浑沦过程，成形于细微流注妄识，任其妄识不固而成阴之质，假以“时”成，成在姤下而有位。

乾体六爻皆纯阳金性之体，以元亨利贞之圣德妙化万有，此在圣之刚健，为道体自强不息的好生之德，其好生之“易”念，为净念朗照，为大哉乾元，显乾道变化各证性命之妙用。正是没有照见其易念之微，使至阳生阴而未能觉察，阴妄生于乾体之中，虽细微流注而渐汇成形，继而形成妄、阴之有质而成姤之初下。

对比乾体至阳金性与光明朗照的净念来说，姤之初六为阴，以“女”与“柔”喻妄念、喻阴，常人无法觉察之内阴，流注于“内”神成识，作精气之用，值阴长有位而产生姤遇。柔遇刚，遇也，解析这个“遇”是很困难的，虽为一易念，但在圣如如不动的净念下形成“女”“柔”的妄念为因缘和合，为全时空因缘际合成因后，才能形成妄念的“柔道牵也”，易念被“女”“柔”之妄念牵引。所谓孤阴不长，独阳不生，在乾体至阳金性刚且壮，至阳与至阴互化，当至阴不固则生阴，极其微观之阴系于一易念上，又时空宏大而因缘和合成“柔道”，以“柔道”来形容是说这个妄念已经因缘和合成“道”的力量，只有“柔道”的念，才能牵引刚强金性之念，让其执着颠倒。

阴已生且成姤体。姤体变发出了“女壮，勿用取女”之戒，警告跟随“柔道”的阴性的妄念跑，被它牵引，就会见凶，也呈现了易体最究竟义的凶吉观，此凶为执妄且被牵引而堕落，有凶。随阴、妄进，且执着于阴妄，此为阴长且盛的关键，故而不能颠倒在“女”“柔”的妄念里，“不可与长”就是不能执着。“系于金柅”，是让把易念系在金柱子上，以免被“柔道”牵走，这个金柱子就是乾阳的金性。以乾阳金性之明德照注，用回光返照正固之。

当姤体已成，柔道也已成势，既要加强正固，又要治明以识微妄。治明识阴微之物，以“羸弱之豕”喻可见之物，以此对比姤体尚未成而阴妄犹在时的未见之物，未见之物，存于妄识，无大明德无以觉照，而可见的阴微之患应当防之，若不防其姤体将被阴妄之不正浸袭而逐渐失志，失志必招陷溺之祸。以可见之物衬托未见之物的微小隐患，以此成警戒，来施命诰四方，既要行正固之利，又要防被阴、妄之柔道牵迷。《案》曰：“一阴穷于上，众以为无凶矣。而曰终有凶，防其后之辞也。一阴伏于下，众未觉其凶矣。而曰见凶，察于先之辞也。阴阳消息，循环无端。能察于先，即所以防其后，能防其后，即所以察于先也。”

九五阳刚居中履正，与阴本无遇，然值阴长而盛时终将遇，五以阳刚中正主卦于上，而下防始生必溃之阴。夫上下之遇，由相求也。九五以至高而求至下，犹以杞叶而包瓜。

杞木高而叶大，处高体大而可以包物者杞，阳物高在上，为九五之象。瓜，阴物在下者，甘美而善溃，初六也。以杞包瓜者，为以刚包柔，防始生必溃之阴。《周易本义》曰：“然阴阳迭胜，时运之常，若能含晦章美，静以制之，则可以回造化矣。有陨自天，本无而倏有之象也。”用杞叶来包瓜，文采隐含其中，应天时而陨落。

九五下无应，为非有遇也，然姤以“柔遇刚”而主遇，以遇道言阴长，故终必有遇。鱼与瓜皆阴物，二与初遇，言包有鱼；五与初无相遇之道，犹以高大之杞，包在地之瓜。含即包，初含蓄不露，一旦瓜熟蒂脱，虽始生而必溃，则自杞坠地。

九五阳刚中正，以德化主政，故行静而待之，而初之阴长而盛，为妄动之物，五为尊主，与阴无比应，得卦“勿用取女”之义，自既正固，又能防危，以含晦章美，静以待之，以制阴之任而修德回运转时运，待天时既至而瓜熟蒂落。夬卦一阴乘五阳，阳战阴而用决，乃德决之道；姤卦五阳据一阴，阴战阳故用包，将欲止之，乃静待时变。

初六不正，九五大正。初六为成姤之主，九五为主姤之大主。无初六之阴则无以成姤，使姤成一阴为主于内，五阳听命于外之体，尽管阴主姤遇，但阴势尚弱小，只据卑下之位。然主姤卦者，仍为九五。主姤义之阴是成姤体之因，而主姤体文明者仍是九五，九五以中正之道德决其阴，使柔之“位”不能主姤事，因此不能成为姤体涣祸之源来以此正姤。九五阳刚中正，以中德主姤，虽阴小，但有不正之祸，柔遇刚尚有“时”，故而正大的德化之风正从姤体施行，以正大之事业来正不正之姤，正是九五之天命。九五以中正来正其不正，内蕴中正之德，华章内含，刚者蕴其美，行可静待天时且顺天时而志不舍命，使大器能大用。姤卦行风行天下的德化之教，九五正位居体，以德决共阴而有包容万类之德。

有鱼与无鱼

九二：包有鱼，无咎，不利宾。

象曰：包有鱼，义不及宾也。

九四：包无鱼，起凶。

象曰：无鱼之凶，远民也。

九二刚中，遇初六不正之阴。在姤言柔遇刚，以“遇”为道，他卦初正应于四，而九二遇姤阴，能包而有之，使其不应九四而有遇于宾，令邪不逸于外。相遇之道，主于专一，二之刚中，遇固以诚。《程传》曰：“然初之阴柔，群阳在上，而又有所应者，其志所求也。阴柔之质，鲜克贞固。二之于初，难得其诚心矣。所遇不得其诚心，遇道之乖也。”初六主事，九四谓宾，四与初虽有应而不应，在于初与四不遇，初遇四有二阳阻滞，是不利宾之谓。

包者，通苞，苞茅，苴裹，青茅捆束，祭祀之时，利用缩酒，求神之降。《左传·僖公四年》记管仲曰：“尔贡包茅不入，王祭不共，无以缩酒，寡人是征。”杜预注：“包，裹束也；茅，菁茅也。束茅而灌之以酒为缩酒。”鱼者，阴微之物，鱼豕皆阴物；阴物之美者，阳之于阴，其所悦美，故取鱼象。宾者，外来者，九四居上，外来者谓宾。

二与初密比，二阳遇初阴，若能固蓄之，如包苴之有鱼，遇而有包则无咎。二与初遇，以包有鱼之象，制阴使不遇于众。包苴之鱼，岂能及宾，谓不可更及众人，故包而固之；李开曰：“剥之贯鱼，姤之包有鱼，皆能制阴者也。”初阴不正，能包而有之，使邪不及于外。“包”，包容之于内，以包而制之，制之使阴邪不得逸于外。

《案》曰：“制阴之义，不取诸九四之相应，而取诸九二之相比者。阴阳主卦，皆以近比者为亲切，而处之又有中有不中焉。故复六四之独复，亦不如六二休复之为美也。夬五近上，则有苋陆之嫌。姤二比初，独不以阴邪为累乎。曰：夬之阴，其势极矣。如病之既剧，如乱之已成，非有以除去之不可。姤则阴始生也，如病将发，如乱初萌，豫防而早冶之，则不至于盛长矣。观乎不利宾之戒，未尝不以阴邪之渐驯为谆谆也。”

九四当姤遇之时，居上位而失其下，本与初正应，当遇而不遇，由己之失德。四之所失，在于位不中正，以不中正而失下民，故而有凶。吴曰慎曰：

"九三以不遇阴而无大咎，上九以不遇阴而无咎，四则包无鱼起凶，何也？盖初六本其正应，当遇而不遇故也。"

包者，所包蓄者；鱼者，所美也。初四正应，而阴遇于二，不及于四，以"包无鱼"喻之，失其所遇，犹苞茅里没有鱼，亡其所有而凶。当应而不应，当遇亦不遇，居位不正，失其正应下民。包无鱼，既失民而无鱼，又不能包鱼制阴而失职，失称位之德。九四无位又无称位之德，故而有凶。

九四失应道在先，四以正应初阴之位而不应，不能以阳应阴而援阴，失应道；继而又失遇道，值姤遇时，不能与初应，使初从二比近，以正应之责失遇道。在姤遇之体失遇道，则失位又失道。《程传》曰："遇之道，君臣民主夫妇朋友皆在焉。四以下睽，故主民而言，为上而下离，必有凶变。起者，将生之谓，民心既离，难将作矣。"

有鱼与无鱼。九二包有鱼，九四包无鱼；鱼者，姤之下阴，九四当决阴制阴之任，而不能以应、以遇制阴，既无包容之量，亦无制服之方，九二虽无决阴制阴之任，却将阴包容于内，以包而制之，使阴不得逸于外。故九二亲民，九四远民且失民，九二称位中道，九四无位又不称位。阴不正而无道，九四失责，而九二担任，以中德容之，使姤体尚能行风行天下的德化之教，九二与九五同处中道，尽职尽责，以德决共阴而有包容万类之德。

不遇与避世

九三：臀无肤，其行次且，厉，无大咎。

象曰：其行次且，行未牵也。

上九：姤其角，吝，无咎。

象曰：姤其角，上穷吝也。

九三过刚不中，下不遇于初，上无应于上，居则不安，行则不进，如臀之无肤；然正位居体，既无所遇则不为制阴之责所牵，亦不被阴邪所伤，故虽危厉而无大咎也。李简曰："居则臀在下，故困初六言臀。行则臀在中，故夬、姤三四言臀。"

次且者，趑趄，犹豫不前的进难之状。九三之所以其行次且，在于值姤遇之体当志求遇，阳体又有制阴之责，虽非其任，但欲前往而制之。而初之遇在二，与二密比，志求遇前往则将受辱，不往则失制阴之志，故而次且不安，然知险能止，反而无阴之牵而无挂碍，使处危而无大咎。

上九以刚居上而无位，为至刚而在最上者角也，以刚为最上，为角之象。上九处姤之穷，不与阴遇，不能制阴，故可吝。与初无遇，然姤其角者，速求其遇，以角言触，在于求遇，遇本非正，不遇不足为咎，又以身处事外，不遇亦无咎。

《程传》曰："人之相遇，由降屈以相从，和顺以相接，故能合也。上九高亢而刚极，人谁与之，以此求遇，固可吝也。已则如是，人之远之，非他人之罪也，由己致之，故无所归咎。"

不遇与避世。九三与上九皆为不遇者，然九三又志求遇，以其行次且而犹为不安，上九以姤其角亦求遇，然最终身处事外而不遇。相比九三之不安，上九因居上而与阴隔绝甚远，值阴姤不正之时，如避世之士，超脱事外，虽有制阴之心，但已无九三那般强烈的愿望，不能救姤不正之时而亦身不乱，保持已身刚正，虽吝于道，却无咎于身。

蛊卦：蛊惑之祸

艮上巽下

慎终如始而振民育德

在姤卦，阴值周乾易坤执迷妄失之“时”，以“时”成轴，一阴生而有位，居下主内遇五阳，阴势遇“时”成体，自是而长，柔遇刚并浸刚体，而生不正之姤；姤之不正，以气形质的浑沦状态生在乾体，成在姤体，却害在德性，阴妄逐渐遮挡心性，成其柔道牵乾、迷失道坤的柔遇刚之姤义。当不正之姤阴被“时”所赋予，在执迷妄失过程里不可与敌，阴之势长进，浸姤之九二，姤之九二因阴浸而陷溺，使阳失明，继而失志，且失中道之德而沦为阴类，一阴长成二阴，成遯体。遯体二阴生于下，阴类山势已蓄，阴势成山于遯体。

风行天下之姤体，有不正之风随大“时”不断浸长，风遇阴势之遯山而回转，不正之姤风遇山而回，则物乱，已此成蛊象，所谓“风落山，女惑男”在蛊体而行蛊惑之事，当蛊象已成，蛊事已生，则有蛊卦成。

蛊卦，艮上巽下，风在山下回转而行蛊，山下之人、物因蛊而被阴所惑，尽行蛊事。《序卦》曰：“以喜随人者必有事，故受之以蛊。”随者，随物应情，因感而生情，无交不随，无感不随，随外物在于因情而生随意，能随者在于“喜”出于心而迷乱与情。此“喜”者，非吉祥之喜事，而是迷乱生情的好恶之心，尤其是超出常随之情的喜好之欲心。“随”有随意之随和无故之随，随意之随为随之迷，以随物应情之情发于欲心而心由境转，迷者无真，因不能见性而迷，为着迷之迷和情欲炽盛之迷，在姤后生随，必然为着迷之迷和情欲炽盛之迷，也正因有喜好之欲心，方能被不正之姤风蛊惑。

蛊者，以欲情蛊于人，再生蛊事而鼓动于众人，使众人皆受蛊，为从蛊情而生蛊事，蛊卦之所以能成体，在于蛊必有蛊事而惑众人。蛊体之成，必依姤之风与遯之山；山下有风，此“山”何来？为遯二阴成山；风在山下，此“风”又何来？为从不正之姤风，风行而来；不正之风落二阴之山，必成蛊象。不正之姤风，风行已久，阴柔总是适“时”起势，姤风风行至二阴之山，阴势本已弥漫，当不正遇阴，正好成其狼狈为奸，姤风遇山回转使人、物生乱，而众人皆被蛊乱。蛊之上下二体，巽长女，艮少男，长女下承少男，为不正之女下少男，意乱情迷，以情乱蛊，使阳陷而沉沦，以失明与失志之双失而沦为阴类。

蛊有蛊惑义和蛊乱义，因蛊惑而生惑乱，又因蛊乱而有坏乱之蛊果。蛊惑者，起于喜好，继而因喜而感，感而生情，具情随人、物而渐迷乱，迷乱则生欲心，欲心出而迷心性生妄识，妄识随物应情而迷于外情。随着迷日甚和情欲炽盛，而迷生惑乱，直至起心动念皆受蛊惑之欲妄，之所以迷而生惑乱者，在于迷而不觉，致使善恶不分，正邪不辨，阴妄识遮挡心性无以起智慧于内，外又有纵于情欲之欢，日渐沉沦。

惑乱。惑生于内，人被蛊惑而沉迷，则生惑乱。当惑乱在外，则生蛊乱，人迷且物序皆被扰乱而生大“乱”。此蛊乱，包括蛊惑于内之乱，和外序之乱；阴小之类，蛊而惑之，必将害正道，乱正序，使正序失序而混乱。正序者，法、礼、德三者之序也，在政为制，在文明为序。正序失序，则德政即将不存，此为蛊乱之大乱，大乱者，乱及众人。

蛊事。从蛊惑之初，到蛊乱生成，乃致坏乱之蛊果产生，皆贯穿蛊事。蛊事者，以“风落山，女惑男。”成事。蛊惑一事，不仅使君子沉溺，亦因德政失序，而致使民众失德化无明而暗。言暗者，为失明之暗，故山下有风之蛊，为一片暗黑之蛊。暗黑之夜，行迷乱生情之事，乃女惑男之蛊事大行，女惑男而纵欲，便是贯穿蛊惑始终之蛊事。此蛊事从喜好女，到迷乱有生欲心，再到纵欲行欢，以致起心动念皆欲事而内生蛊虫，使人成“欲”之寄体。可见蛊事有使人沉沦之最，先迷妄识，再以妄识不固而生欲心，欲心迷乱而纵情于身，身纵欲行欢而失精气，精气失养则神不固，神不固则起心动念皆欲事，内生蛊虫，蛊虫繁乱于体，致使精气沦丧。精气沦丧于内且神驰意散，心性失明，心志沦丧，一切皆由蛊事废弛而不张，蛊乱生且蛊果成。

蛊事不正是乱蛊之起因。何为蛊事不正？为蛊体长女下承少男而意乱情迷之事不正，不合婚嫁与正家之正序。在渐卦，艮为少男，巽为少女，少男阳下与少女阴上，阴阳交感并渐进交合，方能执雁礼而明媒正娶，经婚嫁之礼才有家人之正位；在蛊卦，长女下承少男，男女阴阳不交，反而女惑男使男意下行，女阴本沉而背礼上迎，成意乱情迷之蛊事。在蛊事发生之初，男非意先下行，乃浊精下行；在少男身上，阳气皆上行，唯浊精行下，女惑男而行男女交媾之事，男迷交媾事而意乱。阴阳不合在蛊卦是卦内外之序所呈现，男女与阴阳不合而背礼交媾之事，非合婚嫁正序，无婚嫁与正家之正序，从“勿用取女”之戒可知，所来的姤阴之女，不合婚嫁正序，既不得嫁娶之“时”，又不合婚嫁正礼，被姤体阳刚之体制明令禁止，以诰命戒示之。所以说蛊卦所行蛊事非男女之正行，且是背礼违政令之乱惑，以此蛊惑之乱而生蛊惑之祸因。

蛊果。当乱蛊之起因不正，随阴浸长而蛊事深入，蛊惑之风在山下回转，不正之风遇群阴，必生大乱，自然会出坏乱之蛊果。蛊果者，因蛊之不正，果皆坏乱之果。其坏乱之果，在于人皆被蛊惑，起心动念皆欲事，内生蛊虫而使精气沦丧，精气沦丧则治阳无果，使阳道坏乱。精气沦丧，阳道坏乱，则识神祸乱心性，心性失明，心志沦丧，使治明坏乱。从个人的内外之乱，到正序大乱，正序大乱则乱及众人，使德政不存，德化失灵，正序之明由明转暗，蛊体一片暗黑，人皆沉迷而交相行欲，迷而不觉。此等蛊果，乃是苦果，人行欢愉于一时，值阴势浸长，当从遯成否时，否塞不通而致否难生，蛊体暗黑顿升明夷之难，正序乱而失序，不仅无序之屯难将临，其七难九祸亦将接踵而来。

从蛊乱随，继而蛊乱成祸。言蛊惑之迷惑，蛊有情意之随，无随不成迷。随有随意之随和无故之随。随意之随为迷于外物、外境而不能自拔，其触、受、想、行、识皆妄作，其识、根、尘相继连环起用，反复熏习；而无故之随为随之深，以随之无故的更、新、变而以心能转境。从随意之随的心由境转到无故之随的心能转境，便是随浅与随深之对比，无故之随为随之高深境界，虽随物应情，但能唯变所适而随。蛊惑乱随，在于以蛊迷惑心性，致使不能以心变物，成一切所适，随情应物无法升华成唯变所适的无故之随，只能被外人、物所迷，且沉溺于情欲蛊事不可自拔，心性不能明辨是非，只能以随之浅而着迷。以蛊惑而害随道，使随物应情变成随欲随情，而大失随物应情、唯变所适之道。当随物应情、唯变所适之随道被害，则继而使感而遂通之咸道无感，聚气凝神之萃道无聚，将泰通往来之道乱于蛊体。从泰通德政被乱、被否塞可知，只有阴毒小人用阴欲之虫而蛊惑君子，迷惑大众，致使德政受乱，正道被害。

治蛊整饬之事。不正乱情，蛊惑伤正，必整饬而治之，为蛊体治蛊之事，因有蛊惑之祸事在前，方有治蛊整饬之事在后。《杂卦》曰："蛊则饬也。"饬者，整饬，治理也。蛊惑成祸已久，必治蛊之不正而使正道复立。蛊卦所言蛊事，既为男女不正且意乱情迷，蛊惑致祸乱之事，又为蛊惑成祸已久而治蛊整饬之事。《序卦》呈致蛊之由，《杂卦》论治蛊之政。

治蛊之事。有大治和小治，大治从大"时"，得识时势而从革，此种革变无大君子不能行之。小治言整饬，从卦体之小"时"，以"制"言整饬，同姤体与遯体制阴一样，从卦之小时制住姤风，整顿蛊事。李光地曰："易中更改之卦莫大乎革，其次蛊，其次巽。" 治蛊要行革，或以革变之决心而革之，若不革治之彻底，则阴风又起，阴势又涨，又成祸乱。

蛊祸在前，蛊治在后。蛊体之成，依姤之风与遯之山，使正之风落二阴之山，立蛊象，成蛊体。其不正之风起于姤之阴，姤卦立"女壮，勿用取女。"为戒。又"后以施命诰四方"发布政令，昭告四方，使众皆能自察其弊，自觉其阴，姤体制阴为五阳履德制，以制之刚严，用正道散伏阴之不正。遯之六二继姤系金柅后，又值遯而执牛革，以扶阳抑阴而制阴，尤其是九五正应而扶六二之阳，经过扶阳抑阴而制阴，使阴小之类畏阳势而远遁。当阴势从姤浸长成遯，再以姤之风和遯之山成蛊体，其女壮与"勿取女"在蛊体变成女蛊男，以蛊事蛊惑之成，随即迎来蛊卦新的治理问题——整饬而治蛊。在姤体与遯体，皆有行之有效的制阴之法，整饬而治蛊，要从祸因起治，必以德政治蛊风不正，以正序复立治蛊乱，以专诚凝精神治意乱情迷之涣散。

蛊以元亨立卦德，继而以"元亨而天下治"立意，贯穿先后之蛊事，从蛊惑致祸乱到整饬治蛊祸，以治蛊体而得蛊道。以蛊道得元亨之法而治天下，则天下得治，"元亨而天下治"乃从治蛊体而走向治天下。蛊惑之事得"止"而治，在尚未祸乱德政与正序时治蛊，治蛊之将乱与防祸之未生而言"止"。使不正得正为治蛊之思想，"止"蛊惑之风与蛊势为治蛊之法，以蛊势得制与蛊风得治，使不正在蛊体失根而得大治。

在蛊卦，初至五皆以蛊言，不言君臣而言父子，在于蛊事在前，治蛊在后，子承父业而治积弊之蛊，一体之事，蛊祸在蛊体，治蛊亦在蛊体，犹子于父事，唯上九独言事王侯，在于位、时皆出乎事外而不当事。蛊事之所以能治，在蛊体以九二与六五正应，刚阳之臣，辅承德之君，君臣上下同德齐用功，使蛊之积弊能早治，尤其以先甲三日，敬事于始，令蛊止于端，再后甲三日，慎终如始，防祸于未然，以虑之深，推之远，治蛊使正道复生。干父之蛊与干母之蛊，乃除一国之弊，除一体之祸，而不事王侯乃从天下而治全体之蛊与天下祸难。上九值止蛊势与治蛊之时，以时、位齐备而正志，进志。以正志且进志而天行，亦正志且进志者，还有九二与六五，九二刚直有明，六五承德有志，处蛊弊祸乱蛊体使失明与失志已久，以明志双用治蛊，立中道之典范振蛊而济正道。终以蛊体正其本原之“元亨”而正法序，并通天下之元亨。

蛊：元亨。利涉大川，先甲三日，后甲三日。

彖曰：蛊，刚上而柔下，巽而止，蛊。蛊，元亨，而天下治也。利涉大川，往有事也。先甲三日，后甲三日，终则有始，天行也。

象曰：山下有风，蛊。君子以振民育德。

卦辞：得正其本原之“元亨”而治蛊。

彖辞：虑不正之终推大正之始，以蛊道治天下。

象辞：慎终如始治蛊体，振民育德而新民。

蛊卦，艮上巽下，为山下有风而行蛊之象。不正之姤风遇阴势之遯山回转而行蛊，以女惑男行欲情蛊于人，再生蛊事而鼓动于众人，使众人皆受蛊；因蛊惑而生惑乱，又因蛊乱而有坏乱之蛊果，皆贯穿意乱情迷之蛊事。当不正乱情，蛊惑伤正，因蛊乱产生坏乱之蛊果而成祸，则应整饬而治蛊。蛊卦所言蛊事，既为蛊惑致祸乱之事，又为整饬治蛊祸之事。蛊祸在前，蛊治在后，从成蛊之因，到治蛊之法，使“治”立蛊体蛊事而全德政。

不正之风入阴山中，阴滞不动渐闭塞不通，风转而回以落山谷，阴无阳且风不正则生蛊虫；蛊虫者，阴欲之虫，既在内又生于外。在内者，为内生意乱情迷之妄识，随精气窜动下落，落阴湿之所繁衍，起淫从欲，使欲心生于内而根深蒂固，在道家称“三尸”，内蛊无风不窜动，风者，妄识与欲精邪淫之动也；在外者，有造蛊之法，在《通志·六书略》有云：“造蛊之法，以百虫置皿中，俾相啖食，其存者为蛊。”外生蛊虫者，乃阴毒小人用之，世风败坏，恶毒至极而不可救药者。唯洁身止蛊事，行王道而新蛊弊，内守固阳而除三尸。

蛊惑之祸。蛊惑者，以“风落山，女惑男”成蛊事，蛊事起于喜好，渐迷乱则生欲心，再到纵欲行欢，以致起心动念皆欲事而内生蛊虫；从情欲之喜好到迷外物、外境而不能自拔，其触、受、想、行、识皆妄作，其识、根、尘相继连环起用，反复熏习，只能被外人、物所迷，欲心出而迷心性生妄识，妄识随物应情而迷于外情，随着迷日甚和情欲炽盛，则生惑乱。蛊乱既有内乱又生外乱，内乱者失明丧志，外乱者，德政失基正序失序，有从个体之乱到众皆乱的过程。因“乱”生祸，惑乱者，因迷惑使君子沉溺，迷而不觉，致使善恶不分，正邪不辨，致使君子有失明又失志之祸；亦因君子沉沦而德政失序，从内乱到外序亦乱，以此祸乱德政与正序。尤其从蛊惑之初害随物应情之随道，使随道行浅意之随而非唯变所适之深邃，从随物应情、唯变所适之随道被害，继而使感而遂通之咸道无感，聚气凝神之萃道无聚，亦致使泰通德政被乱。阴小之类用阴欲之虫而蛊惑君子，迷惑大众，致使德政受乱，正道被害。

“刚上而柔下”。成蛊之事与治蛊之法，皆为刚上而柔下。成蛊之事者，取蛊体长女下承少男而意乱情迷，此为蛊事不正的乱蛊之起因，先有“女惑男”男女不正之起因，再行“风落山”之蛊事，姤风落二阴之遯山，独成蛊体，其蛊事亦从个体被蛊惑，发展到山下之民众皆被姤风蛊之，从个体受蛊走向众被蛊。治蛊之法，取艮刚在上，巽柔在下，山势不动在上，以制阴之治而不被外惑，以巽柔顺承艮刚的治阴之法在下体制阴，使阴从内便治，而无外溢成势。以“刚上而柔下”既成蛊又治蛊，亦是蛊卦虽有蛊惑之事，只能成祸，而无以生难的原因，在于治蛊及时且得力。

“巽而止”。在尚未祸乱德政与正序时治蛊，治蛊之将乱与防祸之未生，以“止”整饬治蛊。艮刚止于上，使蛊之姤风仅行于内下，无蔓延至外上之势，姤风惑于内，使蛊祸在从个体受蛊走向众被蛊的过程中能止，为止其蛊势。蛊卦之所以成蛊，在于风在山下回转而行蛊，女惑男之蛊事已成，虽蛊事已成，但蛊祸未致，尤其是尚未祸及众人以及尚未从内乱祸及外序，止蛊事及时则能制蛊阴蔓延。若想蛊势得制，则应顺势制蛊风，使蛊惑之风能从巽柔而止。蛊体治蛊的关键在于如何将不正之姤风治成柔顺之巽风，此为治蛊风；当蛊风能止，则蛊体当治。止蛊势，使蛊势止于个人而无蔓延之势。治蛊风，使蛊惑个体之姤风成柔顺之巽风，从蛊事不正处正礼，亦使成刚上而柔下之蛊，非女惑男之蛊。

制阴。艮男在上，巽女在下，男虽少而居上，女虽长而处下，尊卑位序得正，顺承位序之正，则上下顺礼而正理，则蛊风当治。以蛊治姤风与遯山，使姤风转巽柔，遯山转艮止，以蛊整饬之治而得大治。当姤风得治，蛊风乱随之状况便得以改善，巽柔以唯变所适之深随，出意乱情迷之迷随，在蛊惑之初便能以心辨物，使蛊惑乱随止乎礼，又止乎理，则出不可自拔的情欲蛊事。从蛊风治明，以艮止巽柔而自明。阴势在遯体得制，使蛊之山，非阴势之山，而为艮止之山，此为止阴之山。在遯体，遯之六二继姤系金柅后，又执牛革正应嘉遯之九五，经过九五扶阳，以及九五与六二共同以中德抑阴，使阴小之类畏山势之刚而远遁，在遯体远遁之阴已非阴势浸长之阴。

当不正之姤风遇蛊体止阴之山，风欲落山而被艮山止之，使风无法回转而蛊惑乱人，则蛊势得治。同时以艮止之山制住“风落山”，不正之风不能落二阴之山，则无以成蛊象，无以生蛊事，便无以成蛊祸。不正之风无法成蛊，且遇艮止之山，艮山依礼且正理，使不正而正，则蛊风得治。蛊风得治则姤风将不存，从而以蛊势得制与蛊风得治，得蛊道大治。

“元亨。”蛊体有亨，在于通过整饬治蛊，以“止”住蛊祸发以及蛊体乱而得亨。在尚未祸乱德政与正序时治蛊，是蛊之所以能亨之所在，蛊之所以亨，在于蛊体继山风之势，虽姤风不正，但不正以姤体为主，治蛊风则止姤风，同样山之阴有势，其阴势亦多在遯体，艮有山成，以止义为上，从尊卑位序治其背礼之处使其顺礼，则巽柔承艮山而无蛊惑。蛊之艮山为止阴之山，艮而能止遯之阴势，非阴势得长之山，故而阴从制而得治。治蛊及时，根治姤风与遯势，使姤风与遯体山势转换成蛊体，以治蛊得体而治之，使姤、遯之不正在蛊体得正，且因治于礼，根于序之正，得其元亨。言“元”者，在于治蛊使姤、遯之不正得正，经过蛊之治，使不正在蛊体失根，既无姤风之忧，又无遯阴势之虑。在蛊体，先有蛊事且将成蛊祸，经过整饬治蛊，使蛊势得制与蛊风得治，故亨通易得，而得其元亨不易；解其元亨，要明晰治蛊已使成蛊之风、山皆从不正而得正，因正其本原而得元亨，构成蛊体之山、风得正，不再是风落山、女惑男之体，而是刚上而柔下的巽而止之蛊体。

“蛊，元亨而天下治也。”治蛊体而得蛊道，以蛊道得元亨之法而治天下，则天下得治。蛊以元亨立卦德，继而以“元亨而天下治”立意，贯穿先后之蛊事，从蛊惑致祸乱之事到饬治蛊祸之事，使蛊惑之事得“止”而治，尤其是经过蛊治，使不正蛊体失根，以蛊势得制与蛊风得治，而使蛊道大治。蛊体大治，在于使不正得正，尤其是不正之姤风与阴势之遯山为祸已久。使不正得正为治蛊之思想，“止”蛊惑之风和蛊势为治蛊之法，以蛊势得制与蛊风得治，为治蛊之果。从坏乱之蛊果到巽而止之蛊果，经历了文明之转换；从不正之风到巽而止之文明，正是蛊体所经历的“蛊事”，蛊事从坏到好，蛊风从不正到正，蛊果从失序到正序，皆是蛊治之功。使不正得正，转姤风阴山成巽而止之文明，皆是以蛊道治天下之法，通蛊道而天下治，正是以蛊体正其本原之元亨而正法序，当德政不乱，德序刚制，则通天下之元亨。

“先甲三日，后甲三日”。甲为十天干之首，取“甲”言蛊为造蛊祸之端，从“甲”以记，先甲三日，为“辛”，借言新，以尚新、取新而言治；后甲三日，为“丁”，借言叮咛、叮嘱，以叮咛之嘱咐言防祸于未然。《周易本义》曰：“前事过中而将坏，则可自新以为后事之端，而不使至于大坏，后事方始而尚新。然更当致其丁宁之意，以监前事之失，而不使至于速坏，圣人之深戒也。”甲者，创制之令，在创制之前，需改过自新。从蛊体而言，在以蛊道元亨治天下之前，不仅要防蛊祸，且必须根除蛊弊，蛊弊自新才有创制之基。孔颖达曰：“甲者，创制之令，既在有为之时，不可因仍旧令，故用创制之令以治于人。”在蛊体，蛊事之言有二，为蛊惑之祸事与整饬治蛊得蛊道之事，祸事在前，且祸及深远，故创制新令之前必然要根除蛊惑众弊，不仅防祸更要从根本上根除弊端，尤其是正其本原得元亨之蛊道，更要推原先后。得蛊道大治，必虑之深，推之远，蛊体不得正，天下无从依蛊道得治。

“终则有始”。在蛊体言终始，为不正之终，大正之始。蛊卦有蛊祸在前和蛊治在后，蛊祸之因在于不正，尤其是遇不正之姤风和不正之遯阴，使风在山下回转而行蛊，乱蛊之起因，从姤体起，不正浸长，继遯体二阴成山，其不正有势，故蛊体之不正，从姤、从遯而由来已久；在蛊之二体阳卦居上，且阴卦居下，阴阳刚柔不相交，少男与长女尊卑上下不相接，阴阳不正，尊卑礼序亦不正。所谓“隔绝而百弊生”，经过整饬治蛊，根于蛊不正之因而使蛊体得治，虑之深，推之远，坏极必有复通之理，不正已久则以“止”通正，当蛊之弊能从根源上和根本上得“正”，蛊体得正其本原之元亨，并以此得治蛊之道，成就以蛊道治天下之始，使不正得正，便能使蛊事从坏到好，从失序到正序，成其蛊体终始之功。

“君子以振民育德。”当以整饬而治蛊祸，则成其蛊体“不正之终，大正之始”的终始之功，所谓“蛊，元亨而天下治也。”正是以治蛊体之蛊道治天下，振民育德而新民之时。纠察蛊事之因，皆因不正与失德，不正是起因，失德亦被不正所惑乱。居蛊体要知不正之来由，以及不正之蛊祸将祸乱何处，然后以知蛊而治蛊。以得正之“正”来振民，使阴阳刚柔不相交而能交，以正阴阳；少男与长女尊卑上下不相接而能接，以正尊卑礼序。当蛊体阴阳得正，尊卑礼序得正，便使正道能“天行”正常。当正道天行，失明之颓废与失志之萎靡皆能得正，则民得振；振者，振奋也，正是振颓废与振萎靡之时。不正之风蛊惑已久，必然失德，尤其是蛊乱之祸使正序大乱，致使德政不存，德化失灵，失德早祸及众人矣；蛊体言“天下治”便是从正个人之身德，到全众人之公德，乃言“育德”之所在。育德者，以正序使德政运转得常而能治之。君子法山下有风之象，振民心，养正德，以蛊道正其本原之元亨新民，则正是从蛊体走向治天下之始。

承志与怠志

初六：干父之蛊，有子，考无咎。厉，终吉。

象曰：干父之蛊，意承考也。

六四：裕父之蛊，往见吝。

象曰：裕父之蛊，往未得也。

初六居最下，居内在下而为主，为子干父蛊，初六蛊未深而事易治，其子能整饬，治理父辈积弊，有子如此，则置父于无咎之地。子干父蛊之道，能堪其事。蛊者，言前人已坏之绪，故蛊卦前五爻皆以父母之象，上九有王侯之象。苏轼曰："器久不用而虫生之谓之蛊，人久宴溺而疾生之谓之蛊，天下久安无为而弊生之谓之蛊。蛊之灾，非一日之故也，必世而后见，故爻皆以父子言之。"

干者，为干预、治理义，犹以破中有立谓之干，以治理之作为，而言干立之功。《周易本义》曰："干，如木之干，枝叶之所附而立者也。"为治理能使其立事之能，皆以能"立"言治理之作为。胡炳文曰："爻辞有以时位言者，有以才质言者，如蛊初六以阴在下，所应又柔，才不足以治蛊。以时言之，则为蛊之初，蛊犹未深，事犹易济，故其占为有子，则其考可无咎矣。然谓之蛊，则已危厉，不可以蛊未深而忽之也。故又戒占者知危而能戒则终吉。"

蛊之灾祸，非一日之故，必积弊日久，初六占其子则能治蛊，而考得无咎。考者，过世之父。《礼记·曲礼》："生曰父，死曰考。"子干父蛊，能堪其事，能治久弊，则父不受续累，故必惕厉则得终吉。初六之才，体阴能巽，居下无应而能主"干"，非能治蛊之人，言"厉"；但专言子干父蛊之道，心怀惕厉，勤勉从事，则子必克，以不累其父而有治蛊之成，虽厉但可以终吉。董仲舒曰："事父者承意，事君者仪志。"子能整饬父之积弊，在于继父之志，不承其事而承其意，意乃意志也。

六四以阴居阴，柔顺而无应，虽无应但处得正，为宽裕以处其父事者；宽裕处蛊事，仅能循常自守而已，不能有为，则蛊事将日深，故往而不胜则见吝。裕者，放纵，懈怠义。

六四以阴柔而无应助，又任事有“裕”，乃懈怠行事，蛊以立事为干，而宽裕倦怠者则不能立事，不能立事治蛊，则蛊事之弊将日深。刘弥邵曰：“盖六四体艮之止而爻位俱柔，夫贞固足以干事，今止者怠，柔者懦，怠且懦，皆增益其蛊者也。”怠且懦，使六四从吉而趋凶。初六虽厉却终吉，而六四言“吝”则临蛊事已深，又怠、懦事之，岂能趋吉？

承志与怠志。初六承志有吉，初四怠志则吝。初六虽厉却终吉，初六居蛊下，本无明且失志，为非治蛊且有厉之人，但子继父之志，以志能继而干事，乃正“志”之功。对比初六承志有为，初四怠志而无作为，初与四，皆阴柔之才，初之位居巽柔之下，四处艮之初，蛊以艮“止”立整饬治蛊义，居艮之位本有吉且见吝，便在于六四无志且不能“立”志，初六与六四本因处蛊而失明失志，但初六以“意承考”能继志奋发，可见“志”德不仅关乎是否能有所作为，还直接关乎凶吉悔吝。

中道之典范

九二：干母之蛊，不可贞。

象曰：干母之蛊，得中道也。

六五：干父之蛊，用誉。

象曰：干父用誉，承以德也。

九二刚中，上应六五，以阳刚承六五之阴柔，有母子之象，故以子干母之蛊立象。以刚承柔而治其坏，故又戒以不可坚贞；但以巽顺得中道，为善干蛊者。

九二以刚阳之臣，辅柔弱之君，干之尤难；正之则伤爱，不正则伤义，以是为难。二巽体而处柔，顺义为多，虽以阳居阴有刚之实，但无用刚之迹，故而以柔顺事之，在乎屈己下意，巽顺将承，使身正而事治。曰“不可贞”，谓不可贞固尽其刚直之道，只能以刚行顺而从柔，实则为得中道。不可贞，为九二以中德明之，明其不可尽其刚直之道，以子承母，要行顺而从柔，以中道事之。

黄道周曰：“外事尚刚，内事尚柔。”所谓不可贞又得中道，在于以阳刚之才不可固守陈规而固执其刚直之道，要懂得变通，以明治顺，行顺而从柔，九二居内，正是尚柔之时、位。九二从刚直之道变通行顺而从柔，乃以刚明之才得中道之典范。至于柔弱之君，九二只需尽诚竭忠，执守中道即可，以守成不失道而得干母蛊之道也。

六五柔中居尊，以阴柔之质，当人君之干，下应于九二，九二承之以德，以此干蛊，可致闻誉。之所以“用誉”，在于六五能任刚阳之臣，倚任九二阳刚之臣，则可以为善继而成令誉也。

六五履居尊位，不承父以事，而承父以德，六五阴柔不能为创始开基之事，所持事业乃承其父之旧业，故为干父之蛊，居蛊需治蛊，非承父事守旧能安。故而必以中德治之，继世之君，虽柔弱之资，苟能任刚贤，信贤崇德，又以中德自处，以此除弊。

六五干父之蛊，乃干父之前已坏之事，故守旧亦不能安，必然治蛊而除弊，六五至于用誉，是用誉以干之也，为干蛊之最善者，所谓立身扬名，体亲之誉，全父之德，因治蛊得蛊道而致元亨，使父亦有事德。

承德治蛊。之所以能值蛊事而治蛊，在于刚上而柔下，上能止，下能顺；上止者，止蛊势与治蛊风，止蛊势则需承父之旧业而治其弊，以除弊而止蛊势；治蛊风，乃承以德而振民育德。蛊势者，先甲三日，敬事于始，令蛊止于端；再后甲三日，慎终如始，防祸于未然，以此虑之深，推之远，而治蛊使正道复生。

中道之典范。九二与六五正应，九二以刚阳之臣，辅承德之君，以治蛊有成而立中道之典范。九二之所以舍刚直之道而变通行顺从柔，在于六五有中德，六五虽柔但承德且治蛊，以六五与九二上下齐用，成其刚上而柔下之整饬之治。六五虽质柔，但据有中德而行刚，故以刚上处之；九二质刚，亦有中德，舍刚行顺而从柔，以柔顺处下；此两者皆成立中德之典范而皆得中道，正是君臣上下同德齐用功，使蛊之积弊能早治。《彖辞》言“刚上而柔下”舍九二独用六五或舍六五独用九二，皆不能成其治蛊之能，正是上下齐用，才能振蛊而济正道。九二刚直有明，六五承德有志，蛊体处蛊弊祸乱使失明与失志已久，以明志双用而得大治，且是立君子明、志双质而立德治之，故而成中道之典范。

刚柔相济与守其志节

九三：干父之蛊，小有悔，无大咎。

象曰：干父之蛊，终无咎也。

上九：不事王侯，高尚其事。

象曰：不事王侯，志可则也。

九三以刚阳之才，居下之上，为主干者，然三之位过刚不中，以子干父之蛊，蛊已积弊渐深，以重刚不中之才治积弊渐深之蛊，故小有悔。然九三在巽体，以顺主之，刚过而能顺，又能居正矣，故无大过。九三正位居体，以顺德处位，上亲六四，以刚阳之才与和顺之德处事，刚柔相济，勤勉惕厉，而终无大咎。

胡炳文曰：“干蛊之道，以刚柔相济为尚。初六六五，柔而居刚，九二刚而居柔，皆可干蛊，不然，与其为六四之过于柔而吝，不若九三之过于刚而悔，故曰小有悔。若不足其过于刚，继之曰无大咎，犹幸其能刚也。”九三重刚而居柔，从小有悔到终无咎，在于以顺德处位，得刚柔相济之道，以此干蛊，既刚柔相须，又宽严相济。

上九居蛊之终，无系应于下，处无所事之地，在事之外，故而可高尚其事，以高洁自守，不累于世务，故曰，“不事王侯，高尚其事”。上九在卦之上，因无蛊事之承担，而可身退，处蛊体而不累与蛊弊，在于蛊势因“止”而无蔓延之势，使上九能逍遥于卦外。

上九居蛊之终位，又得止蛊势治蛊之时，以时、位齐备而不当事，故曰不事王侯。初至五皆以蛊言，不言君臣而言父子，在于蛊事在前，治蛊在后，子承父业而治之，在于一体之事，乃蛊体言蛊事祸与治二义，为祸在蛊，治亦在蛊，祸在前，为积弊之父业。一体之事，犹子于父事。上九独以“不事王侯”言，在于合君臣之义，子于父母，有不可自诿于事之外，而王侯之事，君子有可为与不可为也，当必治蛊事时，以父子言，在于责任赋予，当蛊事得治，可处事外时，以王侯言，洁身以退而不为僻。

不事王侯，当事者以干蛊为事，不当事者以高尚为事，故不曰无事，而曰高尚其事。上九处无事之地，不为事累，不事王侯，而独守志行藏，君子藏志，志在高远，非王侯俗务。邵子曰：“安得淳厚又秀慧，与之共话天下事。”上九之志不在王侯事，而在天下安，蛊体王侯事，仅治一体，而天下安之事，能治全体，自尊其身，守其志节，则高尚其事。上九居贤位，进贤志，非蛊体干蛊之事，不屑王侯事，自担天下事，以“志可则”而进退合道。干父之蛊与干母之蛊，乃除一国之弊，除一体之祸，而不事王侯乃从天下而治全体之蛊以及天下之祸难。

归妹卦：乱正之祸

震上兑下

礼与时皆不正而乱位成祸

在蛊卦，不正之姤风遇阴势之遯山回转而行蛊，以女惑男行欲生蛊事，不正乱情，蛊惑伤正，众人受蛊生坏乱之蛊果成祸；蛊祸在前，蛊治在后，从成蛊之因，到治蛊之法，经过整饬治蛊，根于不正之因而使蛊体得治，且成其蛊体“不正之终，大正之始”的终始之功。再以治蛊体之蛊道治天下，振民育德而新民有时，从蛊体蛊惑之不正走向治天下之大正。

蛊事成祸皆因不正与失德，不正是起因，失德亦被不正所惑乱；当不正之风蛊惑已久，必然失德，尤其是蛊乱之祸使正序大乱，致使德政不存，德化失灵，无德照之明使蛊体一片暗黑，亦使君子失明与失志。知蛊而治蛊要知不正之来由，以及不正之蛊祸将祸乱何处；因其不正，故而阴妄蛊惑而伤正，伤正则不能正尊卑礼序，不履位序乱其德位，则乱正；从不正到乱正，成其归妹卦体。

归妹卦，震上兑下，男动于上，女从之嫁而归从男，少女从长男，以说而动，动而相说，人之所说者，少女，故云妹。兑以少女从震之长男，其情又为以说而动，两者皆非正，从而导致两相失正，成其以“归妹”言之。归妹者，归者在“妹”，妹从男而归于人，非长男来取，乃少女以说而动且动而相说的动而不当之体。动而不当，为“动”与“不当”两者；少女动则凶，位不当亦凶，乃双凶并至。以归者在妹之不正，乱其礼序与时序；以动而不当之双凶，成其归妹的乱正之祸。

《序卦》曰：“进必有所归，故受之以归妹。”进者，渐卦之进也，在渐卦以女归立意，又以鸿雁设象言婚嫁之雁礼，通过“女归”而婚嫁成家，言履礼而序之“渐进”过程。之所以有渐进，在于履礼而进，渐进之进者，必有归；归者，女子出嫁曰归；归妹卦依渐之归义而继渐。归妹之归，为女之归，女者，兑之少女，故以“妹”云之。女子出嫁谓归，少女非偶而随长男，成其归妹的嫁娣之义。

古代诸侯以媵制婚姻一娶九女，而归妹之谓为姐妹同嫁一夫，姐姐称姒，妹妹谓娣，“女子同出，谓先生为姒，后生为娣”。正室夫人谓女君，随嫁娣侄谓媵，娣是女君妹妹，侄是女君侄女，媵不同于妾，妾谓之须。西周有韩侯娶妻，韩侯是周武王第五子的后裔。渐卦主言女归之正，而归妹主言妹娣动而不当之不正，以娣自媒自荐之归，动于男先。

归妹卦，少女从长男，男动而女说，男动者，非男取妹娣之动，而是男动取姐姒之先，此男动为渐之正取。女说者，为妹说而从之，再说而动，成其归妹动而不当之体。男动而女说，正是男以婚嫁之礼行取之正，来反衬妹自归而从之不正。取之正，在渐卦，妹自归而不正，在归妹卦，从渐到归妹，有从正取到不正之过程，正是因为有渐之正，才衬托了归妹之不正。故而归妹卦贯穿了“男动而女说，又以说而动”的从正到不正过程，正是因为明了何为婚嫁之正，才知正礼，亦才知妹自归而不正的失礼之处。《管子·形势》云：“自媒之女，丑而不信。”便是言说妹自归求合的背礼行为，履礼有孚信，而失礼则不信，故而身德不存，有丑径。

《案》曰："不曰妹归而曰归妹，以明其失礼；不曰归女而曰归妹，以见其失时。"归妹卦以动而不当之体所失有二：一则以"妹"之身份动于男先，不待取而自归，自归者失婚嫁之礼，所谓"自媒自荐者，士女之丑行也"正是如此。归妹之义，便是妹不待男以婚嫁之礼取之，而自动于男先来归，此"归妹"明其失礼；明其失礼之"明"，为婚嫁之礼以礼"制"约之，已成制度约束之礼序，众人皆应明晓制度规范，而"归妹"处明知故犯之状态，以犯明失礼正。二则以少女归长男，少女处下，位不正而失婚嫁之时；时者，在卦中常以位显之，男女相感之时，为咸卦艮之少男下求与兑之少女上应，两气交感相合，感有专且应而至，成其感通之正；男女婚嫁正"时"，为渐卦艮之少男阳下与巽为少女阴上，阴阳交合而成其成家媾和之正；"归妹"处位不当而自归求合，以犯位失时正。

失礼正与失时正两者，成其归妹不正之主体。礼与时，皆位也；礼序者，履位言礼，制礼言序；时序者，履位序言时，时之成，全然位序。归妹卦以"动"失礼，"不当"失位时，以失礼正与失时正两者而两相失正。凡言"正"者，皆贯穿了位正，履位而得礼正，礼正则制礼有序正，以此可见"位"之重。

易之全体言男女相合者有咸、恒、渐、归妹四卦。咸卦，兑柔在上，艮刚在下，两气相交感，艮之少男下求与兑之少女上应，艮以止则感有专，兑以说则应而至，以此感而通，形成山泽通气交感的感通之象；咸有咸正，为男求女之正，到夫妇咸正，继而成其尊卑、上下位序正，以"正"成咸体。恒卦，震者长男，巽者长女，男在女上，男动于外，女顺于内，形成夫妻成室而雷风相与之象，雷风相与使之，雷动则风起，雷迅则风烈，雷止而风息，犹如夫唱而妇随，恒有恒正，从男女阴阳回转而互抱之正，到夫唱妇随之伦序正，以男女初成和恒益常久之正成恒体。渐之正，以"女归"婚嫁成家之正，有礼与时皆正，礼与时正，为男女大正，履礼、时之大正而得渐进之渐体。归妹不正，礼与时皆不正，正好构成渐正与归妹之不正相对，从而亦失咸正、恒正、渐正之“正”。咸与恒者，主言夫妇之道；咸与归妹者，主言男女之情；咸与渐者，主言夫妇之义；男女之情，夫妇之义，皆陈于四体。

《杂卦》曰：“归妹，女之终也。”归妹以“女之终”言终始，为继蛊卦之终始，蛊卦之终始者，为蛊治之功使不正得正，成其诸不正之终，以及大正之始；而言不正者，除姤、蛊外，亦有归妹之体。归妹之体贯穿在蛊卦不正之大体中，虽蛊祸与治蛊皆在蛊之一体，但蛊事在前，治蛊在后，且子承父业而治积弊之蛊的“治蛊”，是基于蛊祸后的治理；且以“子承父业”之特征有父子隔代关系，因蛊弊存之已久，故而才成其顺延蛊事发展之归妹体。在归妹乱正之因里，其姤阴与蛊阴，成为归妹体不正之始。故而归妹女之不正有终，因蛊治而得大正之始，归妹之体贯穿在蛊言不正之大体中，治蛊使蛊得治，亦能使归妹得治。

不正到乱正的过程。不正之始，始于姤之不正与蛊之不正。姤之阴存，使归妹之“艮”有不正之先，继而又顺延蛊之不正；归妹之艮为少女，女之阴，使归妹尚未发生“男动而女说，又以说而动”的归妹乱正之前，不正便先入，也正因妹之不正，方行动而不当的自归求合之举，归妹乱正，为乱其位，为以娣乱姒之正位。归妹乱正位而行男女之合，将因位乱而乱家人之序，家人者，以正位言伦序，犹言以正位正家；家人伦序之道，先从婚嫁成家之礼得“家”，得礼正，再从夫妻共成正位之主体，得“家人”。得位正，再以风自火出，以小家之礼、德内出，及于外成伦理共序，故而由家人卦从正位正家而呈现家人之伦序。归妹以乱正位乱正，则乱其家人之序，再波及伦序共理，可谓害之大矣。

乱正之祸。归妹卦言“征凶”，征者，动也，正是归妹的动而不当之举，女先动，惑男，行蛊惑之蛊事，继而意乱行欲；凶者，动则凶，位不当亦凶，乃双凶并至之占；征凶者，祸害也，并非归妹一身之患或一家之祸，而是因祸序害理，波及众人，乱其礼序与时序，以动而不当之双凶而成归妹大祸。归妹之风气，虽是诸侯媵制婚姻之奢靡，但终究主体之不正在“妹”，娣乱姒之正位，非男女两人或一家之得失，而是事关伦理风尚，礼制大体。

归妹之终始。归妹以乱位乱正成其祸，且祸患事关伦理风尚与礼制大体，有伤德政，故君子睹归妹动而不当之祸，必以“止”通正而治之。而“止”者，既是止女说而先动，又是止女惑男生欲。“止”之治，正是蛊体得治之精髓，蛊体治不正而得大正，归妹之体贯穿在蛊言不正之大体中，治蛊使蛊体得治，亦能使归妹得治，以此成其归妹女之不正有终，得正而有位正之始。归妹之终始，正是正位序、正家人之序的呈现，亦是从归妹之乱位之不正，可见天地位序之正，以此以小见大，以“正”来振民，使民众皆能明礼序之正，行婚嫁与家人之正。当归妹体阴阳得正，尊卑礼序得正，便使正道能同蛊体般“天行”得常。

归妹：征凶，无攸利。

彖曰：归妹，天地之大义也。天地不交而万物不兴。归妹，人之终始也。说以动，所归妹也。征凶，位不当也。无攸利，柔乘刚也。

象曰：泽上有雷，归妹。君子以永终知敝。

卦辞：归妹双凶并至，乱正失德伤序害理并无所利。

彖辞：虑不正之终推大正之始，以归妹通天地大义。

象辞：知敝而治敝，成其归妹大正的恒久之道。

归妹卦，震上兑下，为泽上有雷而雷震泽动归妹从之之象；归妹者，归者在“妹”，妹从男而归于人，非长男来取，乃少女以说而动且动而相说的动而不当之体。雷震而泽动，震者，长男，兑者，少女，男动于上，而女从之；少女从长男，以说而动，动而相说成归妹体，使归妹卦贯穿了“男动而女说，又以说而动”的归妹过程，亦呈现了从正到不正之过程。取之正，在渐卦，妹自归而不正。在归妹卦，正是因为明了何为婚嫁正礼，才知妹自归不正的失礼与失时之所在。归妹，动而不当，为“动”与“不当”两者，两者皆非正，从而导致两相失正，妹自动于男先来归，既失礼，又失时；礼与时，皆位也，凡言“正”者，皆贯穿了位正，归妹卦以失礼正与失时正两者，成其归妹不正之主体。归妹以归者在妹之不正，乱位乱正，以动而不当之双凶，成其归妹乱正之祸。且祸患事关伦理风尚与礼制大体，伤及礼制与德政，故危害大矣。

“征凶”。归妹卦以“征凶”立戒，却是以归妹乱正失德有凶之戒而言正德之必须。归妹卦有凶，在于归妹失礼与失时不正，成其乱正之祸。征者，往动也，妹自动于男先来归，即归妹之动；言征之往，为明而往征，有明知而故犯之意，明知之“明”在于婚嫁之礼以礼“制”约束，明晓礼制规范而往，妹自动于男先来归，属自媒自荐，完全违背婚嫁礼制，故为失礼之往；失礼之往，有礼制之明章制度而不遵守，本有明却失明，失明则为阴，正是归妹的动而不当之举。女先动，以女阴惑男，行蛊惑之事，继而意乱行欲；以女阴惑男成其蛊事，其蛊惑之患发生在男女二人身上，蛊惑者，“风落山，女惑男”。欲心出而迷心性生妄识，随着迷日甚和情欲炽盛，而生内惑，当内惑一生便迷而不能自拔，行动而不当的归妹之行。

征往而动，从自媒自荐之归，到生情欲于内，皆是“动”之患，以动之患，招凶。凶者，动则凶，位不当亦凶，乃双凶并至之占。征凶者，归妹乱正失德之祸害也，既成祸，又有大危害；其归妹之危害始于蛊事，以男女二人之蛊祸，发展到一家之患，当动而不当的自归求合之举成行，归妹以娣乱姒之正位，继而因位乱而乱家人之序，家人之道，犹以正位正家，家正则家人伦序正，当礼不正、时不正，再有伦序不正，则伤其伦理共序，伦理共序为礼制正序，归妹以动而不当之双凶大祸，危害伦理风尚和礼制大体，其“凶”可知。双凶并至为归妹之凶，而危害伦理风尚和礼制大体之凶，乃从归妹卦之双凶发展成乱正之大凶，由小及大，由浅渐深，故而卦辞立“凶”为戒，不能任其小患“征”往成大祸，再生内外之乱。

“无攸利”。归妹动而不当的自归求合之举，实属乱正失德，故而并无所利。以归妹卦之双凶以及乱正之大凶为前提，其“利”便无从生发。男之利，男得自媒自荐之女，看似有得，实则失大于得，因未履婚嫁礼制，故失礼无法正家。且从得女来看，以女惑男之蛊事成合，身纵欲行欢而失精气，精气失养则神不固，神不固则起心动念皆欲事，致使精气沦丧，再发展到心性失明，心志沦丧，别说正家无成，且一切皆由蛊事废弛而不张。女之利，女以阴惑得男，看似有小得，实则小得而大无利，其归妹双凶以及乱正之大凶，根源皆在归妹之少女，其凶险大于得利，而且因祸患波及深远必终将被遏止。体之利，在归妹卦，男女之事小体曰家，家人正位乱而乱家人伦序，故小体无利；大体曰理，伤伦序共理和“礼”之理，使其有刚制而不遵守，为失礼，有明德而不取，为失明，故大体更无利。

归妹征凶且无攸利，非归妹一身之患或一家之祸，因祸序害理在深层，在大体，看似男女行欲有得，实则乱正而无得，且让正大之道失德。归妹根系蛊惑之祸，其蛊惑既有内乱又生外乱，内乱者失明丧志，外乱者，德政失基正序失序，有从个体之乱到众皆乱的过程；女惑男，使君子有失明又失志之患，继而沉沦使德政失序而祸乱德政与正序。尤其是伤正害正道，从小体失家人伦序之道，到大体祸乱德政并害礼制。虑之深，推之远，坏极必有复通之理，应“止”不正而通正。

“归妹，天地之大义也。”归妹，男女阴阳交感且婚配，天地交而万物得生息，男女合而子孙可孕育，乃万物繁衍之类，孔子曰：“大昏，万世之嗣也。”故而从生育与生息而言，归妹可与天地同功，之所以归妹要得正，这是蕴含在天地生育与生息之内的位序。归妹不正，乱在位，亦乱在礼，还不得时，若能从归妹之不正，见天地万物之德位，见礼序与时序乃至天地万物之法则，则是大洞见。从归妹之女从男不正生祸乱之象，见何为婚嫁礼制之正，以及家人之正，以归妹之象来以小言大。天地交而万物生息只可履位而合其道，不可乱位而伤其正，男女婚嫁以及子嗣繁衍更应履位、履礼、履时。从归妹之象，见万物生息森严之位，以小言大，取象而见天地万物之法序；见位序，见礼序，见时序，见天地法度与法则，方为从归妹通天地之大义，从归妹之不正，得其归妹之终始，以不正通正，从归妹达天行。

位不当。在归妹卦，艮之少女非偶，侄娣非正配，若为妻而行则凶，以娣乱姒之正位是归妹乱位、乱正之所在。乱位在于艮之少女乘震之长男，为“柔乘刚”之位，居乘位却动于男先，成其“说以动，所归妹也”。失礼与失时之失，言凶也好，言乱正也罢，均为位不当所致。归妹居位不正，若又以位不当来犯正位，家室难正则有凶祸，故而既失礼义，又失时宜。卦中四爻失位，犹姊未嫁而妹先归，失其婚嫁常序，作为媵制婚姻的“附属品”，妹为娣而行则吉，若姊未嫁而妹先归，则位序大乱。卦中柔乘刚，柔悦而求进，意欲以媵夺嫡，必越其妻之正位，便是以位不当再乱正位，则尊卑之序、家人伦理之序皆乱。程颐曰：“男女有尊卑之序，夫妇有唱随之礼，苟不由常正之道，徇情肆欲，唯说是动，则夫妇渎乱，男牵欲而失其刚，妇狃说而忘其顺，如《归妹》之乘刚是也。”

“君子以永终知敝。”君子观雷动泽感与阴说从阳之象，明归妹之不正，见婚嫁礼制之正与家人位序之正，知其始之不正，必终其不正而大正，成其以归妹之象来以小言大，以始见终，所谓“永终知敝”而是从“敝”知如何治敝，当归妹之敝端与败坏之处，能止而治之，则能见不正之终，大正之始。如何使归妹无敝，在于雷发而泽感，阳先唱而阴后合，男动之以礼正，女说之以情正，正其礼，履娣位，和合其家，成其男唱而女随之道，则通天地之大义。

归妹之终始，知其不正之始，师蛊治而行“止”道使其不正能终，大正能始，以归妹得治，成其归妹女之不正有终，得正而有位的正之始，当位正有始则尊卑礼序皆能得正。正是以归妹之小，见位序之大，见礼序之大，见时序之大，见天地法度与法则之大。

守位之典范

初九：归妹以娣。跛能履，征吉。

象曰：归妹以娣，以恒也。跛能履吉，相承也。

九四：归妹愆期，迟归有时。

象曰：愆期之志，有待而行也。

初九居下而无正应，为娣之象；娣为柔，而初九阳刚，其阳刚在娣，为娣的贤贞之德，故而初九有德配位。初九之娣，能正德行，为娣之贤德者。初九之娣以其娣之当位，正当位之德行，得配位之德，以当位而配位，又能处卑顺而称位初九，正是以当位之位，配位与称位之德，得其大贤正。

娣者，姐妹同嫁一夫，姐姐称姒，妹妹谓娣，所谓“女子同出，谓先生为姒，后生为娣”女子谓女兄弟曰姊妹，而惟媵己之妹则谓之娣，此便是姊妹与娣之区别，古之嫁女者，以侄娣从，自适而下，凡谓之娣。《释名》云：“侄娣曰媵。”又云：“媵，承也，承事嫡也。”

跛能履。娣贱而卑下，虽处位贤贞，有配位之德，但仅能承助其君而已，因非正室故所为有限，故而言跛。跛者，腿瘸，《说文》云："行不正也。"《礼记·曲礼》云："立毋跛。"郑注："跛，偏也。"跛能履，在于行虽不及远，但可自善其身，守娣位，尽本分，故而能行。胡瑗曰："跛者，足以偏也，侄娣非正配，而能尽其道，以配君子，犹足之虽偏，而能履地而行，不至于废也。"

跛之所以能行，在于娣居下为顺，处卑顺而有贤贞之德，全在守其娣位。归妹全卦以乱位而乱正，初九以守位而得配位之德，虽跛却能行；又因娣可依礼继承正室，广继子嗣，以全姻亲，是象辞言"相承"之所在。故而虽跛有凶，但能变征凶而为征吉。

初九征吉。凡女之归，不待六礼备且履六礼，为失礼，惟娣可以从姒而归之，而不嫌于失礼，当娣从而归之，便要守其娣位；初九以娣之身份处卑顺之当位，守位有德，又以顺承之为，配贤贞之德，以当位之位和配位与称位之德，得其大贤正，是吉之所在。孔颖达曰："征吉者，少女非偶，为妻而行则凶，为娣而行则吉。"

九四以阳居上体而无正应，贤女不轻从人，故愆期以待所归，成其愆期以待所归之象，所以愆期者，在于女以贤明之德知己之所愿，为九四有明；又有九四许嫁由己而不由人，就算愆期亦待其所归，为九四有志；九四以明志双用而待所归，守其本位，成九四守位之范。

九四居上体，居巽之高位，高贵其心。室家之道，非得履礼而婚姻不成，又待得佳配而后行，《程传》曰："盖自有待，非不售也，待得佳配而后行也。"九四执阳刚之志，静待其时。阳刚在女子为正德，乃贤明之象；无正应，而未得其归，过时未归，故云愆期。愆者，错过；愆期者，误期也。胡瑗曰："以刚阳之质，居阴柔之位，不为躁进，故待其礼之全备，俟其年之长大，然后归于君子，斯得其时也。迟，待也。”

守位之典范。初九与九四皆守位而有德。初九与九四皆阳而无应，无应则无征应之动，宜守其本位。初九处卑顺之当位，守位有德；九四之女子以贤明之资，居贵高之地，愆期有时而待归，以明志双用守位；女子守位，配贤贞之德，便能得正，使归妹之不正得正，以守位止其乱位，成其归妹终始之功，使初九与九四皆成守位之典范。

正位之典范

九二：眇能视，利幽人之贞。

象曰：利幽人之贞，未变常也。

六五：帝乙归妹，其君之袂不如其娣之袂良。月几望，吉。

象曰：帝乙归妹，不如其娣之袂良也。其位在中，以贵行也。

九二阳刚得中，为女之贤正者，上正应六五，反阴柔不正，为动于说者也。九二贤正，六五阴柔，乃女贤而配不良，九二虽贤，不能自遂以成其内助之功，当不能成其内助，尚可以得中来善其身，如眇者虽不能及远但尚能视。

眇能视。眇者，一目失明而偏盲，视野不能及于广大，但尚能视。九二与六五正应之言，贤女配不良，虽为贤内助，但因主弱而不能成其助；九二阳刚有明，又得中德，故九二不能因不能成其助而妄动，只能以明守其本位，守其幽独之操，不夺其位，而曰利幽人之贞。幽者，隐幽，坎也。《尚书·尧典》云：“宅朔方，曰幽都。”东曰旸谷，西曰昧谷，南曰明都，北曰幽都。幽人，幽居之媵，抱道守正而不偶者。

初跛二眇，取兑之毁折象，兑毁震足故跛，兑毁离目故眇。言男女相合者，凡以阴应阳者，为女之有配者，以阴应阴以阳应阳者，为女之无配者，若以阳应阴，为虽有应而反其类，比之无应者更甚，乃女之有配而失配者。九二正应有配，却非良配，犹如失配，配之而不终。然九二刚明，五虽不正，二必执中德而守志，以幽人之贞抱道守正，虽失所仰望，但尚能视。《案》曰："凡足以两而行，目以两而明，夫妇以两而成，跛者一正而一偏也，眇者一昏而一明也。娣虽屈于偏侧，而犹能佐理，故曰能履。幽人虽失所仰望，而其志炯然，故曰能视。"如此贞定贤能之女，以利幽人之贞，使伦序不乱且家道常正，而未变其常理。

六五柔中居尊，为妹之贵高者；下应九二，为下嫁之象，至尊之妹，必归于夫，乃人伦之正，王姬下嫁，自古而然。六五尊贵之女，尚礼而不尚饰，贵德而不贵饰，为帝女下嫁而服不盛之象。帝女下嫁而服不盛，以尚礼崇德而足为天下表。

帝乙，乃商朝第三十代君王，文丁之子。文丁诛杀季历，使商周交恶，为化仇隙而亲邦交，帝乙嫁妹于姬昌，成其"帝乙归妹"之典故。君者，女君，《释名·释亲属》云："妾谓夫之嫡妻曰女君。夫为男君，故名其妻曰女君也。"帝乙嫁妹，女君服饰不如娣盛，六五尊贵之女，尚礼而不尚饰，故其袂不及其娣之袂良。袂者，衣袂；良者，美好；月望者，阴之盈也，阴盈则敌阳矣；几望，未至于盈也。

帝乙归妹，正婚姻之礼，明男女之分，贵女以阴尊而谦降归之，唯谦降以从礼，乃尊德尚。娣之袂良，虽衣袂光鲜在外，但不及女君位正，其君之袂不如其娣之袂良，乃为君尚女德，五之贵高，不以衣袂之华美为盈极，而以德高为盈。

正位之典范。九二与六五正应，皆有正位之范；从九二而言，正应有配，却非良配，犹如失配，虽失所仰望，但尚能视，九二以刚明之才，以幽人之贞执中德而守正，使伦序不乱且家道常正，虽眇却有正位之功；从六五而言，贵高之女，降尊屈贵得其正应，帝乙归妹之美谈，不仅使商周舍仇隙而重归于好，还犹以推礼崇德比娣之袂良。娣之袂良虽华美在外，但女君正位之美更盛，六五正位不以衣袂之华美为盈极，而以德高为盈，成正位又正德之典范。

失礼与丧德

六三：归妹以须，反归以娣。

象曰：归妹以须，未当也。

上六：女承筐无实，士刲羊无血，无攸利。

象曰：上六无实，承虚筐也。

六三居下之上，阴柔而不中正，为说之主，本非贱者，以失德而无正应，女之不正，人莫取之，故为欲有归而未得其归，未得所适，而反归为娣之象。须者，妾室，女之贱者，《史记·天官书》云："须女，贱妾之称。"织女为贵，须女为贱。陆希声曰："在天文，织女为贵，须女为贱。"

初九居下，为娣，六三居下之上，不仅非娣，且阴柔而不中正，又为兑说之主，为动奔而无德之女。无德之女，无人取之，以妾随嫁，后改作娣随嫁。在媵制婚姻中，若女君亡故，妾不可继承正室，而娣可相承，可依礼继承正室，广继子嗣，以全姻亲。若以妾身则曰"未当"。妾之未当与娣可相承对比可知，六三失位、乘刚、无应，处位不当，若归妹以须，则承事不当，两相不当，使六三行不顺，故本宜须而反归以娣。只有反归以娣，才能反未当而得当。

三不中正而无应，故取象于女之贱者；位不当，德不正，又以阴柔乘刚，故而行不顺，以说求归，妄动非礼，上不应与，无有聘，不可以为人配，人不之取，但反归而为娣。在归妹全体，惟下卦无应，有娣之象，上卦无应，则并无娣之象，故在四为“愆期”，在上为“虚筐”。

上六以阴柔居归妹之终，居而无应，为女归之无终者；爻辞先女而后士，罪在女，曰士曰女，以约婚而不终，未成夫妇。妇者，所以承先祖，奉祭祀，嫁而未行，见庙礼则不称妇，爻辞言“女”，在于不能奉祭祀则不可以为妇矣；士，娶而未行见庙礼不称夫。《仪礼》云：“三月而庙见，称来妇也。择日而祭于祢，成妇之义也。”郑玄注：“成妇义者，妇有供养之礼。”古人婚后，要杀牲取血，祭祀祖先，行庙见之礼。震有虚筐之象，兑羊象，上与三皆阴虚而无应，故有“承筐无实”与“刲羊无血”之象。

夫妇行庙见之礼而刲羊无血，无实无血，祭礼不成，必无所利。夫妇共承宗庙，女承筐无实，妇不能奉祭祀，士刲羊无血，夫不能承祭祀。刲羊而无血，亦无以祭，谓不可以承祭祀主宗庙，不能奉祭祀，夫妇则当离绝无终。

纵观归妹卦，以妹随嫁立意，且妹有说而动自媒自荐，以娣犯姒之正位，乱正位有凶，卦辞、《彖辞》以柔乘刚与位不当言凶，且双凶并至，并由小及大，由浅渐深，发展成乱正之大凶，故而卦辞立“凶”为戒；而爻辞却以初九与九四的守位之典范，以及九二与六五的正位之典范，使不正得正，反征凶而见征吉。无论是守位、还是正位，皆“止”其归妹成祸之不正，当归妹之祸从根源上和根本上得“正”，使不正得正，从失礼到止礼，从失时到成其时，以治归妹之功，全其归妹终始之大义。爻中六三失礼与上六丧德而不得其正，其凶依然，六三无应以须，反归以娣，失礼未当；上六无应虚筐，丧德无血，离绝无终而无利。在归妹卦，要知其不正之始，及时行“止”道，使其不正能终，大正能始，尤其要以归妹之小，见位序之大，见礼序之大，见时序之大，见天地法度与法则之大，以全归妹通天地之大义。

小过卦：小过之祸

震上艮下

上逆下顺以有过求无过

在归妹卦，以妹随嫁立意，以娣犯姒之正位，乱正位有凶立戒。妹自媒自荐动于男先来归，柔乘刚与位不当而失礼、失时，失礼与失时之失，均为位不当所致，若又以位不当来犯正位，意欲以媵夺嫡，必越其妻之正位，致使尊卑之序、家人伦理之序皆乱。归妹不正又双失，致使双凶并至，其凶有由小及大，由浅渐深，发展成乱正序与共理之大凶；归妹所言之凶患，非归妹一身之患或一家之祸，因祸序害理在大体之深层，恐继续沉沦致德政失序而害正道，将归妹之不正发展成乱正之过，且此“过”将祸及众人皆有过。

不正之体有姤阴不正、蛊事不正、归妹乱正三者，正不固则易受阴蛊，阴惑且乱正则致小过。姤体为阴不正，蛊体为男女蛊事不正，归妹为位不正，三者之不正皆有阴浸阳之弊，阴盛而阳消，致使正固不利而生过，其过在姤体、蛊体、归妹体已然发生，只不过在小过体成大众皆有过的局面。

小过卦，震上艮下，山上有雷，雷震于高，其声过常，故为小过；卦中阴居尊位，阳失位而不中，小阴过其常，称为小过。《杂卦》曰：“小过，过也。” 小者过，小事之过，以及过之小。小者，阴也，阳大阴小之谓，为卦四阴在外，二阳在内，内实外虚，阴多于阳，为小阴过阳；过者，过其常度也，常度者，时、位、序之常，法度与法序之常，而“过”为越常度而伤之，则致过错；常度者，正也，越常度而伤之，为越正且伤正，伤正则有过错；小过者，过错小者，未及祸变，为伤正尚轻。

言小必有阴，言过必伤正，小过者，乃以阴伤正。从“伤”致小过可知，阳为正度，正为常度，不偏不倚之位，适中之时，发乎自然之序，皆是“正”与“常”的比照。不正之体三者，皆有阴浸阳导致阴盛而阳消之弊，以阴之不正伤正，且阳消无法正固而生过，故而小过之阴，起于姤风，盛于蛊惑，其过起用于归妹，从归妹乱正，蛊惑伤正而致过，使小过之体渐成。从姤卦不正之患，柔遇刚并浸刚体而生不正之风，继而姤风遇阴势之遯山回转而行蛊，再到归妹乱正而致过，便是小过以阴伤正致过的渐变过程。又因归妹之体贯穿在蛊言不正之大体中，故而蛊体不正乱情，蛊惑伤正，亦有归妹之乱正，其蛊惑之祸与归妹乱正之祸，皆有祸正序、害共理之深层伤害，又由于正序与共理牵及众人，从而致使小体之过逐渐转向大众皆小过。

不正和乱正危害止序与共理，以不正之风坏德政风尚为小过之主因。德政教化需君子励精图治，若在明夷体还收获甚微，而不正之风气，姤风与蛊风过处，众人皆受其惑，被阴浸，放纵行欲，不知修身养德，放纵易，修持难，一直是君子与小人显著的比照。在归妹卦言“无攸利”便是从不正之处与不当之作为来明辨得失，尤其是表面之小得后面蕴藏着大失。从男之利而言，看似有得自媒自荐之女，却失礼无法正家，还因心志沦丧致使诸事废弛不张；从女之利而言，女以阴惑男，亦看似有小得，实则小得而大无利，尤其是归妹之女乱正，致使发生了致小过之主体，再害伦序共理牵连众人有小过；从大体之利而言，因乱家人伦序，伤伦序共理，致使不正之风坏德政风尚而大失。

以不正之风坏德政风尚。大众皆致小过之因，在不正之三体中，犹以归妹位不正致祸为甚，因其“位”可以上下关联甚广，其正序与共理之正，皆以位所呈，离位皆无法言“序”，而秩序恰恰是关联众人之常度，且位与德彼此无法剥离，失位则失德，健德必履位。不正之风之所以能败坏德政风尚，便在于行欲而失本位，本位者，身位与政位，人人皆有身位，亦有政位。政位者，既言当政者之位，又非当政之位，而是人的社会属性之位，人身处于复杂的社会关系中，故而人人皆有政位，又因区别于政位，故而言共位。身位与共位构成了确私与共之属性，由个体联系公共。不正之风败坏德政风尚，从小过而言，继于归妹乱位所致的深层伤害，小过以过其常度，尤其言位，归妹乱位便乱其“正”度。从姤，致蛊，再从蛊惑行归妹乱正，非以乱位之得而贪图行欲，乃阴之不明，无以止欲，失明丧志所致，致使不知身德为何物，故而从姤卦言勿用取女之戒，便是惕惧不正之风，包括治蛊止阴，均是防过之措施。

《序卦》曰：“有其信者必行之，故受之以小过。”人之所信则必行，行则过也，行者动，动必有所感，感亦应其动，感而动之，乃中孚之应；为何信而行会有过呢？这便是乱正与伤正的小过之伤害。中孚之应，为以信求感，再以信应，得其既虚又实之感应，使专诚之信在小内，而感通之应在大外，感应相与在乎中，再以孚见之，得其孚信之道，而伤正之事，其感应相与皆不“中”，位乱不中则无以见孚，更无从达信，使其虚而不实，小过卦四阴二阳，阴虚更不实，便无从交感，达其诚信，行者动无中孚则有过，中孚者，身德与位德之基，故而伤正害中孚，无中孚行而动则有过。

小过卦以飞鸟遗音取象，卦体内实外虚，如鸟之飞，其声下而不上，飞鸟遗音之应乃应其空虚，再以阴多实小，其感应更虚而不实。在中孚之上九有“翰音登天”之象，翰音登天同鹤鸣子和之同应相比，乃徒闻其虚声而已，虽然音之华美外扬，但难以掩盖无质失信之实，况且中孚可以人伪为之。小人常以“感”无诚而非信，借“乘木舟虚”之虚妄，望文生义，借兴风而作浪，闻风而奏，继而煽风点火，陷害忠良而掀起祸乱。小过卦的飞鸟遗音与翰音登天类同，只是飞鸟比翰可高飞，其音高而远而已，皆声闻过情，华而不实，且小过伤正更加无孚，无孚而伪作其诚，未动便是过，行而动更加致过。

伤正害中孚，无中孚行而动则致过，且祸乱中孚之事，便由伤正无孚中出，要知涣卦之涣难亦是由“至信可感豚鱼”引起的豚鱼之祸，涣小人以华美外扬的翰音飞天而人伪中孚，以不文且无质的“乘木舟虚”伪作孚信之事，使其成涣难；中孚被伤正所乱，小过乃涣难之前奏，若小过之祸患不加以治理，任其不正之风气败坏德政，则从小过发展致涣难。

小过与大过之区别。小过为阴而虚致过，大过为阳无实致过。阴小阳大，小过之过在乎小，乃阴者虚小，其过牵连之小，危害尚浅；大过之过在乎大，乃阳者托大，牵连甚大，危害至深。小过阴而虚致使中孚无实，诚信难达其感应之所，过小行难，无孚致过则易止，大过之阳无实致使激阳激进拖大，以德不备、才不具、功不成、行有过之资，自视过高，言过其实，浮夸妄动而充当栋梁之大任，导致王道壅滞之大过，过大伤害犹大。小过是祸，大过成难，祸小易止且易过，难人难止且出入无期。

治小过，必矫其过使其正。致过之因在于阴浸阳之弊，阴盛而阳消致使正固不利，故而止过在于制阴与止阴，止其坏德政风尚的不正之风；又因阴伤正，伤正害中孚，无中孚则乱正，位乱则致小过，止小过之过位，则需矫正过位到中位，行使中道，得中德则无咎。制阴与止阴者，在姤卦五阳皆有制阴之任，犹以“以杞包瓜”和“包有鱼”言制阴之志，谓以“包”行制阴之法。在遯卦，虽有避阴势为主体，但依然从“刚当位而应”来应阴，行阳当位之责；在蛊卦与归妹卦，皆行“止”道，祸在前，治在后，以“止”通正，成其不正有终，得正而大正有始，以全蛊卦与归妹卦终始之大义；小过之治，更依制阴之法与止不正之道，“止”不正而通正，尤其是要纠过得中，以有过求无过，更应师法归妹初九与九四的守位之典范，以及九二与六五的正位之典范，正位居体而健中正德。

小过：亨。利贞。可小事，不可大事。飞鸟遗之音，不宜上，宜下，大吉。

彖曰：小过，小者过而亨也。过以利贞，与时行也。柔得中，是以小事吉也。刚失位而不中，是以不可大事也。有飞鸟之象焉，飞鸟遗之音，不宜上宜下，大吉，上逆而下顺也。

象曰：山上有雷，小过。君子以行过乎恭，丧过乎哀，用过乎俭。

卦辞：上逆而下顺，以过其常度伤正。

彖辞：小过以阴胜阳伤正，又以有过求无过而利在归正。

象辞：知过而改过，行警惧与反省之道。

小过卦，震上艮下，为山上有雷而声过其常之象；为卦四阴在外，二阳在内，内实外虚，有飞鸟之象。山上之音，非雷震之实，乃飞鸟遗音之声，闻声响于山之高上，却不见其鸟，虽有声但信不实，致使声亦虚，其声虚与信虚而致不实之过。不实者，失孚信也，小过不见震之实信，而闻鸟之遗音，使其阴多实小，感应空虚，徒闻其虚声，不见其雷震之信。飞鸟遗音与翰音登天类同，皆声闻过情，华而不实，且小过伤正更加无孚，无孚而动更加致过。小过者，过之小也，言小必有阴，言过必伤正。小过者，乃以阴伤正，使其动而“过”其常度，失位，过其常度伤正位而致过错，言小过，为过错尚小，未及祸变，伤正尚轻。

为卦震主行，兑主止，动而有过，以止治过，故其过尚小，伤正尚轻；

震行艮止，乃辵也。辵者，《说文》云：“辵，乍行乍止也。”正是乍行乍止使“过”其常度与失位尚未偏离太远，成其过者有“小”。过者，经过也，为行经门口而过之之意。小过体二阳在内，四阴在外，中实外虚，为大坎之象，坎主过错，故而其过其常度之动必致过错，震主动，闻声而动，乃动而无实信，必然始动便有过，始动有过再行而动之，为过上加过，只不过其过尚小，虽孚信无实但过错有实。

“小过，小者过而亨也。”小者，阴也；小者过，乃阴过阳也。阴过阳致使阳正失位，本无亨通可言，然正是因有小过之对照，才知失正与失位，以有过求无过，有小过而改之，使阴过阳失中亦失亨得见。故而治其小过，在于止其阴过阳来治其小过体，治不正使其得正，治失位使其中位，是小过之所以得亨通之所在。以有过求无过，乃小过体求亨通之道，小过其常，便要知常。常者，时、位、序之常度也，为既有常理，又有常度常理者，共理也，常度者，如法、礼、德之共序也。从过常而知常，知常便能依常度和常理行常，此为德政之教化也，以小过之失，通德政之教化，乃得小过之大亨通。伤正与失位往往是教化难行，无以知其共理和共序所致，从小过体有过改之通往德化之教，实现其德政教化之功能，可谓求之不得；在小过卦，言个体之小过逐渐转向大众皆小过，有波及众人之弊，而小过之亨通，正可以德政教其大众。

“过以利贞，与时行也。”过者，小有过错，以小过伤正与失位之对照，方知守正利贞之好，过以利贞，正是小过卦以有过求无过的利在归正之道。从过错之果溯因，过之因，在于不正之风败坏德政风尚，而小过之阴，起于姤风，盛于蛊惑，其过起用于归妹，从归妹乱正，蛊惑伤正而致过，使小过之体渐成，且姤之柔遇刚并浸刚体的阴浸阳之弊，乃“时”所赋予，姤之一阴生，与遯之二阴生，皆以“时”成轴，在周乾而易坤的乾→姤→遯→否→

观→剥→坤执迷妄失过程中，阴长而阳消，阴妄逐渐遮挡心性，成其柔道牵乾，迷失道坤，此种“与时行也”不可与敌，阴之势长进，必助阴妄之长，小人之长，乃至伤阳败德之风盛行。小过卦以有过求无过，必知致过之因，从因上治理，明大时，而治小时，大时者，为阴长阳消之时轴，而小时者，便是小过卦自身，当不可与敌大时，则顺其“与时行”而治其小时之体，亦如姤卦与遯卦，皆有制阴与止阴之法，亦能形成止阴之道。小过有大时亦有小时，大时顺承阴之过使阴过有亨通，小时止阴得贞正，皆为与时行也。

“可小事，不可大事”。卦之二五，皆以柔而得中，阴者小，柔中有德，故可小事，亦利小事；三四皆以刚失位，阳者大，刚失位且不中，无德亦无政，大事不可为，故不可大事，更不利大事。可小事不可大事者，乃小事可有过，小过可济，可改，利在小过可归正而致亨通，大事不可过，大过伤害犹大，牵连甚大，危害至深，大过成难体而不可济，除变革取新外更无有更改之处。小过是祸，大过成难，所谓祸小易止且易过、难大难止且出入无期便是如此，故可以小过而利小事，不可大过甚至过之犹甚。

“飞鸟遗之音”。小卦过以飞鸟取象，其卦四阴在外，二阳在内，内实外虚，有飞鸟之象，艮主鸟身，巽阳象左翼，兑阴象右翼，以震之动而飞鸟振翅；鸟之飞，其声下而不上，故能致飞鸟遗音之应。飞鸟遗之音乃致小过之因，在于飞鸟遗音之应乃应其空虚，闻声响却不见其鸟，声虽有但信不实，信不实则害中孚；循音辨形，乃虚中又捕影，非君子之信达；飞鸟成象，为阴胜阳，乃以文掩质，声闻过情，华而不实。鸟成象，以阴胜阳，未动先有过，再动又致过，闻声捕影虚而又虚无信实，害其中孚而伤正，过上加过使过而失位。处小过卦，观飞鸟遗之音，不能只知飞鸟，而不识过之因，不知正之度，位之中，卦示以兆，如飞鸟之遗以音，不能只见表象而不达实质。

“不宜上，宜下，大吉”。卦中二五皆阴，以柔中处位，二承阳，下以顺，得宜；五乘阳，上以逆，得不宜；阴在阳中，阴逆，阴在阴中，阴顺，顺则大吉，逆则过之。卦中阴胜阳，为上逆而下顺，观飞鸟之象，上无止戾，翔于天而无所措，下有栖宿，集于山木则身有可安之处，故上逆下顺有因亦有时。孔颖达曰："飞鸟声哀以求处，过上则愈无所适。过下则不失其安，譬君子处过差之时，为过矫之行，顺则执卑守下，逆则犯君陵上，故以顺逆类鸟之上下也。"拟诸人事，高亢者失正而远于理，卑约者过不远而得正近乎人情，故而宜下大吉，吉在远害得利。高飞过奢有凶，行恭行俭则得吉，舍"翰音登于天"之华美，而就音实信实之孚。

"君子以行过乎恭，丧过乎哀，用过乎俭。"山上有雷，雷声隐蔽于峰谷，空谷回响，声过其常，其警惧震慑之力倍增，震之动，在于震器之用，闻声过常而反省自身，警醒若不远害矫正则遭祸秧，故君子法之，以有过求无过，思雷震之警，止过常之动，以曰"行"曰"丧"曰"用"处之，行乎恭，丧乎哀，用乎俭，以"过"言警惧之功而加倍省修。加倍省修者，乃进志进取，非懒惰怀之，而是事必恭亲。行恭，警惧雷震之威慑，止其嗔心；丧哀，反思过其常招祸之悲苦，止其愚慢；用俭，止其高飞过奢之骄，止其贪骄。正是以小过之过错，行其以有过求无过的利在归正之道，当小过能改正，则是小者过而亨与小过利贞之所在。

不识时宜有凶灾

初六：飞鸟以凶。

象曰：飞鸟以凶，不可如何也。

上六：弗遇过之，飞鸟离之，凶，是谓灾眚。

象曰：弗遇过之，已亢也。

初阴柔在下，小人之象，小人易躁而动，上应九四，四处动体，以动应动，为动而过者，其过如飞鸟之迅疾，动而过常，则飞鸟以凶。孔颖达曰："小过之义，上逆下顺。而初应在上卦，进而之逆，同于飞鸟，无所错足，故曰'飞鸟以凶'。"

初六阴而卑下如山下虫，四飞动在上而有羽，"飞鸟以凶"乃羽虫之孽，虫与羽皆躁疾如是，过之速且远，虫宜伏静在下，羽动亦宜下安身，动而过常，救止莫及。《淮南子·天文训》云："毛羽者，飞行之类也，故属于阳；介鳞者，蛰伏之类也，故属于阴。"飞鸟，阳之禽而用阳之行，宜下反而动上，宜栖宿安身而飞动于上，且虫鳞之类以其应，亦舍蛰伏而动于上，所以致凶。如何者，奈何也；不知如何，乃无可奈何之谓。之所以无可奈何，在于羽虫不识时宜，更不知动静。

李光地曰："《大过》象栋者两爻，《小过》象飞鸟者亦两爻。然《大过》宜隆不宜桡，则四居上吉，三居下凶，宜矣。《小过》之鸟，宜下不宜上，初居下应吉而反凶者，何也？盖屋之中栋，惟一而已，四之象独当之，鸟之翼则有两，初与上之象皆当之也。"

上六阴柔居动体之上，处阴过之极，又居震之上，其飞已高，动皆过之，又过而不知止；过动而不能止，以至于极亢，必遭罗网，故曰"飞鸟离之凶"也。王弼曰："小人之过，遂至上极。过而不知限，至于亢也。过至于亢，将何所遇。飞而不已，将何所托。灾自己致，复何言哉。"

弗遇者，不能有遇，或不能以理而遇；过之，阴之极，亦过极。离者，过之远，亦为罗网。灾眚者，伤害日灾，妖祥日眚，灾者天殃，眚者人为，皆乃灾祸之谓。亢，过亢，取上六位。

上六以小人之身，过而弗遇，必遭罗网。上六应九三，五滞其行，犹鸟飞而无托不能返下，必离缯缴，故而过亢又过远，过而不知止，是当有灾眚也。余芑舒曰：“飞鸟离之，如‘鸿则离之’之离。”

不识时宜有凶灾。初六与上六之凶灾，皆在于不识时宜，宜伏者反飞，宜下者反亢，皆失时宜。从初六爻位而言，其卑下如山下虫，宜蛰伏而不宜躁动；从飞鸟之象而言，鸟飞动于上则逆，失下顺之理，故招凶灾。上六过而不已，鸟之飞高而不知所止，其过亢离凶之理亦不知，飞而无托不能返下，如人傲骄在上而不近人情。

大过卦辞以栋为象，且以三四两爻成栋，小过卦辞以鸟为象，初上两爻以鸟言，大过乃阳过中，小过乃阴过外，且初与上又处阴外之外。初上二爻，阴过又处外而不得中，是以凶也。从飞鸟之象言之，鸟之用在翼，初与上二爻，皆为鸟翅，且为翅末，初六艮下，需止而欲进飞，以飞致凶，故曰“飞鸟以凶”，上六震极，其飞已高，离为网罟，则罹于网罟，故曰“飞鸟离之凶”。

外来之灾皆自招之损，无论是飞鸟以凶还是飞鸟离之凶，皆有阴而不明时宜之弊，无明以照，空有高飞之“志”，其志虚而空，不能振奋不说，还因欲高飞之妄动而招凶，凶由己作，灾眚外至便是如此。居下不知下之安，处上不知就下栖宿，乃不能自守也。

君臣求遇

六二：过其祖，遇其妣。不及其君，遇其臣。无咎。

象曰：不及其君，臣不可过也。

六五：密云不雨，自我西郊。公弋取彼在穴。

象曰：密云不雨，已上也。

六二柔顺中正，以柔承刚，进则过三四而遇六五，是过阳而遇阴。阳之在上者父之象，尊于父者祖之象。四在三上，故为祖。二与五以柔中之德相应，虽以柔承刚，却不从刚，故过三四而遇五，为过其祖也。所应之五，阴而尊，有祖妣之象。二与五以柔中之德相应，但其位不应，二不应五，离阳远尊，为过祖不及君者；二五又以柔中合德而应，两阴相得，为遇妣遇臣者。曰“祖”曰“妣”者，乃阴阳大小之分。《案》曰：“古者重昭穆，故孙则祔于祖，孙妇则祔于祖姑。晋之王母，此爻之妣，皆谓祖姑也。两阴相应，故取妣妇相配之象。”

六二不及六五而自得其分，是不及君，而适遇其臣，不及其君遇其臣，谓上进而不陵及于君，适当臣道，则无咎也。无所不过，故二从五亦戒其过，皆过而不过，守正得中之意，以此得无咎之道。

妣者，已亡祖母，《说文》云：“殁母也。”《诗经·斯干》云：“似续妣祖。”郑笺：“妣，先妣姜嫄也。祖，先祖也。”不及者，未及期而时未至，《礼记·曲礼》云：“诸侯未及期相见曰遇。”郑注：“未及期，在期日之前也。”按春秋礼法，备礼则曰会，礼不备则曰遇。遇者，会见也，《周礼·春官·大宗伯》云：“春见曰朝，夏见曰宗，秋见曰觐，冬见曰遇，时见曰会，殷见曰同。”凡易之义，阴阳有应者，常为君臣，为夫妇，取其阴阳耦配与尊卑有位；无应者，常或为父子，或为等夷，或为嫡媵，或为妣妇，取其同类，在卦中二五皆柔，有妣妇之配，无君臣之交，故取遇妣不及其君为义。

俞琰曰：“遇妣而过于祖，虽过之，君子不以为过也。遇臣则不可过于君，故曰不及其君遇其臣。《彖》言‘可小事不可大事，不宜上宜下’。而六二柔顺中正，故其象如此，其占无咎。”

祖妣作阴阳之分，乃阳亢而阴顺之谓，过祖遇妣，是去阳而就阴，去亢而从顺。过其祖，不可大事也；遇其妣，可小事也，适当臣道，则无咎也。孙行而附于祖列，疑其过矣，然礼与位皆要求适得其分，守柔居下，不失臣道，虽无应于君，却未不敢仰于君。《案》曰：“夫子之言麻冕拜下，意正如此也。小过之义主于过恭过俭，妻道也，臣道也。二当其位，而有中正之德，故能权衡于过不及而得其中，于六爻为最善。”

六五以阴柔居尊位，又当阴过之时，虽欲过为，却不能有为，如密云而不能成雨。六五位尊居高，乘刚失应，不可大作为，乃弋取六二以为助。密云者，阴之气；不雨者，两阴相得，阴阳不和不能雨；密云不雨，乃小过阴气胜阳。《大戴礼记·曾子天圆》云：“阳气胜则散为雨露，阴气胜则凝为霜雪。”我者，彼之对，六五也。西郊，少阴之方，兑也。两阴相得，故不能济大事。

姚舜牧曰：“时值小过，宜下不宜上。阴至于五，过甚矣，其所居者尊位也。挟势自亢，泽不下究，云虽密而不雨，自我西郊故耳。当此之时，欲沛膏泽于生民，必须下求岩穴之士以为辅，乃可也。故又戒之以求助，抑之以下贤。”

公弋取彼在穴。公者，王公，取震王。弋，缴射，谓以绳系矢而射，《韵会》云：“弋，缴射飞鸟也。”震为射，巽为绳，弋之象也。取者，射而取之。彼，六五之对，六二也；取彼，乃往而取之，为将有行也。穴，鸟巢，山中之空，中虚乃空也。穴者，处阴居下而虚中者，指六二之位，所以隐伏而在下。五与二本非相应，乃弋而取之，五当位，故云公，谓公在上，公以弋缴而取穴中之物，乃同类相取，虽得之，却密云不能成雨而不能济大事。小过有飞鸟之象，故曰取彼在穴。

君臣求遇。六二与六五皆有君臣不能际会之义，不能际会相应则求其应，以应对其过，六二守臣道以行小事居下，六五自我西郊，虽无应但行往得匹合，从取彼在穴有臣遇君。小过卦有飞鸟之象，盖飞则上而不下，违背了卦辞言不宜上宜下之义。鸟为飞物，云亦为飞物，云降为雨，而密云不雨为犹飞而未下，乃飞而在上，五以尊居上，以上而未下当小过之时，故取密云不雨为象。君臣求遇，求其相合，更求其就下安民，而非上飞不下致小过，君臣求遇乃济小过之法，虽皆阴而无应相合，但云若就下亦能雨。《案》曰：“云而不雨，则膏泽不下于民矣。以其虚中也，故能降心以从道，抑志以下交。如弋鸟然，不弋其飞者，而弋其在穴者，如此则合乎宜下之义。而云之飞者，不崇朝而为雨之润矣，此爻变鸟之象，而为云者以居尊位故也。”

刚柔之时宜

九三：弗过防之，从或戕之，凶。

象曰：从或戕之，凶如何也？

九四：无咎。弗过遇之，往厉必戒，勿用永贞。

象曰：弗过遇之，位不当也。往厉必戒，终不可长也。

九三以刚居正，为众阴所忌恶者；小过体以阴过阳，在小过失位之时，三以刚独居正，自恃其刚，不肯过为周防，有遇戕害之象；言戕害者，以阴过阳而害阳。九三重刚不中，虽与上六有应，但遇九四以阳滞于其间，是志欲往而身见戕者，必其慎防己过。

言防者，为既防己过，又防阴害。防己过，为正己道，在防小人之时，正己为先；防小人，小过以阴过阳成过，故小人多且成群；三于阴过之时，以阳居刚，为过于刚，过刚出小过体，亦戒其过刚，三处位不中，故过刚亦为害。三虽有阴害和过刚之虑，但仍不失正，故无必凶之义，所以言“防”，且能过防则免凶害。

过者，过越，超过。防者，预防。从者，远亲，三代之上始谓祖，曰“祖”曰“从”，指上六爻，九三应上六，应而从，上六居远。或者，可能。戕者，戕害。小过卦阴过致过，九三阳过亦或致过，故均只可小事，不可大事。

远小人，亲有德，或可免其凶。《管子·立政》云："宁过于君子，而毋失于小人。过于君子，其为怨浅；失于小人，其为祸深。"君子能勤小物，故无大患，便是此义。

九四以阳刚之才，以刚处柔，为刚不过者也；当过之时，以刚处柔而过乎恭，乃无咎之道。九四比五迫于君，以阳迫尊，往之有险，往则过矣，故有厉而当戒。九四以失正之位应初则滞于三，弗过遇之，言弗过于刚而适合其宜也，故云"遇之"，谓得其道；往则有危，必当戒惧。勿用永贞，阳性坚刚，故戒以随宜不可固守，应随时顺处且能适时所变。

《程传》曰："方阴过之时，阳刚失位，则君子当随时顺处，不可固守其常也。四居高位，而无上下之交，虽比五应初，方阴过之时，彼岂肯从阳也，故往则有厉。"

刚柔之时宜。九三与九四为小过卦居中两阳爻，三四皆"刚失位而不中"，九三纯刚，过刚不中故有凶，九四以刚居柔，故无咎。九三失时宜，阴过害阳，有戕身之祸，九四得时宜，能合人情，就事理，虽往而有危，但以适时所变处之，则得小过之时义。

纵观小过卦，以飞鸟遗音立象，以过遇不及系其辞，以"不宜上，宜下"立休，以上逆下顺立凶吉，以"可小事，不可大事"行用，虽言"过"，却在于以有过求无过，观其过，却重在时与位，时有未至，位不正，皆"不及"，故处小过，宜守正安本分，以遇正得中行其恭、俭。初与上同为飞鸟之象，初六位卑志高，以"飞鸟以凶"不宜上；上六居亢且处极，以"弗遇过之"不能下。九三与九四以二阳居之，九三过刚居上，不能自下，有戕身之祸，九四居柔能下而无咎，从处位而言，九三应舍应取比，九四舍比取应。六二柔顺中正而承乎阳，为下顺，六五以阴乘阳上，为上逆；六二以"过其祖，遇其妣"，因位制宜；六五以"公弋取彼在穴"，因时制宜。

剥卦：剥落之灾

艮上坤下

剥阳成灾宜知厚生而安民

在小过卦，以飞鸟遗音立象，以过遇不及系辞，以上逆下顺立凶吉而言过。小过者，山上有雷而声过其常，四阴在外，二阳在内，内实外虚，言“小”必有阴，言“过”必伤正，小过之“过”乃伤正无孚，无孚而动使动而过其常度。阳为正度，正为常度，不偏不倚之位，适中之时，发乎自然之序，皆是“正”与“常”的比照。言小过，为过错尚小，未及祸变，伤正尚轻，故而宜守正安本分，以遇正得中行其恭、俭，尤其是行其以有过求无过的归正之道，使小过能改正。

以雷震之器用，闻声过常而反省自身，警醒若不远害矫正则遭祸殃。当阴势渐长，其阴之害，非小过改正能止，在乾→姤→遯→否→观→剥→坤执迷妄失过程里，阴自姤卦始，阴始自下生，渐长至于盛极，至剥卦五阴而一阳，为群阴消剥于阳，故而成“剥”。

剥卦之成，起于姤风，姤之柔遇刚并浸刚体，姤之一阴生与遯之二阴生，皆以阴之“时”成轴，阴妄伤正而渐长成阴势，阴长而阳消，阴之势长进，必助阴妄之长，小人之长，乃至伤阳败德之风盛行。小过之过，便是阴盛而阳消以阴之不正伤正所致，小过之过，根于姤阴不正、蛊事不正、归妹乱正三者，为三者不正之体，阴伤正，则生灾祸，灾祸之生，便是从阴长阳消之患，继而“正”与“位”被浸，发展成灾、祸、难之果。灾祸者，坏、乱也，故而阴浸阳之果皆为坏果。同“难”相比，祸小而灾大，形成了由轻渐重的患→祸→灾→难之过程，其祸、灾、难便是阴不正而伤正之果。不正之体有三者，阴而不正之坏果亦有小过、剥、噬嗑三者。

《序卦》曰：“至饰然后亨则尽矣，故受之以剥。剥者，剥也。” 贲卦六爻饰以文华又务本求质，犹集内德刚壮而成阳火于内，内外合用又文又质成其卦体，内德刚壮而成阳火为贲之内体，贲卦内刚壮之成乃基于德为核的三次升华，从精气化神之内固以及神主气精之外养，到精气神三全而驱动内外，一直顺承蓄德、升华、刚壮、再升华坚固之路，从而合成刚壮阳德成内文明。物不可致饰，贲极则反质，当阴长而浸阳，使阳正受损，蓄阳、刚壮、升华之路径因阴势当道，阳被阴尽浸而剥落，当正阳无法持续正固，且阴再剥阳已久，则刚壮之内阳无以养外，且驱动内外，使内阳不能养外而离贲成剥。

剥体继贲体，必然阴浸阳已久，且阴必然成势，方能撼动贲刚壮之内文明，故而剥之阴势为大时所赋予。既然贲之内文明极其刚壮且蓄聚成德山，为何还能被阴所浸而剥呢？奈何“阴”之大时，连至阳金性之乾体亦然无法阻止姤阴之生，何况贲之刚壮还为阳、德渐蓄而成。原本贲卦内文明之火可照明夷，明夷无明而暗黑，值贲卦内德刚壮成阳火而有明，致剥卦时，阴浸阳且剥阳，使阳弱无法发乎外，而不能照明；明夷无明，剥亦无明犹甚，暗黑之山反附着于地，原本积阳、积德之山，被四阴共浸，且被至阴剥落而成颓剥之象，便成剥体。

剥卦，艮上坤下，五阴在下而方生，一阳在上而将尽，阴盛长而阳消落，剥卦被“时”所赋予，乃大时之时行，以五阴之成，成其剥卦之小时体。贲有德文明生成之功，而剥以一体之阴力，尽剥贲之阳，使贲阳剥落而成剥卦，此为剥继贲之过程；当剥卦成体时，剥卦阴势继长，积聚成势，当无阳可剥时，则剥其山，山者，民众依附之体，如在贲卦所成的德制与德序，皆是民众所依之体，当德制与德序被剥，德政必然不存，民众无依附之序，故而落难履灾。

《杂卦》曰：“剥，烂也。”剥之义，《说文》言“裂”，乃物裂而落，物落且继续败坏；曰“烂”，为先落而后烂。从剥卦继贲卦而言，阳被阴剥落，贲失阳而致剥，为贲阳先落，成剥卦后，在剥卦因阴势盛大而继续败坏，成烂。以阴盛浸阳，使阳“落”成剥，此为从贲成剥之过程；剥落后再落而后烂，为剥体阴盛之际遇。剥体之际遇，乃剥落履灾也，以烂言，言灾祸之程度犹深。

在剥卦，阴盛阳衰，小人壮而君子病，群阴长盛正是消剥于阳之时，更是小人当道之体，小人不仅道长，且小人害君子，众小人皆来剥丧君子，使君子剥落。君子剥落者，为小人害之使君子有戕身之祸，君子被戕身落难。被小人害而落，为小人祸患之甚也。

剥卦继贲体，以及在剥体成其剥落之灾，乃“正”丧也。正者，在德文明体系里，赋予了阳正、大正、正大、德文明之同正之义。阳正者，乃身德修持诸卦体，通过治君子九德系统，健德修身而有称位君子之阳正，以称位君子之成，有阳正君子成。大正者，乃卦之小体的贞正之道，亦是居小体的德政之治道，以德政治理卦体，而得卦之小体之大正。正大者，从大正之道全大体之德政王道，所谓正大之事业正是以小体之养正而全大体之同德同正。德文明之同正，乃同人之正，内有明志双正，外有王道德政之大正，为内外精气神皆同。值剥卦之体，阴势盛大而阴剥阳使“正”丧，正丧则阳无基，既无正固之利，更无德政之迹，群阴消剥于阳，而成剥落之灾。

剥落之灾。在姤阴不正、蛊事不正、归妹乱正的不正之体言伤正，其大正犹在，卦体仍有德政为主体，而剥落之灾，随“正”丧使正体不存，阳、德、正皆丧而致灾。剥落之灾有剥落之过程，在姤→遯→否→观→剥→坤执迷妄失过程中，呈现了剥落之灾的剥落之过程：君子在姤体、遯体失阳正，从一阴始生浸阳至二阴势长，阴势渐长，阳正渐消，且不正之姤风遇阴势之遯山而回转成蛊，蛊惑伤正，又贯穿于归妹之乱正，使阳正无以制阴继续恶化；君子在否卦失位，否卦主小人道长，君子道消，并因阴势否塞，致使否体无法与大秩序交通往来，而生不交不通之否难与小人当道之难，小人当道则君子失位；君子在观卦失时，阴长阳消而阴有余，君子虽然予政与予德于民，以风行地上遍触万类而化德政，奈何四阴在下使君子已失大观中正之时；君子在剥体，失阳正，无位又不得时，阳又被阴剥丧，且烂落在地。德政之体，最重时与位，时未至，位不仅非正还将不存，阳不能及阴，剥落之灾在所难免。

剥落之灾，灾在何处？失阳正，失位，失时，再以众小体之失，烂落在剥卦而成灾。失阳正则君子不能称位，因阳正不足而身德有缺，君子不能以阳足德固称位，则不能当位，无当位之位，再加上小人当道，致使君子失位，君子失位则德政不存，无德政则无以治祸患，久之则诸难将生，当难之时到来，又德政不及，以失大观中正之时，无以制阴，阴势盛大而诸难并生，诸难剥明，又剥君子之志，使明志双失，君子烂落于剥体，必当灾祸其身，就连遯而避难皆不能成行。

剥以安民。剥卦的烂落之灾，使君子烂落在剥体，君子尚且如此，民应剥落之灾，灾如火临宅，突如其来又灾难深重。故必当临剥而安民。坤者众，受灾者众多，且皆是民众，艮者止，安民必先止阴，虽不可与敌于阴之大时，但尚能治剥卦之小时。知成剥之因，从因上治理，明大时，而治小时，剥卦顺承大时，亦主卦体小时，应师法众卦的制阴与止阴之法，使其形成剥卦的止阴之道，当安民得正，剥卦可得治剥安民之道。

剥：不利有攸往。

彖曰：剥，剥也。柔变刚也。不利有攸往，小人长也。顺而止之，观象也。君子尚消息盈虚，天行也。

象曰：出附于地，剥。上以厚下安宅。

卦辞：剥落之灾成祸乱而言立戒惧之必须。

彖辞：柔渐变成阴刚而剥正道，君子尚消息而安民。

象辞：知天厚生之道，得治剥乱安民之法。

剥卦，艮上坤下，为山附于地而剥落之象。剥卦被阴“时”所赋予，阴自姤卦始，阴渐长而盛极，五阴在下而方生，一阳在上而将尽，阴盛长而阳消落，为群阴消剥于阳而成体。贲有德文明生成之功，而剥以一体之阴力，尽剥贲体之阳，当无阳可剥时，则剥其民众所依附之“山”，使其民众无依附之序，而落难履灾。剥卦之所以成剥落之灾，乃“正”丧也，正丧则阳无基，更无德政之迹，群阴消剥于阳，而成剥落之灾。

在剥卦，阴盛阳衰，小人随阴长阳消而壮，君子随阴妄之长，小人之长，以及伤阳败德之风盛行而病，群阴长盛正是消剥于阳之时，更是小人当道害君子之时，众小人皆来剥丧君子，君子在剥体，失阳正，无位又不得时，阳又被阴剥丧，君子被戕身落难，且烂落在地。

剥者，剥消、剥离、剥裂、剥落、剥乱也。积阴为地，聚土又成山，民众被“剥”体剥落无有依附之序，只能依山而存，山又存之于地，地可载，又可剥覆，民众依山而食，必然剥山。剥消者，乃阴浸而阳消使正之不存，阴起于姤风，姤之柔遇刚并浸刚体，姤之一阴生与遯之二阴生，皆以阴“时”成轴，至五阴并起，阴之所起处，便是阳之所消处，言阴剥阳之剥消，必有阳消而阴进之剥消过程。剥离，为阴剥消阳后，卦体逐渐离贲体而成剥体的剥离过程，剥体继贲体，必然阴浸阳已久，且阴剥消成势，使原本积阳、积德之山，被五阴共浸，以贲阳剥落而成剥卦之过程，呈现剥继贲的剥离过程。剥裂，阴剥阳而彻底离贲体成剥体，阳无以养外，使阴剥裂而落，成剥卦之体，裂者，阴剥阳而使卦体脱裂于贲，与贲体失去“阳”之联系，剥裂之成，其卦时已全然在剥卦。剥落，为剥卦小人害君子致使君子落难履灾，君子在剥卦因阴势强盛而失阳正，继而无位又不得时，阳又被阴剥丧而烂落在地。剥乱，剥卦五阴祸乱卦体，不仅君子落难，因无君子主德政，民众亦履灾，卦体无有可依附之秩序，皆被剥落之灾所乱。

剥卦以“不利有攸往”立戒，在于剥落之灾祸乱卦体而言立戒惧之必须。剥卦阴盛，其阴势之长被“时”所主，大时乃自然法序无以匹敌，卦体小时五阴已成大势，皆不能“制”与“止”，只能任其小人当道，使其众小人皆来剥丧君子而让君子履灾。君子立正大之志，以小体之养正而全大体之同德同正而有正大之事业，值剥卦时却不利有攸往，我们言从大正走向正大的大乘之进，尤其是“进”明夷体这种难卦，同明夷之进不同，剥卦不利其进，明夷体虽暗黑，但阴势不长，君子尚能从正固之养而蓄阳，使阳刚壮来化外政；而剥卦正是以阴消阳且使阳剥落成卦体，君子赖以固守的阳之利正在逐步消亡，任其内德刚壮而成阳火为贲之内体亦能被剥尽，何况失位又失时的剥体？君子不利正固，无正固之基则不能以内阳化外政，故戒其攸往。

君子怀全大体的正大之志，值剥卦戒其攸往，在于识“时”务，时者，大时体，乃阴长阳消的自然法序；小时体，乃剥卦五阴当政已然成势，其大时与小时皆无可与敌。这也是剥卦之所以“灾”言之所在，同诸难一样，难以救济，只能适时和待时而变。同其他难卦小人遭难犹为深重不同，剥卦为君子履灾遭难之卦，卦体呈现众小人皆来剥丧君子，君子与正序首要地受到冲击，以失阳正、失位、失时，再失剥卦小体之政而烂落成灾，剥卦虽伤正伤君子，实则民众履灾更甚，君子虽然失位、失时、失政，但君子尚有明，可遯而避之，而民众只能任其德政不在，正序不存，任由小人祸乱。

“柔变刚也。”在姤→遯→否→观→剥→坤执迷妄失过程中，其“柔”起于姤风之“柔”，盛于否卦之长，变于观卦之时，成于剥卦之刚，故柔变刚，有渐变之过程，且伤害之力亦随柔变刚的过程而增长。姤风之柔，并未成害，以不正之风渐长，至二阴成遯时，才在蛊体伤正，继而又在归妹乱正；三阴成否后，柔因小人道长而渐生难，以否难之成，可知“柔”已然成大势；四阴成观，且在观得时而变，正因阴势强盛，阴阳交战，正是正道消退不可不观之时，以中正观天下，可见阴伤阳致大不正，小过卦伤正之正偏离未远，而观卦之正已然去之甚远，柔之变，使德政亦变，不得不行观之治，由此可见，柔已有刚之力；五阴成剥，阴柔之势强盛成刚，已能消阳致使阴体与阳剥离，通常在正不伤的情况下阳强阴弱，阳大阴小，阴势既然能消阳成剥，必然阴势强大，破坏力十足，从君子失位与德政失序可见，其柔刚之力已非同寻常。

阳刚之力在于离明以照，可治明继志而明德普施，而柔刚之力尽剥其阳，破坏德政，冲击君子，使已有之序失序，亦使已有之德政不存，且以阴浸阳之久，亦使君子失明与丧志。从“柔变刚”的渐变过程，亦知君子失阳正、失位、失时、失剥体德政，继而烂落在剥卦成灾之过程。柔变刚，乃大时所变，亦是卦体执迷妄失的变易之序，此序乃阴阳盈虚法则所主；言“刚”者，非阳足盛大之刚，乃柔势盛大所具的“刚”性，为阴之刚，阳有刚，阴亦有其“刚”。之所以在阴阳盈虚变化过程中言“战”，正是阳之刚战阴之刚，两者属性力量在变易转化中博弈，阳刚迅猛，阴刚缓成，阴蓄势且大后成刚，从姤之柔起，言阴浸阳，以浸之性，使阴渐蓄缓成，而阳逐渐被阴吞噬剥落。剥卦立“不利有攸往”之戒，且如归妹卦等其他卦亦立戒，便在于以立敬戒而言戒惧之必须，且时常要以震之器用，以雷震之威惕惧之，在于警醒君子不可疏忽大意，阴浸阳之渐变，往往在毫无察觉中。

“小人长”。众小人以阴刚之力，剥丧于君子使君子烂落在剥卦，乃“小人长”势。剥卦小人长与否卦言小人道长不同，否卦之小人道长乃从君子当道渐变成小人之道渐长。小人之道渐长，亦有君子之道参与其中，只是否卦的交通往来之政以小人之道从之；剥卦之小人长，乃阴势盛大，小人人数众多，君子落难，同否卦小人当道致使秩序否塞不通，君子无处发力不同，剥卦当政之体完全被小人所主。剥卦群阴成刚，小人用其“刚”，以阴刚消阳，更消落君子，正是小人当道害君子之时。君子唯当尚消息盈虚而正固其阳，且适时而避阴势，以免小人之害。

“顺而止之，观象也。”坤主顺，艮主止，乃顺而止之，之所以言“顺”，在于五阴成体而小人势长，民众之阴与阴妄之阴类同，同类归类而顺之，同类归类则阴类聚势成山，使山附于地，民众皆依山而存，而山又为地生，故而民众有抱团取暖之义，抱团取暖，坐山吃山，故而山亦被剥，剥而渐落。五阴之剥体，阴妄势大，剥落阳道与君子，君子不以力敌而顺其大时之阴势，在顺中止阴，为居小体的治阴止阴之法。

观象者，观剥卦阴妄盛长阴类聚集成山之象，观阴势从柔变刚而阴刚强盛之象，观阳道剥落君子亦烂落之象。观者，反观也，剥卦五阴之刚势正是从观卦阴长而来，观卦以中正之道观天下，观卦四阴迫近，其中正已失。邵雍《皇极经世》曰：“圣人之所以能一万物之情者，谓其圣人之能反观也。所以谓之反观者，不以我观物也；不以我观物者，以物观物之谓也。”正是居剥卦能以物观物，以象观物，才能行顺而止之的止阴之法。

顺而止之，乃剥以安民之法。君子观山附于地而剥落之象，行治阴止阴之时，必先安其临灾履难之民，君子自身知正固之道，又因失位和失时而无以德政安民，只能观履灾之民。大安民必先止阴，明大时，而治小时。在卦中，上九一阳在上，一阳制众阴，使其阴顺，一阳在上众阴皆有顺从之义，众阴顺阳，乃有“顺”，阳制众阴，乃有“止”，其顺而止之功，不仅在上九，更在六五，六五以群阴之长能制阴使其能顺序，避免众阴各自为政而不能从顺。顺而止之，从六五位而言，制阴使众阴顺序而无剥阳之忧，又得上阳庇护。

“君子尚消息盈虚，天行也。”消息者，言九月之卦也。君子居剥体，应随时消息，察时亦察变，知阴之长与阳之剥，知祸之处以及灾难之缘由，尚消息盈虚，便是知时与得时，处剥体得时则得察，得察则能固阳，可及早进行灾祸之应对。君子察阴阳之消息，观天道之法则，以阴阳之盈虚体察刚柔之变，观天行之大时，执治剥之小时，知天而敬天，应难而济难，际遇剥乱之际，亦可行救阳之功，可得治剥安民之道。

“上以厚下安宅。”君子观山附于地而剥落之象，以诸象之“剥”而行“止”道，行安民之法，厚待百姓。上者，乃天行之法则，阴阳盈虚之天行，上以厚，乃知天之厚生，虽处剥卦烂落灾祸之体，尤其是在姤→遯→否→观→剥→坤执迷妄失的过程中，更知阴妄势长之“大时”，剥卦之祸乱非天杀，亦是上天厚生之体，民众履灾应难，乃福祸自招，应顺应天之大时，修持己身。下者，履灾应难之民众也，居剥卦应难而济难，应广行安民之法，民烂落无宅，无有托居之所，便要安民使民有宅。山地成剥，山上地下皆剥体，山、地之成皆天之厚生，天地厚生大体，阴妄强盛成剥乱之小体，知天之厚生之道，亦可治剥乱而得安民之法。

剥体三凶灾

初六：剥床以足，蔑贞凶。

象曰：剥床以足，以灭下也。

六二：剥床以辨，蔑贞凶。

象曰：剥床以辨，未有与也。

六四：剥床以肤，凶。

象曰：剥床以肤，切近灾也。

阴之剥阳，自下而上，初六以阴居下，故剥之犹甚，为剥床及足，初在下，剥床而先以床足，为灭于下之象。剥床及足，剥自下始而灭下，渐至于床身，身者使床正也，灭正则凶，当正道消亡，其凶可知。

剥卦以床为象，床者，《说文》云："床，安身之坐者。"乃取身之所处，床正可安身。阴自下始生，故剥自下而上，自下而剥，渐至于身。剥床以足，为剥床之足也，故为剥足。蔑者，灭也，谓阴盛而消亡正道。剥卦以阴剥阳，以柔浸刚且阴刚成势，亦是以邪侵正，乃小人伤君子之时。床足者，立床之基也，床足被剥灭，其凶可知。

阴剥阳落而生灭，既灭初之足于下，又灭二之辨于中。辨者，分隔上下之床干也，阴渐进而上，阴刚之利剥至于辨，致使床体失正，从初六失正，至六二愈灭于正也。初六有凶，六二床体失正其凶益甚。

六二居中位，却无中德，六二之凶，以其不能见微知著，居中位而不知阴长之消息，临凶固执而不知变，履凶不知应济，所守之常亦为非常。同时"辨"亦有判断之义，为六二不知其判，居中却无识阴之明，为阴而不能判阴。辨者，判也，《说文》云："辨，判也。"郑玄注："判，半也。"《说文》："半，物中分也。"正是分隔上下之半。半者，从牛，从八，艮为牛，坤为八，为取象而成"半"之义，以半言辨之判。当剥床以辨，六二则孤立无援，远无应近无助，故曰"未有与也"，与者，应助也。

阴势长进而阴祸切身，从始剥于床足，到渐至于肤，为将灭其身。肤者，身之外也，身之外肤将灭，乃身亦将灭矣，被阴剥而灭身，其凶可知。

阴之盛，已从内体盛及外体，四居外体，而身之外为肤，肤布在身表，当肤被剥落，身早已被灭，阳剥之甚，已然将贞道消亡，故更不言蔑贞，直言其凶。剥床及肤，身死垂亡之际，以曰“切近灾也”而言凶祸之甚。

剥体三凶之灾。剥体三凶之灾乃剥床以足、剥床以辨、剥床以肤，从足下，辨中，外肤，言剥灾之渐进，亦是凶灾之渐重之状态。剥自下而上，以阴剥阳，随阴渐长而成势，阴势之长非在剥卦一体长成，乃从姤、遯、否、观之体蓄聚而来，亦是柔浸刚而阴长的过程，至剥卦后，其柔已然有刚强之势，为阴刚之势，阴刚战阳刚，阴势强盛而剥阳，阳落，阴更灭阴，就连六二以中德亦不能辨阴，虽为阴而不能判阴，不知阴刚之危厉，乃失明所致，这便是不知修持健德而从阳道之后果。

从剥体三凶可知，君子言修持健德并教大众有德，其身德修持不进则退，无有安逸可言，在剥卦当阳落无以剥时，其阴更灭阴，使阴从足下、辨中、外肤之位，尽被灭，直到剥床及肤，身死垂亡之际，仍然不能脱剥体。虽然说君子失位、失时、又失政，但阴类之遭遇在剥卦更差，履灾应难更深重，这便是无阳亦无明之恶果，无阳以应对其阴之浸、剥，无明识时势，更无志脱难体。

无咎与无尤

六三：剥之，无咎。

象曰：剥之无咎，失上下也。

六五：贯鱼以宫人宠，无不利。

象曰：“以宫人宠”，终无尤也。

六三以阴居下之上，与上九阳应，意脱离群小，剥离众阴而从正道，故其道无咎。六三脱离群阴，独应上九，故曰“失上下也”，失上下，为失上下之阴类之党。

上下者，剥卦阴类同党之谓，三与上应，群阴剥阳之际，三亦在其中，虽有剥阳之同，但其心志正，值群阴无明亦无志之时，六三以志从正，虽处于剥，但可无咎。董仲舒曰：“仁人者，正其义不谋其利，明其道不计其功。”六三之利在于正应阳利，非群阴剥阳之利，言功，乃脱离群小有功，非同阴类之党为害正道之功。

胡炳文曰：“剥之三，即复之四。复六四不许以吉，剥六三许以无咎，何也？曰：复，君子之事，明道不计功，不以吉许之可也。剥，小人之事，小人中独知有君子，不以无咎许之，无以开其补过之门也。”

六三居众阴之中，为阴党之同类，值众阴剥阳之时，三居刚应刚，而显从阳从正之志，其从阳从正之举与上下阴类迥异，志从于正，在剥之时为无咎者也。之所以“无咎”言之，而不言得吉，从五阴成势，群阴剥阳之时，三亦在阴类，亦助其危害正道，其无咎为单从六三位而言，言其无咎，有劝善去恶之义。

六五为群阴之长，当率其类，受制于阳，五近比于上，能率群阴顺阳相次，如宫人获君上宠爱，故口“贯鱼以宫人宠”。六五取鱼为象，鱼者，阴物也，宫人者，阴之美而受制于阳者，后宫妻妾鱼贯相次而得宠幸，则无不利。妻妾者，侍使也，以阴言，乃取获宠爱之义。

六五居尊，以阴承阳，率众阴承阳，如后宫之妻妾待宠，后宫妻妾多为争利之徒，乃剥卦群阴趋利之群小，争名夺利，六五近阳而最能得阳顾，故曰“宠”。《说文》曰：“宠，居尊重也。宠，举土器也。”坤为土，艮山为土器，艮象手。《后汉书·杨赐传》：“念官人之重，割用板之恩，慎贯鱼之次，无令丑女有四殆之叹。”李贤注：“言王者御宫人，如贯鱼之有次序也。”众阴听从阴长，五能使群阴顺序，如贯鱼然，反获宠爱于在上之阳，如宫中美人，则无所不利也。

剥卦以一阳在上，众阴皆有顺从之义，由此可见阳之利，即使居上亦能使群阴驱阳利而顺从之，有阳不一定能逢凶化吉，而无阳处阴则必然有凶。六五能上附于阳，反制群阴，不使进逼，方得处剥之善，六五之善，乃近阳之得，从而以群阴之长能制阴并使其能顺序。张载曰：“下无剥之之忧，上得阳功之庇，故曰无不利。”

无咎与无尤。六三无咎，六五无尤；六三无咎在于有从阳从正之志，从阳从正且欲剥离群阴之党；六五无尤在于制阴使众阴顺序而无剥阳之忧，又得上阳庇护。在剥卦以阴剥阳而阳凶，五为阴且为众阴之长，不仅未让上阳见凶，还顺从于上阳，皆为阳之功。

在遯卦言遯阴长而犹微，有众多制阴与止阴之法，犹以“蓄臣妾”言制阴之道，而剥卦阴势盛大，五阴并进已然不可制，唯教之以正，行以欲牵引之法，故曰“以宫人宠”，所谓先以欲勾牵便是如此。阴能顺阳，在于群阴皆听从于六五，可见阴之同类亦要有其首领，群阴之所以能顺序，在于被五所制，为群阴之长所统领之，不然众阴各自为政，乃上九独阳之害。

以阳观阴而一体两观

上九：硕果不食，君子得舆，小人剥庐。

象曰：君子得舆，民所载也。小人剥庐，终不可用也。

上九一阳在上处剥体，为剥未尽而阳亦复生，诸阳被群阴削剥已尽，独有上九一阳尚存，如硕大之果不见食，将见复生之理，故曰“硕果不食”；贯鱼者，众阴在下之象，硕果者，一阳在上之象。

硕果之得，乃君子之存，君子在上，一阳独大，为众阴所载，是“君子得舆”之象。硕果不食，有果则便能复生，复阳道，复君子之道。《程传》曰：“上九亦变，则纯阴矣。然阳无可尽之理，变于上则生于下，无间可容息也。圣人发明此理，以见阳与君子之道不可亡也。”

君子得民众拥戴，小人则自失其庇护，上九下应六三坤体，六三志在从阳，故曰“君子得舆，民所载也”，且亦有众阴宗阳的共载之象。阳剥尽则为纯坤，若小人当剥之极，则为剥其庐，无容身之所。阴阳盈虚之消息，必待尽而后复生于下，阴尽则阳生，阳尽则阴生，皆始生于下而渐长，若在上则有复生之义，当六阳尽剥皆成阴，阴体必生阳于下，使阴无所覆，阴不能在上复生，故而阴将用失容身之所，故言小人剥庐终不可用，乃自绝其路。

《程传》曰：“剥尽则为纯坤，岂复有阳乎？曰：以卦配月，则坤当十月；以气消息言，则阳剥为坤，阳来为复，阳未尝尽也，剥尽于上，则复生于下矣。故十月谓之阳月，恐疑其无阳矣。阴亦然，圣人不言耳。阴道盛极之时，其乱可知，乱极则自当思治，故众心愿载于君子，君子得舆也。”

以阳观阴而一体两观。上九之阳未被剥尽，并不值得庆幸；反而以阳观阴，知阴时、阴势以及阴之危害，才是上九之得。以上九之位来一体两观，既观阳之利好，又观阴之弊害。一体两观者，以君子观之，硕果不食，其硕果亦为民所共载，乃众德承载之；以小人观之，剥尽无存身之所，乃竭泽而渔，小人必然剥庐且竭泽而渔，因为小人趋利，有鱼必取之，又无明知其阴阳消息，不知小人剥庐乃自绝其路之危害。从剥卦上九之存可知，若君子被小人剥落而遭难，则民众之难更加深重，无阳亦无明之恶果在患、祸、灾、难之卦体反复上演，如蔡清之言“观小人剥庐之辞可见，天地间岂可一日无善类哉？”此类劝告，世人永远置若罔闻。

无妄卦：无妄之灾

乾上震下

尚正道复正序而治灾妄

在剥卦，阴柔渐长盛极而变刚，柔刚剥阳而阳消落，众小人皆来剥丧君子，使君子失阳正、失位、失时、失剥之小体，继而被戕身落难且烂落在地。故以“不利有攸往”立戒，言剥落之灾祸乱卦体而言立戒惧。五阴在下成势而盛长，小人亦随阴长阳消而壮，君子与正道随阴妄之长、小人之长，以及伤阳败德之风盛行而病落，阴盛剥阳，当无阳可剥时，阴更灭阴，使阴从足下、辨中、外肤之位，尽被灭而见凶，让卦体阴剥阳所言凶祸见之以爻位；由此可见，君子与正道落难，阴类履灾应难却更深重，这便是无阳无明亦无志的恶果。

剥卦一阳在上虽将尽，但上九以一阳制众阴，使众阴顺阳且止阴类妄动，以一爻阳刚之德力，顺而止之，成其众阴宗阳的共载之象。以上九之位作一体两观，既观阳之利好，又观阴之弊害，有阳、有正则能安民，尤其镇群阴之乱，有正则有序，有共序可依，有刚制来制止阴妄横行，反之失阳、失正且小人当道，尤其是剥落民众赖以生存之共序，使灾难如火临宅，将失去安身立命之所，其凶险与惨状可知。

剥卦以剥落之灾，不仅使君子烂落，随君子与正道被剥落，亦剥其民众所依附共序之“山”，为正道所主的德政与共序亦被剥落，当山附于地而被剥落，民众无依附之共序而落难履灾。民众之灾难程度远比君子深重，故而临剥急需安民，民者众矣，安众民急需有刚制共序可依，在剥体因阴剥阳早已使刚制烂落，故而安民所需之刚制非卦体自生，乃外来之。刚外来，则成无妄卦。

无妄卦，乾上震下，震动而乾健，震之成，乃阴类妄动；乾之成，乃乾刚之外来，外来之刚居外成乾体，当灾难深重，民众妄动，有乾之刚制驾驭于震动之动，以制其妄，乃动而有节制。无妄卦体之君治其无妄体，引入乾刚制其妄动，外来者非自生，乃借鉴或引进，在剥卦有五阴成势的柔变刚，经过柔变刚之渐变过程，使柔刚已强盛而具破坏力，将正道所主的德政与正序剥落，使其卦体与民众失去依附，民众履灾又无正序依存则如无头苍蝇，为生计奔波必然妄动，欲制其妄动，则引入刚制，刚制之全者，乃乾体之刚，以刚制妄动，去妄存阳，再动而行健，则成无妄之体。

《序卦》曰：“复则不妄矣，故受之以无妄。”复者，阳之复，反于剥之阴，所谓剥极必复，群阴剥极则一阳生于下而成复。一阳外来，成复，复之成，乃真阳来复之震，为刚阳之动，刚阳之动在于动而有明，非无明妄动。当无妄体有一阳外来之复，则可反于正道，一反剥体群阴剥阳正道沦丧之灾，正道既复，则应履刚制去阴妄而正天行、正欲望。

所谓“动以天为无妄，动以人欲则妄矣”，健动于天，乃天行法序，自然造化，天生万物却无求于万物；天者，外在之刚也，刚者，共序制度规范之刚，以刚适众，以刚制乱，更以刚止不正。妄动于人，乃人行欲、妄，无知躁动，以欲、妄遮挡心性，行天人离一之行，人之行无法合天道法序则生无妄之灾，此乃无妄之义大矣哉！动而履刚制则无妄，动以行欲则妄，妄则凶。

无妄，有无望，不妄，诚望，无妄之义，亦是无妄卦渐进之过程。妄者，在内为心性不主识神，而任其行欲；在外为无明妄动，一切皆为无明遮挡心性光明所致。无望，乃剥卦群阴剥阳灭正道使灾难深重而出入无望，在剥卦五阴并进，阴妄势长，无明阴众增多，皆无以知正道刚制之利好，此阴类亦致明无望，导致民众履难深重而无济难脱困之途，故而出入无望。不妄，当剥极反复，群阴剥极则一阳生于下而成复，刚阳来复出震而可复正道，刚阳之动在于动而有明，非无明妄动，且有履乾之刚制，去妄存阳则不妄，以不妄而动非行欲之妄动，乃动而有节制，以不妄言妄，乃戒其妄动，宜动有所制。诚望，经过不妄的去妄存阳后，以阳刚之明健动。阳刚者，内实也，内实则有信，乃有诚之动，故言诚望，诚望之动为正望，以正求代妄求，通常乃君子立志且进志，力图循正道而有为，诚望乃得力之“动而健”，亦是无妄卦大亨以正之所在。无妄，在不妄与正望的基础上更加舍欲从心，为“动而健”的理想状态，其“动”与“健”非期望之追求，乃实理自然且无所期望而顺应所得；无妄卦体从剥落之灾起，言不妄已实属不易，言正望需健德向明、从正，唯君子能行，故亦非易事，而无欲之无妄便更难，乃心性光明的无为之境，非内证可达；无妄之望，乃无所期望而得焉。

无妄之释义，《周易本义》言在《史记》作“无望”义，谓无所期望而有得焉者。《周易本义》曰“为卦自讼而变，九自二来而居于初，又为震主，动而不妄者也，故为无妄。”无所期望而有得焉者，乃是处无妄卦追求无妄之境的理想。

实理自然且无所期望而顺应所得，乃心性光明而不主妄，亦不从妄行欲，一切皆顺应天道法序而适心所变；实理者，万变不离其宗之本性也，自然者，天道法序也，妄皆被欲所牵，被识神所主，无以达心性光明，只能任其行欲而无以觉照，诸多灾难尤其是剥卦之剥落之灾，便是阴妄剥阳，致使正道沦丧，心性渐迷所致，行妄定会致身丧烂落而陷灾难之中。故无妄之义存乎精神，执无妄无为之精神，确是要治灾使其不妄与皆能达正望，正身德治明，进位德升志，适心所变而明志双用，方是无妄之正为。

《杂卦》曰：“无妄，灾也。”无妄之灾，乃是言灾因在妄。无妄之体，以刚外来居外成上卦之乾体，以乾之刚制驾驭阴类妄动而制妄，使其去妄存阳，阳刚足而出震，又以震居内，行动而健的正望之体。无妄之体起于剥落之灾，陷在灾体，故先有其灾，因有灾并知其灾因，方以刚外来而治之，阴妄得制而去妄存阳出震，才能践行无妄之理想。所以无妄之体，有灾重、治灾、灾变的言“灾”过程，以震之出言灾退而正望可行，亦是无妄卦标志性转变。

有灾、治灾、灾变、正行乃无妄卦以“灾”为体的治理过程，亦是卦体的变化过程。灾之因在妄，其妄之大以及妄成害犹在剥卦，在剥卦五阴妄动剥阳，致使君子与正道被剥落，且阴更灭阴，民众之灾如火临灾，无有安身之宅所，故而群起妄动，此种妄动便是行无明之欲，正是无明之欲在阴浸阳的漫长过程中，发生了柔变刚之转变，使行欲的阴刚有力成势。欲乃妄行，为粗重之妄习，不正之思维乃妄想，为识神之妄，欲行于外，而妄识主于内，习气日渐粗重，其危害亦日加严重，故而引入刚制来制其阴妄之欲，止其妄动，从妄动到阳刚之震动，乃刚制的治之功。阳刚之震出，使其能“动而健”，得大亨以正，行无妄的正望之行，当正望得行，又得止正行之妄，为有行必有妄，这便是制妄与止妄的区别，制妄在乎治粗妄止其阴灾，止妄在乎无灾祸乱而纠正正行之偏差，前者阴妄成势且祸乱成灾，后者习气粗浅，可矫枉得正。

无妄卦，先有灾妄，再主不妄，行正望，力求达无妄之望的理想之境。先有灾，后治灾，再定序，最后适心所变而定其心。定序便是制定刚制秩序，以履制而行不妄，以不妄言妄，乃戒其妄动，宜动而有所制。从失正道履灾，再治灾履制复正道，当正道得复，又以刚制成正序，得正序则得大亨以正之天命，使无妄卦配位有“元亨，利贞”之卦德。从不正，通正，再到得大正，以无妄一卦，实则担其诸多卦体之责，乃灾祸治理之典范。

无妄：元亨，利贞。其匪正有眚，不利有攸往。

彖曰：无妄，刚自外来而为主于内，动而健，刚中而应。大亨以正，天之命也。其匪正有眚，不利有攸往，无妄之往何之矣？天命不祐，行矣哉！

象曰：天下雷行，物与无妄。先王以茂对时育万物。

卦辞：以实理自然之道亨通所有，且识正理履正道。

彖辞：尚正治灾妄复正道，正道复而灾妄治。

象辞：正天道而复正序，立灾祸治理之典范。

无妄卦，乾上震下，乃雷行天下履刚制而无妄之象。无妄之体，以刚外来居外成乾体，以乾之刚制驾驭阴类妄动而制妄，使其去妄存阳，阳刚足而出震，又以震居内，行动而健之正望之体，震之出乃刚自生，从刚外来治灾到刚自生得正，使正道复立，君子复位，行大亨以正之天命。无妄卦呈现了有灾、治灾、灾变、正行的变化过程，以灾为体，立灾为用，先有灾，后治灾，再定序，从有灾妄，再主不妄，最后行正望为治理过程，且力求达无妄之望的理想之境。因治理得体，无妄卦有从灾妄之体到正望之体的转变过程，处灾妄时妄动成灾，以制其妄动而治，以正道得复而得其正望之体。

灾妄之体。灾妄起于剥落之灾，使其无妄体亦始陷入灾体。为何无妄体起始于剥落之灾呢？因为剥卦的剥落之灾不仅使君子烂落，君子所主正道与正序皆因阴剥阳而同剥落，无正道与正序供民众依附，民众只能随阴类妄动，阴类不明多欲有害，故而民众行妄成灾。灾妄之体以“妄”为特征，无妄卦亦以“妄”立意，其妄便是剥落之灾成体后，民众行欲妄动，行妄且多欲，无节制之明和节制之手段，只能更加妄动而剥落一切可剥落之事物，使其原有秩序皆烂落而见凶，此为无妄体起始之妄，到灾妄得到治理后，其无妄卦体之“动”，亦有妄动，言“动而健”并非全然是明动，亦有正序之偏差和习气浅薄之欲动，从妄动到明动有履刚制而复正序的过程，在正序复立且履制正行的过程中，亦有“妄”，此妄亦会致灾祸，故而治理灾妄之路和矫枉得正之路还很漫长。

“刚外来”。灾妄之体如何治理使其止妄动而复正道呢？乃以刚制治之。在灾妄起始之初，正道之刚制皆被剥落，原有秩序皆被破坏而烂落，且群阴当道无有自生的可能，只能“刚外来”而引入刚制。以“刚”之严与行之谨来止妄动，以“制”的制度规范来广应大众。正因正道与正序皆被剥落，才引入刚制加以治理，此为无妄君主之大明，刚制之全者，乃乾体之刚，故而刚外来居外成乾体，此处的刚外来非一爻之刚，乃上体之刚，以上体之刚驾驭下体之动，以刚制其妄动，去妄存阳，待阳足出震时，再复立正序，依正序再动而行健，则成无妄之体，故无妄之体乃从灾妄之体治理得正而来。

“刚自外来而为主于内”。以刚外来治其妄灾，当阴妄得制，则可去妄存阳，阳足则出震，震之出则有刚主内，有主内之刚，则无妄卦体正序得复，正道可立。以外来之刚制止其妄，则能去妄存阳，此为刚制之功，当阳足蓄而成刚，刚复出震，则借外刚而生内刚，此为主内之刚，主内之刚为自生。经过刚制治灾，使其发生灾妄到不妄的变化过程，亦是正道和正序复立之过程。震之出，为灾退而正望可行的标志性转变，震出从复，便是从不正“复”正之转变，而震之出需阳足出刚，阳足则需去妄，妄为阴，行阴妄则耗阳，此为阳与正道能被剥落之原因，当妄能去则阳能存，阳存来复则阳刚出震。震之动出，乃无妄卦体自生内刚，有自生之内刚便知正序复立的过程。

外来之刚与主内之刚。当无妄卦体有自生主内之刚，便有了自生正序的机制，亦有从阳、从正的诸多方法，主内之刚是无妄卦从灾妄之体过渡到不妄之体的标志，亦是刚从柔之阴刚变化成阳刚的过程，由柔变刚之阴刚，借用外来之刚治其阴刚剥阳之灾妄，使其变化成主内之阳刚，而外来之“刚”乃刚性之制，为制度之刚，以制度和规范治其妄动之不规范，并加以约束其妄行，主内之阳刚，既有阳足而刚，又有正序复立后制度之刚。从“刚”的转变过程可知，无妄卦从灾妄之体逐渐转变成正望之体。

正望之体。刚外来是成复出震的关键，而正序复生为得正望之体的关键。妄动被治而止，借刚外来止妄而生不妄，以不妄生其正望，将行欲转变成为政。震出而灾退则正望可行，以德政之正来正灾妄之大妄，使大妄变不妄，去妄存阳则不妄，以不妄而动非行欲妄动，乃戒其妄动且动有所制，经过不妄的去妄存阳后，尤其是震出有刚，使其内体充实而有孚信，故正望之体亦是诚望。言诚者，乃实信充实其中，阳刚之信犹诚，正道复立之刚正亦犹诚，当有实诚充实其中，则能以正求代妄求，君子可乘正道复立之机而进志，力图循正道而有为，此为“望”之义。胡居仁曰：“无妄，诚也。诚，天理之实也。圣人只是循其实理之自然，无一毫私意造为。”居无妄之卦体，必知实诚正望之义，若无实则无阳，无阳则无以阳刚足而出震，无震之出，灾妄则无从转变，无妄之求则为空谈。

《程传》：“无妄者，至诚也。至诚者，天之道也。天之化育万物，生生不穷，各正其性命，乃无妄也。人能合无妄之道，则所谓‘与天地合其德’也。无妄有大亨之理，君子行无妄之道，则可以致大亨矣。无妄，天之道也，卦言人由无妄之道也。利贞法无妄之道，利在贞正，失贞正则妄也。虽无邪心，苟不合正理，则妄也，乃邪心也。故有匪正，则为过眚。既已无妄，不宜有往，往则妄也。”

无妄卦以“元亨，利贞”立卦德。在灾祸之体，通常敬惧立戒，少有“利贞”且通元亨者。无妄卦之“元亨”，为从大亨以正至实理自然而通元亨，从灾祸之体得其无妄的治理之道，从不正，通正，再到得大正，亦乃无妄卦利贞之所在。无妄卦之“大亨以正”乃从治灾妄之功，君子力图循正道而有为，以诚望得力“动而健”，师法刚制而复立德政之序，当能得德政正序之正，必然亨通，其阴妄剥害正道之积弊皆因正序复立而亨通；再从“大亨以正”通实理自然，使其天地正道能得复，天地大秩序之正序和卦体秩序能合一且得以运转。以万变不离其宗之本性谓“实理”，以天道法序得常运转谓“自然”，以此通“元”而亨通所有。群阴迷心性生妄，逐妄行欲而成灾，以无妄通元亨，乃心性得其光明。无妄卦经过有灾、治灾、灾变正行的治理过程，而成灾祸治理之典范。

丘富国曰：“惟其无妄，所以无望也。若其处心，未免于妄，则无道以致福而妄。欲徼福，非所谓无望之福。有过以召灾，而妄欲免灾，非所谓无望之灾。此皆未免容心于祸福间，非所谓无妄也。若真实无妄之人，则纯乎正理，祸福一付之天，而无苟得幸免之心也。”

“其匪正有眚，不利有攸往。”无妄卦从灾妄之体来，且有治灾妄而得正之过程，当灾妄未治且正道未复立，则不利有攸往。匪者，强盗，值无妄卦正是阴盗阳而阳与正剥落的剥落之灾，亦是无妄卦灾妄之体的起始，在此灾妄之起始，阴妄皆不明且无所主，尚处于是非不分的阶段，而是非不分正是目病生翳之眚；眚者，《说文》曰：“眚，目病生翳也。”阴妄不明是非不分，只能从妄而行欲剥害正道，故而有过错，且过错甚大，以致成灾。值无妄卦灾妄之起始，以此立戒警灾，更要知患识体。卦中上九虽以刚明之才处无妄之极，却不识正理，如目生翳而视不清，值无妄得正之时不知固守，反而恣意妄动，行有过而亢龙有悔，虽刚健但动穷生灾，故而更要识正理履正道，行健而非妄动。

“无妄之往，何之矣？天命不祐，行矣哉！”无妄卦有治灾妄而得正之过程，在灾妄之起始，若无外来之刚制治其阴妄行欲之妄动，只能以其妄动之“往”加剧剥落之灾的深重程度，因无“正”来对照，纠正其妄动，民众的无知之往，只能在灾祸中火上浇油，而出入无期。无明以知妄，更无明以知得大亨以正之天命，有剥卦三凶灾的恶果在前却“目病生翳”而不能识，民众无知之妄动，使阴更灭阴，阴不仅尽灭“足下”“辨中”“外肤”之位，还将继续剥阳吞正，使其值身死垂亡之际仍不能脱灾体。灾难如此深重，可叹无明之危害，阴妄不明，何谈天命？行妄自作，灾祸自招，皆侥幸趋吉又何谈天佑？这种对无知妄动深陷灾难的感叹，可见圣人立辞之苦心，乃句句血泪。

“先王以茂对，时育万物。”值灾妄之体并治妄之卦体，灾妄若治则得正离灾，若任其妄动而不治则灾祸加深，无妄卦体灾祸之因在于阴妄成势剥落正道，且祸乱正序，天下雷行正是万物各正性命之时，在此言先王，乃言正道运转与德政大施之时，以大正对照灾妄之不正，以时育万物对照履灾居无定所，灾来如火临灾而失容身之所，以先王社稷之繁茂思临灾治理之道，先王社稷繁茂，在于先王体察天道，立正道使其履法序而得常运转，更师天道法序而立德政秩序，且勤勉治理，故而才能阴阳和合，万物得育。

《中庸》曰：“唯天下至诚为能尽其性；能尽其性，则能尽人之性；能尽人之性，则能尽物之性；能尽物之性，则可以赞天地之化育；可以赞天地之化育，则可以与天地参矣。”正是以实理自然之道，各正性命，追求无妄之境，而达无妄之境，必然正天道，复正序，参天地之法序，应对以勤勉，治理方能得体。

明志皆复主正道

初九：无妄往，吉。

象曰：无妄之往，得志也。

九四：可贞。无咎。

象曰：可贞无咎，固有之也。

初九以震爻执震体，为以刚在内而主于内，有刚、有实、有诚而得无妄之象；初九以刚实居内，为中诚不妄者，《周易本义》曰："为诚之主，以无妄而往，得其吉。"得无妄之占又处初，为君子当行者；卦辞言"不利有攸往"，乃戒其妄动，如今初九得无妄，往而无过，则当往，当往之往乃济灾之任，灾妄之体无以济灾，在于无阳无正，初九以中诚不妄之诚主，有刚有实，乃济灾妄之主也，灾妄之卦体得其济灾之主，自然得吉，君子前往亦能得志。

往者，动而前行，乃震之动。震之刚动主正望，以不妄而正行，得其无妄；往之动乃震主之，往之行乃乾主之，以一爻之主牵动卦之全体，乃君子心存至诚，以阳刚之心存浩然正气，以此复立正道，牵系苍生之谓。

胡炳文曰："《彖》曰，'刚自外来而为主于内'，《周易本义》于此曰：'以刚在内，诚之主也。主字最有力。盖妄者，诚之反也，诚之主如此，妄自然无矣。如此而往，其吉固宜。'"

初九以诚之主，当其无妄，以诚主妄，又以震之刚动，以刚主阴，其阴与妄皆被初九所主，故而初九担当其济难之主。灾妄之体如此深重，自有济难振灾之人，初九担其救亡的匹夫之责。故而初九一爻担其无妄全卦，以动而健之大亨，复立正道，以此而往，既得志又济灾如愿，动与天合，志与心齐，乃大吉所有。

九四刚阳而居乾体，下无应与，以阳刚处位，本自无妄者，再以贞固自守而刚而无私，岂有妄乎？故而贞固守位，而得无咎。对比初九无妄往吉，九四刚居阴位，并非怀才不遇无所施展，在于无系应而不妄动，九四能止其妄动而固守，乃有明也。无系应而不妄动在于有才不施，乃时位不予，非己之过。九四以刚居柔固守安稳，既不外求，又不妄行，故而利于贞。

《程传》曰："九居阴得为正乎？曰：以阳居乾体，若复处刚，则为过矣，过则妄也。居四，无尚刚之志也。可贞与利贞不同，可贞谓其所处可贞固守之，利贞谓利于贞也。"

正道与明志皆复。初九与九四以明志皆复主正道，值无妄初始的灾妄之体，群阴剥阳致使正道与阳皆被剥落，君子受难且失明失志，初九与九四在灾妄之体得阳刚，初九震体，九四健体，皆刚足阳正。震动之刚，从刚外来到刚自生，正是正道得复之转变，行健之刚，居外体而有制，乃治妄有功之体。

初九以诚之主，复立正道往而济灾，动与天合，志与心齐，时与位皆得，既有明主正道，又进志担其救亡之责，可谓明志双用。九四刚居阴位，在时位不予之时，不妄动知固守，乃知时势有明，行固守更有志，亦为明志双用，在灾妄之体，之所以妄动行欲，便是无明知妄和知固守之利，更无坚固之志行固守之法，继而恶性循环而有灾殃，九四在不能有为之时，行固守乃立正反妄，以静制动。初九大吉，九四无咎，皆在于以正止妄，以明志双用不与恶行为伍，至于初九有为，九四不可有为，乃时与位所赋予、所选择，而正固之道，乃自身之修为，事关阳正，故而皆有身德。

尽本分而尚正

六二：不耕获，不菑畬，则利用攸往。

象曰：不耕获，未富也。

九五：无妄之疾，勿药有喜。

象曰：无妄之药，不可试也。

六二柔顺中正，因时顺理，以宽裕居中，而无私意期望之心，有不耕获，不菑畬之象，故而为理之所然者，凡理之所然者，非妄也，而人所欲为者，乃妄也。六二居中得正，与九五正中而应，为动而能顺乎中正，使其身无妄行且心无妄念，随无妄之正道，而利有攸往。

胡炳文曰："耕获者，种而敛之也。菑畬者，垦而熟之也。一岁之农，始于耕，终于获。三岁之田，始于菑，终于畬。不耕获，不菑畬，诸家以为不耕而获，不菑而畬，惟《周易本义》以为始终无所作为之象，而必曰因时顺理者，理本自然无所作为，自始至终，绝无计功谋利之心，故其占曰'利有攸往'。"

耕者，农之始，乃人作；获者，耕有终而得，乃天予；田一岁曰菑，乃初垦之田，三岁曰畬，乃熟田，《采芑》诗曰："于彼新田，于此菑亩。"毛传："田，一岁曰菑，二岁曰新，三岁曰畬。"巽为耒耜，艮为手，耒耜在手而动于下，有耕种之象，同时亦有收获之象。

不耕而获，不菑而畬，乃顺其事理自然，当耕而耕，当获则获，不以获而多欲行耕，而是以耕来计获，为值本末之道，耕乃行本分之事，获乃耕之果，非以"获"之多而乱耕之始，为以欲乱其本心，再祸其本分，使其无所适从，不能宽心安处。孔子曰："夫遇不遇者，时也；贤不肖者，才也。"只能才具才能得遇，故不能以求遇而舍富才之本。

六二未富，在于阳刚不足，中德待健，六二之中德者，乃勤于本分之事，六二以阴居中，虽勤于本分，却仍有妄取之嫌，爻辞以"菑畬"言之，在于告诫其收获有从生田到熟田的转化过程，这个转化过程便是健中德之过程，本分之事便是做好耕耘之事，而收获之得乃到熟田时期方能得成，当耕而耕，不以获计，想不耕而获，便不是妄想的问题了，而是行欲之凶道。

九五中正居尊位，下复以中正顺应之，乃《彖辞》所言“刚中而应”之谓，九二刚中，下有中正顺应，上刚下柔，为无妄之至者。刚中而应，动而健却遇四为滞，犹身遭疾，五与二刚中而应，但二为阴，九五君王求贤，九四有刚明之才却失位，必以刚妒柔而成滞，然六二勤勉耕耘健其中德，终与五正应，乃不药而愈也。治病之药，健中德便成大药，勿以药治，则有喜也。

方孝孺《深虑论》曰：“药石所以治疾而不能使人无疾。”九五之疾，非九五自身，乃灾妄之体自有，故九五以无妄之位得疾，并非在无妄的境界有疾，乃是卦体自有之灾疾尚未康复，九五居尊而心系大体，故而忧怀天下，下应六二虽中却阴，尚需健中德耕耘之，九五将六二视如己身，以无妄治其六二有妄，为治其疾，而医病之方非药石攻之，乃以正应之“正”治之。张载曰：“心大则百物皆通，心小则百物皆病。”故生妄之疾，重在治正，非攻之以药石而能得善果，无妄卦体之灾在于阴妄不正，以正治之，为对症下药。九五勿药有喜，正是治理得正而正道复立之过程。

何为无妄之药？乃以无妄之正治其有妄之疾，以尚正为药。为何曰：“不可试”也？在于正道勿疑，言试者，乃信而不定尚有疑惑也。正道之事乃以明德烛照之，方能明其大用，以正道医百病，正是上医之思想。无妄卦之所以能从有灾到治灾，发生灾变到正行的变化过程，就在于崇正道以正治妄，以刚制止妄动，以正道得复而得其正望之体，故而曰正道之事不可试，在于不可疑，疑则无有明，乃有疾之谓。

尽本分而尚正。六二与九五皆中正，九五刚中应六二柔中，乃动而健且能得大亨以正的无妄之象，在六二与九五正应得亨通之前，是有疾而不通的，从六二与九五关系而言，六二柔中处下，动而有妄，故有疾，九五刚中居上，健而无妄，以尚正而成治六二之药。六二柔中虽未富，但以正应九五，乃君子复位之兆，君子复位先治疾病，再行耕作，从生田耕耘至熟田，自然收获在望，乃是尚正并取正之得。九五有喜，乃是尚正治有妄之“病”而得喜，正道复立，百废待兴，正序建立，才是九五心怀天下之大喜，非小获而言可言喜。六二耕田乃尽其本分，尤其是开生田耕作之，再从生田到熟田勤勉对之，乃知其正道复立与言收获之规律，尽其本分而非妄动妄求和贪取，故而成其妄去，疾愈，终得亨通。尽本分而尚正，使无妄卦体从灾凶到大亨以正得吉，去妄存阳则不妄，以不妄而动则动而健，则能从不利有攸往到利有攸往。

妄且动而致灾

六三：无妄之灾，或系之牛，行人之得，邑人之灾。

象曰：行人得牛，邑人灾也。

上九：无妄行，有眚，无攸利。

象曰：无妄之行，穷之灾也。

六三以阴柔而不中正，以失位而为有妄者，卦之六爻皆无妄者，三之时位乃有妄，无故而有灾，如行人牵牛以去，而居者反遭诘捕之扰。六三应上九，志应于上，乃有欲也，乃妄而行欲之徒，持身匪正则有眚，肆意妄动而生灾。

行若系牛，灾若失牛，正是六三之谓，有妄而行必系之不住则失牛。《程传》曰：“人之妄动，由有欲也。妄动而得，亦必有失。虽使得其所利，其动而妄，失已大矣，况复凶悔随之乎？知者见妄之得，则知其失必与称也。故圣人因六三有妄之象，而发明其理云‘无妄之灾，或系之牛，行人之得，邑人之灾’。”

《杂卦》曰：“无妄，灾也。”乃谓在无妄卦体，六爻皆无妄，却六三有妄而有灾，正是以有妄有灾立戒，言其无妄之灾的灾之来由，灾之来由在于有妄且行欲，从无妄释义可知，无妄为义乃妄已得正，灾已得治，言“无妄之灾”灾非在无妄，乃在有妄。匪正有眚，人自为之也。失牛之灾，还祸及同乡邑人。行人得与邑人灾，乃有得有失之谓，行人虽得牛，灾却亦随之，妄得之得不能为正得，反而为失，为得非其所。行人得牛，却不知天数，其“牛”乃六三行妄而系之，行人得牛必解牛牵牛，实则行贪欲，同六二耕田得获相比，行人得牛乃不劳而获，故非祥事。

上九居卦之终，处无妄之极而不知固守，反而恣意妄动，极而复行，过于理，过于理则妄，故而自招其灾祸。上九之“行”，正是《象辞》所谓“匪正有眚，不利有攸往”者。无妄者，得实理自然之道，上九处无妄之极而不知得实理自然，为其有眚，以刚明之才目病而不识正理，如生翳而视不清。上九不循实理而动乃妄动，妄动则凶，乃从无妄而生妄。上九值乾之终，乾主行健，行有过则亢龙有悔，虽刚健但动穷则灾。

妄且动而致灾。六三与九三皆妄且动，动而有灾。六三言“无妄之灾”，灾非在无妄，乃在有妄，上九刚健动穷从无妄生妄而有灾。六三正应上九，要知道六三为何系牛而失牛？在于身德未健而应上九妄动，被上九行健而引诱，本可执牛犁田耕作，奈何舍本追妄，既行妄逐欲，又失耕耘之本钱。故六三不如六二，便在于六二尚正而勤勉对之耕耘收获之事，六三好高骛远，行不切实际之事，不忠本位与本职，偏偏想近水楼台，有牛不知养牛耕田劳作，却系之逐上九之妄，所以系之不住导致失牛，不仅自己失牛，还连累祸及同乡邑人，这便是阴妄如何浸阳而致灾的过程，六三阴类，己身无明知牛之用，且不以牛为得，反而舍牛行妄求大得利，己身失牛不正还连累同乡受灾，同乡亦对得失不明，与六三乃同类之人，皆为阴类，见系有牛焉有不得之理？阴类相互以得失逐之，如同瘟疫流行而不可收拾。

噬嗑卦：恶佞之灾

离上震下

恶佞作梗宜治刑理狱

在无妄卦，灾妄起始于剥落之灾，随正道与正序剥落而无制妄止欲之器，民众行欲妄动，犹以“妄”为体，成其无妄卦以“妄”立意之因由；知妄因而治妄，以灾为体，立灾为用，先有灾，后治灾，再定序，形成从有灾妄，再主不妄，最后行正望的治理过程，使正序得复，正道可立，从大亨以正至实理自然而通元亨；经过有灾、治灾、灾变正行的变化过程，以尚正道、复正序得其无妄卦体之治道，而成灾祸治理之典范。

无妄之因乃剥卦五阴为祸，群阴剥阳，致使君子与正道被剥落，被正道所主的德政与共序亦被破坏而烂落，民众执妄行欲，在剥卦五阴成势而柔变刚，以阴刚之成而具剥落正道之破坏力，柔之初成时，为不正姤风之柔，当五阴成势，则柔成刚，继而君子失位与德政失序，形成灾祸之体，以剥落之灾和灾妄之灾可知，其阴柔成势后的阴刚破坏正道之力度有多么恐怖，从灾祸之坏果，民众不仅被灾祸害得居无定所，还时常陷入身死垂亡之泥潭。

灾祸如此深重，阴柔如此渐长成势，破坏力如此强大，乃有恶佞从中作梗。

阴势大则生恶佞，以恶佞蓄意作梗而败坏德风，使阴风如瘟疫流行，阴成势则生阴刚为祸，而恶佞便是阴刚之坏核。恶佞致祸者，噬嗑之象也。

噬嗑卦，离上震下。噬者，啮也；嗑者，合也。乃口中有物间之，啮而后合之，为有间啮而合之之象。为卦上下两阳而中虚，为人颐口之象，中虚之中，又一刚爻，为颐中有物之象。人颐口而有物间之，口中有物，则隔其上下不得嗑，必啮之则得嗑，故曰噬嗑。其“物有间者”乃作梗之物，有物作梗，故而言先啮而后合。《程传》曰：“圣人以卦之象，推之于天下之事，在口则为有物隔而不得合，在天下则为有强梗或谗邪隔于其间，故天下之事不得合也。”

《序卦》曰：“可观而后有所合，故受之以噬嗑。嗑者，合也。”四阴之观，从否卦小人当道阴妄渐长，阴势强盛随时而变，正是正道消退不可不行德教观天下之时，否小人当道且趋利已久，小人趋利害正道便是生恶佞之时，小人成群，阴中生恶，为争权夺利而无恶不作，尤其是结阴类群党，使其成阴势，阴势渐长必浸阳害正道，值三阴成四阴长之际，以中正观天下，可见阴伤阳致大不正，故而以中正观天下行德政教化，当德教普施，以德化之力使阴阳有所合。之所以言有所合，在于以风行天下的德化之功，使否卦当体的不交不通所导致的不合，尤其是与大秩序否塞隔绝而不合的交通往来状态得以暂时交合，以“中正”行王化之道，以道→法→术→用之王道系统行使民养而壮大之用政，其王道之德，被人所观，为人所仰，尤其是以“天下服”而有德服之成效，故而言观后有所合。大观中正德化天下，必然与恶佞为战，言噬嗑，其大观之力必将作梗之恶“物”噬之，此为噬嗑卦继观卦之所在。

嗑者，合也。有从不合到合的过程，不合，从姤阴始到否塞生成，否卦的不交不通之难和小人小难，致使交通往来秩序否塞而不合，尤其小人当道迫害君子，使君子失位与德政不合；与大秩序交通往来不合，致使天地人三才气机无以畅通，与德政和正序不合，致使无正可以制阴，而任其阴恶丛生。合，乃大观中正德化天下，以德化之功和德服之力，使不合能合；这种在阴势渐长大格局状态下的“合”，其阴类并非全然服而合，还有其阴中之恶表面上合，实则不合，如口食食物，其梗藏于饭食之中，直到食物入口咀嚼后方知。其不合之因在于阴恶作梗，大观卦以风行地上而修德行政，大行王化天下而德被四方之道，当大观失卦体之小时，无力与敌阴势之大时，必然德教失政，在观卦卦体时尚能以德政制阴，当观卦失时，德政失位，其阴群之中的恶佞必然死灰复燃，而大行其阴恶之道，以噬嗑继观，成就了在噬嗑卦恶佞猖獗的状态。

阴恶作梗。观卦最终无力于阴恶之势，在于观卦本身处于姤→遯→否→观→剥→坤执迷妄失过程中，只是观卦有众卦未有的制阴教化之力，勉强在处观卦小时之体时，以德化制阴与修德行政之典范，成其大治之体。阴恶之所以能作梗，在于阴长成势，且伤害之力亦随柔变刚的过程而增长，姤风轻柔，并未成害，以不正之风渐长，至二阴成遯时，才在蛊体伤正，继而又有归妹乱正，三阴成否后，则生否难和小人之难，“难”体已成，再从难体到四阴成观，且在观得时而变，恶佞蓄意作梗而败坏德风，恶佞猖獗致使五阴成剥。在此过程中相继出现剥落之灾、无妄之灾、恶佞之灾。

《杂卦》曰：“噬嗑，食也。”为卦上下两阳而中虚，乃颐口之象，九四一阳间于其中，为进食而有梗，必啮之而后合。从噬嗑卦体继观卦而言，进食者，民以德政为食，处阴妄之群体，民尚有食，德政正序保民生，使民有食而能食，而进食之中，有“物”梗之，使食而不能合，必噬嗑之。

恶佞之生，继观体德政之后生恶佞，乃恶佞之类不识德政，不知正序利好，以内生趋利之欲心与正对抗，他们内妄根深蒂固，愚顽不灵，非德化之风能教化，用正道对比便知绝非善类，此类刚强阴类，乃阴强妄大且顽固不化的恶佞之徒。其“阴”在观卦四阴之后，五阴之成，且是观卦德化天下时仍冥顽不化的阴“核”之类，阴在于无明而阴，大昏而冥昧，且昏昧足够深，其阴核之谓，乃诸阴围绕之中心，类似于匪首；其“妄”是剥落之灾和无妄之灾动妄行欲之祸根，六根皆大气习且习气顽固，其所思所想皆被阴妄所主，以欲当头而不识正，巧言谄媚以利为图，为达利益之目的不惜中伤君子，祸乱正序，形成以阴核与妄根成恶的恶佞之类。

恶佞成梗，在于恶佞有伪正的一面，以狡诈之内行伪善之表，且有“巧”“谄”之技，使其能混入“食”中，不食无以知梗，所言“食”者，乃君子行德化布德政之政，恶佞扮成君子混淆视听，民众无以辨其真伪，不食无以知梗，直到食后被梗，方知为恶之本性，乃得其阴恶中伤后方知阴之危害，而知恶佞作梗者，非寻常民众，乃剥卦之上九，唯剥卦上九值五阴炽盛时，仍一阳独大，被众阴所载，以阳明之才识梗。

恶佞之灾。恶佞之灾是致使发生剥落之灾和无妄之灾的根源，以及一切阴妄致灾成难的根本，从剥落之灾和无妄之灾两者并行，可见其灾祸深重与为祸的程度，致使君子戕身落难，正序烂落在地，他们以阴核妄根之特征，成为一切阴妄为祸之始作俑者，且是正序被打破，君子与当政者被迫害后，最得利者。在诸多患、祸、灾、难之卦体，尤其是阴妄为祸发生灾难，都有他们为恶之身影。

识梗，知梗，才能治梗。战恶佞必行噬嗑之道，言噬嗑，必以强力战阴恶。刚外来则灾妄致恶，恶佞为祸败坏德风，这是继观卦德化天下后却致剥落之灾和无妄之灾的原因。恶佞作梗，在于谗邪间于德政其间，乃有为造梗，蓄意坏之，治恶佞之灾，必利用刑罚除恶佞，再用德政使不合能合，以正序复生来保民有食且能食。

《程传》曰：“圣人以卦之象，推之于天下之事，在口则为有物隔而不得合，在天下则为有强梗或谗邪隔于其间，故天下之事不得合也。当用刑法，小则惩戒，大则诛戮，以除去之，然后天下之治得成矣。凡天下至于一国一家，至于万事，所以不和合者，皆由有间也，无间则合矣，以至天地之生，万物之成，皆合而后能遂。”

观噬磕之象，借观卦之力，以刑入礼，再立刑从法序，惩戒恶佞，以“噬嗑”法治天下之大用，以离火之明照雷震之威，乃用刑惩恶去其梗间，所谓“天下之间，非刑狱何以去之”便是如此。故噬嗑之道，乃以德为体，刑礼并用，用刑狱治乱之已生和恶之既昭，弃柔和之观，值乱世用重典，待梗间去之，再当复以教化。

噬嗑：亨。利用狱。

彖曰：颐中有物曰噬嗑。噬嗑而亨，刚柔分，动而明，雷电合而章。柔得中而上行，虽不当位，利用狱也。

象曰：雷电，噬嗑。先王以明罚敕法。

卦辞：恶佞为祸和谗邪隔间，宜治刑理狱。

彖辞：以雷电合章用刑狱护正道。

象辞：从先王法制之道而明罚敕法建法制。

噬嗑卦，离上震下，为离火照震威而用刑狱之象。为卦上下两阳而中虚，乃颐口之象，九四一阳间于其中，象进食而有梗，必啮之而后合，故为噬嗑。噬者，啮也；嗑者，合也。有物作梗，必有恶佞为祸和谗邪隔于其间，故当用刑法，以强力战阴恶，使其先啮而后合。恶佞作梗，在于谗邪间于德政其间，乃有为造梗，蓄意坏之，治恶佞之灾，必利用刑罚除恶佞，再用德政使不合能合，以正序复生来保民有食且能食，言进食，民以德政为食，再以德之正序保民生，使民有食而能食。离上震下，下动而上明，乃恶佞作梗必有离火明照，识其为祸的恶佞阴类；又下雷上电，惩戒恶佞，宜用刑狱，以雷震之威，大器重用，强力战恶，以“雷电合而章”，引刑入礼，再刑礼并用治乱之已生和恶之既昭。

“颐中有物曰噬嗑。”恶佞之徒蓄意作梗为祸德政，使其祸败坏德风并致灾生难，明君子用噬嗑之道治其为祸作恶，用刑狱惩戒恶佞之徒，先啮之而后合。“颐”者，乃艮止于上，震动于下，颐之象；颐中，为进食之中，乃进食之中遇梗，使物间颐中，吞吐两难。有物者，乃有阴核妄根的恶佞之徒，以恶佞之内行伪善之表，借巧、谄之技混入食中，使其不进食不知有梗，可见恶佞之徒狡诈之手段。民以德政为食养，恶佞之徒必然扮成君子混淆视听，行走于德化布德政之列，直到食后被梗，方知为恶之本性。

恶佞之徒为何如此狡诈？在姤→遯→否→观→剥→坤执迷妄失过程中，从阴妄始生到群阴为祸，皆有制阴之法和止阴之道，如遯之六二继姤系金柅后，又值遯而执牛革，以扶阳抑阴而制阴，且阴妄生患、为祸、成灾的每个卦体皆有卦体之治道，如蛊卦的治蛊之道，剥卦的治剥安民之道，以及无妄卦还以尚正道复正序治灾祸，成为灾祸治理之典范。尤其是到了大观卦体，以“中正”行王化之道，其王道之德，被人所观，被万民所服，卦体虽有四阴在体，仍以正道统帅天下，有致阴妄无处藏身之利好，正是因为诸卦体治理阴妄得力，才练就了阴妄在正道下存身为祸的本领，且待卦体小时已过，便继续滋阴生恶。恶佞之徒以阴强妄大之特征走正道无明，行奸佞藏身使其“颐中有物”却头头是道，可见皆是以偷奸耍滑的小聪明，阻碍了行正大光明之正路。

“噬嗑而亨”。颐中有物作梗，使其吞吐两难，行噬嗑之道治其恶佞作梗之祸，则得其亨通。吞吐两难不能合，梗去则能合，而去梗之法乃噬嗑卦的噬嗑之道。噬嗑卦以雷电立象，在于治恶佞作梗之祸，惩戒恶佞以强力战阴恶，在大观卦德教风行天下巽风无力时，必以雷震之威，大器重用，立刑狱而治恶惩奸。噬嗑卦以“亨”立卦德，其卦体与卦象，皆有亨通之象，乃噬嗑得力，奸佞能除，以恶除梗去得其亨通，故曰“噬嗑而亨”。

“利用狱”。不言利用刑而云利用狱者，乃卦有明照之象，以明照而能明判，恶佞为祸，其乱和恶皆昭然若揭，不存在察而不明致有冤狱的可能，故惩戒恶佞不在“刑”，而在于用狱，以用狱隔绝阴核妄根的恶佞之徒，杜绝行结阴之群党而长阴势的可能，以此除天下作梗之间和去阴势渐长之弊。以利用狱，来惩治天下恶徒。在德政治道里，犹以法、礼、德三者成序的德文明体系里，应明慎用刑而不留狱，亦是言立法为基之所在，以雷电用狱的噬嗑之道治恶佞之灾，乃先王立法之功，先见之明；利用狱，非肆意行暴政，乃正道不容，恶佞为祸必用雷霆手段，亦是对观卦德教之巽风无力使恶佞新起之补充，可见易之治道，当柔则柔，当教则教，当刑则罚，当战必战。

震之大威德，有起势、起气、起神、起礼、起德之功用，亦是护正道行雷霆之威的重器，遇恶佞为祸，当行雷霆手段。李舜臣曰：“噬嗑震下离上，天地生物，有为造物之梗者，必用雷电击搏之。圣人治天下，有为民之梗者，必用刑狱断制之。故噬嗑以去颐中之梗，雷电以去天地之梗，刑狱以去天下之梗也。”正是以“利用狱”去作梗之间隔，使不合能合。噬嗑卦取“颐中有物”而不合之象，推天下万事之当合而未合，皆有间也，尤其值阴妄为何之体，必有谗邪间于其间，《程传》言：“间隔者，天下之大害也。”犹是如此，而噬嗑之道，乃治天下之大用，噬嗑之道用“利用狱”之法，则治不合而合。

“刚柔分，动而明，雷电合而章”。卦中三阴三阳，刚柔各半，卦中上下二刚爻而中柔；上卦离体一柔分乾刚，使乾中虚而成离，下卦震体，一阳分坤柔，坤下有刚成震。上卦之离主乾明，有烛照之功，下卦之震有一“震”

两用之义。坤之纯阴为阴类群体，坤阴生刚，乃恶佞之阴刚，正是阴刚动而离火照之，使其能识恶佞之徒，恶佞之徒始居下为躲藏较深，当恶佞妄动则离火照明，以“动而明”之功见其恶；震再用，以雷电之合制恶佞服法，雷电以去天地之梗，刑狱以去天下之梗，而行噬嗑之道。震始动为恶佞生而妄动，乃阴刚之动，震再动，为雷霆之威，刑法之严，以震两动而见刚柔之分，震之两动两用，皆有离火在上生大用。正是“动而明”才能“雷电合而章”，离火照恶佞妄动，以乾之明识恶佞之徒，为恶佞动而识别之的“动而明”；明恶佞之所生，亦知恶佞之所动，必然行雷霆之谓，以雷电合力惩戒之。处噬嗑卦体必知震之两动两用，否则将不得其要领。

“柔得中而上行，虽不当位，利用狱也。”柔者，乃六五中柔，六五以阴居阳，位不当，但依然有明，能发号施令，以利用狱而惩治恶佞之徒，虽柔却能行雷霆手段，既有离火之明见，又借雷霆之下阳，使下阳上行而立威德。值阴妄生祸之体，皆忌见柔，而噬嗑之六五却是当仁不让之柔位君子，虽位不当，但以中尊之位借雷霆之阳上行，宽严相济，行雷电之合力而得惩戒恶佞的噬嗑之治道。

“先王以明罚敕法。”治恶佞之灾的噬嗑之道，以“利用狱”而明罚敕法。其雷电合章的惩戒之法乃取先王之道。用雷霆手段治恶佞之灾，乃先王立法之功，亦是柔中而上行之谓：六五中尊之位借雷霆之阳上行，行雷电之合力而得惩戒恶佞，雷霆之阳，正是先王所立之法。雷电合章之“章”为立法之章文，立法成制，乃德文明之法、礼、德三者之法制正序，值噬嗑卦明刑罚、宣法令而治灾妄，正是兴法制建法序之时。《贞观政要》曰：“刑罚者，治乱之药石也。德教者，兴平之粱肉也。”兴法制建法序让邪恶知其所畏，以刑制恶，以法止阴，则能止邪于未形。

受刑与用刑

初九：屦校灭趾，无咎。

象曰：屦校灭趾，不行也。

六二：噬肤灭鼻，无咎。

象曰：噬肤灭鼻，乘刚也。

六三：噬腊肉遇毒，小吝，无咎。

象曰：遇毒，位不当也。

初九位卑居下，乃无位者，值噬嗑卦“利用狱”治恶佞，初九以下民之象为受刑之人，中四爻为用刑之象；初在卦始，罪薄过小，又在卦下，当用刑之始，罪小而刑轻，故为“屦校灭趾”之象。

校者，狱具，乃木制枷锁。在噬嗑卦，有刑具之象，初九类脚枷，九四类手枷，上九类颈枷。初九在下，乃趾象。灭者，没也，没而不见，取初九隐伏坎下之象。以刚物加于着屦之足而没其趾，故曰屦校灭趾。小惩大戒，惧进其恶，并使恶止于初，古人制刑，取禁止其行，使不进于恶，故得无咎。

王弼曰：“居无位之地，以处刑初，受刑而非治刑者也。凡过之所始，必始于微，而后至于着。罚之所始，必始于薄，而后至于诛。过轻戮薄，故屦校灭趾，桎其行也，足惩而已，故不重也。过而不改，乃谓之过。小惩大诫，乃得其福，故无咎也。”

《系辞》曰：“小惩而大诫，此小人之福也。”初与上无位，为受刑之人，余四爻皆为用刑之人，初居最下为无位者，上处尊位之上而过于尊位，亦无位者。小人因刑获福，乃是矫枉得正之谓，且初九有阳，从卦体而言，正是震之两动两用之位。震始动为恶佞生而妄动，乃阴刚之动，离火照明其恶佞之徒居下躲藏较深，只有值妄动时能明见，故而能识其恶佞之徒；震再动，以雷霆之威和刑法之严，加刑于初九，正是“动而明”才能“雷电合而章”，离火照恶佞妄动，以乾之明识恶佞之徒，再动则行雷霆手段，以雷电合力惩戒之。震两动两用加于初九，非初九之凶灾，反而为初九之福，初九有阳在矫枉之前为不正之小人，而小惩大诫之后，能使其得正，有从阳得正之福。

六二居中且中正，是用刑得其中正者，用刑得其中正，则恶者易服，故取噬肤为象，其所治如噬肤之易，噬啮人时，肌肤为易入。然六二以柔顺乘刚，治刑虽甚易，亦不免于伤灭其鼻。孔颖达曰：“六二处中得位，是用刑者。肤是柔脆之物，以喻服罪受刑之人也。乘刚而刑未尽顺，噬过其分，故至灭鼻，言用刑太深也。刑中其理，故无咎。”

灭者，灭而没；灭鼻，乃深入至没其鼻。噬而言肤与腊肉者，乃取颐中有物之象，各爻有取所噬难易程度之象，六二柔而中，所治如噬肤之易，故六二有噬易之谓。初九有刚而未服，刑加刚强之人，必须深痛，使其知悔，故二用刑至其灭鼻而无咎，乃六二用刑得其中正之道，职责所在，而得无咎。

言灭鼻，有治始之义，初九刚而不从，不止其行，必受六二噬肤灭鼻之刑罚，六二“噬肤灭鼻”乃柔乘刚，六二中正明罚敕法，使初九受其噬肤灭鼻的刑罚，非用刑严苛且重，乃职责赋予，对待罪积恶累且不肯改过从正的恶佞之徒，必然严苛，此为正道对邪道之胜。

六三阴柔失正，自处不得当，以居下之上成用刑之人，用刑治人而人不服，怨怼悖犯之，如噬啮干腊坚韧之物，遇毒恶之味且反伤于口，故为噬腊遇毒之象。六三体柔位刚，故象腊肉，肉因六柔取象，腊因三刚取象；六二以柔居柔，所噬象肤之柔，六三柔居刚，所噬象腊肉，虽为肉但有刚，柔中有刚之腊肉，比二难治矣。

《程传》曰：“用刑而人不服，反致怨伤，是可鄙吝也。然当噬嗑之时，大要噬间而嗑之。虽其身处位不当，而强梗难服，至于遇毒。然用刑非为不当也，故虽可吝而亦小，噬而嗑之，非有咎也。”

六三阴柔失位，处位不当，所行失正，既无当位之位，又无称位之能，故刑者难服，且怨怼悖犯之，而被反毒。对比二用刑致“噬肤灭鼻”且无咎而言，三有小吝，便在于位不当，不如二有中位且行正，三遇怨毒，虽有位不当之处，但终究无过，实则恶佞仍然顽抗，噬腊肉这等干腊坚韧之物，更应用强去梗。

担责与尽任

九四：噬干胏，得金矢。利艰贞，吉。

象曰：利艰贞吉，未光也。

六五：噬干肉得黄金。贞厉，无咎。

象曰：贞厉无咎，得当也。

九四居近君之位，当噬嗑之任者，而“利用狱”的治狱之任尽在四五两爻；从全卦言之，九四乃颐中之物，为滞于颐中的强梗者，而从爻位言之，九四刚直聪明，以近君治狱之任，所以去强梗者也。胏，肉之带骨者，与胾通，肉之有联骨者谓之胏，干肉而兼骨，至坚难噬，九四处位已过中，是其间愈大而用刑愈深也，故云“噬干胏”。

至坚难噬而噬之，得金矢。金矢，钧金束矢，古代狱讼双方致官之物，如诉讼费。三十斤铜曰钧金，一束箭曰束矢，胜讼者归还，败诉者没入。金取刚，矢取直，九四阳德刚直且内刚外柔，深得用刑之道，亦得刚直之道。金者取其坚，矢者取其直。得金矢者，言讼得直而归其钧金束矢也。

《程传》曰：“九四阳德刚直，为得刚直之道，虽用刚直之道，利在克艰其事，而贞固其守，则吉也。九四刚而明体，阳而居柔，刚明则伤于果，故戒以知难，居柔则守不固，故戒以坚贞。刚而不贞者有矣，凡失刚者，皆不贞也，在噬嗑四最为善。”

九四失中，利在克艰其事，故其道未能光大。九四之所以艰难克艰，在于既兼全卦之位，又担爻中之责，从全卦言为滞于颐中的强梗者，从爻位言又需治梗，为既作梗，又需治噬嗑而去梗；以己之任担全卦之责，只能以刚直之道克艰。六三柔居刚，所噬如腊肉，九四刚居柔所噬如干胏。三遇毒，所治之人难服且怨怼悖犯之，四得金矢，其人服，其梗去。

六五居尊柔中，得九四之辅，又以居尊位用刑于人，刚柔相济，人无不服矣；六五阴柔，有人君不忍之仁，顽民当道之时，治狱需常怀戒惧之心，咬合干肉，返还钧金，乃守正怀惧是也。李过曰：“九四以刚噬，六五以柔噬。以刚噬者，有司执法之分。以柔噬者，人君不忍之仁也。”

胡炳文曰：“噬肤、噬腊肉、噬干胏，一节难于一节，六五噬干肉则易矣。五君位也，以柔居刚，柔而得中，用狱之道也，何难之有？讼则出矢，狱则出金。讼为小，狱为大。四于讼狱兼得，大小兼理之也。五君也，非大狱不敢以闻，《书》所谓罔攸兼于庶狱是也。”

噬干肉难于肤而易于腊胏。五居尊位，乘在上之势以刑于下，其势易得，然为间甚大，亦非易嗑，但五得四辅以刚，乃得黄金之象，黄者，中色，金者，谓钧金。五无应而四居大臣之位，为得其内助，五执中道且得辅，以刚柔相济治刑理狱，故而治其服。《史记》曰：“帝喾概执中而遍天下，日月所照，风雨所至，莫不从服。”

六五虽治其服，但非德服，只是尽尊位治天下之责而已，六五虽处中刚，然实柔体，需用刚辅之，值当噬嗑除恶佞之时，非怀仁天下之时，六五以德不称位，岂可不贞固而怀危惧哉？六五正固而怀危厉，则得无咎。九四先艰而后贞，先以艰难存全卦之责，再以贞正之道尽全卦之任，五先贞而后厉，言贞者乃得治理之正，后厉者，六五容易生人君不忍之仁，若不忍之仁不当时，则有危厉；人君好生之德与仁慈之心，要在治刑理狱大成之后，引刑入礼时方得其时。

担责与尽任者，乃九四与六五。君能得贤臣，贤臣又能担责尽任，而成噬嗑卦治狱之人。在责任与担当面前，九四先艰而后贞，六五先贞而后厉，皆以除全卦恶佞作梗为己任，从九四之艰难与六五之危厉可知，治刑用狱并非易事，且六五还有不当位之弊，只能以柔中之尊位借刚上行，行刚柔并济之道，方得其无咎之治。丘富国曰：“主柔而言，以仁为治狱之本。主刚而言，以威为治狱之用。仁以寓其哀矜，威以惩其奸慝。刚柔迭用，畏爱兼施，治狱之道得矣。”

小惩不能大戒之凶

上九：何校灭耳，凶。

象曰：何校灭耳，聪不明也。

上九居卦之终，过乎尊位，为无位者，过极之阳在卦之上，恶极罪大，以受刑惩其恶。《系辞》所云“恶积而不可掩，罪大而不可解”便是上九之凶。何者，负也，谓刑具在颈；何校灭耳，为罪之深刑之重之谓。

戴着刑具，淹没耳朵，听不到声音而聪不明。孔颖达《尚书正义》疏：“听远为聪，见微为明。”听而不聪，视而不明，见治刑用狱之当时，仍不能收敛其恶，小惩亦不能大戒，而履凶道。

郭雍曰：“初上灭字，或以为刑，独孔氏训没。屦校，桎其足，桎大而灭趾。何校，械其首，械大而没耳也。或以灭耳为刵，灭鼻为劓，灭趾为剕，《书》

注劓刵轻刑，《吕刑》剕辟为重，故汉斩趾同于弃市。方初九小刑，固不当断趾。上九罪大，复不当轻刑。以是知三者言灭，皆非刑也。”

噬嗑六爻，自初而上，其罪由小积大，其刑治亦由弱变强，乃根据作梗之间的强弱而定刑。初上无位，为受刑之民，初罪小，能小惩大戒，上罪大，不能小惩大戒。六五柔居尊位，以治狱之主，得九四大臣之辅，从而刚柔并用，君臣共担治刑用狱之责，九四以刚直之德，克艰其事，而得金矢，亦助六五得金不得矢。二三象干吏，为治狱之吏，治噬肤、噬腊肉之讼，亦尽职尽责；六二以中德用刑致“噬肤灭鼻”且无咎，六三位不当，所行失正，使受刑者难服，且怨怼悖犯之而被反毒。值恶佞为祸之当时，恶佞皆顽抗如干腊坚韧之物，更应用强去梗，维护正道。

未济卦：未济之患

离上坎下

诸事未济当进志使志行

在噬嗑卦，民以德政为食，再以德之正序保民生，使民有食而能食，其恶佞之徒以恶佞之内行伪善之表，借巧、谄之技混入食中，使其不进食不知有梗，从而使物间颐中，吞吐两难；取颐中有物为象，言恶佞之徒蓄意作梗为祸德政，使其祸败坏德风并致灾生难，明君子治刑理狱惩戒恶佞之徒，先嗑之而后合。用刑狱惩戒恶佞，以雷震之威大器重用，强力战恶，再以雷电合章而引刑入礼，兴法制建法序让邪恶知其所畏。

若乱已生，恶已昭，当用治刑理狱而制恶，通常阴妄为祸，并非直接生恶，而是聪不明之见行阴浸阳之弊，浸乃缓变也。纵观诸卦，阴妄为祸多，而恶佞之徒显现较少，大恶易制，小患难防，阴妄生于不觉之间，却为祸于大难之时。故为患有大者，还是阴妄不正之长，虽有时生出恶佞作梗，但更多还是以阴核妄根之本性，行走于德化布政之列，随时为祸，以不正侵蚀大正，导致君子所求诸事未济。

未济卦，离上坎下，离中六五阴为小，坎中九二阳为大，故而成前小后大的立狐之象。未济卦取“狐”象，狐者，前小后大，《说文》云：“狐，妖兽也，鬼所乘之。”狐性多疑，每渡冰河，且听且渡。晋·郭缘生《述征记》云：“冰始合，车马不敢过，要须狐行。云此物善听，冰下无水乃过。人见狐行方渡。”之所以有狐渡冰河之事，在于狐行多疑，以且听且渡确认冰下无水安全后乃渡，其因在于噬嗑卦治刑狱过于严苛，雷电合章的震慑之威，使阴类甚为忌惮，且惩恶范围过大，把非恶阴类也列入治刑理狱的打击范围。狐乃鬼所乘之，必为阴物，必以多疑之性被雷电合章的惩恶事件所震慑，且狐虽通灵性，但最惧雷电，尤其是震雷之大威德在上，严苛其乱正乱法序行为，必降罪而惩戒之。

治刑理狱乃恶佞作梗败坏德政风气且为祸深重，不得已而行雷电之威，从德文明之德政而言可勉强为之，久之必损政德。噬嗑之六五值用强去梗之时，兼有不忍之仁而怀仁之，便是尊位怀天下之深虑，恐严苛伤气神，反而致败。阴类之狐，并非为恶之类，亦然受其震慑，在威压之下练就善听善见的避祸伎俩，此等伎俩虽与正道相背，但亦是狐类求生之技。

噬嗑卦的雷电之威严苛乃过，使其阴类灵性之物不敢露头成恶，以阴小之妄躲藏行之，让阴妄仍存于不察之中，反之阴类灵性之物能察其法制漏洞，以谨小慎微之行避其祸，阴类懂避祸且能避祸，则正道将受损，阴妄之存，而影响诸事未济。

《序卦》曰：“物不可终穷，故受之以未济。”诸事既济乃物之穷也，言既济之穷者，乃诸事皆成而告一段落；易体往来不穷，非有固穷之理，故既济之后，受之以未济而终。未济者，终了之卦，虽言终了，却变易而不穷；有终了之体，亦有变易不穷之用。为卦离上坎下，火在水上，不相为用，故为未济。

未济乃时不与、位不当、体有终而事未成之义。未济乃事未成，因时不与、位不当、体有终等因素成其未成之果。未者，犹不也；济者，振济，救助；未济，未有振济、救助之道，所谋之事犹不能成，或事物未能沿正确的路径通往预料之果。

时不与。狐渡水而冰未成，狐之老者多疑，善履冰而听，惧其陷，但小者尚未练就老成，只能以壮勇而往，结果因不察而导致濡其尾，渡水濡尾乃未得其时；同时又处雷电合章而惩恶制阴之时，其善躲藏之性造就无暇顾及危险，故行壮勇冒进之行，反而濡尾，致未济。小狐未练就老成乃时不助其历练，惩恶制阴之大时使“阴类”战战兢兢。

位不当。未济之卦火炎上与水下润，水火两不相交亦不相济益，相交且济益者乃既济之卦，既济与未济之别便在于水火之位迥异，上下卦体失位，六爻亦皆失其位，位不当则不能称其位，更不能成其配位之德，践行诸事最终将因福德不足而未济。从《周易本义》解“汔济”言“汔，几也。几济而濡尾，犹未济也。”可见，在未济之果产生的过程中，是有“几济”之过程，而最终未济便是因失位而少德，以当位之位行称位之能才能有其配位之德，其当位、称位、配位的德位法则正是未济卦因位不当而缺失的。

体有终。以未济卦列六十四卦体之终，既在于阴类行未济之事本有终，又在于以未济继承其复始之义；本有终者，在发生“几济”之过程来振济，依然呈未济之果，便应该思考其本因，改变其策略，而启复始之道。以未济继承其复始，乃成其卦体之终始，并以未济时刻思患而治，世人皆求既济，却不知未济之体才是既济之始，既济之所以能济非一卦之济，乃全易体共济，每一个卦体之治道皆贯穿了既济与未济两者，使其“既”时成卦体治道，“未”时反思未济之因，有未济之路途，故而需慎为。

未济事不成，才能纵观易体而探寻不易之至理，未济亦非一卦之未济，乃全易体共济时未济，未济必有因，尤其是治道之用，治道之用未成，必然违背了“体”序。履未济言“慎”，正好与震呼应，以警示之器用而致远，慎之思，正是“君子以慎辨物居方”之谓。未济事不成，定有策略、路线乃至执行上的种种问题，正是慎思而辨之，才能以正确的方式方法来继承其复始，而达济。

《杂卦》曰：“未济，男之穷也。”言男之穷，非阳之穷，在于“男”在未济卦并非阳类，乃阴类之谓，阴类不得正且不从阳，故而成未济之因。阴类求济，不得正不从阳，故而所行皆为穷道，与能成事之正道相背，故而既济之体在于得正并行正，唯正道方能成事，亦才能健德成君子。未济之男，不仅非君子，连“阳”亦失位而难得正，卦中三刚失位，其阳道不正而穷。

未济之患乃不正之患。未济之“狐”类，乃德政难以教化使其从正之类，以及治刑理狱之道难以驯服之类，经过噬嗑卦后，未济之阴类虽非恶佞，但亦阴而不阳，男而不阳，其阴类之本性难在一时和一卦体之内转变。观卦以中正观天下行德政教化，以治德服而有天下服之成效，阴类在德政与德普施的感召下，在四阴成势之时，能从正而服之，这亦是观后有所合的原因，只有少数恶佞之徒难以被德政“风”化，在噬嗑卦作梗。恶佞之徒扮成君子混淆视听，行走于德化布德政之列，直到食后被梗，方显为恶之本性，且恶佞蓄意作梗会败坏德风并致使阴类猖獗长势而五阴成剥，这才成了其噬嗑卦制恶之决心，以雷震之威大器重用，强力战恶。怎奈噬嗑卦的治刑理狱过于严苛，使其有“阴”之属性的狐类不敢盲目活动，宁愿战兢度日，亦不知向阳从正，可见其阴妄之刚强，非一卦之体能改变其恶之本性。阴而不正且不从正，才是未济事未成之因，未走在成事的正确道路上，其方式方法皆与正道相背，纵然经过“几济”努力之过程，亦难改变未济之果。未济之果并不可惧，可惧的是阴而不正且不从正之内因，不仅会导致事不成，且在阴类环境中，邪会滋长，恶将复生，不仅一卦未济，诸卦皆有履灾遭难之恶果。

未济求济，君子当进志而志行。在经过观卦德化与噬嗑卦刑化后，其阴类亦不从正而致使诸事未济，值未济求济，非外来之救济，而是自求健德向阳从正之济，以阴类之本性而向阳从正，需进志而志行。外有德政正序之体，若本性不改阴从阳，任其阴性主导，必然难以成济，根于阴类本性应进志从正，且非一时之热忱，而是坚固其志行从正之心。履未济言“慎”，因不正方才有慎，不慎则致未济，且“慎”只是应对一时之方法，非根除未济的根本之道。

值未济应进志而志行，亦与震相呼应，师震之大器大用而立奋起之志，唯立从正之志，健德从正，方可从未济致远而达既济。灾祸八体之所以致灾应祸，皆有在不正之因的基础上继而失志，任其不正在阴性属性中发展，背离正道，未济不正致使诸事不成，正是灾祸八体的诸卦在致灾应祸发生时的前兆，在未济时并未思不正之因而遏止其阴势，任其未济状态发展则致灾应祸。从震立失志之患警示，到灾祸八体之诸灾难启示，未济正需以不忘敬慎之体，进志从正且志行履正，才能真正做到以正止邪，以阳正阴。

未济：亨。小狐汔济，濡其尾，无攸利。

彖曰：未济亨，柔得中也。小狐汔济，未出中也。濡其尾，无攸利，不续终也。虽不当位，刚柔应也。

象曰：火在水上，未济。君子以慎辨物居方。

卦辞：阴类不向阳从正而致使诸事未济。

彖辞：时不与、位不当、体有终而致未济。

象辞：以辨物居方识正从正，并立从正而志行之志。

未济卦，离上坎下，为水在火下而未济之象。为卦离上坎下，火在水上，火炎上与水下润而不相为用，水火两不相交亦不相济益，故为未济。未济离中六五阴为小，坎中九二阳为大，以此前小后大的立狐之象而取“狐”象。狐为阴物，狡诈多疑，惧雷电之阳正，震雷之大威德在上严苛其乱正乱法序行为，故狐类行战兢之惧。未济者，乃事经过“几济”的过程后仍未成，因时不与、位不当、体有终等因素成其未成之果；时不与，“小狐”未练就老成之小时，又值惩恶制阴之大时，使“阴类”战兢行事，小狐以壮勇冒进之行，反而濡尾，致未济；位不当，未济体上下卦体失位，六爻亦皆失其位，践行诸事最终将因福德不足而未济；体有终，以未济卦列六十四卦体之终，既在于阴类行未济之事本有终，又在于以未济继承其复始之义。

未济之患乃不正之患。未济阴“狐”之类，乃德政难以教化使其从正之类，以及治刑理狱之道难以驯服之类，在经过观卦德化与噬嗑卦刑化后，其阴类亦不从正而致使诸事未济。阴妄刚强不识正道才不能从正道，阴而不正且又不从正，才是未济之因，纵然经过“几济”努力之过程，却未走在成事的正确道路上，其方式方法皆与正道相背，故而难改未济之果。未济之果并不可惧，可惧的是阴而不正且不从正之内因，不仅会导致事不成，且在阴类环境中，邪会滋长，恶将复生，致使诸卦皆有履灾遭难之恶果。

未济立“亨”为卦德。《程传》曰：“未济之时，有亨之理，而卦才复有致亨之道。”未济贯穿了致亨通之理，便是从未济得见不正之内因以及未济应从正而治。从未济一卦寻因治正，方能把既济与未济的不确定性，通过德政之有为确定为诸事既济；诸灾难之体，皆有从不正到正的过程，未济犹要进志从正而通既济，既济之所以能济非一卦之济，乃全易体共济，而全体能共济便在于治道皆以正为准则。未济通“正”理且进志而从正，治阴类健德从阳，才是未济能亨通的关键。以未济继承其复始，乃成其卦体之终始，亦是未济卦亨通之所在，以未济之终启通往既济之始，而得既济必然从正道而合法序，在正道与法序的正确道路上，阴类能顺大观德化而服并健德成为德君子。已成未济之体，其众阴皆已不得在未济体从阳且从正，故而只能用“慎”，卦中六五柔中而用九二，以九二之阳行之，以“柔得中”用慎而行亨。

“小狐汔济，濡其尾，无攸利”。未济全卦取小狐濡尾而未济成象，小狐者，乃阴类稚嫩者，尚未练就履冰而听的老成本领，乃未得成长之小时，以“小”言之。汔者，本义言“几”也，《程传》言“汔，当为仡，壮勇之状。”其壮勇之汔，乃小狐自壮其胆，以无知而盲勇，未能畏慎，故勇于济，再经过几济之努力，仍濡其尾不能济。小狐未像老狐老成而勇于济，乃不知行慎而盲勇，为阴而不明；经过几济仍濡其尾，乃成济的条件未能具备，其时不与、位不当、体有终等因素成其未成之果，乃未济卦体的大局所限，以阴类之属性，在如此不能成济的大格局下，又不能行慎，再多努力也不能突破未济而成卦体，其内外精气神皆被卦体所限，如同卦体封印。濡其尾，乃未济之果；濡者，沾湿，取坎之水；尾者，初之位也，未济卦之初六，初六阴柔，居坎之下，上应九四而欲行，以盲勇强行事，而濡尾殆身而失济道。无攸利，未济卦诸事不能济，无成事之因，又无居正之功，诸事不能济而无所利矣，可见言利，亦只有得正道方才有大利，阴类善逐小利，且随欲逐利，并非时时能成，在卦体无功的情况其小利亦难得。

“不续终也”。未济卦诸事不能济，无成事之因，亦无施济之功，阴类趋小利亦难得，初六以阴柔居坎之下，拘于智识不明且力微，始不知行慎，终则必濡尾。陈梦雷《周易浅述》曰：“‘不续终’，指初也，初在下为‘尾’。二所以不能出险，以初阴柔力微，故首济而尾不济，不能续其后也。”所谓“首济而尾不济”乃头脑决定行动，头脑乃狐类阴而不明之智识，以盲勇之识行之，“首”虽向前，奈何从一开始便造就了无成事之因，以阴而不明的盲勇之识渡水，实则首亦不能济，故而不能续终。终者，果也，以什么样的因种什么样的果，阴而不明的盲勇之识乃行动之因，便造就了不续终之果——

诸事未济。

“君子以慎辨物居方。”未济卦水火两不相交亦不相济益，水不能得火用，火亦不能得水用，以不相济之体再行两不相用，可见未济无成事之体，未济不能成事之体，实则贯穿任一卦体中，尤其是在不正致灾祸的发展过程中，是否以正止邪和以阳正阴决定了未济与既济的两不确定性的走向，若行正则能使不正能正，而灾祸得治，卦体得治道，反之不能行正任其不正势长，则灾祸愈发深重，卦体相互关联与转化，使诸卦皆贯穿了未济的因素。故而未济必求济，而求济必从本因上入手，从不正之患治之，使其从正并得正。从正需治明识正，若不知何为正，又如何识之？如同未济卦之“几济”，在条件不具备的情况下，再多努力亦未曾超脱未济不能成事之格局。

辨者，明辨，乃明德所谓；居方者，各得其所之道，亦是得正的途径和方式方法。所谓“辨物居方”的至理乃如何治明，再以明识正，从而进志从正。正者何？正者，德也，有正方有德，以明德之智识识正，才能从正，再以从正之志行志而得正，得正之基础乃健德成身德君子；身正为得正之基，有身德君子之基，方能进位治位德，再以位正行德政，而言大正。无正不成既济体，无德不能济，既济贯穿各卦，且决定着卦体治道之成败，而德又是致通所有，振济所有，决定整体与过程皆是否成败之核心。

无善因则无善果

初六：濡其尾，吝。

象曰：濡其尾，亦不知极也。

九四：贞吉，悔亡。震用伐鬼方，三年，有赏于大国。

象曰：贞吉悔亡，志行也。

初六以阴居下，处险而应四，当未济之初，有应则志行于上，而四居位不正不能援之。张振渊曰："卦辞所谓小狐，正指此爻。新进喜事，急于求济，而反不能济，可吝孰甚焉。"

全卦以狐立象，又以小狐涉济观其象，以濡其尾成未济之果。初六阴柔居下，如小狐而未长，其智识尚弱，处险而不知，且不能安其居，反而以求应而行，以处险行险应四，四之位又不正，以失正之姿不能济小狐之智，任其小狐渡水，终致其濡尾。

小狐濡尾的未济之果里有其未济之因，小狐之"小"乃未得长大之时，且小狐乃阴类稚嫩者，尚未练就履冰而听的老成本领，居成长之小时而妄动，本身就有凶险，有险而不知却要涉险，不以慎行，更不得其行法；初六以阴妄动而行在于应四而动，而四失位，无位可济初六，不能引援济之。

四不能济初，既在于不能济其阴而无明之智，又不能劝退其盲勇之行，言应却非应，正合未济卦六爻失位而失正之理，如此不度其才力而妄动，以成事条件不备而终不能济，可羞吝也。羞吝在于小狐尚小本可安居待身得智成长，却盲勇而动，羞其自身，又在于四虽有应，却无能以济，亦羞九四之"伪"阳，不能持正道，使小狐从之，而任其阴类行妄，故亦羞其九四之不明。

濡尾之吝，在不知止，小狐无明知险，以及见险而不止，九四不知制其小狐妄动止其行险。不能敬始，终将有祸，若任其阴妄行险，以不正处之，初"濡其尾"，则上"濡其首"，乃无善因，必然得持续之恶果。敬始而谋终必然从正而得正。

九四阳刚失位而不正，以大臣之位近迫阴柔之君，当有忧悔也；然五为虚中明顺之主，使事可施。《周易本义》曰："能勉而贞，则悔亡矣。然以不贞之资，欲勉而贞，非极其阳刚用力之久不能也，故为伐鬼方三年而受赏之象。"

震用伐鬼方者，震动而使之惊畏也。震者，雷震之威，在于震有大威德，其惊惧甚远。用者，施行之；伐者，征讨；鬼方者，乃殷周远夷之国；三者，三年功成。震用伐鬼方，乃用事之时已至，且九四以大臣之位行事而力能及，故所行有正，正是正固其志而持正施行之时。三年功成，且有赏于大国，乃以既济之成济未济之体。

李光地曰："此'伐鬼方'，亦与《既济》同，而差一位也。'三年克之'，是已克也。'震用伐鬼'，是方伐也。'三年有赏于大国'，言三年之间，赏劳师旅者不绝，非谓事定而论赏也。与《师》之'王三锡命'同，不与《师》之'大君有命'同。"

《尚书·武成》云："乃偃武修文，归马于华山之阳，放牛于桃林之野，示天下弗服。"先王用兵，征讨不服，武功既成当偃武修文。噬嗑除恶佞用强，九四济未济用武，皆不得已而为之，实乃阴类难以经过观卦德化与噬嗑卦刑化，只能行武而革之，虽然言德服天下非武统天下，可德政范畴内的风行天下之教化和雷电合章之刑狱皆用尽，其恶佞仍生，只能以不祥之兵器行雷震之用，古人用力之甚者，乃伐鬼方也，借史言志，行贞正之道而志行，行其能济之道，成可济之体。

无善因则无善果。初六濡尾未济之果，乃无成济之善因，且诸阴皆不正而不善；九四行贞正之道，以善因行征伐之正，而得三年成功之济。由此可见，因善则果善，因不正则果亦不济。因不善，纵然初六行慎，亦难免未济之果，而因得正，九四纵然行不祥之兵器，亦能得既济之果。其善因得善果可知得正何其重要，以初见四，其四未能济，而以四见初，四却能持正施有为，用兵伐鬼方也能成，之所以有如此大的差别，便在于时、位不同所呈现的"因"不同，初之因，皆是阴而不正为始，小狐阴而无明之智以及盲勇妄动之行，自然得未济之果；而四之因，以正固行贞正之道，再持正志行，皆在乎正，自然得其既济之果。

刚柔相济得既济

九二：曳其轮，贞吉。

象曰：九二贞吉，中以行正也。

六五：贞吉，无悔。君子之光，有孚吉。

象曰：君子之光，其辉吉也。

九二阳刚居中，上应六五，为力足以济者；然处未济之时，又身陷坎险，不可以大用，故曳其车轮，不敢轻进，唯恭顺以待时，中正以行，乃为吉也。

在他卦九二居柔又得中，无过刚之义，而在未济卦，二以阳刚之才居相应之地，为当用刚者，五尊而柔，若九二不用刚则诸事未济，九二爻有“中以行正”之贞吉，故为力足能济者。九二用刚居坎，应离之六五，以刚应柔，为以水胜火，在处未济艰难之时，用刚乃胜。《程传》曰：“刚有陵柔之义，水有胜火之象。方艰难之时，所赖者才臣耳。”然九二若用刚太过，则以刚陵柔尊而犯上，故倒曳其轮而戒用刚太过。

九二用刚行中正而济时，犹当尽恭顺之道，故曳其轮，杀其势，缓其进，以此戒用刚之过也。曳者，拖拉。轮者，车轮。曳其轮，乃缓其进势，九二利用刚行中正，但戒其用刚太过。《程传》曰：“刚过则好犯上而顺不足，唐之郭子仪李晟，当艰危未济之时，能极其恭顺，所以为得正而能保其终吉也。于六五则言其贞吉光辉，尽君道之善。于九二则戒其恭顺，尽臣道之正，尽上下之道也。”

六五为文明之主，居刚而应刚，以六居五，亦非正也；然六五得中，虚心以求下之助，得九二阳辅，有刚柔相济之功，以此而济，则无不济也；既得贞正，故吉而无悔。杨万里曰：“六五逢未济之世而光辉，何也？日之在夏，曀之益热。火之在夜，宿之弥炽。六五变未济为既济，文明之盛，又何疑焉？”

五为文明之主，故称其光，乃离之明。五以光辉之盛，信实而不妄，功德俱足，故吉而又吉。六五失位居中，比四承上应而，取信三阳，有信实而不妄之象。六五贞吉在于有德，无悔在于贞正，有孚吉，在于有刚柔之功，其晖吉，乃从未济得既济而有庆。

刚柔相济得既济。九二用刚但戒其刚过，以恭顺之道事六五柔尊，而六五以柔尊之位，虚心以求下之助，得九二阳辅，以刚柔相济之力，成其文明之主而得既济之庆。九二用刚济柔行中正，故以曳其轮而缓其进势，乃九二刚中之明，明时势更明尊卑之位，用刚又戒刚过，实乃难得之贤助，而六五虽柔却得信实而不妄之象，以柔中之才取信三阳，在未济时治信德，使能用刚补其不足，故而成就六五的光辉大吉。

从未济通既济之艰难

六三：未济，征凶。利涉大川。

象曰：未济征凶，位不当也。

上九：有孚于饮酒，无咎。濡其首，有孚失是。

象曰：饮酒濡首，亦不知节也。

六三阴柔不中正，失位居坎才不足济，居未济之时，阴柔非能济者，故明言未济征凶。然以柔乘刚，将出乎坎，有利涉之象，行则凶，必出险而后可征。六三未济，为居坎而犹在险；征凶，为力不及再涉险求渡，必遇凶事；利涉大川，有当济之时。

六三居两坎之间，言济则进退维谷，惟有承刚应阳以济阴柔，六三上有阳刚之应，若能涉险而往从之，则济矣，故曰“利涉大川”。六三以柔乘刚将出乎坎，必待时而济，居坎易陷，不进则亡，故只当进，进而有阳如大川拦路，看似无路实则可涉，从阳涉大川则是六三可济之道。六三阴柔见九四为“大川”拦路，心生惧忧，实则九四以刚阳大川阻陷，阴易陷而大川不易陷。

上九以刚明居未济之极，刚极而能明，时将可以有为，居未济之极，非得济之位，无可济之理，则当乐天顺命，饮酒自乐，而处无咎之道。若纵而不反，如狐之涉水而濡其首，则过于自信而失其义。何为纵而不反？为居乐而不知节制，放任其饮酒自乐，无担刚之责，则复濡其首。

上九有刚明之德，是内有孚也，故曰“有孚”；“有孚”于饮酒，乃知时势而以饮酒应对，上九居明之上，有明之极，有明则识时势，知处未济之极无有可济之理，更知如何应对，故安享无为之乐而应对有为。卦中言“几济”之努力便是如此，不在正确的道理上，没有正确的方式方法，徒劳耳，在条件不具备的情况下，再多努力亦未曾超脱未济不能成事之格局。

有孚于饮酒者，乃明时势而取自乐之道，若饮酒无度，行事不知节制，以至沾湿其首，纵有孚信，亦失正道，如《程传》所言，“若从乐而耽肆过礼，至濡其首，亦非能安其处也”。失是，乃失其所孚也。有孚失是，不续终也。刘牧曰：“既济以柔居上，止则乱也，故濡其首厉。未济以刚居上，穷则通矣，故有孚于饮酒无咎。”

爻辞先言饮酒之无咎，后又言饮酒有濡首之失，乃时不同而所为不同，饮酒无咎在于有识时势之明，未济不能济时有自乐之道；饮酒有濡首之失在于不知节制其自乐而失孚，处未济之卦，难得有孚，更应惜其孚德而行慎惧之道，不可放纵而致未济陷入深重之难中，未济之终应顺应物极必然之理而返既济，更应时刻反修固德，上九明未济之时势却不明变通之大时。李简曰：“未济之终，甫及既济，而复以濡首戒之。惧以终始，其要无咎，此之谓易之道也。”

从未济通既济之艰难。六三居两坎之间惟有承刚应阳以济阴柔，方能在进退维谷之际，从非得济之位勉强济之；上九亦从非得济之位取自乐之道，虽得无咎之道，却还是未济之体；可见要想从未济通既济，何其艰难。未济虽有继承其复始之义，但以未济之本体通既济，难度甚大。处未济需知未济之因乃不正之患所致，故应从未济复始决心治其正，经过健德得正之过程后，方能以正通既济，而直接以未济通既济，却无有致通得正的条件，如同上九有刚明之断，能以明德知处未济无有可济之理，而选择行无为之事，以饮酒取自乐之道，所谓明能烛理、刚能断义，上九之明在未济卦已属罕见，却亦不能致通，反而有放任饮酒之事而沉沦失志的可能。无正不成既济体，无德不能济，未济要想通既济而济，必然要健德从正，方能以复始之义致亨通。

未济全卦取小狐濡尾而未济成象，取“狐”象要知立狐为象之本义，狐为阴物，狡诈多疑，未济阴“狐”之类，乃德政难以教化使其从正之类，以及治刑理狱之道难以驯服之类，在经过观卦德化与噬嗑卦刑化后，其阴类亦不从正而致使诸事未济。“小狐”未得练就老成之小时，又值惩恶制阴之大时，惧雷电之大威德严苛其正，以行战兢之惧，壮勇冒进，最终因时不与、位不当、体有终等因素成其濡尾之果。内三爻处坎险，初言濡尾，有吝，二言曳轮，有贞，三言征凶位不当，有戒，居坎而诸事未济；外三爻处离明，四言伐鬼方，有赏，五言君子之光辉，有孚，上言饮酒自乐，有无咎，居离而有济。

从未济不能致通既济，阴妄刚强不识正道才不能从正道，阴而不正且又不从正，才是未济之因，纵然经过“几济”努力之过程，却未走在成事的正确道路上。既济初吉终乱，未济则初乱终吉，济于始者必乱于终，乱于始者必济于终，乃终而复始的变易之道，以是始终，易之大义，惟不变者乃尚正道之至理。

利卷：身君子九德

困卦：德之辨

困：兑上坎下

辨质见修之道

在蹇卦，民处险蹇，王臣蹇蹇，九五至尊亦大蹇，故而邦体上下皆处蹇难之状态，从处蹇、知蹇、行蹇之居蹇法则济上下之难可知，反身修德才是能济蹇难之要义，唯德能通得朋之道，亦唯德能恩德互施来济所有。反身修德之“德”修在何处？为健德治身困险难，以治君子九德系统而修健之，故以困卦德之辨成为治君子九德系统之始。

以困卦交困的状态，辨明君子立身、立位、立礼之治德必要性，以治君子外在之因呈现德之辨；再以德之困辨，复见天地之心。以此通达德性之本来，或从德性本来而言德治，以治君子内在本因呈现德之本；从德之困辨到德之复本的治君子状态，言明辨质见修之道。

困卦，兑上坎下，泽中无水之象；“无”则穷、乏也。“困者，君子道屈之时也，屈则不伸矣”，道屈之时，所谓祸不独行，其病、苦、危、难、忧、愁……皆交重而来，呈现困之尤困的交困状态。交困而道屈，既无法自振，更无法伸志。《程传》曰：“困者，惫乏之义。为卦兑上而坎下，水居泽上，则泽中有水也；乃在泽下，枯涸无水之象，为困乏之义。又兑以阴在上，坎以阳居下，与上六在二阳之上，而九二陷于二阴之中，皆阴柔掩于阳刚，所以为困也。君子为小人所掩蔽，穷困之时也。”

道屈交困之因，在于小人困君子，困卦以柔掩刚立象，之所以处道屈交困状态，其外因在于有德君子被小人所掩，如同否卦小人当道一样，但与否卦不同的是，君子在否卦因无位而遁隐于野，而困卦是因道屈交困而无法自处。困卦虽以柔掩刚被小人所掩，但这仅是立身之外境，而根本在于“泽无水”之治德有限，言泽者其水根必不深、泽面必不广，为君子虽治己德，但不达德本而所限，虽治德但不能用德使立，反被困德所限，故而要“以致命遂志”达德本，来亨通所有。

困卦中坎者月象，离者日象，巽为落，而兑主西，为日落归西，光明暗淡，这是光明被困之象；光明掩蔽，便是小人能掩君子之因，之所以有光明掩蔽，在于德政不通，德教不化，无德被普照之光，最重要的是君子健德有限，不能自明自照而脱穷困，虽言光明之困，但也非明夷暗黑无光，只是光明被阴所掩，故必治君子以修身健德待阳复，只待一阳来复，光明亨通而自照困途。一阳来复者，精气神化升也，从一阳来复，到从阳复而见本心，正是复卦所呈。

如何以“复”振“困”呢？从治君子而言，君子治德必自健身德；身者，性命也，为从复卦始性命双修之德证。自健身德，这是之所以能以“君子”称谓的立身之基，君子能立身再在邦体秩序中立位，再以德蒙和德政从德位治则使小人有德。自健身德，可使君子自明自照；能以德蒙和德政使小人有德，可使消极君子复反，君子之道当道。既自健治己身，又以德政治小人，此两者，是治君子之道之所在。治君子，在于德治，故必明其德本；本者，本来，根本为见道体德性之大道本性，亦为天地心；本者，基础，基础为健德修身以振身德，能以君子之称谓来立身、立世，君子之所以能以君子言，在于有身德，有位德，有礼德。君子有身德者，可独善其身而立世；君子有位德者，可立于邦；君子有礼德者，可立于邦序与法序。

困者，阴柔掩刚；通过爻象可知有初六困于“株木”、六三困于“蒺藜”之境困，有九二困于“酒食”、九四困于“金车”之物困，有九五困于“困于赤绂”之志困，有上六困于“葛藟”之极困，从而以境困、物困、志困、极困、德困而呈现众多困因交困缠绕的复杂困境。

困：亨，贞。大人吉，无咎。有言不信。

彖曰：困，刚掩也。险以说，困而不失其所，亨，其唯君子乎。贞，大人吉，以刚中也。有言不信，尚口乃穷也。

象曰：泽无水，困。君子以致命遂志。

卦辞：信德缺失，君子困而不立，唯九五大人能济困。

彖辞：阴柔掩刚之困象之因和大人治德而解困之法。

象辞：君子当知困之天命之因，养气志以振阳复而解困。

困卦，兑上坎下，为泽中无水之象；孔氏颖达曰：“困者，穷厄委顿之名，道穷力竭，不能自济，故名为困。”困卦中坎如室，巽者木，为室中生木而当困，所谓“穷而不能自振”，穷者，道穷也，因交困缠绕而道穷路尽。为何有困？卦体坎刚为兑柔所掩，为阴柔掩刚的光明掩蔽之象；卦中亦有九二为二阴所掩，四五为上六所掩，为小人掩君子之象。卦体与卦中皆有君子为小人所掩蔽，正当穷困之时，又从兑缺、巽资、坎食可知，君子穷困者，无位亦无食，所谓 “行而无资谓之乏，居而无食谓之困。”正恰当。

在困卦，坎险兑说，处险而说。为何有处险而说之象呢？为光明虽被掩，但光明尤在，只是被掩蔽而已并未被黑暗彻底转换；君子虽被小人所掩，只因小人当道使君子身居穷困，无位而无食，但君子之质地尤在；这便是处困而不失其自通之道，故而有“困亨”之象。在卦体中，二、五刚中，有“大人”之象，为处困而履正体之人，大人者，刚中而当位。明困象而自有处困之道，在穷困之途仍具自通之明，此为大人处困之道，为身困而心志亨。心亨者，明也；志亨者，有自振身德脱穷困之志。

有言不信者。兑主言，信者，伸也，《周易正义》云：“信，古伸字。伸即终极之义。”为申、伸义；“夫子以尚口乃穷解之，以信字对穷字，则信字当为屈伸之伸。”因穷困之屈以致伸。有言不信者，为君子之言小人不信，小人当位，故而君子之言不能伸，君子所言何者？言处穷困而守正之道、言修身以德脱穷困之志，君子之言小人不信，非君子失信德，而是小人无明德，小人无明德致使君子言之大义不能伸达其义，故而言不信；亦有小人之言，君子不能采信，小人之言不过以小人之眼前得利而同流君子，不能采信，使小人之言不能伸，小人之言若在君子处得以伸，则君子与小人同流合污，而无有贞正之道和大人吉之象。面对道不同不相为谋的君子与小人之道，只能曰不可尚口，总之，口未启则词穷便是此义。

困而“无咎”，原因何在？在于虽处困但有出困之道，而出困之道便是以困卦交困的状态，言明辨质见修之道，使君子以立身、立位、立礼之重而治德，从困卦开启治君子九德系统之始；既知处屯、处蹇、处困之难因，又知济难之道，故而言“无咎”。

对比各种难境，屯之难因无序且昏昧成为诸难之首；蹇之难却有体、有序，但因见险而成蹇势——前有险陷与后有峻阻，使其被险势所迫，呈进退维谷之势且困于身行之难；困之难，在于光明被掩蔽，从而出现境困、物困、志困、极困、德困的多困因交困缠绕，虽言光明被掩蔽而处困，但光明犹在，以及君子之质地尤在，以此两者，使“困”而有明，既有光明之体，又有处困德辨之明，故而其困之难，多在如初六、六三、上六的小人群体中，君子有明，可固守反身修德，小人无明智可识光明之本体，既无君子阳刚与健德之质地，又无明识之智从处困辨而明，使小人群体困上有蹇，蹇而又困，其难体自然无以复加。

济蹇与出困之道在于以屯体、蹇体、困体之难境，呈现治君子反身修德的德之辨。以难境之外在困象，辨析难境之因，无论是外在因，还是内在因，乃至产生诸难体之本因，都是德“辨”之素材，以此辨而明，从而复见天地之心并通达德性之本来，再来面对诸困难，寻求解决办法，使其所辨明的困果，能成为济蹇与出困之道的行动指南。

困而得志。《杂卦》曰：“井通而困相遇也。”何为困而“相遇”呢？《春秋谷梁传》云：“遇者，志相得也。”为处困体之难，以辨质见修而得君子修身健德之志。困卦为兑金坎水，兑金生水，故兑金为生水之精，而水之精为志，故言得“志”。处困境而得修身健德之志，以此“志”济困而通，故而出困有道，再者兑主言，以君子之志而言，并通天下君子之志。之所以能通天下君子之志，在于修身健德治君子，能使君子之质地纯粹，使君子以德之健而称位君子。之所以言济“通”，在于自困卦治君子九德系统之始，可通九卦所呈的治君子过程：即困→复→损→益→恒→井→巽→履→谦过程。其“通”在于通修身健德治君子的路径，亦以此路径通称位君子之成。从蹇、困之难的外在困象，到通达治君子之成果，正是困而得志贯通所有，而促使其有“志”的原因在于德之辨，所辨明的德之本因，故治君子九德系统乃是解困之法和脱难之路。正是因为有德性本来的大明之体在，才有立“志”济困的光明在，亦才有治君子九德所在的健德之路径。

君子以致命遂志。致命者，知其困境辨而明达德性之本因，为处困之天命；遂志者，遂达修身健德治君子而济困脱难之志。命者，天命也，以巽称命；遂者，成就，遂达，取巽之顺；志者，兑金生水之精而言志。之所以言天命，便是处蹇、困之难，要必知其导致困因（外在因、内在因、本因）的本理，明此本理为处困而追求之天命，而遂志便是成就能解困和脱难之志，而遂达此“志”的路径便是治君子九德系统。所谓致命遂志，便是处困而辨质见修，从因上着手，一切围绕“德”之本因修而健，历经治君子九德系统，使其有称位君子之成，再以当位、称位、配位之君子，见道并证道，帮他人脱难，亦教他人有德，从治君子脱困“小乘”之小志，通达使小人有德且天下同德的“大乘”之大志。

境困

初六：臀困于株木，入于幽谷，三岁不觌。

象曰：入于幽谷，幽不明也。

六三：困于石，据于蒺藜，入于其宫，不见其妻，凶。

象曰：据于蒺藜，乘刚也。入于其宫，不见其妻，不祥也。

困卦初六以阴柔居下，又处坎险之下，为处困之底且暗险尤甚之象。臀者，物之底，取象巽之股；株者，枯也，株木为无枝叶之木，其枝叶被兑金所刑，又凋落于坎冬；入者，巽入也；幽谷者，坎象之深暗之所。为坐于枯木之下，进于昏暗之谷，伤而不能行，不仅暗尤甚且不能自济。为何坐困于枯木之下？为臀部受刑杖，伤而不能行，

高亨曰：“臀困于株木者，盖谓臀部受刑杖也。杖以木株为之，故谓之株木。”困而不能自济，必引援以助，而助之者九四也，初六与九四应，九四虽与初应，但九四失正不中，且困于金车，又有二、三为阻滞，上下与明暗两隔，难成入幽谷之行，不得相见，故而不能济初之困；三者，坎之数；

岁者，巽木之星，亦为岁星；不觌者，离为目，兑为伤，为目伤不觌，觌者，相见也。所谓三岁不觌，为既不能自济又无引援以助，为终困者，故而言“幽不明也”。

困卦六三以阴柔不中正之质，居阳用刚，又处险之极，为山石所困，屈居蒺藜之中之象。石者，坚重难胜之物，以四位三之前，犹如立山，“石，阴中之阳，阳中之阴，阴精补阳，故山含石。”三上进被在上二阳所阻，二阳如山石坚重而难胜，谓困于石。蒺藜者，有刺而不可据有之物，古代监狱周围种满蒺藜以困犯人，常以“蒺藜”指代监狱。宫者，安居之所；妻者；宫室之主，所安之人。三上无应，为不见其妻而失其妻配。

《程传》曰:“以不善之德,居九二刚中之上,其不安尤藉刺,据于蒺藜也。进退既皆益困，欲安其所，益不能矣。宫，其居所安也。妻，所安之主也。知进退之不可，而欲安其居，则失其所安矣。进退与处皆不可，唯死而已，其凶可知。”

初六与六三皆为境所困，株木、幽谷、石、蒺藜者……皆身外境地。身外境地之困，为困其身。《系辞》曰：“非所困而困焉，名必辱。非所据而据焉，身必危。既辱且危，死期将至，妻可得见耶？”初六以困于枯木而入于幽谷，不能自出又无引援，以致终为其所困；三居进退之际，却进退两难，进者三四立山而困于石，退者又居九二刚中之上，尤据于蒺藜，又失其妻配，进退两难之际，唯死而已。

可见虽以境困身，也困之尤甚，《程传》曰：“二阳不可犯也，而犯之，以取困，是非所困而困也。名辱，其事恶也。三在二上，固为据之，然苟能谦柔以下之，则无害矣。乃用刚险以乘之，则不安而取困，如据蒺藜也，如是死期将至，所安之主可得见乎？”

物困

九二：困于酒食，朱绂方来。利用享祀。征凶，无咎。

象曰：困于酒食，中有庆也。

九四：来徐徐，困于金车，吝，有终。

象曰：来徐徐，志在下也。虽不当位，有与也。

困卦九二以刚中之才处困，因刚中之德而得其酒食，反而被酒食之欲所困。酒食者，人之物欲；绂者，蔽膝，缝于长衣之前；享祀者，祭祖曰享，祭天曰祀。“二以刚中之德困于下，上有九五刚中之君，道同德合，必来相求，故云朱绂方来。”意为以酒食以享、着朱绂以祀，方有处困之福庆。以刚中之德安其所，则不被酒食之欲所困；若不安其所，以犯欲而征，则以失刚中之德而自取凶悔。从九二处困可知，“困于酒食，累于物也。朱绂方来，荣于躬也。利用享祀，不自专也。”在困之时，利用享祀以志通神明，强其心志，使其健德而有处困自通之明。

九四以不中处困，虽阳，才德却不足以济困，既不能济己困，又不能济人困；九四与初六正应，初六被困于下，又为九二所隔，无法振济初六出困。来者，巽入为来；徐，安行之貌；金者，兑为金；车者，坎为轮，车象；金车，为车之华贵象；五在四之上，四进则见掩而羞，退则遇阻，尤如困于金车，来徐徐，舒缓而行不敢决进，为行不过之象。“二与四皆以阳居阴，而二以刚中之才，所以能济困也。居阴者，尚柔也。得中者，不失刚柔之宜也。”

九二与九四之困皆为物所困，酒食与金车者，为物象，或取象见物。有物困而不困身，是君子与小人之别，物困者困于心志，见酒食是否取欲，见金车是否上进，皆以物寄君子之志。从九二无咎和九四有终可知，二与四皆与五之大人同德，虽德不济无力出困，但终以德而有亨通之道。

志困

九五：劓刖，困于赤绂，乃徐有说，利用祭祀。

象曰：劓刖，志未得也。乃徐有说，以中直也。利用祭祀，受福也。

九五以尊居中处困，受劓刖之刑，为赤绂所困，中正而居兑，处困而通以脱困，利用祭祀，以其济困天下之诚而获福。劓者，割鼻，为艮伏，葛藟蔽于上，伤于上；刖，断足，为震伏，蒺藜掩于下，伤于下。九五刚中，上被柔所乘，下为刚所比，有上下皆伤之象，如同受劓刖之刑。虽受劓刖之刑，但却言困于赤绂，在于下已伤，而赤绂无所用，为天下不来之义，天下不来则无法同人君一起济困，故九五虽有济天下之志，但困于天下不来，赤绂无所用，可见五不以己困，却以天下处困而困。虽言天下不来，但九五刚中与五道同德合，必相应徐徐而来，为始困而徐有喜说之义。

《程传》曰："人君在困时，宜念天下之困，求天下之贤，若祭祀，然致其诚敬，则能致天下之贤，济天下之困矣。五与二同德，而云上下无与，何也？曰：阴阳相应者，自然相应也，如夫妇、骨肉分定也。五与二皆阳爻，以刚中之德同，而相应相求，而后合者也，如君臣朋友义合也。方其始困，安有上下之与，有与则非困，故徐合而后有说也。二云享祀，五云祭祀，大意则宜用至诚，乃受福也。祭与祀享，泛言之则可通。分而言之，祭天神，祀地祇，享人鬼。五君位言祭，二在下言享，各以其所当用也。"

九五之困为志困，虽有受劓刖之刑之象，却不言劓刖之困，而言困于赤绂，在于赤绂不来共济天下之困，而使九五困于有济天下之志而无济天下之行。以劓刖之刑伤九五，在于伤其尊面，是位序礼制之辱，但九五不以此辱为困，在于有济天下出困之志，志未遂故而困于志。为何利于祭祀而受福？对九五济天下出困而言，困于赤绂不来，不求人而求于天，并非祈天降外神，而是以祭祀之诚、祭仪之度、尊位之序……明其法序，以治其诚德、位德、序德而自健其德，弥补才德不全，待天时齐备，再图脱困之道。

极困

上六：困于葛藟，于臲卼，曰动悔有悔，征吉。

象曰：困于葛藟，未当也。动悔有悔，吉行也。

困卦上六处困之极，困于葛藟与臲卼（niè wù）缠束而动摇不安，所谓缠束者，实为多重缠绕交困，又以动辄有悔实则无所不困。葛藟者，藤萝缠绕之象；臲卼者，危动之貌；上六居兑之主，因无所不困而尚口乃穷，但困极而通，若能去缚远危，以此心无挂碍征而行之，则有吉象。世事牵绊缠绕苦不堪言，不如抽身随清风。

《程传》曰："三以阴在下卦之上而凶，上居一卦之上而无凶，何也？曰：三居刚而处险，困而用刚险，故凶。上以柔居说，唯为困极耳。困极则有变，困之道也。困与屯之上皆以无应，居卦终。屯则泣血涟如，困则有悔，征吉；屯险极，而困说体，故也。以说顺进，可以离乎困也。"

上六之困为极困，也为困之极，困于葛藟为无比交困，凡是能成困因者皆缠绕交织在一起，不仅如此，还尚口乃穷，无以言表。其他之困，为道屈，而上六之困为穷途末路无道可通，处困之极则遇极必通，既然穷途末路无道可通，不如心无挂碍至于道，自证德性，以见本心而无所不通。

德之辨

辨困象。纵观困卦，困以柔掩刚立象，主体光明被掩蔽，君子被小人掩蔽，以致君子穷困道屈，无位亦无食，虽自有困亨之通，但也是困因交加，立身与处世艰难。在初六困于“株木”，又有刑杖加身，如同入于幽谷而无天日，既不能自济又无引援以助，以“三岁不觌”终为其所困；在九二困于“酒食”，为被物欲反困，虽刚中却才德不足以济困；在六三困于“蒺藜”，不仅身困进退两难，且又失其妻配，名辱身殆，唯死而已；在九四困于“金车”，被名物所困，不能且又不思上进；在九五困于“赤绂”，被整体时势困局所困，且有劓刖之刑伤其尊面，伤其位序礼制；在上六困于“葛藟”，为处困之极，多种困因皆缠绕交织，还尚口乃穷，身心皆苦闷至极。

在困卦虽言以阴掩阳，并非只困三阳君子而任小人逍遥猖狂，在大困势之下，可以说小人群体更惨，初六、六三、上六因身困而穷乏异常，且都无法济困，成为困体最惨淡的群体。而三阳君子，困于酒食、金车、赤绂，为困在富足，富伤其图奋之心志，或者叫心智不明而不知所困，因本性被蒙蔽，再加上名利与官途加身，便不知所困，以为尽其所有不过酒食、金车、赤绂耳；虽有福，却才德浅薄，德不当位更无法配其当位，处困局而不自知，无出困之心，更无济他困之志。

辨困因。由蹇险与困象可知，小人之困为多困其身，以身穷为困，而君子多困其名位，以道穷为困。从困卦的阴被阳所掩来对比小畜卦言阳为阴所蓄，在小畜卦，阳为阴所蓄，为六四以以阴怀柔调和众阳亢之矛盾，怀柔而触礼，再施礼成术治小畜有功，有蓄聚之实，从而能以小畜大，成小畜之治主。在困卦，阳为阴所掩，阴被身困，阳被位困、志困，人人皆处困局，由于心智不明，才德浅薄，故无实际的解困与济困之人。对比小畜卦众阳君子皆德足志盛，志心济邦，心怀大同的蓄聚状态不同，困卦众阳君子皆德不盛且志多困，安于名利现状不思进取。

外在因。阴掩阳而阴当道的整体局势，是困卦之当局，处困体者人人受困，位位受限，既不能自处脱困，又无力济他人之困，就连最有济困之才德之九五，也不免自受劓刖之刑之辱，虽有志共济天下之困，却无赤绂帮困，心有余而力不足；无赤绂前来帮困，皆因酒食、金车当前，不知九五所济困之困在何处。也以此可见，唯九五能见穷困乏力之人——卦中阴柔群体，而有名利、名位在身者，不能见，或见而不怪，都习以为常。在困势表象里，皆不思破局，不思济困，更无人反思其困因，寻找致困根源，似乎一切都理所当然，可见已麻木不仁。

内在因。所谓困穷而通，道屈而反，正是思“困”之时。虽言思“困”，却困之深矣、困之久矣。在卦中，对比酒食、金车……小人身困而无食，在于福薄，而福薄之因在于不修德；无德不立身，故而初六、六三、上六困身而无食，小人群体处困势时，常被困其身而终为其所困，终为福德浅薄。众君子虽未困身，但也自有困局，其困因在于才德不足，才德不足不当位者如九二与九四，有才有位但德不备者如九五；对比小人群体，众君子虽有德，但才德不足，又安享酒食、金车之福报，而使德不配位，故无称位之能。这在于君子不明本性而困于时局与名利，鼠目寸光，安图享乐，以志丧而失去君子之质。

本因。本因者为德本不明，而德本者，为大道德性。其福德、才德，皆是德性所显，外化显象；如何显象与外化呢？为因果之道。有修德、健德之因，便有福德、才德之果，而小人群体困身，在困卦无立身之本为连基本的才德也无，原因在于小人不信且不谋君子之道，既不健身德，亦不为众人之福祉求谋当位而正位德。为何众君子鼠目寸光，麻木不仁呢？在于既不明德之本性，又不知因果呈现，不明本性，便无明德以识困局，更无大志振济他人之危难，无法将邦体与民众带入更好的文明状态；因果者，处困局不明德之本因，酒食、金车、赤绂之来，不知从何而来以及为何能来，君子与小人处困之不同境遇，便是健德与否的写照，小人处困，身困且无食，君子处困，虽困却有酒食、金车等现于眼前的微薄福德。

辨则明。困穷而通，德辨而明，处困当知治困之道。从处困的外在因、内在因、本因以及呈现困象的因果之道可知，其困象，只为健德与否之表象；德，方为济困、济通之本，唯德能通所有，能济所有；除此以外，其他皆为面对具体困境的解困之法，非通行且究竟之道。辨质见修者，为辨明本质而知处困本因，从因上着手，以此健德而修持，方能道行中正，大志可遂，这便是从困卦德之辨到复卦德之本的结构所在，而呈现德本以及言健德修持之道者，正是复卦。

复卦：德之本

复：坤上震下

性命双修之道

在困卦，困穷而通，德辨而明，为处困之天命，天命使然必然要明其德性之本因，继而立济困脱难之志；所谓致命遂志，便是处困而辨质见修，从因上着手，一切围绕“德”之本因修而健，而有修身健德之复；复者，德之本也，从德性之本处健修，见道并证道，成其修健之捷径。

《序卦》曰：“物不可以终尽，剥穷上反下，故受之以复。”物无剥尽之理，故阴极阳生而剥极复来；以复对剥可知，阳剥极于上而复生于下，一阳生于五阴之下，谓以阳生而从复；从阴阳消息可知，岁十月，阴盛既极，冬至则一阳复生于地中，故为复。《杂卦》曰：“复，反也。”反者，为阳复见善而反善之义；一阳复反，阳气复长，君子之道复长，君子之道复长则见善，阳复而反，则善反；善者，阳足德裕见于行。阳复者，独身修健之谓，见善者，入世进位而得善行、善政。邵子曰：“复次剥，明治生于乱乎！夬次姤，明乱生于治乎！时哉时哉！未有剥而不复，未有夬而不姤者。”

复卦，坤上震下，为雷在地中震往坤来之象；《程传》曰：“为卦一阳生于五阴之下，阴极而阳复也。岁十月，阴盛既极，冬至则一阳复生于地中，故为复也。阳，君子之道。阳消极而复反，君子之道，消极而复长也，故为反善之义。”在困卦光明被阴所掩，正值道屈交困而君子消极时，值复卦，阳消极复反，正是振济交困君子时。

在复卦，初九为复之主，以阳出之消息，蓄而出震，震之发生便是有德之征兆，亦是可以无悔之价值，故而宜居敬行简以师法阳复之道贯穿修身奥秘；六二中正且亲比复主，以复之休美，克己下仁而得休复之美善；六三以阴躁处动之极，失位，又不比不应，频失频复；六四以正位中行独复，下应初九得复主阳之应，实为得初九阳善之阳，初九刚反之阳足且裕而养四，使四得亦得复道；六五以中顺居尊位，行顺志笃，其德敦厚载物，志心治复道；上六居极，昏聩迷复，灾祸自来，败师自招，皆因迷复不返。对比修身之复、休复与敦复有“亨”而言，频复危厉，迷复有凶；之所以有“亨”，在于复之道，在于以阳复而通明，阳裕则明，明而亨通，阳之道渐长则明亦大，继而贯通“复，其见天地之心”之大明，大明亦大亨通；之所以有危厉与凶，在于复之道，本以复见天地之心，从性而达命体之本，其频复与迷复皆在于不能明，且频复与迷复皆非复之恒道，与复道相背离故而成其危厉与凶道。

修身健德之复。一阳来复，师法与取法天运自然而复阳于身，阳复则德长，故而成修身健德之复，修身健德之复虽言修身，实则为性命双修之道。以见天地之心达德之本性，以此悟后起修。振济交困，当以修身健德之复行阳刚反而长之道，以复阳而复善。而复阳之道在于师法阴阳盈虚“天行”所在的消息，以自然法序之度，修健于身，注重反复迭至的消长之道，从而复阳、固阳，再以一阳之复，待诸阳之来，然后集成生万物之功。言复阳，不能以一阳始生至微而不固阳之小，言阳善，在于以复长的君子之道胜小人之行径，使小者能大。

复：亨。出入无疾。朋来无咎。反复其道，七日来复，利有攸往。

彖曰：复，亨。刚反，动而以顺行。是以出入无疾，朋来无咎。反复其道，七日来复，天行也。利有攸往，刚长也。复，其见天地之心乎。

象曰：雷在地中，复。先王以至日闭关，商旅不行，后不省方。

卦辞：一阳来复而有复道自成。

彖辞：从君子之道到见大道德性。

象辞：雷在地中，至日闭关修身健德。

复卦，坤上震下，为雷在地中震往坤来之象；在复卦，阳气复生于下，阳气渐而君子之道复，阳长则万物发育，以一阳之体成复，谓一阳来复。一阳来复为修身有成，可立身，反复其道，为固阳，阳固则能称阳道，阳道初成，才能成复卦。阳来则震，故内震，为阳在内发动，外顺有坤，为阳动在内而顺以上行，阳道得以升，以此能泽济天下，故而可立志。邵雍曰："性得体而静，体随性而动，是以阳舒阴疾也。"阴掩阳而困，阳舒阴疾走而无病，故能解困者，复也。先复其体疾而能立身，为健德修身以立身；再复志疾以上行立位，为修持健德当知有天下有疾之人，故复者，有复亨之道，所谓"既复则亨"为复道已成，复道者，阳之道也。

"刚反"。刚者，以德言阳之性，反者，阳长且蓄；因阳反而有刚反，以刚言则强调"德"，阳反不一定健有刚德，而言刚则表明阳已蓄德，阳道有成，其刚反便是蓄德之阳的复道之成。也正是因为"刚反"之阳德之性，可以阳舒阴疾。从困可知，疾在体，不能立身；疾在志，安图现状而无济困之志；疾在既无明德知其德本，又无健德修持之道以供修福，故而使其困身、困志，乃至交困缠绕。

"出入无疾"。阳复生而震于内，为入，阳固且长进顺于外，为出；出入者，阳生德长也。《程传》曰："物之始生，其气至微，故多屯艰。阳之始生，其气至微，故多摧折。春阳之发，为阴寒所折，观草木于朝暮，则可见矣。出入无疾，谓微阳生长，无害之者也。既无害之，而其类渐进而来，则将亨盛，故无咎也。所谓咎，在气则为差忒，在君子则为抑塞，不得尽其理。阳之当复，虽使有疾之，固不能止其复也，但为阻碍耳。而卦之才，有无疾之义，乃复道之善也。"

"朋来"者，为志同者通其心志而来，为阳复生德，阳德所招感，如同人于野中野之所起——众君子由野济否，以济天下之志通众阳君子，当天机与天时具备，众君子当自明而进志，在复卦亦是如此，志同道合之人皆来，在复卦的志同道合之人，为明德本且重修持自健德之人。有朋来之象，说明出困之人越来越多，复阳出困之法完全足以解困。朋来无咎，面对志同道合且出困的朋来之象，仅以"无咎"言，在于复阳出困之法还只能被少数人认同且掌握，远非德政普施的恒常之道，故言反复其道，以阴阳消长之道，既固阳，又育德健德，七日者，七者生变，为阳蓄成刚的实质变化。为何会有消长？为阴柔侵阳，使阳不固。从消息卦而言，阳长至于阴长，历八月，郑氏刚中曰："七者阳数，日者阳物，故于阳长言七日。八者阴数，月者阴物，临刚长以阴为戒，故曰八月。"

"天行也"。基于复阳之道，而明阴阳消息之天行法度，取法阴消阳长之自然法序，效法天行规律以固阳，此为复言"天行"之所在，而复阳之道的根本在于扶阳抑阴以健德，使其君子道长。当君子道长，小人道消，故而利有攸往，利有攸往者，表明复道已成，有复之成且已收复之利，故应往，以修身健德小乘之利怀德普广施大乘之心。林氏希元曰："天下事非一人所能独办，君子有为于天下，必与其类同心共济，故复重朋来，而泰重汇征。"

修身健德复阳之复道，取"先王"之道，从象辞言"先王以至日闭关"可知，先王重德以及倡导修健之传统由来已久，也是在复卦以“德之本”言治君子治理的休复之美政之所在。休复之美政，取自六二以柔顺中正近初九，能下从阳，有复之休美之道，六二以初九阳裕而自获益，并以阳善之政而惠已位，正是大获阳道之利，故而取先王重德及倡导修健之传统。之所以言复道为先王之道，在于以阳裕而自益的获利之实，言阳道之信，继而取复道之信，行治复之法。“以至日闭关，商旅不行，后不省方”便是发乎于先王复阳并裕阳之道的修健古法。

“复，其见天地之心乎。”复者，扶阳固握之修身健德之术；天地心者，天地大道之本心——德性，为由术，洞法而见性的德证过程。以修身健德之“复”阳术，洞悉阴阳相易之法，从而见大道本性，只有从大道本性之本体认知，方明为何要见修，以及如何见修，这便是复者，德之本之所在。只有见道并证道，以道（性）、法、术贯穿健德见修之路，方能以自健“小乘”之利，行使小人有德且天下同德的“大乘”之愿。

无悔之复

初九：不远复，无祗悔，元吉。

象曰：不远之复，以修身也。

初九一阳始生，居震之始，为阳动而震，是阳蓄成刚而动震之象。初九以阳生且震出为复卦之主。复者，阳盛而复，是君子之道复反，也是治君子复阳道之始，更是性命见修之始。祗者，敬也；“无祗悔”，为不至于有悔。

为何言“无祗悔”呢？为以无悔对应有悔，言明修身健德之价值，以敬阳而无悔，阳者，既是修身阳气出，更是阳道君子之德已健，阳道始复。不至于有悔在于修身之初，是从光明被掩蔽的困体或剥体来起修，并未见任何

"消息"给予价值确定。其阳道消息——一阳来复就在不远处，反复其固阳之道，则能阳蓄而刚出一阳来复之消息，所以"不远复"为勉励修身应勤，"无祇悔"应示一阳来复的阳道消息到来是胜过所有价值的，故而应恭敬其修身之道，更要敬阳。由此可知，阳气便是消息，阳蓄而刚出震，有德便震就是可以无悔之价值，这是天运自然之法序赋予，是道（性）、法、术贯穿修身奥秘。

休复与敦复

六二：休复，吉。

象曰：休复之吉，以下仁也。

六五：敦复，无悔。

象曰：敦复无悔，中以自考也。

六二以柔顺中正近初九，能下从阳，是复之休美之道。休者，吉庆、美善也；为以阳善而自益，吉庆美好地归复复道。

六二虽阴却处中正，因阳复蓄刚出震，其震联动二，故六二志从于阳。"复者，复于礼也。复礼则为仁，初阳复，复于仁也。二比而下之，所以美而吉也。"可见阳出健仁德，六二以中正能志从于阳者——克己复礼，义也，健义德；仁、义皆健，故吉。

六五阴柔以中顺居尊位，"行顺而志笃，居中而自成"，故其德敦厚，而能载物。敦者，厚之至也；考者，成也；敦复，以德厚行复道而能健德自成，故而无悔。项氏安世曰："临以上六为敦临，艮以上九为敦艮，皆取积厚之极。复于五即言敦复者，复之上爻，迷而不复，故复至五而极也。卦中复者五爻，初最在先，故为不远。五最在后，故为敦。"

六五不不与初应，本当有悔，但因居尊位，虽阴柔但德厚，初九一阳来复，修身健德之象，而六五以有德便能自行复道，可见言复道者，阳出只为表象或为借阳修德，其终究目的在于健德，既有德便自有复道之成。从丹道而言，有复道自成，为不借命功而直入性之顿悟者，虽言顿悟，也在于往昔所积累的能使其顿悟之因缘成熟，如六五之德敦厚之至，不与初应，也能自成。

中行独复

六四：中行独复。

象曰：中行独复，以从道也。

六四阴柔处坤之初，又处群阴之中，居正而独应于阳，为虽与群小同行而能独善其身，从初九之阳善，应初九复阳修身之道。孔氏颖达曰："中行独复者，处于上卦之下，上下各有二阴，己独应初，居在众阴之中，故云中行。独自应初，故云独复。"虽应初九但隔二阴，阳气已危不足以济，再者四以阴居阴，既与初难合，又复道多艰难。

尽管如此，"中行独复"并不完全在于阳之利，而在于自知且自明；阳之利，在于六四下应初九得复主阳之应，既得初九阳善之阳，又得初九刚反之阳足且裕而养四，使四得亦得复道；四得阳之利在所难免，但功在初九，而自知且自明便是六四己之功，董子曰："仁人者正其义不谋其利，明其道不计其功。"独复者，在于独知复道，知则明，明则藏志，既健明德，又健志德。六四以其知而能从复道，为既知复道以出阳而阳舒阴疾之现状，又知通过复道能"见天地心"之远大前景。"中行独复"是虽居小人当道，居困、剥之境，但仍心怀大志之人的真实写照。

频复与迷复

六三：频复，厉，无咎。

象曰：频复之厉，义无咎也。

上六：迷复，凶，有灾眚。用行师，终有大败，以其国君凶，至于十年不克征。

象曰：迷复之凶，反君道也。

六三不中不正，处震极，复而不固，为频失频复，频复频失之状，有不安于复之象，不安于复者，危道也。但又因频失又频复，故而能无咎。

《程传》曰："三以阴躁处动之极，复之频数，而不能固者也。复贵安固，频复频失，不安于复也。复善而屡失，危之道也。圣人开迁善之道，与其复而危其屡失，故云厉无咎。不可以频失而戒其复也。频失则为危，屡复何咎？过在失而不在复也。"

上六以阴柔居复终，为终迷而不复之象，终迷不复者，无阳可应，无刚可比，凶道。终其所有不见阳，亦终其所有而无德，以此质地，用行师亦会大败。灾者，外来之困、厄；眚者，己之过错，由自招；行者，震象；师者，坤众之象。徐几曰："上六位高而无下仁之美，刚远而无迁善之机，厚极而有难开之蔽，柔终而无改过之勇，是昏迷而不知复者也。"

灾祸自来，败师自招，皆因迷复不返。可见，君之道必健其德，凡在迷道者必有凶、灾、败之祸，这是道体德性所赋予的吉凶观。胡氏炳文曰："迷复与不远复相反，初不远而复，迷则远而不复。敦复与频复相反，敦无转易，频则屡易。独复与休复相似，休则比初，独则应初也。十年不克征亦七日来复之反。"君子之道，言修身健德，而君道立于君子，必以德蒙和德政从德位治则使小人有德，这是邦国德治之明。

性命双修之复

在《周易》里有一个关于内丹学修证的程式，是以乾坤总纲性命双修，以坤→复→临→泰→大壮→夬→乾的正坤返乾修真过程构成的次第逻辑，完整讲述了性命双修双圆之《周易》内证学。实际上指以《乾》卦和《坤》卦为总纲领，大总持坤→复→临→泰→大壮→夬→乾的过程，在这个过程中，以坤卦和坤卦对应的爻为起点，根据正坤返乾修真图对应的卦、卦与爻、爻与爻的过程，到乾卦和乾卦对应的爻为实证结果。乾坤总纲性命双修，是以乾坤之道指导具象乾坤事物的修真证道，乾与坤道为性，在乾坤之道显化的乾坤的具象事物为命，从乾坤的命功入乾道与坤道的性功，才为乾坤总纲性命双修的完整描述和内涵。在《周易》中，乾卦为性，坤卦为命，从证悟的角度来说，乾卦为在圣，坤卦为在凡修持。其他六十二卦为从乾的在圣到圣化凡过程后如何顺其堕落到坤，以及如何再由坤在凡修持通过次第命功到乾的综述过程，其卦的爻位，为次第的功态和具体方法。

从坤→复，乃坤卦初六→复卦初九。复卦，震下坤上。《复》曰："亨，出入无疾，朋来无咎，反复其道，七日来复，利有攸往。"《彖》曰："复，亨。刚反，动而以顺行，是以出入无疾朋来无咎。反复其道，七日来复，天行也。利有攸往，刚长也。复，其见天地之心乎。"《象》曰："雷在地中，复。先王以至日闭关，商旅不行，后不省方。"《复·初九》："不远复，无祇悔，元吉。"《象》曰："不远之复，以修身也。"坤卦初六阴，随阳气初动，一阴刚反，变阳成复卦。这是以坤卦初六阴爻到复卦初九阳爻的变化，来说明一阳初动的功态现象，以及在一阳初动的基础上如何证得一阳来复。

在坤卦中，以站桩静坐来驯致其履霜坚冰的阴凝之道，在站桩静坐破冰的功法道路上，行凝神曰静之实质，配以饮刀圭与调息升降之法，而得阳气，此阳气循经而身热，并且与脏腑藏匿精气有了沟通往来，依赖丹田及经络穴位等太极官的运化，而有阳气初动之象。所谓“刚反，动而以顺行”，刚，为阳气升则刚，是阳的写照，阳升则动；阳升并循经身热正是对“阴凝”的驯致之道，也就是好的事情一定要懂得坚持，为顺行，故而要“动而以顺行”。

初得阳气到一阳来复，要经历行“耒耨之教”的“犁田”耕耘过程，就是得做好谦谦君子，并且常处于卑位，以谦卑之心而辛勤耕耘，谓“谦谦君子，卑以自牧也”； 在阳气以人体经络象视野循经而身热至一阳来复功态的过程中，要注意谦谦君子卑以自牧和归根曰静两大要点。其中谦谦君子卑以自牧，为要以谦卑之心，做好以“刀圭”自牧耕耘，既有心态又有实践的坚持和耐心，守好自己这口无价“井”。归根曰静，为从凝神曰静的层次到神、气、意三者归根，成为凝神入气穴的归根曰静。

归根曰静，是凝神曰静中“静”到至静而出现归根的功态结果，也是对静以至静做目标的具象描述。从凝神曰静到归根曰静就需要重视并践行上面的两大要点。“至静”为围绕老子《道德经》：“致虚极，守静笃。万物并作，吾以观复。夫物芸芸，各复归其根。归根曰静。”而言说，它有三个阶段。一是“致虚极、守静笃”的身内与身外的动静二相；二是“万物并作、吾以观复”的一阳初动，在《周易》内丹学上为从坤卦到复卦的初始，为阳气初动，并没现真气；三是“夫物芸芸、各复归其根、归根曰静”的身内与念外的动静二相，并能通过此动静二相，在静中识别五蕴六根的根尘种子。这里又说到动静二相，在这段话讲的三个阶段的两种动静二相，一种为身内与身外的动静，在打坐入静时，身外一切外缘色尘皆空，从内动来说，包括身体整体也为静，而且要到虚极之静，但此静中，还有身体在代谢，念头在动，在此动静中，能一念不乱，意念不散，守其静笃。另一种为在致虚极，守静笃的静中色身为空，为静，只有念动，并能在念的动里，识别念的根尘，及五蕴六根的根尘种子。“万物并作，吾以观复。夫物芸芸”为入极静后的细微之念、往昔所有的根尘种子全都显现，如万物并作样，且每一念种子就是一个根尘因缘，去观照它识别它，观复为返观，也就是观照念头的方法，在返观中这些根尘因缘种子似乎能说话一样讲述着自己的故事，这些念头的出现就是根尘种子的作用，这些种子皆为往昔五蕴六根的妄，观照念头，便觉知根尘。

刚反而动，则是复卦阳气初动的写照，当从坤卦爻变到复卦，则是一阳初动之时。而复卦初九，其一阳初动的阳又刚反，阳气集聚而增加了能量，故有“不远复”之刚动来复，为一阳来复。在一阳初动和一阳来复的功态实质中，以“出入无疾，朋来无咎”对照“先王以至日闭关，商旅不行，后不省方”两者的功态行为要求。如何对照以及提出了什么要求呢？以“出入无疾，朋来无咎”可以随意出入、照会朋来松散的修行与生活要求，对照“商旅不行，后不省方”的至日闭关的严格，一个松散自由，一个什么都不要考虑的严格，闭关不严格，闭什么关呢？是对闭关的行为以及闭关内容进行了规范。为何要这样要求？因为阳气阳刚来复发展本质变化极其宝贵和不易。

这个不易，从坤卦初六的坚冰、阴凝就要深入认识到无明因果所主的坤道法则，懂得坤卦所示的利牝马之贞，实则是以妄逐妄，增加无尽轮回轮转的种子，在强势“阴凝”的坤元世界与无明因果所主的坤道法则里，得其破冰并打破无明的阳气，何其之难；如果没有这个根本的认知，功态到这里了就会不知尊卑，就会纯粹的蒙混颠倒，不识真面目的无知与愚昧透顶。《素问·五常政大论》曰：“夫经络以通，血气以从，复其不足，与众齐同，养之和之，静以待时，谨守其气，无使倾移，其形乃彰，生气以长，命曰圣王。故大要曰：无代化，无违时，必养必和，待其来复。此之谓也。”其中“待其来复”就是专指一阳来复，尤其是从经络以通，血气以从的阳气循身，并且达到“与众齐同”的全身皆有阳气气机充满，以此“生气以长”的阳气，来养之和之，待其一阳来复。“故大要”就是强调非常重要，“必养必和”的“必”就是说要明白关键要害，没有什么比这个宝贵，它是一切之必须和万缘放下之必然；要如何做呢？要“静”，静能摄气，要“谨”，谨守其摄受的阳气，然后无使倾移，不要再做消耗和动荡了，内、身、外的消耗要斩断了；要懂得闭关之于一阳来复大要的关键，更要识得何为生命的大要。当“无代化，无违时”待其一阳来复，则可主宰自己身内的阳气。

在一阳初动至一阳来复，就要懂得应该专注“至日闭关”，其“不远之复，以修身也”的大好局面即将出现，闭关修身的时机已到。正因如此，以“出入无疾，朋来无咎”对照“先王以至日闭关，商旅不行，后不省方”来告知这两者的本质状态，一定要发生思想认识以及行为上的改变。从前面所讲也知，一阳初动与一阳来复是两个功态和境界，一阳初动为阳气刚反之初，此时的阳气由于还未发生刚复的本质变化，真阳未出，其阳的根基还不稳定，随时会被“出入、朋来”侵袭。直到初动的阳气，每七日来复，至七七四十九天后，此阳动才变为阳刚，而称为“一阳来复”，此复为刚复，阳气已刚。“不远复，无祇悔”，是在一阳初动的第一个七天后，以“来复”的功态报告消息后，就知道由一阳来复至刚复，已经离得不远了，这样闭关修身做下去，才不会后悔。所以此时“商旅不行，后不省方”，放下一切商旅并且不考虑一切事情，而专注修行。

至于七日来复和七七四十九天的时间概念，取决于是否专注“闭关”的认识以及行为，又由于对闭关见地不明，把这个本来四十九天的时间拉长了将近三年，而且还未见来复的消息，皆为还牢牢把持着习以为常的见识和习气，其改变都难成行，这就好比你怎么放下一切去对待闭关的认识，其刚复的功态就怎么对你一样，来到这里不做改变或者不明改变所愚弄的正是自己。此时的“商旅不行，后不省方”针对“出入无疾，朋来无咎”来说，就不是一个阶段和层次了，从在刚开始的“履霜，坚冰至”的破冰之修中，还可以有“出入、朋来”之行，那是因为从阴凝到阳气出并不是一个手到擒来的过程，所以出入无疾，朋来无咎，并不做严格的要求，但是到了一阳初动的时候，为了能够一阳来复至刚复，并且“见天地之心乎”的刚复阳气入气穴，进入恍惚与窈冥内景，就必须至日闭关，商旅不行，到万缘放下不再考虑任何事情。关于“至日闭关”的“至日”就是一阳初动到来的日子，以此为标志，到了此实证功态后就要闭关，随到随闭。

在“动而以顺行”中，顺的是能使阳气刚复的反复其道，而非顺“出入、朋来”的顺，前一个持续顺行是一阳初动的功态，后者是习以为常的习气与见识的顺。很多人要问，前面出阳气并阳气循经身热就是这样出入与朋来的顺，同样是积蓄阳气，这个“顺”的含义和要求现在为何不一样呢？此时要注意这个概念，阴凝之顺与刚动之顺，前一个阴凝之顺为无明因果法则所主的利牝马之贞，为以妄逐妄，为顺其势而行修行之要；后一个为刚动之顺，为修行阳气初行，刚反之顺。如何就产生了本质的区别呢？为刚动之顺能止阴凝之顺，我们知道阴凝之顺为无明因果所主的法则，为顺势堕落，业障加重，而此时的刚动之顺，以其真阳驯至其阴凝之妄，则可止无明沾染、染浊，其沾染一少业障就不会加重，则出现止顺，则是顺止之法与止顺之道，这也是为什么九易法则里有顺返法则，在实修功态这里言说顺止之法与止顺之道究竟落脚处，就可以跟阴阳法则结合，顺则阴妄不止，反则刚阳来复，就有顺返法则里内证止顺之道。

“复，其见天地之心乎”，此时阳气刚反，复为大好之象，也为大好之境，是其天地万物之所望，同时也说明在阳气刚反的反复其道的过程中，以“见天地之心”而进入九始站功连接内丹的层次，以功态进入藏象内在，具体的功态所指为恍惚功态和窈冥功态，也同时以此“心”在此狭义地指气入下丹田太极官之气穴，如果按其三脉七轮来说为气始入中脉，且下丹田太极官之气穴为中脉上的维度枢纽或者叫做关窍，以此真阳入气穴的中脉贯通“天地”，开始入内景修持，到了这里，就是藏象平衡中藏象内在精气与生理外在平衡的状态。如何平衡呢？有充身修补、外养平人、内持藏象三大要点，从充身修补和外养平人来说，是针对身体言说外养，以此做外养，一本而万利，因为它达到了治未病、平人健康的标准和要求，甚至对于外生理消耗也有了充足的藏象精气能量库给予支撑，因为中脉气穴的关窍已经连接和打通，并且脏腑藏匿精气也被活跃地调动起来了。从内持藏象来说，就进入了内丹内证的范畴，本讲义就不再涉及九始桩在“玄牝门，窈冥机，消息火候，悟禅机”内丹层次的内容。

“见天地之心”之真阳入气穴，气始入中脉而现内景，关于真阳入气穴是复卦重要的特指。除此以外，更究竟的说法应该是此“心”为真如之心，为自性，要在见识上明“心”含义的根本，也就是说，要能在此阶段见性为最好，这个“心”也是处处不离自性。再来说说这个“至日闭关”，刚复阳气“其见天地之心乎”入中脉，才为第一位丹轮的修行，那么刚复阳气入中脉要将中脉海底轮修至纯阳，到《乾卦·初九》“潜龙勿用”有了纯阳之龙炁才成，才成丹轮，也就是说一阳来复固然迎来了“气”机上的本质变化，可是在新的阶段和领域，它也是刚开始而已，这就是为什么要分阶段分层次地对待问题。到了刚复阳气入气穴，先天真阳出，此时的气机就要用“炁”这个字，以代表连通了先天之气。

顺承复卦，而有《乾卦·初九·子曰》曰：“龙德而隐者也。不易乎世，不成乎名，遯世无闷，不见是而无闷。乐则行之，忧则违之，确乎其不可拔，潜龙也。”首先是从复卦的阳在下修此丹轮，阳在下如果不遁世无闷式把此丹轮修成，则有“迷复之凶”，迷复就是从复卦初始而迷，从而到不了乾卦的“龙”炁，我们前面讲要到“确乎其不可拔”的地步，才能松懈，否则阳气从夹脊窍走心太阳藏象，以心的妄动而漏真阳精气。因此对于迷复之凶的走错路和弯路，必须从至日闭关起，继续“隐”和“遁”。以什么来作为标准要求呢？为做到“不易乎世，不成乎名”，不为世风转移，不求功名，甚至“遯世无闷，不见是而无闷。乐则行之，忧则违之”，要把隐居遁世的闭关当成乐事，而不是因烦恼苦闷有所违，圣人把这种闭关遁隐称为“潜龙”的龙德。这种“龙德”一是在这个阶段的修行过程中，要像潜龙般能遁能隐，其修真证道的心耿介如石，毫不因世俗功名与世风看法而转移，要有“潜龙”之精神。二是此丹轮修成后，阳气成为纯阳之“龙”炁，更要有其“龙德”，隐而不发，潜龙勿用。为何勿用呢？那是因为在乾卦里，其阳在下根基不牢，须持续精进方为大吉。在三脉七轮的次第与认识上，第一位太极丹轮，为海底轮。其修持的功态与功法过程为：坤卦初六→复卦初九→乾卦初九。从坤卦“驯致其道，致坚冰也”起始，到复卦“不远之复，以修身也”的“动而以顺行”与“先王以至日闭关”，反复其道，至乾卦初九，潜龙勿用，第一位太极丹轮修成。

我们说从一阳初动到一阳来复，以先天脏腑精气为原料，配以导引存思之法，以神意升降而制气机之实质，把藏匿于脏腑先天之精气导引出来，利用三丹田及全身经络太极官的调制，而行诸事内求采脏腑精气。从道医学分类原则可知，道医的“角色”既沟通起“道”与“医”两者不同体系，又从道→法→术→用层面打通其内在联系，从而分化独立出道医学，在道医学的“道教”和“道士”特殊要素上，就要立于道教发展史和道士的杰出贡献，按照道医学术分类的方法，分类出道医学术体系。融合道教派别在养生祛病的实用性上，就得梳理道教的派系宗别，尤其是最盛名的全真道和正一道，总之，如此繁多的门派宗别，都是建立在“道”信仰体系下，在性命之学上围绕性命双修，而有内、身、外之法脉与法门差别，但无不是围绕内丹与金丹的内证，立身的内炼外养，以及符箓斋醮、积功累德的外用等。从道教门派宗别在法脉与法门的“内、身、外”差别，就形成了不同的门派宗别文化系统。在这样不同的门派宗别文化系统发展进程中，就出现了门派宗别自身独具的显著特色——或内证或身治或外养的文化特征。这种由门派宗别在法脉与法门的“内、身、外”差别所形成的自身文化特征，在养生祛病的实用性的归纳上，就呈现内证、身治、外养的不同结构。

从身向内而有内证修持升华生命、超越自然出世（身心出世或心出世）修行，谓之内证；从身向外而有社会活动属性的遵行教义规则、礼仪规范，积善厚德之世间修行，谓之外养；而结合内证与外养过程中，立足于命功的身和形，在身德上严于律己，在身养上养生祛病，达到世间道德和炼养身形所在的身体发肤皆积极健康之目的，谓之身治。内证、身治、外养结构是融合道教派别在养生祛病上的实用性，进行的规律总结，从而形成了道医学术的所遵照内证、身治、外养结构规律的分类方法。

损卦：德之修

损：艮上兑下

损修固阳之道

从德之困辨到德之复本所呈现的辨质见修之道，言明修身健德是治君子立身、立位、立礼之必须，也通过辨则明，明了唯“德”方为济困、济通之本。从而君子修身健德，在复卦以一阳初动引来阳气渐复，以一阳来复之固阳有成，而有阳舒阴疾使阳道得以升，继而君子之道刚反复立，正是损益修身之时。

在治君子系统里，损者，德之修，益者，德之裕，因损而益，因修而裕，正是由损卦和益卦呈现的治君子修身健德之损益之道。《序卦》曰：“解者缓也，缓必有所失，故受之以损。”损卦者，山高泽深，下深则上益高，为损下而益上。损下者，“所失”者为下，能导致所失者，皆为败德之欲，为陋习，故取其下；能增益者为上，能使其益并益而愈高者，为德之尚，健德增益，取其上。

《杂卦》曰：“损益，盛衰之始也。”损下益上以及自损以益人，为盛之始，而损人以自益，终必自损，乃衰之始；损者必益，有益则损，以损益的盛衰转换而言损益法则，其损益法则之要在于损已之“疾”，而益人以阳、以善，其转换枢纽在于健德。损已之“疾”便是遏制嗔怒，止息意欲，以惩忿窒欲之损而修健，使其损而能裕阳、固阳，再行阳政与善政，以益他人；益他人者，既有阳政之益，又有教化之益，教人执损道修德并有德，便是教人而益人之道。

损卦，艮上兑下，为山下有泽损下益上之象。《程传》曰：“为卦艮上兑下，山体高，泽体深，下深则上益高，为损下益上之义。又泽在山下，其气上通，润及草木百物，是损下而益上也。又下为兑说，三爻皆上应，是说以奉上，亦损下益上之义。又下兑之成兑，由六三之变也，上艮之成艮，自上九之变也。三本刚而成柔，上本柔而成刚，亦损下益上之义。损上而益于下则为益，取下而益于上则为损。在人上者，施其泽以及下则益也，取其下以自厚则损也。譬诸垒土，损于上以培厚其基本，则上下安固矣，岂非益乎。取于下以增上之高，则危坠至矣，岂非损乎。故损者，损下益上之义，益则反是。”

损者，德之修也。所谓“君子以惩忿窒欲”，应遏制嗔怒，止息意欲。惩者，遏制、遏止，为艮之止义，又以艮之大而制；忿者，嗔、怒，为震象；窒者，止与息，以坤之和顺而翕；又兑象月，震纳庚，为窒；欲者，以意多言欲，在卦中取艮之求，兑之爱也，爱欲者，求之多、爱之甚成贪，为意多贪求之义；为损其嗔怒暴习与贪求之欲，而修身健德。

在损卦中，山之高喻德之厚积，泽之深喻遏欲之深，而泽愈深则见山愈高，以损欲而益德。孔颖达曰：“惩者，息其既往。窒者，闭其将来，惩窒互文而相足也。”正是因息其既往与闭之将来，才成德之获，遏制嗔怒、止息意欲，皆是修其既往习气，泽水照见既往习气，以在欲而见欲，谓之明，由何而明呢？由震而知，震者何来？阳复刚反而出震，阳盛之兆。以此明，修之既往，使习气不再沾染与污染自身，又被泽水洗涤，谓闭之将来，能闭之将来才能言德获，为修之有成，德获成山；此时，泽水照山愈高，高耸入天际而有参天之势。

损：有孚，元吉，无咎。可贞，利有攸往。曷之用，二簋可用享。

彖曰：损，损下益上，其道上行。损而有孚，元吉，无咎，可贞，利有攸往，曷之用？二簋可用享。二簋应有时。损刚益柔有时，损益盈虚，与时偕行。

象曰：山下有泽，损。君子以惩忿窒欲。

卦辞：损之道必有诚孚，以诚孚治其信德。

彖辞：以损益盈虚之道知天运法度。

象辞：君子应行惩忿窒欲修身健德之道

损卦，艮上兑下，为山下有泽损下益上之象。损卦之众，坤地震动，则震而成山，有山之势，兑云降雨，损山成泽，而成山下之泽，山下有泽成损之象。山高泽深，泽处山根，剥其山体，使山益高，而损下益上；又泽在山下，其气上通，气为泽生，山体草木得气润而长，为损其泽气而益其山上；损卦下三爻皆有上应，亦为损其下而益其上。从取象而言，为损泽之深而益艮之高。损下益上，损内益外，从修身健德而言，为损欲奉德之象。

“损下益上，其道上行”。其道上行者，有山势上行、泽气上行、求应上行、阳气上行而成损益之道。因损泽深而益艮高，故有其山势上行，山势上行，为剥损其下厚，使其山高，山高则泽卑；卑者，丑行陋习，无以颜面相见者，高者，因损陋习而积成德行也，山势上行为遏制嗔怒、止息意欲之行渐有成山之效。泽气上行以润山，使山上草木丰盛而不被雨剥，使其山能完整山身，为君子完诸其身的立身之喻；泽者，生水气之源，而生水者，为兑云以降雨而有水，水气来于上而复归于上。求应上行，损卦下三爻皆有上应，求应者，为志气上进，为损陋习必益德，也为欲健德必从下损以修身而求诸于上德，志气上进，君子之道，立于身而言志在进邦以图施政有为。阳气上行，自复卦修身一阳来复始，其君子之道立于阳气升固而复反，阳气上行者，为君子之道固升；其嗔怒与贪欲皆为消耗阳气之陋举，损益之修为，为损阴必益阳；正是以遏制嗔怒、止息意欲的方式固阳，阳道固且阳气上行于天，便能睹天运法度而治明，山体愈高喻阳气愈盛。

“损而有孚”。损之道必有诚孚，以诚孚治其信德。“山泽通气，男女有情，六位相应，所以有孚。”无孚之损，称为虽损又还，不能益德，故欲言损见益，必然先治有孚之信德，见孚见益才成损道，损而有孚为修身健德必损而达其本，健而有其根，方能成损道，虽损又还，为明知故犯，恶之甚也，非君子之明，也非君子之信。同时，言健德，必有损信消息回馈而成德。成损道而健德，故曰“元吉”。损道者，必有减损之实，当减损的对象为嗔怒与贪欲之阴习，必然会“无咎”，也由此可见，减损之道为可贞正之正道。

“利有攸往，曷之用，二簋可用享”。利祭祀之往，其告庙之物，以二簋盛之可进献。孔氏颖达曰：“明行损之礼，贵夫诚信，不在于丰。二簋至约，可用享祭。”二簋盛之者，为治损之诚信。曷者，同谒，为进谒，告之义；“艮象宗庙，震主告，告庙之象。”用者，物用，取坤象；二者，为坤数；簋者，礼器；《礼记·乐记》云：“簠簋俎豆，制度文章，礼之器也。”用享者，进献也。《程传》曰：“损者，损过而就中，损浮末而就本实也。圣人以宁俭为礼之本，故为损发明其义。以享祀言之，享祀之礼，其文最繁，然以诚敬为本，多仪备物，所以将饰其诚敬之心，饰过其诚，则为伪矣。损饰所以存诚也，故云‘曷之用，二簋可用享’。二簋之约，可用享祭，言在乎诚而已，诚为本也。”

损道者，言损、言益、言盈、言虚，皆因时制宜，损其当损之物，益其当益之事，谓“损刚益柔有时”。何为当损之物？为损者应损其事因以及成物之因，《程传》曰：“天下之害，无不由末之胜也。峻宇雕墙，本于宫室；酒池肉林，本于饮食；淫酷残忍，本于刑罚；穷兵黩武，本于征讨。凡人欲之过者，皆本于奉养。其流之远，则为害矣。先王制其本者，天理也；后人流于末者，人欲也。损之义，损人欲以复天理而已。”

损疾

初九：已事遄往，无咎。酌损之。

象曰：已事遄往，尚合志也。

六四：损其疾，使遄有喜，无咎。

象曰：损其疾，亦可喜也。

损卦初九以阳居下，上应六四之阴，初九应四为心志相合，值损下益上之时，为阳上行，故速辍所为之事而往，无咎。初应六四，遇三为滞，如其身疾，虽可速往，但必有所酌损。已者，止也，结束之义；事者，祭祀，郑玄注：“事，祭事也；遄者疾、快速；酌者，择取也，郑玄注：“酌，犹取也。”

损卦六四应初，遇六三相嫉生疑而为滞，影响其相应相合而成疾，待初九遄往，以损其恶疾，解其疑滞，而获喜。疾者，病患，取巽之弊为象，有以震对巽，而能损其疾；喜者，为兑之悦。王弼曰：“履得其位，以柔纳刚，能损其疾也。疾何可久，故速乃有喜，有喜乃无咎也。”

损疾。为损六四之疾。初六与六四解有疾象，而六四言疾，为见阳为滞，立于阴为疾；初曰“遄往”，四曰“使遄”，实际上为以阳济阴，以阳损阴疾，非初六酌损之自损，而是前往损六四之疾。为何在初言酌损呢？为要牺牲初九之阳气，损阴疾必耗阳，这是初六需要酌虑的地方，但既然言“遄”之速，说明损其疾之所为刻不容缓。《程传》曰：“初之益四，损其柔而益之以刚，损其不善也，故曰损其疾。疾，谓疾病，不善也。损于不善，唯使之遄速，则有喜而无咎。人之损过，唯患不速，速则不致于深过，为可喜也。”

以初九阳刚遄往损六四之疾，实为以损刚益柔而损下益上。以下益上，非损己疾而损他疾，速去而有功，居功则不能言功，疾者，阴欲也，所谓惩忿窒欲，必然有去恶之责，故而非功。从“尚合志”和“亦可喜”可知，损疾有成。

窒欲

六三：三人行则损一人，一人行则得其友。

象曰：一人行，三则疑也。

六五：或益之十朋之龟，弗克违，元吉。

象曰：六五元吉，自上祐也。

损卦自六三以上三阴并行，三阴处一阳上而一阴下，呈现三人同行则减损一人，一人独行则遇友之象。六三应上九，为得友之象，《程传》曰：“上以柔易刚而谓之损，但言其减一耳。上与三虽本相应，由二爻升降，而一卦皆成，两相与也。初二二阳，四五二阴，同德相比，三与上应，皆两相与，则其志专，皆为得其友也。三虽与四相比，然异体而应上，非为四之同行者也。三人则损一人，一人则得其友。”

损卦六五以柔顺居尊，虚己而下人，虚其中而应阳刚之二，为虚中自损而益天下。朋者，古代贝壳货币，五贝为一串，两串为一朋；龟者，以取艮象，言惩忿而窒欲不食之象；弗者，不也；违者，违背、背离也；上者，上天也。十朋之龟，以卜而决，虽龟筮不能违众人之公论，“谋从众则合天心”，非鬼神佑之，而为众益之佑，因合天道，而天佑；所谓“弗克违”，为因众合而天佑之。

窒欲。欲者，意多言欲。六三值当损之时，而六五值当益之时；当损者，三人同行减损一人，为损其多者，人多者意多，意多则欲多，而应之又少，只能有一人遇友，当损之时则损，是损之有法。当益者，六五居尊而不自专，不违背众人共论而能益天下，为当益之时则益，为益之有度。损之有法，益之有度，正是窒欲之表现，当损之时，人神不能违，必损而益天下；损其多欲，克其己欲，以损者损有余，而益者益不足，成损益之道。

固阳

九二：利贞。征凶，弗损，益之。

象曰：九二利贞，中以为志也。

上九：弗损益之，无咎，贞吉。利有攸往，得臣无家。

象曰：弗损益之，大得志也。

九二刚中居阴位，志在自守，不肯妄进，不减损而反增益。二上应六五之君，六五居尊且以柔行中道，征者，行也；失其贞正而凶，守中则贞；弗损，为不自损；益之，为益其六五之上。林氏希元曰："九二在爻则为刚中，在人事则为志在自守，不肯妄进。志在自守，不肯妄进，九二之贞也，故占者利于守贞。若征行，则是变其所守而得凶矣。夫自守而不妄进，宜若无益于上矣。"所谓"多言数穷，不如守中。"正是如此。

上九处损之极，损极则益，故有不损反益之象，得正固乃是不损反益之吉祥所在。上九居位之极，下应六三，一人行则得其友，无人多意多之私欲横行，故以其正应得吉，又乘五应三，利有所往，可大行其志。得臣无家，为因公而忘私。臣者，臣民也，取艮乘坤之象，所以言得臣，坤者顺归也，故有人心归往。家者，取艮象，以艮化坤而言，艮化坤而无艮无存，故言无家。

《程传》曰："凡损之义有三：损己从人也，自损以益于人也，行损道以损于人也。损己从人，徙于义也；自损益人，及于物也；行损道以损于人，行其义也。各因其时。取大者言之，四五二爻，取损己从人。下体三爻，取自损以益人，损时之用，行损道以损天下之当损者也。上九则取不行其损为义，九居损之终，损极而当变者也。以刚阳居上，若用刚以损削于下，非为上之道，其咎大矣。若不行其损，变而以刚阳之道益于下，则无咎而得其正且吉也。如是则宜有所往，往则有益矣。在上能不损其下而益之，天下孰不服从，从服之众，无有内外也，故曰得臣无家。得臣，谓得人心归服。无家，谓无有远近内外之限也。”

固阳。九二以不变其所守而益上，其“不变其所守”者为守阳，守阳者，固阳之道。以固阳之道，而益六五之志，实为固六五益天下之志。固阳之道，自复卦一阳来复阳气得固，使君子之道正行，而成修身之复，在损卦，固阳之道仍是一卦得失之本，无阳道之固，则无言损益。从九二不自损而益上，以己固阳之道而行奉君之实，实为君子之范。上九不损反益且大得志之益，也在于上九正固，正固得臣，臣顺从而得大家，因大家之大而见无家，因正固而得公。正固者，正是损卦阳气升于天之象，见于天而能见天下，故以无家言大家。所以固阳之道，为修身健德之贞正之道。

德之修

从治君子修身健德而言损益之道，围绕“修”与“裕”，呈现德因损而益、因修而裕的变化关系，正是从损卦德之修到益卦德之裕的过程。修者，为在身修身与处世改过，立身处世而修善；裕者，为固阳而阳气裕，善足而德裕。

修身。立于损卦言惩忿窒欲，以遏制嗔怒，止息意欲之德修，而正损之名。忿者，震象；欲者，艮之求，兑之爱；在损卦，因取象而使惩忿窒欲贯穿整个卦体和爻体，可见损之又损是修身之迫切需要，非某爻之重任，当值损者，应知损之大义。言修身是因为嗔、怒、爱欲、贪求……皆为人之身欲，损其身上陋习与贪求，是修身之要义，欲者，意多言欲，值六三当损之时，当损一人，为损之有法，而六五当益之时，又益之有度。损之有法与益之有度为窒欲修习之损其多欲、克其己欲之范式。损下益上者，丑行陋习为阴，凝重下沉，不仅要损，还得受泽水侵蚀使其习气剥落，使习气不再沾染与污染自身，才有德之高洁，益上者，因损道而有益道上行，呈山势上行、泽气上行、求应上行、阳气上行之德升之兆，实为修身之功。

言修身必然损疾，何为疾？疾为有病在身，不治则有亡身、亡命之祸，故除身之疾病，使身体健全、健康在谈修身健德之先，若因疾而损身，则失去修健之本；若把嗔、怒、爱欲、贪求……等人之身欲定义为陋习，那么言“疾”，则是较嗔怒与意欲更重之“欲”，此种疾、欲如病随身，不治则有亡命之祸，故损疾重于惩忿窒欲，并行于先。从复卦言阳舒阴疾始，修身损疾成修身第一实务，阳舒阴疾，也是阴疾得阳之利的真实写照。

什么样的“疾”有亡命之祸呢？损卦以山下有泽立象，泽水之深而剥其山根，使其丧失立山之本，言泽水深者，为有疾并深而重之义，剥其山根，如重疾损人之命，会导致生命之根本倾覆。在六三当损之时，当损一人，为损之在外，而身之大疾在身，其身重之欲在内，以“疾”言，言以“损”之道损其身疾迫在眉睫。为何损卦德之修在复卦德之本之后呢？便是辨阴疾必以阳照；自复卦一阳来复阳气裕而刚反，有阳德以照之，以此方能辨身之阴疾，因为深重之阴疾，早已伴身，习以为常而无法自觉之，有阳德以照而察，方明德之修应修在何处，故损之明，在阳复刚反之后，以阳德照阴，使阴疾无所遁形，同时阴疾得阳德养之而舒，正是修在“疾病”处。

在损卦以初九阳刚遄往损六四之疾，以下益上，立于初九言损他疾，立于六四为因损己疾而益己身，初九有损者，为损其位，因初九需离己位而前往为六四损疾，故而初九阳未被损，反而因去六四之疾，使损体顺畅，能与其相应。修身先损己位，是损卦修身言损疾之要，居位则会被“位”所牵绊，或因位而无法为六四去疾，六四疾不舒则无法有应，整个损体便无法行其上行之势，因此在乎己位与贪恋己位皆为大害。也正因初九以阳舒六四阴欲之疾，关联整个卦体阳道上升之势，故而初九有去恶之责，不能居功，反之修身亦然，处损卦，损疾为损之首责，损疾必然得阳以养，而阳裕必然上行，使“其道上行”是山泽言阳气升发的自然法序。从初九离己位前往为六四损疾而言，初九既损己阳，又损己位，看似得不偿失，但他却以己位与己阳，能去他疾，损自身而益他体，这便是君子的匹夫大责，也是君子之于邦体的重要所在。表面上看既损己阳又损己位，实则初九与六四为心志相合之应，初九为六四损疾事件，为阳气在正确的阳气路径里——阳气经络里运行、舒发，初九阳气并非有损，反而因损疾之善而又得善之阳德；阳气生发而有裕，作用在于循环，言固守而非死守，其阳气在正确路径里如端循环，便是阳善之道，初九便是如此，虽离己位，但因阳损阴疾，实则为以阳布政，行阳善之道，为何阳裕则有善，且一定要言善，便是此理。

修善。立丁修身之损益言善者，为陋习退、阴疾消而善自出，所以陋习与阴疾是碍善之要，此善为身善，当陋习傍身时，其嗔、怒、贪求……横行，自然无善可言。善自出者，如损之山势耸立而出，君子完诸其身当立善为首要，泽水生水气以养山之草木，为损体自有养善之道。损体养善者，是以损其陋习与阴疾而自成善。对比损卦言惩忿窒欲修身，在益卦不言修身而言改过，改过者，为改其无善政之过；实则立于善政，而言以善政惠民之大善，非个人善举之小善。如果说损卦言惩忿窒欲重在修身，是君子立身修习之道，而以善政言改过者则偏重于处世，是君子处世行善之道。

德者，性也。明心见性既是义理又是功态，明心是义理，见性是功态。从养正止学来说，内在无明染浊导致的堕落根本，让我们无法在当下的生命状态下去主导先天之因，也就是说就无法从止堕落的前提入手，也无法从无明染浊的先天之因去解决消耗的根本，那么就要求我们在当下的生命状态中，找到那个转换枢纽——德，认清德的阴阳法则属性，积不善之失德，阴气加重，会加剧精气神的消耗；反之，正德升阳——积善厚德则会蓄养精气神，损修固阳，以阳裕而健德，从而以改变六识因缘能量体的结构，把对健德之损修做在当下，使其因损而益，因修而裕，让德之修不再成为空谈。在执妄迷失图与正坤返乾修真图中有一个连接转动的“中轴”，其真相便是“德”的阴阳法则属性的转化。执妄贪着则失德，内证阳蓄则厚德。所以“以德而证”是一切最 广阔的视野和转化的核心中枢，无有超出此等精妙与直达根本的。

益卦：德之裕

益：巽上震下

益阳裕德之道

在损卦，以损之道，损其当损之物，益其当益之事，正是以德之修来损欲而益德，损者益之，益者损之，以损卦和益卦共同呈现了立身修习与处世行善之损益要义。修者，在身修身，立身处世而修善；裕者，为固阳而阳气裕，善足而德裕；围绕德的"修"与"裕"，正是处益体而行益阳裕德之道。

《序卦》曰："损而不已必益，故受之以益。"益卦者，雷风相益而相帮，"巽震二卦，皆由下变而成，阳变而为阴者损也，阴变而为阳者益也。上卦损而下卦益，损上益下，所以为益"，以益继损，为损极必益。《杂卦》曰："损益，盛衰之始也。"损，损阴疾而当阴衰之始；益，阳裕固其本元而当阳盛之始。损益者，损益二卦以盛衰相依，呈现德因损而益、因修而裕的变化关系，亦是从德之修到德之裕的过程。

益卦，巽上震下，为雷风相益而损上益下之象。《程传》曰："为卦巽上震下，雷风二物，相益者也。风烈则雷迅，雷激则风怒，两相帮助，所以为益，此以象言也。巽震二卦，皆由下变而成，阳变而为阴者损也，阴变而为阳者益也。上卦损而下卦益，损上益下，所以为益，此以义言也。”巽上者，风从天来，益损上驭风使万物生发，雷自地发；震下者，雷自地发，驾雷以动而益震气，以此成天地生化之功，益卦九五居尊，中正应二，正是以上惠下利益万物之体。

益者，德之裕也。所谓“君子以见善则迁，有过则改”，应改过以修，见善而行善，以促德裕。对比损卦遏制嗔怒、止息意欲修习之“遏”与“止”来说，在益卦言“改”，改过则益，可见通过在损修身，而习气渐浅淡，是损益之道有成效之见。裕者，富裕也，为善富而德裕，可见修身虽重在修持习气欲望，更重在积德行善，所谓见善则裕，见善者，为见他善，更行己善，以行而见，强调善行在己身。益卦以雷激风烈立象，雷风相益，修习与行善相得益彰，修身之行为在已身，而行善的对象在外，为由身向外之法，实为德裕而布施。李光地曰：“雷者动阳气者也，故人心奋发而勇于善者如之；风者散阴气者也，故人心荡涤以洎其恶者如之。”

益：利有攸往。利涉大川。

彖曰：益，损上益下，民说无疆。自上下下，其道大光。利有攸往，中正有庆。利涉大川，木道乃行。益动而巽，日进无疆。天施地生，其益无方。凡益之道，与时偕行。

象曰：风雷，益。君子以见善则迁，有过则改。

卦辞：以利益万物之益道而利涉大川。

彖辞：睹天施地生之法，明损上益下之惠道。

象辞：风雷相益，行大善在于惠下泽民。

益卦，巽上震下，为雷风相益而损上益下之象。在益卦中，坤者地，以地载众、载物；震者，雷动也；巽者，以入收气；为地吐气而巽收纳，终成雷霆，风自天来，雷自地发，而成益体。益体者，风雷相益而万物生发，“阳变而为阴者损也，阴变而为阳者益也”，损上益下，以下厚而上安。益者，增益，资益，器满水出而溢，器者震，水者坤，风者巽木，为乘木而顺风行舟，故利涉大川，又“九五居尊，中正应二，以上惠下，利益万物，动而无违，故利有攸往也。”

益卦中坤之成，为乾损一刚变而成坤，为以刚益坤柔，坤成且顺，有损上益下之象，又初阳应四，阳富在下，为藏富且增益于下，坤成则民归，民归于下，有藏富于民之象。无疆者，无有穷尽，在坤卦言“德合无疆”，在益卦因损上益下且民富而健德。《周易本义》曰：“为卦损上卦初画之阳，益下卦初画之阴，自上卦而下于下卦之下，故为益。”自上卦而下于下卦，正是以上而增益下，为益之本体。

“中正有庆”。在益卦五以阳刚中正居尊位，二亦以中正应之，二与五皆得中正，为以中正之道增益上下，九五得阳而居天下，故益者益天下也，天下民富得归，民富受福为益有实体，故福益有庆。此庆，庆于民之自发，也庆于君之有德。由此可见，益卦虽言损益，损上而益下，实则皆益，民居下富而益，君居上健德而益，因中正之道大行而皆得其益。

“其道大光”。大光者，为损益之道大光、增富于民大光、中正之道大光、修身健德大光、积善改过大光。“损益，盛衰之始也。”因损益而有盛衰者，损其恶行陋习，则德健而盛；益其阳刚，则阴疾自衰，故而有借损益而行固本之道，本固则德厚，德厚则善多，善多则民来归。自以损益之道言修身健德，当值益卦可见修德既在己身，又在行善，大善在于泽民，其德自健，且有德果。

“木道乃行”。下震上巽，皆木之象，木遇水成舟，雷风化雨而成水，水成以行木，又以坤顺而行，为顺行。言木道者，取象巽，既有巽木当益后的生发之状，又有木乘水的舟船之利。因生发之益而言天施地生，因乘木有功而言利涉大川。

“日进无疆”。日出而万物进益之象，为益卦以“日”言阳之卦眼，阳者济阴之道，修身损习之必须，阳者德也，积善德果之兆。震动为德动，巽柔为善柔，皆为善进德健之大兆，善进德健普益于民，故曰“无疆”。

在卦中，乾损一刚而变柔成巽，故巽成为天施；震承坤体，犹地所生，故而形成雷风相博，万物生发之益象，此益，因天地法序参与其中，故“其益无方”。其益无方之因，在于健德之阳积蓄于九五，积善之柔积蓄于六二，上有德而下有善，以日进无疆之德、善，成其益无方之大象，其益因德与善行，皆有实体，非精神之兆，故而民悦。民者，天地之造化，天地益而成人，造化者，天时地利人和备具，方能益，故“与时偕行”。李光地曰：“雷者动阳气者也，故人心奋发而勇于善者如之；风者散阴气者也，故人心荡涤以泊其恶者如之。”

助益之道。从天地生化之功以及万物生发的大益之象，当得助益之道。以天地大益之主体，师法天地以法序助益之，立损修益德的治君子之益体助益之，行借舟船之利修善而成其“益”善之体助益之，以此三者交相助益，以益阳裕德的德之裕，化益为教，见“其益无方”而大得益，使其成最能交相助益者，成其凡益之道，与时偕行之功。

师法天地以法序助益之，此为益卦以生化言利万物之大义，之所以能益，在于天地的大生之德，风雷相益而万物生发为“益”之主体，助益之道大者，无外乎天地生化益万物之功，根于大益之体，方有其他助益之道。立损道修身助益之，损益二卦之所以能盛衰相依，在于损者益之、益者损之，损益之道能相互转化，尤其是损修益德为“益”治君子之主体；损修益德之益，为在损修身，在益益德，并且修身则益德，损益之体又同时兼有“修”与“益”

并存；益体言修，相比损卦损疾与去欲来说，在益卦言“改”，且为改“过”之，以“过”相比亡命之疾、嗔怒、爱欲、贪求……等疾与陋习，其习气逐渐浅淡，且“改”相比“遏”与“止”来说，修之深度与力度亦变轻微，从惩忿窒欲到有过则改，是以损益之道修身健德之成效。借助舟船之利修善助益之，以“木道乃行”的舟船之利，广结善缘，广修善政，大行立身修习与处世行善的“益”善之体；雷风化雨功在天地，而借助舟船之利广为顺行，功在人为，以木乘水而济大川，是君子志存高远之处，亦是以善益四方之举，“利有攸往”与“利涉大川”之四方，正是益善所存之地。

益志

初九：利用为大作，元吉，无咎。

象曰：元吉无咎，下不厚事也。

六四：中行告公，从，利用为依迁国。

象曰：告公从，以益志也。

初九阳刚居下，与四应且被四所任，利用所任兴办大事。作者，震起之象，大作，以震起而行耒耜之利，虞翻曰：“大作谓耕播耒耜之利。”耒耜何来呢？为益卦取象耒耜，震为犁，坤为田，巽为风，震起惊蛰，艮为种子，故有随惊蛰雷起而大行耒耜之利。行耒耜之利者，民也，民居下，是受益之主体，民受益则德政有为，且君上不与民争利，此为民大作之大时机，故曰“元吉”。初为四所任而大作者，但言“下不厚事”是因为“初九潜龙，位未崇，诚未孚，本不当任厚事，故不如是，不足以免咎也。大吉无咎者，非尽善则咎，小善不足以称也。”说明初九之富不光是为损上益下而受益，其积德行善之功定要亲力亲为，才能厚德。

六四当益时，既与下应又近君，虽未得中但居正。《周易本义》曰：“三、四皆不得中，故皆以中行为戒。此言以益下为心，而合于中行，则告公而见从矣。《传》曰：‘周之东迁，晋郑焉依。’盖古者迁国以益下，必有所依，然后能立。此爻又为迁国之吉占也。”六四虽阴但能益下，又因非君位，故不敢自专非中但执中道其事，以告之于公而显无僭越之心，以此坦诚之心，天下皆顺从，顺则益也，上益君，下益民。为依者，上承九五而益其志也；迁国者，下顺初九之民而行其事。

益志。值益下之当体时，初九成受益之主体，正因受益，在益体中当是初九立尽善积德之志之时；尽善者，为尽耒耜之利之本分，做好本分之事，为其尽善，尽善则增富己身，从初九阳刚已成可知，初九成震之主，同复卦一样，阳固成刚则出震，阳固者为受增益之富，出震者为有积德之健；尽善积德之初九者，厚己且益他，从下不厚事，到下能厚事，便是尽善积德之功。正因初九固阳与积善，而成震之卦主，初九毕竟其位居下，想在益体参与益无方之大益，尚需从益志始，从本分之事做起，方能使益有实体，故而初九以受益之主而立尽善积德之志。《程传》曰：“居下而得上之用以行其志，必须所为大善而吉则无过咎。不能元吉，则不惟在已有咎，乃累乎上，为上之咎也。在至下而当大任，小善不足以称也，故必元吉，然后得无咎。”

六四益志，虽言益志实为从志，从君之志，六四近君能睹君治益而益天下之大志，位虽非中但执中道其事，实则代君践志，代君行大事者，为行大善之举，故而有德。告公者，为获信于上下，使君信亦使民顺，为治其明德与信德。《程传》曰：“以柔巽之体，非有刚特之操，故利用为依迁国。为依，依附于上也。迁国，顺下而动也。上依刚中之君，而致其益，下顺刚阳之才，以行其事，利用如是也。自古国邑，民不安其居则迁。迁国者，顺下而动也。”六四益志，以“为依迁国”，通王臣之志，同时六四应下初，有育物之责，育物者为居益体而育民尽善积德之志。

益善

六二：或益之十朋之龟，弗克违。永贞吉。王用享于帝，吉。

象曰：或益之，自外来也。

九五：有孚惠心，勿问，元吉。有孚，惠我德。

象曰：有孚惠心，勿问之矣。惠我德，大得志也。

六二虚中处下，体柔应五，以居下而受上之益，其象“或益之十朋之龟”与损卦六五相同，郑氏维岳曰：“王用享帝，言王用六二以享帝也，古人一德克享天心，又曰吁俊尊上帝。”帝者，帝出乎于震；自外来者，言九五也。《书·尧典序》曰：“昔在帝尧，聪明文思，光宅天下。”疏：“帝者，天之一名，所以名帝。帝者，谛也。言天荡然无心，忘于物我，公平通远，举事审谛，故谓之帝也。”六二中正虚中，能得众人之益，为求益，而求益之道，非永贞而安能守。郭雍曰：“或益之，人益之也。十朋之龟弗克违，鬼神益之也。王用享于帝吉，天益之也。天且弗违，况于人与鬼神乎。”

九五居中得正，值益体而损上益下时，有信而施惠于民，天下大受益道之福，王弼曰：“得位履尊，为益之主者也。为益之大，莫大于信。为惠之大，莫大于心。因民所利而利之焉，惠而不费，惠心者也，信以惠心，尽物之愿，固不待问而元吉，以诚惠物，物亦应之，故曰有孚惠我德也。”在益体，九五当位，又有六四承之，六二应之，二与四又共坤体，益志有成，益道大行，民皆交孚来惠君之德。惠者，怀恩，推恩也，《书》曰：“皇天无亲，惟德是辅。民心无常，唯惠之怀。”故，不问而元吉可知。

益善。六二以柔居刚，柔为虚受，故为虚中求益，二与五应，五尊且刚，又有惠下之心和惠下之德，故而六二益善为有阳应而固守其阳，以补身虚而益。九五以阳且实履中，为有孚之象，“以九五之德之才之位，而中心至诚在惠益于物，其至善大吉。”九五之益善，为因益惠天下而为至善，天下受大福，故天下之人无不至诚爱戴益之君，惠我德者，善去而德来，君行大善而民益之，故民能惠我德，此种惠益天下之通理，不问便知元吉何在。郑维岳曰：“损之六五，受下之益者也。益之九五，益下者也。损六五受益而获元吉，益九五但知民之当益而已，勿问元吉也，此惠心之出于有孚者也。然上虽不望德于民，而民固德其惠矣。其德其惠，亦出于有孚也，故曰王道本于诚意。”在益体中，其益无方之因，在于健德之阳积蓄于九五，积善之柔积蓄于六二，上有德而下有善，以日进无疆之德、善，成其益无方之大象。

益凶

六三：益之用凶事，无咎。有孚。中行告公用圭。

象曰：益用凶事，固有之也。

上九：莫益之，或击之，立心勿恒，凶。

象曰：莫益之，偏辞也。或击之，自外来也。

六三不中，阴柔失正，为不当得益者，故而当以治其诚信而行中道，用圭璧以通信达诚；圭者，圭璧，为礼器，《周礼·春官》曰：“以玉作六瑞，以等邦国：王执镇圭，公执桓圭，侯执信圭，伯执躬圭，子执谷璧，男执蒲璧。”何为“益用凶事”？为以凶警善，凶事者当知凶因，从而积德行善以改其恶。《程传》曰：“凶事，谓患难非常之事。三居下之上，在下当承禀于上，安得自任擅为益乎。唯于患难非常之事，则可量宜应卒，奋不顾身，力庇其民，故无咎也。下专自任，上必忌疾，虽当凶难，以义在可为，然必有其孚诚，而所为合于中道，则诚意通于上，而上信与之矣。专为而无为上爱民之至诚，固不可也。虽有诚意，而所为不合中行，亦不可也。”

上九以阳居益之极，非能益于他人，反而求益之甚，故人所共恶。孔颖达曰：“上九处益之极，益之过甚者也。求益无厌，怨者非一，故曰‘莫益之，或击之’也。勿，犹无也。求益无已，是立心无恒者也。无恒之人，必凶咎之所集。”

《案》曰：“卦义损上益下，则上者受损之极者也。若以受损为克己利下亦可，而爻义不然者，盖能克己利下，则受益莫大焉，不得云受损矣。故损上以处损之终，自损之极，而得益为义。此爻以处益之终，自益之极而得损为义。《书》云：‘满招损，谦受益。’两爻之意相备也。”

益凶。六三与上九皆有凶象，言益凶，非执其凶事而行凶，为以凶事行警戒之实，明凶何在，当以凶事为戒。处益体而益凶。《书》曰：“唯固其心志，允执中道，以拯救凶荒，始得无咎而益之也”。行善而改恶为言凶之要。值益体时，皆行损益之道，从陋习上说，损在己身，在于阴去而积阳，为修身健德之修要；从利益上说，损在己身，在于惠他而益德，为尽善积德之要，以此两要，虽言益，实则重在损，其上九专欲益己，其害大矣，以己之私欲，便忘却益道何在，“立心勿恒凶，圣人戒人存心不可专利。云勿恒如是，凶之道也，所当速改也”。

德之修

裕阳：有修身、修善之损益之基，便有阳裕与德裕之修果。所谓损益者，常理为损阳益阴，以阳之刚使阴富足，从德之裕而言，皆因阳足才能得其要义。所谓损阳益阴，在益卦为乾损一刚而益坤阴，以此成其益卦体，从复卦始，育阳与固阳皆是言修身健德之核心，言损阳益阴者，应该理解为损其阴去而固其阳来，使其阴阳自身转化，相互富足，阳者非损且蓄阳得固，阴者以阴转阳而富足，阳道裕才是振济之方。从修身而言，其嗔怒与贪欲为阴，且积重而成阴疾，皆是消耗阳气之陋举，消耗阳气减损福报而不能自察，反之，以损益之修身之道，损阴必益阳，阳气上行，也是德的阴阳法则属性所赋予。以遏制嗔怒、止息意欲的方式固阳，损而益之，益而损之，反复其道，其道必大光。

裕阳者，在损卦九二以不变其所守而固阳，并以己固阳之道益六五之志，从而使自身阳固又益六五。这也是为何言固阳之道仍是损卦得失之本，因无言固阳之道，则无以言损益，使其损而失去损之基，益而无益之体。损卦九二以己身固阳之道并行奉君之实，成为君子奉君之范式，这也是治君子在损卦与益卦的最佳落处。也正因如此，阳道足，其阳才能散播其阳利，才能以阳裕之阳利得见大家，继而进尽善积德之大志。

裕德。在损益二卦，以损益之道，通过言修身、修善、裕阳、益凶、益志……而达健德之最终目的。正因唯德能通所有、能济所有，健德成为治君子之范式，这是发乎德性之“元”而利永贞之首要之事。损卦重言修己身，在益卦重言行大善，无论是什么角度和方式，最终的落点皆是健德，健德且使德裕，使社会立于君子而自有源动力，也是邦体向上的根基。在损益之道中，“害生于嗔忿，患生于贪欲，惩忿则刚克，窒欲则柔克，刚柔之德立，则患害无所由也。”惩忿窒欲之卦体，又得雷风相益，修习与行善皆能相益，既有修习己身之要，又有立身向外行善之法。山之高喻德之厚积，泽之深喻遏欲之深，而泽愈深则见山愈高，以损欲而益德；同时，下厚则上安，故益下民为大益，益下民必依善政，故行大善在于泽民。

益德。益德与裕德的不同之处，在于立身修习与处世行善的损益之别，裕德在于阳裕而德裕，着重于立身修习，以损自身陋习而益身德之体，其损益之道发生在自身，其修习的对象在于障德以显的诸陋习，损其诸妄则见身德之长，如拨云见日；益德在于善裕而德益，着重于处世行善，以善大益四方而自益善德，其损益之道发生在善行上，其修习的对象在于能行其益道之善，尤其是诸交相助益之道，能成其益阳裕德的德之裕；当善益而德益时，其善者大，健德亦大，尤其是立于天地大益之主体，行与时偕行的“其益无方”之善，是大益而无损之道。欲大益必行大善，而大善必先立大志，继而明了如何借舟船之利行助益之道，广为引以为援，而大善益德之举莫过于引位以政以及引教以化。

损者益之，益者损之，以损卦和益卦共同呈现了治君子的立身修习与处世行善之要义；修身立身重在己身，改过行善政重在入世。而损之道，既以惩忿窒欲之损而重修己身，又以教化之益，教人执损道修德而益他人，成其入世之阳政，虽“益”有益卦之体言益，但损体以损之道德修，自有损体之益，如六四因损疾而益身，九二以不变其所守而守阳益上，更有“损下益上，其道上行。”阳气上行之大益。言损之大益则有善，君子之道，立于修身继而进志以图施政有为，为积善有方。

善政者，以一政之善益四方之民，故有善之大，善之大则有君子之道大。益善而谋善政者，有益卦九五为典范，九五之益善，使天下受大福，既有惠下之心又具惠下之德，有如此之大善，便有日进无疆之德健。虽睹大善切莫丢小善，能成其大善者，需如九五当位，有位之高、位之大，才能确保善政之大，而损、益卦体者，唯九五一人耳，故修身健德更在乎小善，小善者，修身正己之善，遏制嗔怒、止息意欲便是善，能行大善者为天运择之，虽然其中有因果之理，但立小善之修习，而发行大善教化之宏愿，正是君了尽善积德之志。

恒卦：德之固

恒：震上巽下

德固恒养之道

在损、益二卦，呈现了德因损而益、因修而裕的变化关系。损者，以惩忿窒欲之修身与善政惠民之修善而有德之修；益者，以固阳而阳裕与阳足、善足而德裕而成德之裕。阳裕、德裕则固，而有德之固。德之固者，恒也，以德固恒养而行天地恒久之道。

通过损而益之与益而损之的损益原理，我们知道其陋习与阴疾皆是消耗阳气之陋举，消耗阳气减损福报而不能自察，使其有处剥、困之累，通过遏制嗔怒、止息意欲之惩忿窒欲来修身，陋习退、阴疾消而阳善自出，其本有真心因无明消退而光明自现。此善者，为立身修持的阳德之善，对比阳德之善，还有进志入世善政之善，阳德之善为内善，善政之善为外善，阳德之善与善政之善因善性相同而无大小之别，只因善政之善惠及面大，有众而大的错觉；从德证而言，阳德之内善要优越于外善，虽无大小之分，但有内求与外求之别。凡立于修身健德而言善者，普世之大善必有修身之小善为基，但都依赖君子之健，君子健，而能处世立位，以当位之利行德政，则有惠民之大善出。

陋习退、阴疾消而阳善自出，呈现在健德上的阴阳盈虚变化关系，为德的阴阳法则属性所赋予。阳善自出必固德以养，德之固者，恒也。《序卦》曰："夫妇之道，不可以不久也，故受之以恒。恒，久也。"恒者，久也，雷风相与，而恒益，刚上柔下刚柔相应而恒久。风雷有益，雷风相与而有恒益，恒益者，以益为基，而有修身健德之阳善自出，益自体又益外体，益而恒养，则有恒固，恒固者，则恒久矣。

恒久之道。万物因时常变易而成不易之旨，故万物皆不可长久处恒道，既然处恒体言恒且久，那么如何能久？《彖辞》言"日月得天而能久照，四时变化而能久成。"此"天"谓之道，能使其久照、变化者谓之德，无外乎道体德性之本体，唯道具恒久之体，唯德具恒常之性；天地相遇，阴阳合德，此为天地之恒德，天地之大德恒常之，要有明德以识天地之恒德，继而证道与道合德，则得恒。恒常不易者，为道体德性之本体，居常变易者，为基于不易之恒德而显变化之性，使其能变以及有变化之规则者，法序也；故以德不易之本性，依变易之法序，而有天地万物变化之象，万象所变者，不过循环往复且变易有序之恒变。洞明不易之性，明晰变易之法，明辨恒变之象，依性→法→象程式，则得恒道。

观其易体，除乾坤二德外，唯恒体以久且常之道言"恒"。在恒卦，天地之道之所以恒且久，日月之所以能久照，四时之所以能久成，皆德性使然，而德、法以序则呈恒变，故而雷风相与，巽而动，皆尊序、履序以利万物，依性→法→象程式而呈万物变化之象，为利恒。利恒之道，在于以法序生化而能利，处恒变而知恒之不变，再以利能养，为恒养。在恒卦，以男女和合立象，在于以阴阳平衡且相互助益，既言利恒，又言恒养，以此两者而恒益，则得恒之法序大要。处恒能恒益，则得恒之亨通，以利、以养、以益而致通，虽处恒变而无咎也。恒者亨通，以恒之亨通之道言健德恒养，为大益万物的贞正之道，故曰利贞。

处恒体以恒道来治君子，为健德来恒养其德。如何恒养其德？为处困体困穷而通，德辨而明，唯德方为济困、济通之本，唯德能通所有、能济所有，以此辨质见修，而有修身健德之复；处复体从一阳之复而复阳、固阳，并修持待诸阳之来，再以“其见天地之心”从德性之本处健修见，成其修健之捷径；处损体与益体，以惩忿窒欲损其陋习而裕阳、益德，围绕德的“修”与“裕”，损者益之、益者损之，使损益盛衰相依，而行益阳裕德以及益善之举，再引位以政以及引教以化，使身德当健，善德益善。总之，以“修”来治君子并恒养其德，以“教”治天下恒养其善。

恒卦，德之固也。德因阳裕而固，言阳固必要益阳为基，欲益阳裕者，必然反复其阳复之道以及损益之道。之所以言损益，是因为欲多为陋习，阴凝为病，皆以无明的形态遮挡德性光明。治君子修身健德，非内证要打破所有无明，故阴不可全损，当阳裕与阴和合，而成恒卦夫妇之道。夫妇之道何来？从序卦而言，咸卦之后受之以恒，咸以男下女，男女交感之，恒者震巽为恒，震者长男，巽者长女，男在女上，男动于外，女顺于内，夫妻成室之象，故而成恒，呈夫妇之道。男女以夫妇确定关系，是长久于爱慕之咸，故取“久”义。夫妇之道，刚柔相应，阴阳和鸣而相与互益，故有恒益，恒益则阳蓄而固，而成德之固，德固而久者，有身德大成。

恒：亨。无咎。利贞。利有攸往。

彖曰：恒，久也。刚上而柔下。雷风相与，巽而动，刚柔皆应，恒。恒亨无咎利贞，久于其道也。天地之道，恒久而不已也。利有攸往，终则有始也。日月得天而能久照，四时变化而能久成。圣人久于其道而天下化成。观其所恒，而天地万物之情可见矣。

象曰：雷风，恒。君子以立不易方。

卦辞：因恒益而亨通，恒而成德。

彖辞：以立恒、行恒而居恒得恒道。

象辞：立天下之正位，行天下之大道。

恒卦，震上巽下，为雷风相与而恒益、恒久之象，故取恒，恒通亘，《说文》曰："亘，求回也。"徐锴曰："回，风回转，所以宣阴阳也。"何以求回转呢？为以风形回转之形而象阴阳，以阴阳回转而互抱立象，阴阳回转而互抱者，夫妇之道也。所谓宣阴阳者，为以"回"形之象而立阴阳之法。何以使风有回转之象？为雷风相与使之，雷动则风起，雷迅则风烈，雷止而风息，犹如夫唱而妇随，雷风相与而有恒益，雷风者，震者长男，巽者长女，男在女上，男动于外，女顺于内，夫妻成室之象，既宣天地之气，又唱夫妇之道。恒卦次咸卦，咸以交感而应，恒益恒常而久，咸者男女之初，恒者男女之成，"咸恒往来，乾辟坤体，阳动阴中，而肇始人伦之初，皇建人道之极也。"故恒取久、常、固、恒益之义。

"久"。在恒卦，以雷风相与，刚柔相应言夫妇之道，虽言夫妇之道，而是取男女和合立象，以此示"恒"，为取法象示常道以恒。常道者，不易其常度，所谓独立不改便是此义，不易者，恒的阴阳法象——阴阳回转互抱而成恒。从道法之序而言，独立不改、周行不殆，不易其常度而曰恒，法度之恒必久，故恒之道有亨通之能，恒而能亨，"如君子之恒于善，可恒之道也。小人恒于恶，失可恒之道也。恒所以能亨，由贞正也。故云利贞"。

"雷风相与"。恒卦刚上而柔下，震刚在上，巽柔在下，震雷巽风，二物相与，所谓雷动则风起，雷迅则风烈，雷止而风息，"巽而动"柔巽以震而动，居其下而抱震阳，以"刚柔皆应"而你动我应，以此风回转，雷风相博，交助其势，立恒象。皆应者，震巽上下二体六爻皆阴阳相应。郑汝谐曰："咸与恒，皆刚柔相应。咸不著其义，恒则曰'刚柔皆应'。咸无心，恒有位也。有位而刚柔相应，其理也。无心而刚柔相应，其私也。能识时义之变易，斯可言易矣。"

"天地之道，恒久而不已也。"雷风相与，裁天地之道而运；刚柔相应，以阴阳之机而成，皆以立恒之象言道法之序，道法之序者，以独立不改其常度唱天地之道。天地之道者，夫妇之道者，皆阴阳和鸣而相与互益而行恒，故恒乃恒益之道，天地恒益万物，阴阳恒益夫妇，震巽恒益交通，刚柔恒益君子……故曰："日月得天而能久照，四时变化而能久成，圣人久于其道而天下化成。观其所恒，而天地万物之情可见矣。"立恒而恒益且久者，唯道体德性一理，德性随道、法、物等演而不察，皆外化于可识、可辨之象。言治君子者，借君子健德而示恒象，恒则恒益，益阳而阳裕成恒德之固，德固而久者，有治身德之大成。

"君子以立不易方。"君子观雷风相与而恒益、恒久之象，当明恒常不易、居常变易以及万象所变之原因——依性→法→象程式而贯穿的恒道。应师法恒道不易之本性，变易之法序，以此洞明之"立"，确乎洞明道体德性之大"明"而不可拔。君子更宜师恒道，恒益的持守弥坚之性，不变易其利恒又恒养之操守，当持恒道而恒益万物于四方，纵然雷风与万象虽变、能变，但变而自有方序，万象变易不过惟法序而变。李光地曰："雷风者，大地之变而不失其常也；立不易方者，君子之历万变而不失其常也。"

求恒

初六：浚恒，贞凶，无攸利。

象曰：浚恒之凶，始求深也。

九四：田无禽。

象曰：久非其位，安得禽也。

初六居下，与四为正应，有深以常理求之的浚恒之象。浚者，为入水深挖之义，处恒，以巽入兑泽，为求恒愈深之义；《说文》云："浚，抒也。"段玉裁 注："抒者，挹也，取诸水中也。"初六为执巽之主，巽躁而柔，以深有所求求往应四，然四震而阳，志在上而不下，又为二三所隔，出现"应初之志，异乎常矣。"故以初之柔暗不能度势而应变，虽正亦凶，失时而无所利。《程传》曰："守常而不度势，求望于上之深，坚固守此，凶之道也。泥常如此，无所往而利矣。世之责望故素而致悔咎者，皆浚恒者也。志既上求之深，是不能恒安其处者也。柔微而不恒安其处，亦致凶之道。凡卦之初终，浅与深，微与盛之地也，在下而求深，亦不知时矣。"

九四阳居阴位，不中不正，久非其处，亦不能久安，虽求恒久，但如田猎而无禽兽之获，徒劳无功，以失恒而求恒。"人之所为，得其道，则久而成功，不得其道则虽久何益？故以田为喻。"田，田猎；禽，鸟兽，取震类走兽，巽类飞禽。胡氏媛曰："常久之道，必本于中正。九四以阳居阴，是不正也。位不及中，是不中也。不中不正，不常之人也。以不常之人为治则教化不能行，抚民则膏泽不能下，是犹田猎而无禽可获也。"

求恒。初六以浚恒之象虽求速而不知时，故不恒；九四以田猎无禽兽之获，徒劳无功，亦不恒。不恒者，当求恒。如何求恒呢？在初六欲求速必治渐，渐者，渐进也，在乎日积月累；在九四应以中正治"田猎"之术，专而在己位，以常道治常。王宗传曰："犹之造事也，未尝有一日之劳，而遽求其事成。犹之为学也，未尝有一日之功，而遽求其造道。夫造事而欲其有所成，为学而欲其有所造，固所当然。然望之太深，责之太遽，俱不免于无成而已，故凶而无攸利也。”《案》曰：“浚恒者，如为学太锐而不以序，求治太速而不以渐也。田无禽者，如学不衷于圣而失其方，治不准于王而乖其术也。如此则虽久何益哉？韩愈与侯生钓鱼之诗，即此田无禽之喻也。”注韩愈《赠侯喜》诗：“君欲钓鱼须远去，大鱼岂肯居沮洳。”

得恒

九二：悔亡。

象曰：九二悔亡，能久中也。

六五：恒其德，贞，妇人吉，夫子凶。

象曰：妇人贞吉，从一而终也。夫子制义，从妇凶也。

九二以阳刚履阴位，本当有悔，但以其居中，又应中，故能恒于中，为典型以其中正之当位，有配位之德，故以久中而称位。故而有忧悔消除之悔亡。

六五柔中应九二刚中，谓常久不易，但能正固其德，夫以顺从为恒者，妇人以此常道从一而终，故有妇人吉。若丈夫以顺从于人为恒，则失其刚阳之正，失恒正则凶。五居君位而不以君道言，却以妇人言，是丈夫犹凶之所在。丘富国曰：“二以阳居阴，五以阴居阳，皆位不当而得中者也。在二则悔亡，而五有夫子凶之戒者，盖二以刚中为常，而五以柔中为常也。以刚处常，能常者也。以柔为常，则是妇人之道，非夫子所尚，此六五所以有从妇之凶。”

得恒。九二阳居阴位，为非常理，而又居得其正，处常道，以处常道之位行非常之理，本应有悔，而九二以中德应于五，以得中而恒中，中则正。九二得恒之所在为以刚中之德应于中，为以德胜而除悔亡。六五柔顺之德贞固，正因正固其德，故以德胜，又从一而终，以行致胜。所以，九二与六五得恒之所在，均为正固其德，尤其是正固其位德。正而固，便是得恒之要。

失恒

九三：不恒其德，或承之羞，贞吝。

象曰：不恒其德，无所容也。

上六：振恒，凶。

象曰：振恒在上，大无功也。

九三阳刚居正，以刚居刚而有过刚不中，志在从上，又不能守己位，为无常之人，无常之人则失恒常之道，故曰，“不恒其德，或承之羞”，不能正固其德，则羞辱或随之。承者，奉也，跟随之义。《程传》曰：“三阳爻，居阳位，处得其位，是其常处也。乃志从于上六，不惟阴阳相应，风复从雷，于恒处而不处，不恒之人也。其德不恒，则羞辱或承之矣。或承之，谓有时而至也。贞吝，固守不恒以为恒，岂不可羞吝乎？”

上六以阴柔居恒之极，处震之终，恒极则不常，震终则过动；以阴柔居上不能坚固其守，非安其所，以振恒之象失恒道，失恒则无功。振者，动之速也。王弼曰：“夫静为躁君，安为动主。故安者上之所处也，静者可久之道也。处卦之上，居动之极，以此为恒，无施而得也。”

失恒。九三失恒为既处位不恒，又固德不恒；上六以振恒动无节而失恒，动无节者，不知以静节制其振恒之动，同九三一样皆为不得其恒正之道。

德之固

在恒、井二卦呈现治君子修身健德的恒养状态。恒养者，恒益德固与恒养阳善，恒益德固重言身德，恒养阳善重言外善，以德之固到德之地呈现了从身德到外德的变化关系，外德者，外则入世，以入世修德多以善言德，为外善。但外善以身德坚固为基，犹如井之食养，需有水源，而德性便是生水之源；德的阴阳法则属性可知积善升阳气，外善益德，能使其阳足而裕，也是基于外而言身的恒益所在。

德之固者，恒也；以恒益阳善而使德固。欲德固，先基于陋习退、阴疾消而阳善自出的损益之道来损“阴”，损阴再裕阳，养阳裕而固德，德固以恒而得恒道。由恒卦呈现的恒道，从失恒走向求恒，从求恒走向得恒的过程，只有得恒才能相恒益，相恒益才能恒久。

在恒卦，有雷风相与、刚柔相应之恒益状态，失恒从何而来呢？失恒有不居恒而失恒和居恒而失恒两种类型，不居恒而失恒，为处恒之初的失恒状态，居恒而失恒为处恒卦中的九三与上六失恒状态，其中九三因不恒而失恒。处恒之初的失恒状态为因损益而失恒的恒初阶段，未进行修身健德之损益时，身心处于不自察的平衡状态，这种平衡状态最典型的便是困卦九二、九四、九五三阳君子，虽处困但因本性蒙蔽，再加上名利与官途加身，便不知所困；因不识本性和烦恼所在，以不知所困反而平衡。但困极必复，经辨质见修，从一阳来复阳气健开始，以损益之道损其陋习与阴疾，此时因“阴”消而阳待健，使其失衡，这便是恒初阶段的失恒状态，衡者，为阴阳之间的平衡，失恒之“恒”为尚未处“恒”的非平衡状态。

从恒初之失恒可见，最怕不得本质、不近法序的自以为恒常，这是一种昏昧且自我麻痹的非恒阶段，故需君子以健，从损益之道步入恒益、恒久的状态，而得以求恒。求恒者，从昏蒙以明，且从麻痹的不知所困以健其志，逐渐以“复”出困。求恒者，为恒卦初六与九四爻，求恒当以渐治速，欲速不仅不达，还会因速而失方，如初六以浚恒之象虽求速而不知时，时者，在恒卦以巽春、离夏、兑秋、坎冬而四时象全，欲求速却四时皆不达，可见求恒之方极其重要。方者，方术也，如九四应以中正治“田猎”之术，专在己位，以常道治常，便是九四求恒之术。求恒者，必以损益之道为基，且反复其道，再专其求恒之术，以免陋习、阴疾复染其自强之志，才能师“渐”而达常道。

从恒初之失恒与求恒不达可知，不知治其损益之基，亦不重守位是失恒与求恒不达的原因。初六以浚恒之象欲深挖，而四在上不下故不应其求，实则初六损益根基不足，己志不能上达，阳气不能破二三之隔。九四虽求恒，却不知守位，若欲求恒则必守其位，且要专而己位，才能免凶；守位者，健位德也，之所以言守不言健，在于身德要以损益为基，阳裕而固才能言健，言守者为守其损益之道，待阴消而阳出，日积月累而阳裕，阳裕以健才能显德，所以守位极其重要，为守“位”之本分。

以损益之道为基修身健德，再知守位而健德，故九二与六五得恒，其得恒之道在于居其正又守其中，均能正固其德，以正而固得恒之要。正而固，便是德因阳裕而固；正者，立身之正，立身者先修身以能立；修身者，阳出，阳蓄而喻；固者，阳裕则固，而有德之固；德固者，恒益、恒久也，不再是阴消阳出而失衡，而是刚柔相应、阴阳和鸣以夫妇之道而恒益，入处恒之状态，也为从非平衡进入新平衡的恒常状态，在新平衡里，阳唱而阴和，阳动而阴顺。正而固者，得恒之道，德固而久者，有身德大成。

治明而持恒。君子修身正固其德，当值恒卦治其大明。明性→法→象程式之恒道，恒而不易之本性为德性，日月之所以能久照，四时之所以能久成，皆德性使然；居常变易者为基于不易之恒德而显恒变之法序；万象所变皆依序而恒变，恒变者不过外象耳。值恒卦健明德，以明道体德性之大明固德，乃德之恒固，修持健德之最，莫过于见本性之明，能见本性者，便是能使德恒固者。处恒卦，无论是利恒，还是恒养，皆以达本性而大利，以达本体而大养，虽处外象之恒变，亦不会偏废其善。

井卦：德之地

井：坎上巽下

善地井养之道

德固而能养，而有德之养地，德之地者，井也。德之固，以恒养而固其身德，德之地，以外善井养善德，在恒、井二卦，正好呈现从德之固到德之地的变化关系，治君子修身健德之亨通状态，离不开健德的恒养阶段。

能久且固者，需有养，养而有地，为德之地，井也。《序卦》曰：“困乎上者必反下，故受之以井。”井者，井养而不穷也，为木入于水下而上乎水的汲井之象，汲井以养，而成养之地。《杂卦》曰：“井通而困相遇也。”通者，以井养而通善，以善养而通德，以德之能养而通德之地，以德之地而通立“井”之大义。之所以言立井，在于邑可改，民可迁，唯井不可易，之所以唯井不可易在于并非任一之地皆能出井，并使井出水以养人，能出井之地，在于所地有德。正因为井地有德，方能以“井”义通养、通善、通德……师“井”而行井养之道，以养物之不穷而取井德。

井之道。井者，木上有水，以巽木入乎坎水之下而上出其水，故井之为器，水为井用，以立井、汲井之象立井义。以井通养，在于水为井用，井水能养，也是井之为器之大用；以井通善，在于井水以养而居善，居善而得善，使水之用与井之为器，能成其用，因善而得用，又因用而显善；以井通德，在于井以养、以善而有德，井之德者，以井地之德、井养之德、井善之德而成井道。故井之为象与井之大义，宜王道取用之。

井卦，德之地也。德之地者，既是立恒益而养德之所，更是因德裕善行外得之封地，此“地”为因德而获，是德位分封的一种形式。言外得之地，表明身德从大成到已成，立于身而言外，为已有世德，以大成身德入世，为以德裕而普世之举，君子必当入世而治世，故必要经历井卦以养。从困卦状态而言，处困时，君子无位无食，而值井卦，君子有井可食，且有立足之井地入世，可治“井”而惠人，言“往来井井”，使至井者皆得其用，皆可养，“井养而不穷”者德善大焉，以此进位立世，以当位之利行善政。

德之地者，修身养德之地与善政自耕之地。修身养德，以井出水而自汲自养，并非单以井“水”养之，而是师法井之为象与井之大义，以井器之用、井水之养、立井之善、井地之德以及井善之德大养、广养之。“井”能大养、广养除自健“养”德外，还因井之王道属性而成善政自耕之地，为立井德而行外善养人，以井养人，使井成外善之“地”；地者，政地也，德政之所出，善政之所达，皆在于“地”之位，言“地”虽位卑，但“地”如坤载德，厚德便可载政，广政又足以载善，使“地”因善政而属性大改，从人自汲井水养之小用，到德器大用，能以小而成其大。之所以言“自耕”，在于善大或善小，皆应亲力亲为，才能使善终能成德，不自耕而欲获善，如水中捞月；之所以以井卦言立井、渫污、修井、汲水等过程，就在于谋善、谋政要自耕亲为成其善功，方能取德并居德，况且谋善政以井养人，治善而履善乃本分耳，只有勤奋自耕方能见善。

井：改邑不改井，无丧无得。往来井井。汔至，亦未繘，井，羸其瓶，凶。

彖曰：巽乎水而上水，井。井养而不穷也。改邑不改井，乃以刚中也。汔至亦未繘，井，未有功也。羸其瓶，是以凶也。

象曰：木上有水，井。君子以劳民劝相。

卦辞：以井象言井体、井用、井制。

彖辞：井养不穷之井德之道。

象辞：君子观汲水与井养之象而养民资治。

井卦，坎上巽下，为木上有水而汲井之象。井者，穴地而出水之处，以巽木入乎坎水之下而上出其水的汲井之象，立“井”义。巽者，木器，取水之器，以巽入于水，可汲而上。何为井象？为经纬交织，阡陌纵横而成井字象，南北谓经，东西曰纬。在井卦，坎者水，为方，兑者坑，方形水坑，人工凿成，以此制井。《玉篇》云：“穿地取水，伯益造之，因井为市也。”因井为市，是井之用，谓以井养人，也有“八家共汲一井”之说，为依井而有井地。

“改邑不改井”。邑者，城邑，《左传》曰：“凡邑有宗庙先君之主曰都，无曰邑。”，《周礼》云：“四井为邑。”改者，更改，改革；兑主金，金曰从革。所谓改邑不改井，为国都可以迁移，王制不可轻易，以此“以喻王道之行，国不异政，家不殊俗”，取井养之义，以井言用之不能减损，其王政应养民、益民；不改井者，为养民之王政不可更改。改邑不改井，王无异制，臣无易节，犹井之体。《杂卦》曰：“井通而困相遇也。”为邑可改，民可迁，唯“井”（制）不可易位，位不易则困境必无所遇。

“无丧无得”。以井无盈涸，示其井养可久。丧者，为坎之失，因取而失；得，为兑之取，因汲而得。井之能养，为井有养德，有以井养人可长久之义，也喻王政应取井之德，以政而能养行恒常之道。以无丧无得言取与得，令其无丧者，为政之实效，令其无得者，为政之本分；“无”在于以“井”政养民虽有成，但不能居功，以政养民为德政之必须，能谨小慎微无过错就好，哪里敢有“得”之言。

“往来井井”。为邑人往来，汲用井水。往来者，人众也；井井，汲水于井。汲水于井而使往来井井者，为以井之用能养。以往来井井言所及者多，以喻井养之道有大。井能养者，重以德惠人，井能惠人，且所及者多，为德能服众之义。德服者，外服也，井以地言，为由身往外之转变，修身健德在身，而井之地在外，为历经以恒固德，其德之健，使其有立身之地，进而可养德。井，既能养身德，又能以德惠人，是立恒益而养德之所。

“井养而不穷也。”立于井之体、井之德、井之用言德之养地。井之体者，修身健德治君子之主体，行而健者，乾体也，在于性健；用于德施，而言德政之体。井之德者，井之能养，为井有养德；井者，方形水坑，人工凿成，犹言人修身健德过程，井之所以能养，在于井有水，为阳足德裕而成水，阳足复刚呈金性，金能生水，故德为生水之源。井之用者，健德而养德，再以德养人。井之所以能成德之养地，乃是因德裕善行而外得之地，为因德而获，是德位分封的自然形式，为德裕且固的自然所得，流溢于外的表现。当健德之内健不懈，阳蓄反复，故井养而不穷。以外得之地，言内健之奋，内健之不穷，尤其是立于外言内之所得。以外得之地，井养他人而不穷，从入世之世德而言治世之要，治世亦然健德，使其德裕，健德政而普世。

“汔至，亦未繘。”汔者，水涸，取离象；至者，通窒，为滞塞不通；繘者，井上汲水的绳索。汔至，井水干涸，失井养之道。“羸其瓶”，羸者，败也，为拘累缠绕之象；瓶者，汲水之器；为钩羸其瓶而覆之。汔至未繘，为井失其用也，而羸其瓶，为器失其用。《案》曰：“然井能泽物，而汲之者器。政能养民，而行之者人。无器则水之功不能上行，无人则王者之泽不能下究。

故汔至以下，又以汲井之事言之。”

《程传》曰：“井之为物，常而不可改也。邑可改而之他，井不可迁也，故曰‘改邑不改井’。汲之而不竭，存之而不盈，无丧无得也。至者皆得其用，往来井井也。无丧无得，其德也常。往来井井，其用也周。常也，周也，井之道也。汔，几也。繘，绠也。井以济用为功，几至而未及用，亦与未下繘于井同也。君子之道贵乎有成，所以五谷不熟，不知荑稗。掘井九仞而不及泉，犹为弃井。有济物之用而未及物，犹无有也，羸败其瓶而失之，其用丧矣，是以凶也。羸，毁败也。”

“君子以劳民劝相”。劳者，勤劳也；劝者，勉励也；相者，治理也。木入水出，为汲水之象，从井汲水以养，谓井养；君子观汲水与井养之象，应勉励贤达，养民资治，如此可井养不穷，使民不争。井能养为井恒常之用，其用之不竭，蓄之不盈，才是井道恒常之道，可要想井之养无有穷已，必知来水之路，所谓吃水不忘挖井人，犹是如此，健德使其金能生水，才有其水源。君子以劳民劝相，必要立己之健德之利，警教他人当健德以自养或“掘井”养他人，才能治民以明，使民皆有健德而自耕之地，惠民以德，不如使民自健其德，立德本明其德性，为比善政之善犹甚。

修井以食

初六：井泥不食。旧井无禽。

象曰：井泥不食，下也。旧井无禽，时舍也。

九三：井渫不食，为我心恻。可用汲，王明并受其福。

象曰：井渫不食，行恻也。求王明，受福也。

六四：井甃，无咎。

象曰：井甃无咎，修井也。

初六阴柔在井之下，与四不应，是无水之象，无水则不能济；井之下，为泥之象，泥污者，为有井而不可食。食者，饮用也；初不应四，上无应援，四为兑主，又巽反兑体，成不食之象。禽者，鸟兽也；“旧井无禽”因有井不能食用，禽兽亦不往来。“旧废之井，人既不食，水不复上，则禽鸟亦不复往矣，盖无以济物也。井本济人之物，六以阴居下，无上水之象，故为不食。井之不食，以泥也。犹人当济物之时，而才弱无援，不能及物，为时所舍也。”井，以能养而不养，因井泥不食，井泥不食，谓邦政无道，旧井无禽，谓贤人隐遁。旧井者，曾经能养，因失修而废不能养，堕政也。王弼曰：“最在井底，上又无应，沉滞滓秽，故曰井泥不食也。井泥而不可食，则是久井不见渫治者也。久井不见渫治，禽所不向，而况人乎。”

九三刚正，以阳居阳，在下体之上，为以可济用之才而可食，虽可食却未见食用，而有井渫不食之象。渫者，淘井去污。井水淘净，清洁却未见食用，路人为我恻怛痛心，井下为泥，不可食，但井上则可用，九三以居下体未得其用。井渫不食，谓君子在野。九三君子之志应上六，其志在上，为汲汲上进之象。“可用汲”，为才德已盛，修与健皆成。井渫可汲，乃见王者之明，明者，取坎之聪，“王明则汲井以及物，而施者受者并受其福也。”《程传》曰：“三居井之时，刚而不中，故切于施为异乎。用之则行，舍之则藏者也。然明王用人，岂求备也，故王明则受福矣。三之才足以济用，如井之清洁可用，汲而食也。若上有明王，则当用之而得其效。贤才见用，则已得行其道，君得享其功，下得被其泽，上下并受其福也。”

六四阴柔居正，处外卦而非泉之象，上承九五之君，因性柔才薄而不能广济，虽不能广济，但可自守其位，修业健德，以修、健补其不足，犹井甃可使井不污不废，因修治得无咎。邱富国曰：“三在内卦，渫井内以致其洁。

四在外卦，甃井外以御其污，盖不渫则污者不洁，不甃则洁者易污。”甃者，以瓦甓垒井，使井坚固；修者，整饬、修治。井甃，修治井壁，以修治其失养而复其能养。来知德曰：“六四阴柔得正，近九五之君，盖修治其井，以潴蓄九五之寒泉者也。占者能修治臣下之职，则可以因君而成井养之功，斯无咎矣。”

有井可食

九二：井谷射鲋，瓮敝漏。

象曰：井谷射鲋，无与也。

九五：井洌，寒泉食。

象曰：寒泉之食，中正也。

上六：井收勿幕，有孚元吉。

象曰：元吉在上，大成也。

九二刚中，为有泉之象，上无正应，下比初六，以阳刚之才居下而不上行，犹如瓮敝而水就下。张振渊曰：“以井言，则为‘井谷’之泉，仅下注于鲋。以汲井言，则为敝坏之瓮，水反漏于下也。”谷者，泉眼，井谷者，井中出水之窍，井能出水，则非泥井，故井可食。井之道，为上行有功，而井谷者，失井之功，以就井下而失功。鲋，或以为虾，或以为蟆，井泥中微物耳。射，注也，瓮敝漏，如瓮之破漏也。鲋者，小鱼、虾、蟆等，为水中阴物，类初六；射者，水下注；如谷之下流注于鲋。《仪礼·士昏礼》云：“鱼用鲋。”疏：“义取夫妇相依附者也。”瓮者，瓦罐也；敝者，破败也；漏者，泄露也。射鲋者，水浅犹不能汲，汲亦无所得；瓮敝漏，失瓶之用，水反漏下。九二阳刚之才，本可以养人济物，而上无应援，故不能上而就下，是以无济用之功。如水之在瓮，本可为用，乃破敝而漏之，不为用也。虽言无济用之功，但并不言悔咎，《程传》曰："曰失则有悔，过则为咎，无应援而不能成用，非悔咎乎？居二比初，岂非过乎？曰：处中非过也，不能上由无援，非以比初也。"

九五阳刚中正居尊，为有泉之象。洌寒之泉，可为人食；洌者，甘甜且清洁也，井泉以寒为美，井泉有美，为井道之至善也。功及于物，为有德者居其位，是君德之至善者。易祓曰："三与五皆泉之洁者，三居甃下，未汲之泉也，故曰不食。五出乎甃，已汲之泉也，故言食。"

上六居井之终，应三亲五，有井道之大成，大成者在于井以上出为用，居井之上，便有井可用，有水可食，且汲水完毕，不加井盖以掩蔽，以治其有孚。收者，汲取也；幕者，蔽覆也，为取而不蔽。《程传》曰："取而不蔽，其利无穷，井之施广矣大矣。有孚，有常而不变也。博施而有常，大善之吉也。夫体井之用，博施而有常，非大人孰能。它卦之终，为极为变，唯井与鼎，终乃为成功，是以吉也。"

德之地

德固而身德大成，则养善。养善者，固阳而裕，阳裕修器，修器治养，养而有地。固阳而裕者，恒道也；阳裕修器者，言立井也；修器治养者，言以井养人而有善也；养而有地，为以善养德，有德之地也。值井卦，君子有井可食，且有立足之井地入世，为立于身德之健而行外善以养人、养物，以井能出水言勤健修德有成，以"井养而不穷" 德善大焉。

外善之"地"，要立井、渫污、修井、汲水等过程，才能有水可食，以井养人，立井者言善者，并非欲立则成，也要经历井泥不食、井渫不食以及瓮敝漏、羸其瓶的艰难过程。井泥不食者，应修上进之心，井渫不食者，应淘井去污，以健德取善之志自奋向上，并持续损益之道，使其陋习退、阴疾消，谓之渫井去污，实则使身心清洁，清洗过多的欲念、杂念，使其专使裕阳与益善之事。除此以外，还得有瓶瓮之汲水之器，井水处下，无器不足以上达，虽井谷者，上无汲引之人与上汲之器也亦不能食。井谷出水，虽才德已盛，但需依明王之聪从上汲引，否则井渫不食虽有才德而不能用。《案》曰："在卦则以井喻政，以汲之者，喻行政之人，在爻则下体以井喻材德之士，汲之者喻进用之君，上体以井喻德位之君，汲之者喻被泽之众，三义相因而取喻不同。"

丘富国曰："先儒以三阳为泉，三阴为井，阳实阴虚之象也。九二言井谷射鲋，九三言井渫不食，九五言井洌寒泉。曰射，曰渫，曰洌，非泉之象乎。初六言井泥不食，六四言井甃无咎，上六言井收勿幕。曰泥，曰甃，曰收，非井之象乎。以卦序而言，则二之射，始达之泉也。三之渫，已洁之泉也。五之洌，则可食之泉矣。初之泥，方掘之井也。四之甃，已修之井也。上之收，则已汲之井矣。又以二爻为一例，则初二皆在井下，不见于用，故初为泥而二为谷。三四皆在井中，将见于用，故三为渫而四为甃。五上皆在井上，而已见于用矣，故五言食而上言收也。子曰：'小人不耻不仁，不畏不义，不见利不劝。不威不惩，小惩而大诫，此小人之福也。'"

修井者，为立善政向善。修之者何？修之井底，使其出水，井以阳为泉，喻示裕阳才能出水，这便是言井以养的出水之源——健德使其金能生水，无此出水之本，便是枯井，所谓旧井无禽，不健德出水连禽兽亦不前来。修井者，要有井可修，有井者要先"掘井"，必将健德自耕而行恒。井出水，要有上汲引之人与上汲之器，上汲引之人者，要依王者之明，能擢拔健德与有德君子，使其从下而上能进位，继而当位；上汲之器者，君子治善应有凭借和实惠之处，非空取而能惠人，为行善有方法、有途径，也由此可知，修身健德与入世修善的区别，就在于入世修善需多种条件齐备，要处理众多复杂关系，而这些复杂关系的建立与修缮，正如修井，都是用来为汲水可食来服务的，所以要广泛引援以助，不光是图明王赏识与擢拔，而要自建行善政之途径。

善养与善成。善养者，九五也；善成者，上六也。九五治善而有井冽寒泉，井冽寒泉甘甜可食，便能养人。养人者，善之践也；九五治善而履善，在九五有井道至善与君德至善，这是促使在上六“井收勿幕”而善成的主因。冽寒之泉可食，在九五位未言吉，而在上九后方言元吉，在于以井言养，为位德所赋予，井之君德本应如此，故无善可言，治善而履善乃本分耳，所以不要随便以善行而居善功，有时虽可处处见善，但不一定有善功，便是如此。其井冽寒泉，井以上出为成功，未至于上，未及用也，故至上而后言元吉，元吉者，汲取皆不掩不蔽，使其往来井井，为施养无穷之象，井水常有，则有恒益居常，为益善而善大，以能养而养之大曰元吉，此时善才有善功。李过曰：“初井泥，二井谷，皆废井也。三井渫，则渫初之泥。四井甃，则甃二之谷。既渫且甃，井道全矣。故五井冽而泉寒，上井收而勿幕，功始及物，而井道大成矣。”

从德之恒固到德之井地。德者体也，井者用也，体用一如，治君子方能制胜。以阳固修德，以井修善政，使养者受阳之惠，使困者得善以济，惠、济者非仅限于井水之食，而是阳善以健与健德之本示人，教他人有德，使小人健德，以“小乘”之利，行天下同德的“大乘”之愿，既为君子修持之要，亦为君子示范之本。以善之大教养天下，德健无疆而惠泽无穷。

巽卦：德之制

巽：巽上巽下

进位节制之道

历经从损卦德之修、益卦德之裕、恒卦德之固再到井卦德之地的修习过程，以损益修身与恒养健德，呈现治君子的损益与恒养之道。更有从身德到入世健外德的转变，围绕“修”与“裕”以及“固”与“养”，从立身到入世，既有修习方式的转变，又有修习场景之转换。修习方式从损陋习与阴疾之损益修身转变到在修善之“地”以善政惠人，修习场景开始从“至日闭关”的以静制动转换到有“往来井井”的纷繁之世，修习内容也从惩忿窒欲、见善则迁到追求井养而不穷。言治君子者，其修身健德终究是立身之健的过程，经历君子裕阳固德之健，终要走向以立天下之正位而行天下之大道，以善政养民资治，教他人有德，使小人健德。

君子修身以立身，立身入世修善，必立世而进位，唯君子当位而言善政以施。进位者，利见大人，巽也；进位而当位，践礼以守位，履也；巽者，德之制，为养而有节制，在巽卦，呈现立于身德到外德，再从外德走入位德，君子进位而守位，从而以当位之位，健配位之德，而能称位君子，处巽体行进位节制之道。

《序卦》曰："旅而无所容，故受之以巽，巽者，入也。"以巽继旅，在于旅而无所容，无立足之地，而寄于市井，以其巽入也。巽者，入也，一阴在二阳之下，巽顺于阳。《杂卦》曰："兑见而巽伏也。"巽以一阴潜于二阳之下呈巽之伏象。盖一阴伏于内，阳必入而散之，以阳散阴，为阳气布施之道，阳者善也，以善养阴，阴性凝滞，唯阳才能散之，阴散而阴不消再与阳合德，以阳散阴，再以阴制阳，制者，节制也，阳善不足不能广施，只能节制以散阴凝，此为量力而行，故言言申命行事以节制。申命者，明其天命与使命，巽的天命便是以阳散阴凝，在立世行善政之初，阳不足以行大事，而阴的使命便是节制阳的横行，不知"命"的横行容易耗散阳气而失阳道根本，也会失去以善养阴的根本，故申命以节制在于阴，故在初六曰"进退，利武人之贞"其进退犹疑之事，易刚猛决断，便是以下阴果断制阳，以决定巽体的方向和巽体阳道应所为之事。

巽者，德之制也，为养而有节制，能使立世进位的基础在于恒益固德与恒养阳善，其养德与养善必当有节制，所谓节制者，履法序也，初浅言之，谓入世修善应有入世之准则，君子当履共法而节制之。巽以申命行事言节制，为以下阴制阳耗散，阳以存而阳足则德裕；巽者风也，以风入而教化无迹，风入教化，以无为之善行有为之政，以此养德。

巽之道。巽之道在于"重巽以申命"，君子当执巽道而申命行事；同时，巽者风也，为随风而教化，且王化无迹，而取善德。巽卦以双重"风"立象，以"申命"明达其天命与使命，以"行事"遵循巽道法则而行善政，立于卦而言阴、阳、善、政，在于"制"之有法，使上施政不违天命与下行事不逆民情，以上下皆能通乎情而阴阳合德，节制有法；在巽卦，初六不明其命，不达其理，为巽体阴凝不化之群体，九三频巽而使精气耗散，使巽体阳道有失，皆是巽之积弊。风入教化是巽道主旨，在巽卦以利见大人而言君子进位，君子立身修德养外善，需进位以行善政普施之利，故而言风入温养以行阳道之教化；九二之阳化初六之阴，九二阳入床下，正是风入教化之善行；六四以得见大人成进位之人，并得风入教化之利；以巽道行风入教化，在于善政以功，德政以教，以善政得功而居善，以德政教化而有德，成其巽卦阳入化阴与以阴制阳的阴阳合德之重巽义。

巽：小亨。利有攸往。利见大人。

彖曰：重巽以申命。刚巽乎中正而志行。柔皆顺乎刚，是以小亨、利有攸往、利见大人。

象曰：随风，巽。君子以申命行事。

卦辞：以巽进位而利见大人。

彖辞：阳入化阴与以阴制阳而呈阴阳合德之重巽。

象辞：申命行事是王化之基。

巽卦，上巽下巽，为随风而王化无迹之象。巽者，风也，以风入之象言巽体以阳入阴而化阴。巽者，制也，一阴伏于二阳之下，为阴凝而散，以阴潜之而制阳。巽者，消散也，为以阳养善而王化无迹，以无为而能居善。故巽取风入，节制，消散无迹三个层次含义。巽者，入也，以阳入阴而化阴，在巽体有一阴伏于内，“内”者为阴至深的描述，阴寒深故凝滞不通、不动，以阳入而化阴，使阴凝者散之，以阳化阴，在于温养，非急火能成，故入者应微且微而久。如同处启蒙之初，阴凝顽固不化之人难以教化，不可求速。

巽者，制也，以阴节制阳而使阳行阳道；《杂卦》曰：“兑见而巽伏也”，一阴潜于二阳之下有巽伏象，为以阴伏阳。阳入阴使阴散，阴散而阴不消再与阳合德，合则潜之于下，阴者居下也，以此以阴节制其阳；节者，使阳气少损耗，制者，阳善不足不能广施，以制其不可行大事。以阴制阳之象，为巽申命行事之体。

巽者，消散无迹也，《释名·释天》曰："巽，散也，物皆生布散也。"所谓消散者，为阳养人、养物后而散之，为养而不居功，如天地生万物不以生而居生功，善亦如此，养而有成则无迹也，此为无为之大善。善政之功，功在以无为行有为，无为者无迹，教化也，德政以教，则是风入教化之能，故德具也，养德有成。故巽者，俱也，《说文》云："巽，具也。"为巽体以无为之善行有为之政而德具才备。

"利见大人"。为处巽体的立身而进位之象，以进位言利见大人。井者地，井乃地下之所，又取地下泉以用，故居下；巽者风，风行地上，以风入为用，故取上，从井之地到巽之风，为从下而上的进位之象。君子立身修德养外善，需进位以行善政普施之利，无位则无政可施，君子进位者需如井卦汲水一样有上汲引之人，故言利见大人，大人者，对比欲进位君子而言，为当政者和能擢拔健德与有德君子之人。在卦中，二五不应，只能小亨；但二五刚中志行皆行其阳道，巽以阳化阴与以阳教化，皆以阳为大用，故利有攸往；初四柔顺承刚，是以利见大人之象。四为上体之下，非为阴凝者，乃阳化阴后之阴，因得阳利而顺，四知其阳善之功，又明阳命之用，是阳善之政见证者，得利者，又是善政之宣说者。

"重巽以申命"。巽为风，风尊自然法序而行，巽之法序者便是风之命，为尊其法序之号令，风象便是法相。申者，重复也，上下体皆巽，故谓"重巽以申命"，以双重"风"象言自然法序是一切之本，只有遵循而法之，方能制胜，立于卦而言阴、阳、善、政等，也皆有其法度，尤其是居卦体便要随卦体之法，非一成不变之理，尤其是善与政，井之善与巽之善完全不可同日而语，便是此理，故申命者，为明达其理也。所谓“申命行事”，便是明达其天命与使命，而行巽之善政之事。在巽体，离为文，兑为言，巽为令，为申命行事，首先阳应明达其使命，为以阳化阴而养善，以其小亨行微入温阳之功，而非不知命的横行且大行其事，耗散卦体阳气而一事无成，既会失阳道又会失去养阴之本命。其次，阴应知命，阴申命在于节制阳，此等节制需有“利武人之贞”刚猛决断，以阴制阳，使阳行阳道。再次，柔应知命，柔者六四也，阳善之政见证者，得利者，便应该是善政之宣说者与巽体之忠实者，正因柔知命，方有“柔皆顺乎刚”而成就巽之功。最后，阴与阳皆应申命共行风入教化之善政，既决定巽体的方向和巽体阳道应所为之事，大行风入教化，温阴养善。“君子以申明行事”为君子师法自然法序与卦体阴阳之序，明达其法理与命理，从而依理、依命笃行其事。李光地曰：“王者欲知民之休戚，事之利弊，则必清问于下而察之周，告诫于上而行之切，此其所以申命也。盖始则入民情之隐，而散其不善者，终乃入人心之深，而动其善者。”在巽体言申命行事便是王化之基，阳化阴而养善，阴制阳而使阳能尽其用，阴阳合德而教化有功。

“刚巽乎中正而志行”。为二五阳刚居中，居中有正，为当位申命而行阳道之事。志行者，志在善，为以阳化阴而养善；志在政，为当位行阳道之善政；志在德，阳道能用，善政得行，风化有成，故而有德。在卦体中，巽与兑皆刚中正，兑有阳之为，巽以阴之为，兑柔在外，以用柔，而巽柔在内，为性柔。从而呈现上施政不违天命与下行事不逆民情，阴阳合德，节制有法，上下皆能通乎情。

巽卦取“巽在床下”之“床”象。床下，房中幽暗之地，阴邪滋生且不易去之地，言床下，为阳善温养阴邪有应去之地，不以位卑而厌弃之，善有大小，而德无强弱，皆行善道以温养而化之，再者，以床下位卑言阳尚弱，只能微入光照难入之地，可见，君子虽进位但君子尚无当位，只能行此卑难微小之事，心中所怀当位而大行善政之理想尚不能实现，只能缓图善政而存固德之心志。床者，卧榻休憩之所，君子虽未当位，但进位不以休眠为主，而以休养为上，言睡而睡有睡功，为内证取阳固气养神之道，无政可施便反身固阳以济阳弱，在巽卦虽言以阴节制阳，使阳免损耗，但君子应知阳出之道，虽积善升阳气，但立于身内证取阳之道方为固阳之正图。君子居床而思固阳，为房中术也，在卦中，以阴伏阳，也取卧榻之侧有妇人伴之，巽柔在内又顺乎刚，为以阴助阳之术，又以阳入阴，而兑者悦，有恒益固阳之夫妇之道齐乎于礼。

申命行事

初六：进退，利武人之贞。

象曰：进退，志疑也。利武人之贞，志治也。

九三：频巽，吝。

象曰：频巽之吝，志穷也。

九五：贞吉，悔亡，无不利，无初有终。先庚三日，后庚三日，吉。

象曰：九五之吉，位正中也。

初六居以阴居下，巽而不中，处最下而承刚，为过于卑巽者。卑巽太过而无进退之决断，为进退不果之象。进退不果，或进或退，不知所从而志疑。若能用武人刚贞之志而决断之，以此救治志疑之失。疑者，阴也，阴居下而无刚断之能；武人，刚猛决断者，乾也，以乾阳救阴而济疑。进退者，为不知进退所言的犹疑之辞；武人，刚猛勇武之人；贞者，定也，“精定不动惑也”；疑者，犹疑而不决也；治者，救治也。俞琰曰：“巽，申命行事之卦也。

令出则务在必行，岂宜或进或退。初六卑巽而不中，柔懦而不武，故或进或退而不能自决也。若以武人处之，则贞固足以干事矣，故曰利武人之贞。”

九三过刚不中，居下之上，为非能巽者，用刚乘刚，上下悉巽，频巽频失，频失频巽，失巽道而志困穷，吝之道。频者，反复也，反复布告谓之申命，朝令夕改谓之频巽。频巽为精气耗散而志困穷，以阳温阴而耗阳，阳者精气所结也，阳耗则精气散，精气散而志困，精者坎之精，肾主志，故以此言。阳耗气散故曰吝，这也是真个巽卦阳不足之所在，之所以以阴节制阳，就在于阳不足以行大事，只能以阴节制之使阳专行阳事，同时，频巽者，反复申命也是耗阳之举，既劳顿又反复决策，才至于阳耗气散；之所以频巽在于志穷而无知命之进退。《程传》曰：“三以阳处刚，不得其中，又在下体之上，以刚亢之质，而居巽顺之时，非能巽者，勉而为之，故屡失也。居巽之时，处下而上临之以巽，又四以柔顺相亲，所乘者刚，而上复有重刚，虽欲不巽，得乎？故频失而频巽，是可吝也。”

九五刚健中正而主巽，居中履正又六四承之，为有孚于下、于民，故其悔乃亡。有悔，是无初，为始未善；亡之，是有终，革除积弊而善终。处巽出令，皆以中正为吉，可见九五行有为之政。庚者，更也，《史记·律书》云：“庚者，言阴气庚万物，故曰庚。”为秋有阴之始，“阴无始而阳无终，终则有始，阳之用也，无初有终，阴之用也。”俗语云：“久雨不晴，但看甲庚。”盖甲庚者，阴阳之始也，变化之端者也。甲者事之端也，庚者变更之始。十干，戊己为中，过中则变，故谓之庚；事之改，更当原始要终，如先甲后甲之义，如是则吉也。郭雍曰：“慎乃出令，君人之道也。先后三日而申命之者，慎之至也。慎之至者，令出惟行，弗惟反故也。命令之出，有必可行之善，而无不可行复反之失，是以吉也。上曰贞吉，九五之贞吉也。下曰吉，盖命令以是为吉也。庚，即命令也。先庚，谓申命。后庚，谓出令之后而行事也。”又梁寅曰：“五居尊位，乃命令之所自出也。巽之义为入，入于理者深，而见于行者决，巽之道然后为尽矣。不然优游牵制，其多思者乃其所以为累者也，曷足贵乎。”

申命行事。反复布告谓之申命，朝令夕改谓之频巽。初六卑巽而进退不果，在于身弱志穷，故要以阳治其志艰，从“申命”之“申”的明达知理而言，初六不明其命，不达其理，为巽体阴凝不化之群体，所以求阳以济，求阳温养，求阳助振。九三频巽而使精气耗散，使巽体阳道有失，本可以阳济阴，以阳行善，却以吝道而失命。先庚以申命，后庚以令出，九五先庚后庚者，为求中正而使政善，未有中正者，需革除积弊而使善终。

风入教化

九二：巽在床下，用史巫纷若，吉，无咎。

象曰：纷若之吉，得中也。

六四：悔亡，田获三品。

象曰：田获三品，有功也。

上九：巽在床下，丧其资斧，贞凶。

象曰：巽在床下，上穷也。丧其资斧，正乎凶也。

九二以阳处阴而居下，执刚履阴，意有不安；当巽之时，不厌初六之卑，取信初六，能尽申命行事之道，是以吉而无咎。床者，取巽之艮，止于木，为床之象；史巫，祝史和巫觋，古代司祭祀、事鬼神之人，谓以诚而通神明者；纷若者，以多言谓反复申命。九二取“床”象，《程传》曰：“床，人之所安。巽在床下，是过于巽，过所安矣。人之过于卑巽，非恐怯则谄说，皆非正也。二实刚中，虽巽体而居柔，为过于巽，非有邪心也。恭巽之过，虽非正礼，可以远耻辱，绝怨咎，亦吉道也。”二与五，在卦中皆谓“刚巽乎中正而志行”者，为能尽申命行事之道如此。冯椅曰：“周官史掌卜筮，巫掌祓禳。卜筮所以占其吉凶，祓禳所以除其灾害。”

六四承乘皆刚，阴柔无应，宜有悔，然以阴居阴，处上之下，“四以阴居阴，得巽之正，在上体之下，居上而能下也。居上之下，巽于上也。以巽临下，巽于下也。善处如此，故得悔亡”。田者，猎也，取象乾之战；品者，品次分类也；《礼记·王制》曰：“天子诸侯无事，则岁三田，一为乾豆，二为宾客，三为充君之庖。”郑玄注：“乾豆，谓腊之以为祭祀豆实也。”按：一等猎物作成腊肉用于祭祀，二等猎物用于燕宾，三等猎物国君自己食用。六四近君以柔巽于上下之阳，如田之获三品，谓遍及上下也；四之位本有悔，以处善而为功。郭雍曰：“六四近君，志决于进，无初六之疑，则悔亡矣。是以有田获三品之功也。六四至柔，不当有田获之功。而此以顺乎刚得之，由是观之，则巽之为道，岂柔弱畏懦之谓哉。”

上九居高处亢，为过于巽者，过巽者穷而不知变通，又丧其资斧而失断。丧者，失去之义；资斧者，善于断割之利器；王弼曰：“处巽之极，极巽过甚，故曰巽在床下。斧，所以断者也。过巽失正，丧所以断，故曰丧其资斧。”上九亦取“床”象，虽刚且亢，却因丧其资斧而失正，为何失正呢？在巽以阳行温养为善，以风入教化为正，而上九皆未能行，为亢极行床事而耗散阳气，被阴所伤，不明巽道之所在。

风入教化。风入温养以行阳道教化者，正是以九二之阳化初六之阴，这便是九二取“床”象之所在，床下者，初六也，位卑且幽暗，为阴邪之生和阴凝之地。九二阳入床下，正是风入教化之善行，九二之所以有不安之意，在于并不明温养初六以养善之真实义，反而依靠“用史巫纷若”助其占断凶吉。初六需武人救志，而九二虽阳但需史巫助志以行志。六四是进位之人，既得见大人，又获阳利，田之战用武以除害，获三品，以上下之得而兴利，皆为善之功，善之功，既伐害有得利居功。可见，六四得风入教化之利，且为大利，已不战而能获且居功便是如此，在于处位尽善，已不战在于上下皆有阳可战，六四之上下阳以战，六四便不战而获，居功者，上下以阳行善政，善政到者，尽是六四获利，所以“巽风也，乾天也，风行天下，无微不入，无大不容，无高不登，无远不至，无物不化，田获三品，武功之盛者也”。上九亦取“床”象，上九以阳且亢之质，既未行温养之善，又未履风入教化之政，且不以阴助阳道，反而取阴耗阳，为疲于床事被阴所伤，继而伤处巽之志，大败其风俗也，“丧其资斧”为已经丧失了断欲之利器，其凶可知。

德之制

在巽、履二卦呈现治君子修身健德的入世养善状态。以进位节制之道呈现从德之制到德之基的变化关系，通过在井卦立井养善，使外善有井之地可立、可依，进而在巽卦以勤健养德有成而立身进位，进位者健入世图治之志，对比道屈志困的修健阶段来说，处巽之时，有了进位济天下之转变，此转变以“志”的明显变化呈现修身健德有功，君子以展现志德说明阳德已健，阳德已健便有进而济邦之志，君子立世便有图志之心。在巽卦有基于井而进位之象，从井之地到巽之风，为从下而上的进位之象。君子无论是养善还是图志，均以进位且当位而交于世，从进位到当位便是以巽到履之过程。在巽卦，虽言进位但并未得到“大人”擢拔而当位，反而因阳不足只能行微弱的温养之责，只能微入光照难入之“床”地，以行卑难微小之事，只能缓图大行善政之理想。

德之制者，为君子处巽无当位之位而制其志，这个“制”为抑制和限制，这是巽当体所决定的，犹如井体，只能以井养小善，虽有生水之源与往来井井之兆，毕竟受井之限制，非大江大河以能养其大。而巽对于君子欲当位大行善政而言，只能小亨，从巽卦内外可知，多言“申命”，又言“频巽”，还借助武人与史巫决疑，皆表明进位君子尚不能自作主张，尤其是在政见上，君子尚不能舒政而见政，只能听命而行旧政，行他人之政，这也决定了君子只能行卑难微小之政，究其原因在于君子自身阳德不足，非“大人”不擢拔而是尚不能当大任，叫虽进位亦不得志。虽进位亦不得志，在于从井卦始，井所行善小，故养德亦小，但既然处巽能进位，且有卑难微小之政可行，就应该处位当政而固德，以善小而养德大，如同以阳温阴一样不可速成，君子自当有君子之明，勿以善小而不为，所谓“善不积不足以成名，恶不积不足以灭身。小人以小善为无益而弗为也，以小恶为无伤而弗去也”正是如此。

进入德之制在巽卦内的主体，便是以阴节制阳，既是节制阳耗散的固阳之道，也是阳温阴相辅相成的善政之地。在巽卦重点在于理解阳入阴与阴伏阳之象，阳入阴为君子以阳道行善政之为，如同蒙卦启蒙之道，既是以阳蒙阴，更是君子合群之所，君子在巽卦养善健德在何处？便是在以阳入阴之随处随时，虽然取“床”象言位卑之地和阴暗之地，但是有为之所。阴伏阳，便是君子养善健德之时，因善举善功而受人拥戴，对君子之阳道以节制而倍加珍惜，在巽卦君子虽怀才不遇勉为其政，但在立世境遇中似乎有了知音，这便是阳善之利和启蒙将发。君子阳德不足量力而行，卦中反复强调申命，政令为上位所出，执令者不自作主张也是避免犯错，德之制也，也是制其擅自擅为。

言节制者，唯上九不在节制，而在斩断。上九亢且极，以为阳裕德足，对进位而未当位的施政现状不满，亦不明处巽之理，以为无当位之政以及无权无事便是现状，进而昏蒙贪图享乐，故在上九贪图床事，被阴耗阳而伤。究其原因在于上九既不知渐进之理，又不知治君子之天命与使命，被现状迷惑而失健德之道。渐进者，从井卦入世养善而有善之地，都要经过立井、渫污、修井、汲水等过程，才能有水可食，且还要经历井泥不食、井渫不食以及瓮敝漏、羸其瓶的艰难过程，才能立善之地，在巽卦亦是刚从井之地进位，以进位而利见大人领命差事，虽行者卑难微小，但亦是养善健德之地，君子奋图之所。如困卦被酒食、金车、赤绂所困一样，值巽卦上九又出现了被美色所困，不仅被困，还被阴耗阳而伤，想一想复阳道而健阳德的艰难过程就知，若不加以节制便会大败，故在上九不再言节制，以言“斧”就在于斩断，以斧之利而断淫欲，“贤德巽入床下，政教行于朝堂。君子居贤德，化风俗，家齐而天下定，以大人之德而用女归之教，可也”。上九断欲才能进而当位，才能图志。巽卦取风入教化，以治于精神而制欲。

巽者，风也；以风入之象取风入生教化，而言王化无迹。在巽卦，申命行事言节制，风入教化言善政，善政之功，功在以无为行有为，无为者无迹，教化也，德政以教，则是风入教化。言风入教化要明无为之境，君子入世皆志在有为，皆面对为政之实务，而忽视“精神”，君子当追求精神，以重德性而非求德善，德善者福德也，而德性者，福德性也。以无为之境行有为之政，以不着善相而居善，则善德大焉。取风入教化而治于精神，以此制上九横欲，又避免君子得志与不得志的世俗之争。节制之道大者，为履礼共序以节，且制之于位与法，以位履德而使德正固。履礼，既行节制之道，又以进位修善而言德之基，以履言治君子健位德之基础，是君子修身健德最大的善政之地，为君子得志而图志之当体，既利于君子自强不息阳德以健，又是以当位行善政而有厚德载物之位。

履卦：德之基

履：乾上兑下

履位制礼之道

《序卦》曰：“物蓄，然后有礼，故受之以履。”蓄者，为治君子恒益养德、养善之阳蓄与德蓄，以此养德有蓄并节制之，而成履；履者，礼也，以履言进位，依礼、依位才能践履，为建礼并循礼，依礼制慎行而健位德。蓄者，蓄聚、蓄止、定序也；物蓄而言履，故有履。小畜卦，众乾阳君子志心向邦，政治联合“密云”已成，但政见协商未成而“不雨”，六四以一阴蓄止众阳，通过以柔蓄乱以及以柔蓄志化解矛盾，继而以礼怀柔、以礼定序、以礼蓄大等术用，以政治联合之共体，行小畜德政之实，再以礼序而微入邦、民，出现“既雨”的亨通状态。小畜卦虽蓄之微小，但从“礼”的术、用到礼序，再升华到治于精神，皆行德为礼载、又以礼载德的德礼之道。

履者，践履也，人所履之道也；履者，礼也，以履言进，依礼、依位才能践履，为建礼成制并循礼、循位而慎行。《程传》曰：“履夫物之聚，则有大小之别，高下之等，美恶之分，是‘物蓄然后有礼’，履所以继蓄也。履，礼也。礼，人之所履也。为卦天上泽下，天而在上，泽而处下，上下之分，尊卑之义，理之当也，礼之本也。常履之道也，故为履。履，践也，藉也。履物为践，履于物为藉。以柔藉刚，故为履也。不曰刚履柔，而曰柔履刚者，刚乘柔，常理不足道。故易中唯言柔乘刚，不言刚乘柔也。言履藉于刚，乃见卑顺说应之义。”

履卦，乾上兑下，为上天下泽之尊卑有位而言德位正理之象。以上天下泽之尊卑言德位，处“位”之当位则言位礼，万物皆有其序位，是“礼”出乎自然法象之所在；而德位正是以履定礼之法则。履卦，以柔藉刚，履礼为常，以礼言德位，定民志，治邦国，而行礼制与德位之道。

在小畜卦，以“礼”术怀柔通导其不通，才有志行而内亨的以小畜大之象，虽蓄道小成，但礼序待成，礼制待建，其阴盛满至阴阳失衡之危道，君子之阳被小人之阴尽蓄之凶灾，都在处之极而极反的边缘。邦体必当睹危道与凶灾而有所作为，邦、民志心未减，志心向邦依然热忱其事，且九五依然开明，对优质资源调度有序，任用六四治国有功。正礼之序因六四以阴蓄阳和九五增福六四，其为政忙于治其礼术，以礼正序的德礼之道，变成尚未施行的政治远见，而只能行小畜的蓄聚之实，其正礼成序而富其邦制的礼制，正是在履卦之时大行其道。履者，礼也，践履必然言位，且依位言礼；邦国礼制，礼术大成也，礼制成，则可定民志而治邦国。

履卦上体为乾，下体为兑，天、泽各安其位，各归其德，各演位礼，邦之共体如根在其泽而参天挺拔，谓邦树已成，且秩序稳定，正是安位，归德，定礼之时。观其履卦，六三爻以柔悦之姿，行于乾健之下，有“遇虎”履危而不见被伤害，且行能亨通之象，这便是履卦的“遇虎”事件。在履卦，取虎喻欲，再以虎言慎。欲者，言克也，有共礼可依则可克；慎者，若无礼序以供其行大度，故只能践蹑慎行；践蹑慎行，不利邦、民涉大川，大畜其力。

何为虎？在邦体言位，若不安其位，且其位无礼，便会失位德继而各失位序，谓“乱”虎；在众言欲，众欲若不疏导或正确引导，将人人为己私，不仅不择手段，且丧心病狂，继而失向邦与共之志，成邦之负累；同时为政之欲将出食肉之贪政，食人之恶政，谓“饿”虎。遇虎，需有所践蹑而慎行，实则以“虎”警示，既当“化虎”有所作为，又不能懒政，使得邦位皆有猛虎，邦民皆成欲虎与饿虎。

如何化解“遇虎”之危呢？为以“柔履刚”——依位定礼，而确德位与确礼制。“化虎”的目的为使邦、民皆能行而亨通，才能蓄聚其力，刚健向上。所以，履卦以践履之象与遇虎事件，如小畜卦引“礼”术怀柔通导其不通一样，履卦急需以“礼”建邦制，必行其邦制平衡的亨通之道——礼制与德位之道。

履光明象。为履卦依“位”而行礼制之道，把在小畜卦有治国之效用的“礼”术发展成邦国礼制，尤其是建立君王礼制之道，九五王者制礼，让王位再制于礼，并大行监察与弹劾之能事，而出现如位光明、志光明、显光明、礼制光明、亨通光明、德树光明等众多“光明”之象，而成就“履”之治。从“辨上下”之尊卑有序的“位”光明，到依“位”行以履定礼之法则，正式确立邦、民的礼制之道，以德位思想治则和同体位域方法论，构建法→礼→德三者一体的履之德树，从而有礼制光明与亨通光明的履之大治。

履：履虎尾，不咥人，亨。

彖曰：履，柔履刚也。说而应乎乾，是以履虎尾，不咥人，亨。刚、中、正，履帝位而不疚，光明也。

象曰：上天下泽，履。君子以辩上下，定民志。

卦辞：遇虎言危象，行“化虎”之履政而致亨通。

彖辞：以柔履刚而定礼，履礼大治而履光明。

象辞：德位与礼制之道。

履卦，乾上兑下，内悦外健，为上天下泽尊卑其位之象。履卦以和悦应合刚健，邦体秩序刚健稳固，且民和悦，有履光明的大治之象，人所履道，其遇虎危地甚多，履卦化“虎”险而行亨通，实则以礼安虎也。以礼安虎，为履礼成制，邦体以礼制建序，使其能循礼法而各安其位。当礼制已建，礼法已全，必当履礼而行——慎行思危，若触反礼法而行危道，则必然被履正——履危行正。

《程传》曰：“履，人所履之道也。天在上而泽处下，以柔履藉于刚，上下各得其义，事之至顺，理之至当也。人之履行如此，虽履至危之地，亦无所害。故履虎尾而不见咥啮，所以能‘亨’也。兑以阴柔履藉干之阳刚，柔履刚也。兑以说顺应乎干刚而履藉之，下顺乎上，阴承乎阳，天下之至理也。所履如此，至顺至当，虽履虎尾亦不见伤害。以此履行，其亨可知。九五以阳光中正尊履帝位，苟无疚病，得履道之至善光明者也。疚谓疵病，夬履是也，光明德盛而辉光也。”

遇虎事件。“虎”，乾三阳为虎象，上六为虎首，九四为虎尾。以遇虎“履虎尾”在于言其危，在定礼为序前，取虎之危象。虎为刚强之兽，性凶且能伤人，故人皆惧虎。邦体大而庞杂如虎，经小畜卦多种优质资源的“密云”汇聚，邦的共同体不仅庞大且极其复杂，杂乱无序则危如乱虎；同时志心向邦有为政之志的乾阳君子，志心如虎，谓气势如虹，但若不加以约束、管束，多如小畜卦之九三，不居其位反而进位，则如凶虎。乱虎、凶虎者，乱邦伤人，其乱邦伤人之祸，重在失序、无序导致的“欲”望横行，不加管束与教化，进而失己位进他人位，成凶害之险。《折中》梁氏寅曰：“夫虎，刚猛之兽。乾三阳，虎之象也。上为虎之首，则四为虎之尾。兑履乾之后，履虎尾之象也。虎咥人者也，然以和说履之，则不见咥而反至亨。以是观之，人之践履卑逊，何往而不亨乎？然和非阿容也，说非佞媚也，亦恭顺而不失其正耳。”有凶害之险，故而蹑足而进，这是“履”的践蹑之义，重在小心、惧怕，蹑足而不安。

取虎喻欲，必须建序以克欲。此欲者，非说人应无欲，而是基于人性之私失去礼、德教化而滋生的多欲。遇虎事件，首先是遇欲，这是一个可自见有危险的事件，因邦体蓄聚之杂乱的凶象显而易见。遇欲，君子当自省，为政者当有所作为，据“虎”之危象而思安虎之法——当建序克欲。建序克欲便是克其多欲，克其失位之欲与无德之欲，使其归其位序，继而守其位礼与位德，使邦体刚健而有序。

触“礼”事件。遇虎，有所蹑而进，为邦行而无其大度，而慎行， 慎行之因在于“怕”，无所应对而不安。遇虎事件之警示，若不有所作为，治其有为，则会因肆欲横行而到处皆虎，不仅邦位失序而有虎，邦民皆成欲虎与饿虎，邦之倾、颓之大危则来。蹑足而进，是触礼之始，从怕惊虎的小心、谨慎，以其谨慎而专注其危在何处，而有发礼之始，此始是一种“明”，源于心地意识；不然欲多则胆大，多大的风险都敢尝试，自然也是失礼之所。当触礼之始发生后，继而会发生“礼”行为，行其虎尾之礼，这是非常重要的转变，故而卦辞强调“履虎尾”，履虎尾则为安其分。以履虎尾而安其分，且安守虎尾之位。

“履虎尾”。以安分其欲与安位其序而确礼序。发生遇虎事件和触礼事件后，确“礼”序行为在“履”中因遇险而自然发生，这是基于比卦与小畜卦德教后的一种开明，这种开明经过德与礼的教化积累后，在履卦发生，是启蒙与教化的自发意识，这种意识被开明人士识得，见其危象而治其自发，这就是有为的共体政治之初始，邦体的政治是综合体，为各种治道之为政，非单纯为官治，以全民皆政而成为政的主人公。以履虎尾而安其分，为安分其欲；安守虎尾之位为安位其序。虎有虎序，虎尾有其虎尾序，各安其分则能组建其邦体共序。各安其分、各守其位的邦体共序，自然是处处亨通的，不仅危象自消，且因位序通达，而发生“不咥人”的位果和序果。孔颖达曰：“履卦之义，以六三为主，六三在兑体，兑为和说，以应乾刚，虽履其危而不见害，故得亨通，犹若履虎尾不见咥啮于人。”

“柔履刚”。为定“位”而履位，履位而定礼，更履其道。六三履其九四之位尾，六三阴柔，九四乃至上乾体皆阳刚，为“柔履刚”之象，本有“履虎尾”且履者危之虑，但终未发生咥人事件，为“说而应乎乾”，以六三阴柔之性应乎乾阳之志，从而以六三与九四两者之“位”，发乎于礼。介于六三与九四两者而言“位”，此为以辨上下之明——“位”出，以此定“位”，则出位礼与位德。位礼，发乎其天理自然之端，为“位”的道法之序德，呈现出“礼”。王弼曰：“三为履主，以柔履刚，履危者也。履虎尾有不见咥者，以其说而应乎乾也。乾，刚正之德者也。不以说行乎佞邪，而以说应乎乾，宜其‘履虎尾，不见咥而亨’。”

《系辞》曰：“天尊地卑，乾坤定矣，卑高以陈，贵贱位矣。”以乾坤天地定尊卑，按体性来说，天地指道体域，则乾坤指道性域，这个“定”是大道体性圆融一体同体承载，同时又体性各域——同体位域。“尊卑”何位呢？为德位。德为道性，故为道性作用的道体的内容与阶段不同，而有尊卑，乾作用天，显圣德，坤作用地，显用德，圣德为体，用德为用，坤为乾化，用为体出，故乾天圣德显尊位，坤地用德显卑位。立于体用法则和体用相上，便能将性体之位界定，又能定尊卑之位。

“位”光明。德位是定礼之法则，离开德位则无从言礼制。六三之柔履九四之刚，以此两者“辨上下”而有尊卑“位礼”之实，使“履虎尾”之危象，转为安象。故而，“履虎尾”以安分其欲与安位其序而确礼序。履位而定礼，为应乎乾性，更是德之本性，德位自身展现出的秩序就是礼。从小畜卦六四以一阴蓄止众阳而现怀柔之礼对比，小畜卦施礼“术”，为谋求为政之利，以解其“密云不雨”且政见不和之将乱。履卦的六三以柔性履九四之刚尾，从履位的内部结构而言爻“位”的自然秩序，以及发生“礼”的内在道法本理，履卦通过德位言礼，着眼于“道”。所以说“柔履刚”履位而定礼，更履其道。以辨六三与九四两者上下而见位，当履位而定礼，则六爻位位清晰，礼礼分明，德位尊卑有序，同体承载又体性各域，而有“位”光明象。位光明象是礼制成邦序的标志，位位是邦体共同体的描述，而位位光明则是从邦体的整体言礼制之共序，从而呈现邦体结构稳固，政治稳定。

“履帝”光明。履卦九五得刚、中、正之位，是邦体礼制秩序里，最有德盛而辉光的光明位，也是最开明之位。六三虽为成卦之眼，但自比卦始，以其开明之德和诸显德的九五一直是最开明之君。是谁以辨上下来定位，继而发现位“礼”的自然秩序呢？为乾三阳开明君子，尤其是九五君主。悟其道，明其性，尊其法，演其度，是对九五开明最直观的描述，也只有达乎道体德性之本质，才能演其位与礼的法度。与小畜卦之六四只能施术治国一样，履卦六三虽为卦眼，但正礼以健邦序，还要依靠九五，这就是九五决礼之权位与权威。

在履卦言遇虎事件，取虎喻欲，以虎言危，其实最大、最危险的“虎”，为九五的食国之虎与乱权之虎，九五若多欲则贪而食国，至高权力无有节制则乱权祸国……但履卦九五自正其德，自修其性，以九五决礼的关键性建礼行为，将九五位放在邦序礼制秩序里，以礼法和位德加以约束和节制，当九五能约礼时，权位至高与权威无上之“危”迎刃而解。君王礼制之道在履卦被九五构建，其终极权力的去向，以“礼”法约制，其解决的并非单纯一个“权”的问题，是位、礼、德等元素在九五位的综合属性，“权”只是这些综合属性的表象，但世人皆只看权和只看到了权。所以九五约礼，并非只为约权，而是行权在其中的君王礼制之道，如比制君主一样，开明之君并不常有，而礼制常在，君王礼制之道可规范其非开明的“愚”行为以及发生危虎事件，只要各建位序，则不会以王权乱其他位序。它更利“元永贞”。

帝虎。对比建比制之比君，治礼术之小畜君，全礼制之履君，皆开明且德位高尚，而且有其“圣功”之为，但只有履卦在九五处言“帝”，完全区别于比卦、小畜卦之九五。履君通过健全礼制与德位之道，尤其是建立君王礼制之道。履卦九五王者制礼，让王位再制于礼。“虎”能制礼再制于礼，克己为公，王也，治显德而无私。此建序为政之功，以“履帝位而不疚”，而有“履帝”光明象。《程传》曰：“九五以阳刚中正尊履帝位，苟无疚病，得履道之至善光明者也。疚谓疵病，夬履是也，光明德盛而辉光也。”以毫无瑕疵弊病之大为政，健全礼制之圣功，当得上一个“帝”字之殊荣。以“帝”言德高，而且是无比殊荣之崇高，非古代帝制之“帝”。

礼虎。当礼制已成，“履虎尾”之危象已除，呈现的便是礼制后的虎象，为礼序之虎，取虎之“王”象，言礼法为王。君王之位，以礼序约之，且以礼“位”建君位，以德确“帝”，以邦体的位序确帝，君位合法性备具。履卦九五王者制礼，让王位再制于礼，而防其以权夺礼。同时，除了君位，邦序之其他诸位，也在礼序中以礼约之，其邦序阴阳不平衡之危象已除，“戒阴不可盛满与戒阳不可被阴蓄尽”成功被礼制制约，阴与阳不再也不可越位而侵犯他位，若侵犯不仅法不容情，众阳也会依礼而阻之。君与君位，邦体与邦的诸位，皆因礼制而高度秩序化，邦体乱象和危象已除，且政治结构稳定，故呈现履卦的“履帝”光明象。

“亨”通光明。履卦之亨为位亨与序亨。以“位”确礼，建礼制要依照德位法则，德位同体承载又体性各域，它必然位位清晰，礼礼分明。当礼制已成，则以礼制约其位，此时之当“位”行为，要遵守礼法约束，邦体政治结构中的所有“位”均在礼制结构中，各安其位，无比亨通，不乱已位，不侵他位，井然有序，不仅各为其政，且各守其位的邦体共序，邦体之共体以及各位域，自然是处处亨通的。礼制通，则邦民自通，由此德位明晰，邦制结构也通畅无比。

“定民志”志光明。在履卦，从“履虎尾”的危象到“不咥人”之结果，皆是民众关心的大事，若到处皆是虎之危象，民则大乱，向邦之步必然徘徊不前，向邦之心也渐颓废。故而履体诸君子与履君大有作为，以振履序，从遇虎有危的事发之因，到寻求解决之道，从“礼”行为发生到建礼成序，最终有礼制健全之果，此“果”从民看来，就是“不咥人”——无殃民之乱和食民之实，没有凶虎、饿虎、贪虎当道。故民“说而应乎乾”，此悦为心悦诚服之悦，民心安且富足，故而言“定”。这个“定”，是激励民的向邦之志，在履卦为以礼制序定，以“位”定，以德定，非强权弹压，或行诈谋之术而骗之。邦序定则民安，建礼制正邦序实为安民之上策。民向邦之志，此“向”要在礼制结构里依位、依礼进志，非乱争，而不会出现小畜卦“密云”汇聚且各执其政见之象，且民见诸“位”的视野，也因以礼约之，而不会出现小畜九三的自我视野——小畜卦六四是小畜卦之主，是九五信赖的治国之能人，在九三视野里却有妇人误事之嫌。“说而应乎乾”之“应”，为民皆向君，君德崇高可望，治国众君子德正可学。其为政，以“位”之己身份而大有可为，当为政之德满时，又会依礼而牵位或上位，所以德通则位通。

礼序德树光明。德树，以众位有序如树陈列，根、干、枝、叶位域分明，各舒其礼，各正其德，实为已构建法→礼→德三者一体的履之德树，位礼清晰且约礼显光明，君制礼再制于礼，民制于法，君民相等，在位上显礼，在礼上崇德，故而邦体亨通，民志安定，而有光明和悦之声，以“乐”之。

初九：礼的起源之道

初九：素履，往，无咎。

象曰：素履之往，独行愿也。

履卦初九为履始，无应无比，阳刚且安于卑下，朴素无饰而专注生活，直到“触”礼，从而践礼而行之，且专注奉行其礼。王弼曰：“处履之初，为履之始，履道恶华，故素乃无咎。处履以素，何往不从，必能独行其愿，物无犯也。”

《程传》曰：“履，不处者，行之义。初处至下，素在下者也，而阳刚之才可以上进，若安其卑下之素而往，则‘无咎’矣。夫人不能自安于贫贱之素，则其进也乃贪躁，而动求去乎贫贱耳，非欲有为也。既得其进，骄溢必矣，故往则有咎。贤者则安履其素其处也，乐其进也，将有为也。故得其进则有为，而无不善，乃守其素履者也。安履其素而往者，非苟利也，独行其志，愿耳独专也。若欲贵之心与行道之心交战于中，岂能安履其素也。”

素者，朴实无华也，以素言其本质也。胡炳文曰：“履初九言‘素’，礼以质为本也。贲上九言‘白’，文之极反而质也。”以“素履”非常郑重地强调：礼非人为发明创制而强加于人，而是道之所呈，法之所显，开明君子从自然法序中获取，利于人类文明进化和邦民治理，故而建礼。初九位无应无比，可知自行其礼为无人强加，礼者师法自然，故人人可见礼，只要具阳刚之德，哪怕是卑下之位。

往者，践行不处也。人生存则必履，履为人的基本习惯，“生”为人的基本欲望。在基本习惯和基本欲望面前，如何践履前往而求生，则为礼。礼立于民而普世，制法保其民本，民则有生。

“礼”的发生乃至制礼，不是自开始便自上而下被灌输的，它的发生过程在小畜卦和履卦都已清晰，礼发端于自然秩序，发生在自然事件中，且皆因有化解矛盾与危险的实际效用，而被发现，继而采用发展。

从小畜卦的六四以柔止乱，化解“血象”矛盾而托出“礼”，到履卦化解六三与九四两者“履虎尾”之危象，因定位而显礼，皆是发生在自然事件中，因“礼”其当下之用，继而识礼成共识，再发展成治国之术。它有礼的发生过程以及从用到术的发展过程这两者。

正因为礼法是好东西，故而君子皆愿专心维护它，君主也采用它。后被开明君主，从术定制，这才有自上而下的普施，此自上而下实为定邦序而安国安民，而事实证明，邦序定则民安，建礼制正邦序实为安民之上策。从比君、小畜之君到履君，均以崇高的显比之德，制约其权私和位私。

九二：觉礼而见礼的平易特性

九二：履道坦坦，幽人贞吉。

象曰：幽人贞吉，中不自乱也。

九二阳刚居下体之中，其履道平坦顺畅，其“履道坦坦”象征着更多的“礼”被发现，为无处不见礼，如同“道”无处不在一样。见礼如悟道一样，需静而生慧，故性情安静恬淡之人有其觉礼的正道。王弼曰：“履道尚谦，不喜处盈，务在致诚，恶夫外饰者也。九二以阳处阴，履于谦也，居内履中，隐显同也，履道之美，于斯为盛，故履道坦坦，无险厄也。在幽而贞，宜其吉也。”

“履道坦坦”之象，为随处可见礼，礼无处不在，这是礼发乎自然而有的平易之特性。如道一样，既高深莫测，又平常如是，只是日用而不知。见礼，通过礼发生的自然状态和礼处的自然法象，随时随地可根据万事万物来发现礼，利用礼，接受礼的指引，便是履之礼道。

何人能见礼道呢？如证大道一样，其方法便是“幽人”的“归根曰静”，以九二幽蔽之象，以柔静心，以幽闭躁，使其静而生慧，便能觉礼。正所谓正礼修德，以“中不自乱”制于心。

六三：不要忘记舍身喂虎之人

六三：眇能视，跛能履，履虎尾，咥人，凶；武人为于大君。

象曰：眇能视，不足以有明也。跛能履，不足以与行也。咥人之凶，位不当也。武人为于大君，志刚也。

六三居下体之上，履上体之尾，阴居阳位，不中不正，正是履虎尾之象。六三虽有眼疾但能视，虽脚跛但能行，履其虎尾被虎咬，是凶险之象。尽管如此，六三又以九五之阳刚之志，行此凶险之“履”途。王弼曰：“居履之时，以阳处阳，犹曰不谦，而况六三以阴居阳，以柔居刚者乎？故以此为明，眇目者也，以此为行，跛足者也，以此履危，见咥者也。六三志在刚健，不修所履，欲陵武于人，自为于大君，行未能免于凶也。而志存于五，顽之甚也。”

“眇”，曰盲也，为眼有疾；“跛”为脚有疾。“眇”和“跛”均是礼制未建时的乱象，眼有疾虽能视，但不能正视；脚有疾虽能行，但不能正行，不能正视和不能正行之人，为何还要履虎尾呢？为邦制弊病。弊病在何处呢？无礼来制虎，使虎伤人；无法来约人，使行而无位。

虎伤人事件。居六三位先言履虎尾而咥人的凶象，以身喂虎之象，被六三见得，见到了多少呢？不止一次，至少有眼不好和脚跛的人为代表。面对虎伤人现象的思考，六三虽“不足以有明也”以及“不足以与行也”，但六三有以武人之质而欲履九五之尊位之大志（武人，指六三。大君，指九五），以其刚强之志，窃据众阳，而有大觉。六三虽位不中正，但可窃据众阳，动而有应，意思就是起初不明，但虎吃人的现象被看到，再以此现象借众阳之开明，明白了根本原因在于邦之弊病，无礼法制“虎”且约人。

在遇虎而触礼事件中，我们知道遇虎事件之警示，若不有所作为，治其有为，则会因肆欲横行而到处皆虎，不仅邦位失序而有虎，邦民皆成欲虎与饿虎，邦之倾、颓之大危则来。以身试法之大无畏。面对虎伤人现象，若不从虎伤人事件中觉礼，这种牺牲会无止境发展下去，而且还会进一步恶化，弄得凶虎与饿虎比比皆是。六三虽位不正，且质弱，但其有治国大志，以“武人为于大君”之志，敢于舍身喂虎。这并非窃位与僭君，而是立志要象九五一样英明治国，六三就是那个舍身喂虎的人，以身试法，终证就礼法。

多难兴邦。六三先言凶象，再言进取象，后言志向。终究以“柔履刚”之实质成为卦之大吉，并且以此大无畏之精神成为履卦卦主。总有被弊制祸害的人，被凶虎和饿虎吃掉的人，六三质柔，位不正，屡屡受制虎伤害，如同广大百姓，在寻常事件中只能白白牺牲，可终能以“武人”壮其身、胆，以大无畏之精神，从苦难中觉醒，实为多难兴邦。不要忘记舍身喂虎之人，如商鞅、康有为、李大钊……等，那些成仁取义之明士，证就礼法，成就身德，带来觉醒之光明。

九四：以礼怀柔之道

九四：履虎尾，愬愬，终吉。

象曰：愬愬终吉，志行也。

九四阳刚居乾体之下，近九五，以阳承阳，为履九五之君之后的“履虎尾”象，九四的处位之道为畏而敬之而志行，既无虎咥人之忧，又无近君有险之虑。王弼曰："九四逼近至尊，以阳承阳，处多惧之地，故曰'履虎尾，愬愬'也。然其以阳居阴，以谦为本，虽处危惧，终获其志，故'终吉'也。"

"愬愬"，为既戒慎恐惧，又谦而敬人。九五为何有戒慎恐惧之心呢？为九四近君有伴君之忧，以及九四居六三之上，目睹六三被虎伤之实，有惧怕邦体漏制祸人之虑。九四谦而敬人，为九四觉礼而知礼，以礼事人，更以礼事君，故而有"谦"。

为何言"终吉"呢？在伴君之忧里，九四以礼事君，故而进退有度；同时，九五以己贤知礼，以礼约位，以法制权，既无以权术弄人之戏，更无为谋私利而与九四合污之嫌，虽履九五虎尾，却发现九五是礼虎，制礼法之王虎，其忧尽除不说，还被礼制安其心志，伴君作谋，为邦国尽心尽力。其惧怕邦体漏制祸人之虑，前有六三以身喂虎，终证就礼法，后有九五以礼治国，治其体制弊端，凶虎被礼法制约而凶险尽除。

九四"履虎尾"。对比六三"履虎尾"而言，六三履制，为邦体制度之虎；九四履君，为九五尊位之虎。黄寿祺曰："本卦中凡见履虎尾者三：一、见于卦辞中，取上下卦之以和悦上应刚健之象，故为'不咥人而亨'。二、见于六三爻，以其乘刚妄动，违背履道，故'咥人而凶'。三、见于九四爻，以其阳刚谦逊，戒慎恐惧，故得终吉。此三者不同，卦辞在阐释一卦之义，而爻辞则分别在说明一爻之旨。"当九四既无有伴君之忧，又无惧怕邦体漏制祸人之虑时，其志得到激励，"志"光明象尽显。九四志行，为治邦国之能士，在礼法制度下大有可为。

九五：决礼与王制之道

九五：夬履，贞，厉。

象曰：夬履贞厉，位正当也。

九五阳刚中正，具刚、中、正之德。有刚断果决之象，故而曰“夬履”。王弼曰：“九五得位处尊，以刚决正，故曰‘夬履，贞，厉’也。而履道恶盈，而五处尊，是以危也。”

《程传》曰：“夬，刚决也。五以阳刚乾体居至尊之位，任其刚决而行者也。如此则虽得正，犹危厉也。古之圣人，居天下之尊，明足以照，刚足以决，势足以专，然而未尝不尽天下之议，虽刍荛之微必取，乃其所以为圣也，履帝位而光明者也。若自任刚明，决行不顾，虽使得正，亦危道也。可固守乎？有刚明之才，苟专自任，犹为危道，况刚明不足者乎？《易》中云‘贞厉’，义各不同，随卦可见。戒夬履者，以其正当尊位也。居至尊之位，据能专之势而自任刚决，不复畏惧，虽使得正，亦危道也。”

九五决礼。夬者，决也，有决断之刚，故《程传》曰刚决。“夬履”就是决礼。九五如何决礼呢？为决定“礼”的走向与为礼定法。为礼作方向决定，就是把礼最终引向何处？在治国中居何位置？从履卦以礼建礼制而言，九五最终的思考，就是以礼决制。以礼决制，把礼建成邦序，完全区别于礼术，礼术为治道，而礼制高于礼之治道，是礼术的森严法序之源。这需要九五秉承“元永贞”精神，深入道法本质和邦国现状，作利于永久思考。

以礼决制的决断需要九五专决。其专决既需要九五之大开明，又需要九五之权位推行并普施之。九五之大开明，为能悟其道、明其性、尊其法、演其度的开明，能觉礼、见礼、知礼，并治礼，非履卦其他自明君子能比拟之，这依赖于九五君德。九五之权位，利于施有为之政，推广治国之法，任用贤能之才，纠察漏洞弊端等。

健全礼法的决断需要群益而共决。共决者，显决也，以此显决既为九五治显德，又为九五有兼听之德。共决，从夬卦可知，决于何处？为决于王庭；

共决需广集群益，广议礼政，扬于王庭而共决之。

九五决礼，无论是专决还是共决，九五皆能坚守中道，秉持正道，故曰“位正当也”，此位为当谋其政的“位”恰当，且有民悦应之，可大谋其政。

“厉”，以夺礼之危厉，而言君王约礼的君王礼制之道。“危厉”何在呢？为专断之失有违正道和以权夺礼而行法例外。从“履道恶盈”来说，凶虎、贪虎为惯象，且九五又处至尊高位，无法像普通人一样被约束；从“帝王之术”来说，以权弄法为惯象，法外夺礼更是常事。

终极权力的去向便是以防危厉之思考，如比卦与履卦一样的君主并不常见，如何避免不出现九五这只凶虎来食国，是君王礼制之重。既要敬畏礼制，知其见礼之根本，又能使其君王约礼，在礼制的法束之下。

常存危惧之心，时常修政而悟其治道，要明其礼法并非只为约人，管位，它是道法之序，治之于礼制，便是治于精神，更是养天地之德，九五王者制礼，让王位再制于礼，是君王守正之道。

上九：大行监查与弹劾之能事

上九：视履考祥，其旋，元吉。

象曰：元吉在上，大有庆也。

上九居履卦之上，为履之终。为阳居阴位，刚而能柔，能明鉴履道之得失，考察祸福之兆。一般卦体之上爻，多因寓物极必反而常有凶象，履卦上九以“其旋”，能反转其凶道常理，因有“居极应说，高而不危”之象，并以此治有履道之大成。王弼曰：“祸福之祥，生乎所履，上九处履之极，履道成矣，故可视履而考祥也。而其居极应说，高而不危，是其‘旋’也。履道大成，故‘元吉’也。”

"视履考祥"，大行监查之能事。视，鉴也；考，察也；祥，祸福之兆。为明鉴履道之得失，考察邦、民之祸福。上九高居上位者而大吉，为依礼制行监察与弹劾之能事，哪怕是弹劾失去约礼的君权。有此完备无疚且善之至的礼制，必有履道大成之元吉。

德之基

履者，德之基，为节制而履礼、法，以健位德。当位德以健，治君子以位德光明而健履之德树。以履之德基，君子进位而守位，从而以当位之位，健配位之德，而能称位君子。"基"者，以履言治君子健位德之基础，它区别于在辨质见修之初，以惩忿窒欲言修身之基，以"复"区别于"履"。同时健位德也需修身，为修身应履法，此"法"者，为损益与恒养之道。除此以外，言德之基，为健位德应依位定礼而履礼。

以上天下泽之尊卑言德位，处"位"之当位则言位礼，万物皆有其序位，是"礼"出乎自然法象之所在，而德位正是治君子健位德以履定礼之法则，在治邦国言履礼而行礼制与德位之道，在治君子为履礼以善政健位德，而成位德之基，有此德之基，可益君子之善，定君子之志，进而图邦国大治。

履者，礼也。德位者以履定礼之法则，践履必然言位，且依位言礼；邦国礼制，礼术大成也，礼制成，则可定民志而治邦国。在治君子系统里，正是以履礼而行节制之道；节制者，履礼共序以节，当位履政以制，君子以当位而行善之当时，又以位履德之正固。在履卦以柔藉刚而履礼为常，以礼言德位，定民志，治邦国，而行礼制与德位之道，而君子正是定民志、治邦国之主体，更是礼制与德位之道之典范。

在履卦，取"虎"象与以虎触礼。"虎"者，乾三阳为虎象，上六为虎首，九四为虎尾。以遇虎“履虎尾”在于言其危，在定礼为序前，取虎之危象。虎为刚强之兽，性凶且能伤人，故人皆惧虎。乱虎、凶虎者，乱邦伤人，其乱邦伤人之祸，重在失序、无序导致的“欲”望横行，不加管束与教化，进而失已位进他人位，成凶害之险。何为虎？在邦体言位，若不安其位，且其位无礼，便会失位德继而各失位序，谓“乱”虎；在众言欲，众欲若不疏导或正确引导，将人人为已私，不仅不择手段，且丧心病狂，继而失向邦与共之志，成邦之负累；同时为政之欲将出食肉之贪政，食人之恶政，谓“饿”虎。这便是履卦的“遇虎”事件。

在履卦，取虎喻欲，再以虎言慎。欲者，言克也，有共礼可依则可克；慎者，若无礼序以供其行大度，故只能践蹑慎行。取虎喻欲，必须建序以克欲。君子修身健德，以惩忿窒欲便是重在克欲。克欲，君子当自省，为政者当有所作为，据“虎”之危象而思安虎之法——当建序克欲。

建序克欲便是克其多欲，可其失位之欲与无德之欲，使其归其位序，继而守其位礼与位德。也正是因遇虎而发生触“礼”事件，以“履虎尾”言安分其欲与安位其序而确礼序。

在履卦，六三履其九四之位尾，六三阴柔，九四乃至上乾体皆阳刚，为“柔履刚”之象，本有“履虎尾”且履者危之虑，但终未发生咥人事件，为“说而应乎乾”，以六三阴柔之性应乎乾阳之志，从而以六三与九四两者之“位”，发乎于礼。介于六三与九四两者而言“位”，此为以辨上下之明——“位”出，以此定“位”，则出位礼与位德。位礼，发乎其天理自然之端，为“位”的道法之序德，呈现出“礼”。

履礼而行节制之道。在巽卦言以阴节制阳而使阳行阳道，巽卦之节制为卦体内以阴阳互制，而健德行阳善之节制之道却在履，以位定礼践履礼、法而节制，既规范位德，又激励善政；既有治善之术，又有礼法共序。同言进位节制之道，在巽偏重言刚进位利见大人的小众君子，而履则言进位且当位的大众君子，对比巽的小而类而言，履有大而共之特性。故而履体诸君子与履君大有作为，以振履序，从遇虎有危的事发之因，到寻求解决之道，从“礼”行为发生到建礼成序，最终有礼制健全之果，没有凶虎、饿虎、贪虎当道。

从巽到履，君子从将志到得志，也从进位变成当位。以巽进位，虽利见大人而无当位之实，以履进位，不言利见大人，而凭善与德可位正当也，位正当则大施可为。因礼序保障，使君子当道，亦使治君子之文明状态得以进步，君子健德扬善成为主体与主流，从治君子开始转变为治邦国而振济小人，使小人有德成为邦体与君子共识。履礼正序，以众位有序如树陈列，根、干、枝、叶位域分明，各舒其礼，各正其德，以德树光明成治君子德之基。

履者，德之基也，此“基”为君子当位行善政健德之基，它区别于以惩忿窒欲言修身之基。从修身立身，到立身进位，再从进位继而当位，是君子修持入世并健德之过程，从“复”到“履”位域发生了多层级的变化，君子从修身立身到当位，完成了个体化健阳德之进化，当值履时，以“与共”的属性完成个人到与共的大转变。而履以礼之秩序言邦体共序，君子在共序下，行君子之责，图君子之志。处履，因共序以健而成行有为之政之基础，履礼正序，以德树光明各安其位，各舒其礼，各正其德，成治君子德之基。有此德之基，可益君子之善，定君子之志，进而图邦国大治，从昏蒙未明之屯卦，到大同世界，正是君子以健，才完成德文明构建而实现德被天下之道。

谦卦：德之柄

坤上艮下

谦谦君子之道

历经从巽卦德之制到履卦德之基的修习过程，以巽养而有节制与节制而履礼、法，呈现治君子进位节制之道。君子修身以立身，立身入世修善，必立世而进位，唯君子当位而言善政以施。进位者，利见大人，巽也；进位而当位，践礼以守位，履也；在巽、履二卦，呈现从立于身德到外德，再从外德走入位德之转换，君子进位而守位，从而以当位之位，健配位之德，使其能称位君子。能称位君子者，是治君子之大成，从处困入复的治君子之修身健德始，到入履健配当位之德，乃至“君子有终”而有称位君子之终者，正在谦卦，以此完成九卦所呈的治君子九德系统。

在治君子九德系统里，“君子有终”并非治君子在谦卦终结，而是经过谦卦德之柄的修持，历经九卦之修持过程，君子才德备具，可以“称位”君子进位当位而志在大邦。从体，君子进志而图治，以善政养民资治；在私，以君子之范式教他人有德，邦小人健德，以自明而启蒙德照他人。故而，谦卦为治君子之终，亦为与共志邦图治之始，以同体而位域不同，发生确私向与共之转换。

谦者，德之柄也。柄者，把持之义，为以谦道驭德，以谦道为柄、为把持而健德，有从修德到驭德的重要转换。《说文》曰：“柄，柯也。”草木之实与枝茎连着的部分是柄之范式，草木之实与枝茎相连，以柄作转换。以“柄”言修德到驭德之转换，为修身之私德向进邦之公德之转换，而柄为转换之关键。修身健德立于私，厚德载物向于邦，也正是值谦卦有治君子之终以及进邦伸志之始。《玉篇》曰：“谦，逊让也。”谦者，礼之让也，《礼记》曰：“是故礼者，君之大柄也。”故治君子言谦者，履礼而后谦，从德之基入德之柄，正是治君子有终时，终者，非终止也，而是以终言成也，治君子之成者，可“称位”君子之谓。

谦卦立三种格局。大有卦之后之谦、治君子有终之谦和地山隐伏之谦，并以此三种谦卦格局立三种释义。大有卦之后之谦，为谦敬；《序卦》曰：“有大者不可以盈，故受之以谦。”谦之所以序大有，在于“其有既大，不可至于盈满，必在谦损，故大有之后，受之以谦也。”大有因德而治，尤其是“德被四野，无所不照；德服天下，盛大丰有。”德政普施之大有，故而在谦必敬德、崇德、唯德，之所以有大有之盛世，在于自泰卦后，收获君子当道而治之利，尤其是从同人卦君子由野济邦始，君子修德并有德，继而进位且当位以治，所以处谦之当时，必然见大有而明德，继而敬德；故，谦者，敬也，为谦敬之义。治君子有终之谦，为谦始；终者，为身德君子之终，此终非终在谦卦，而是九卦所呈之治君子修身健德之集合；始者，为位德君子之始，履礼进位而当位，君子志邦而志展宏图之始；位德者，从邦之大体有君子当位而治大有之极；故，谦者，从私向共立邦之大体之始也，为谦始之义。地山隐伏之谦，为谦卑；谦卦为地中有山之象，地体卑下，山高大之物，而居地之下，以崇高之德，而处卑之下，有谦卑之义。除此以外，一切谦义皆履礼而谦，以履为德之基，故谦含有谦让之义。此基非基石和基础，而是根据和凭借，治君子之基在于复，以复阳为健德之基始，治邦体之基在于履，以履共序为基，故履位进礼是君子进位且当位的图志之基始。故以谦敬、谦始、谦卑、谦让之谦义四体，以谦卦呈谦谦之道。

德之柄者，以谦道驭德。处谦体之当时，有天、地、人、鬼神之谦德四位域，因谦之亏盈、变盈、害盈、恶盈而呈现益谦、流谦、福谦、好谦之义。驭者，统帅、驾驭之义，以谦卦统帅治君子其他八卦，以此“驭”修身之德健；以谦道驾驭天、地、人、鬼神之位域法则，既修持君子之德，又健法序之德，用内在之谦德，处外在之谦事，从而以谦敬来敬畏法序，以谦卑事天地人鬼神，以谦始自养其德又志邦进位健德，以谦让履自然法序、邦制礼序、德位正序……以谦道驭德，正是谦谦之道之关键。而能驾驭天、地、人、鬼神之位域法则，必有君子之明或谦必治君子之明，若不明道体德性，自然法度、法序，又何言驾驭呢？故言谦者，虽言卑下，但要法谦，必然要以德位治之于精神。

谦：亨。君子有终。

彖曰：谦，亨。天道下济而光明，地道卑而上行。天道亏盈而益谦，地道变盈而流谦，鬼神害盈而福谦，人道恶盈而好谦。谦，尊而光，卑而不可逾，君子之终也。

象曰：地中有山，谦。君子以裒多益寡，称物平施。

卦辞：以称位君子而健谦卦亨通之道。

彖辞：以谦体四域与谦德四体而言谦体健德之本质。

象辞：以谦卑之质行大乘之道。

谦卦，坤上艮下，为地中有山而法谦之象。法谦者，师法谦道也。谦卦，以艮承坤，以屈己下物而有谦之象，艮承坤者，坤顺乎外而艮止乎内；止乎内者，德也，以山高而言德崇，喻健德无止境，非德高而止，人健德再高也高不过天地，故谦立天道与地道入卦便是如此；顺乎外者，法也，驭法而顺，洞悉自然法序，并驾驭天、地、人、鬼神之法序而能顺。言驾驭法序者，必治其明，处谦时，兼听则明，以艮言、坎听立象有谦之兼听也；兼听者，以师法、效法、取法自然而言法，以取经圣贤而言听。《周易本义》曰：“谦者有而不居之义，止乎内而顺乎外，谦之意也。山至高而地至卑，乃屈而止于其下，谦之象也。占者如是，则亨通而有终矣。有终谓先屈而后伸也。”

谦之亨。谦卦有德健之亨、取法之亨、有德之亨、称位君子之亨、尊德之亨。德健者，谦卦德之柄也，以谦道健德，有修德和驭德之实。取法者，谦卦取法天、地、人、鬼神之法序，并师法法序而驭德，能取法者，卦体必以“明”达本体，以明济未明。有德者，谦卦修德与驭德，则必然有德，且有而不居有，反而守之以虚，行之以谦逊，不以有而满，只以卑而不足。称位君子者，以九卦所呈言治君子系统，既有谦卦统领其他八个卦体，又在谦卦以君子有成而言“终”，君子有成者，使君子才德兼备，因德之健全而能称位君子，君子是成泰与大有之基，也是邦体前进的动力。尊德者，在谦卦以谦敬义尊德，不光尊德，反而崇德与唯德，正因为德引领了大同文明，君子尊而能卑，高而能下，尊德而达理。亨者通，正因为谦之亨，能使谦道通道法本理，通自然法序，通德文明邦体，通君子之质地，通小人之昏蒙，故谦道能远且能济远。

“君子有终。”以谦卦统帅其他八个卦体，自复卦始，历经困→复→损→益→恒→井→巽→履的过程，在谦卦有君子之成，同时也形成修身健德的治君子系统，在治君子系统里，君子有终为健君子之终，是君子之成的标志，为以成言“终”，非终结与终止，而是在谦卦可以“君子”来称谓，故曰称位君子。在坤卦言“大终”，艮卦言“厚终”，唯独谦卦虽言“终”，却是以终言治君子之成，亦以终言始，使“谦”具谦始之义。在谦卦，以确身德之成而可称位君子，身德者，君子私德也，君子私德以终有成；始者，以确私德之成，而向邦与共育位德之始，向邦与共者，为志在邦之大体，治邦体必先健君子，这是确保邦体文明发展的自动力。从“君子有终”的君子之成，便有了大同文明之基石。

“天道下济而光明，地道卑而上行。”在谦卦，下体为山，为山势退而居地下，上体为地，为地越居山上，地者，承、顺也，在谦之时，以健德有成，德高而崇，地以承德故居上，居上者下济，为以德济下，虚己下物，为德施而顺，故言天道者，是以地载德，以德为天。“下济”者，德普施以助万物，犹天道生而不宰。山居地下，山为何居地下？为山势纵高，难敌德高，世间有为之大，难比无为之道生，山居地下，为以山之势承地之德，睹天道法度而尊德，崇德；上行者，为君子健德自强不息之势，为志气上行，亦为健德而德积上行。天道者，言德性育万物之无为法，而地道者，言健德育君子是有为法。地道卑俯，君子勤健德志在无为境，故积德成山势，山（有为之德）虽高，高不过天（无为之性）道；天道下济，德性育万物无声无息，天道法序得以地道万物呈现，故天道光明显现成地，地虽卑，但为天道无为所生，故高于有为之德山，此为之所以能成谦体之所在。下济与上行，皆神主精气也，为精气左旋而右转，皆为德在盈虚转换。

谦体四域与谦德四体。谦体四域者，为天、地、人、鬼神四域，谦德四体者，为与谦体四域相对应的谦德，为益谦、流谦、福谦、好谦四德。天道亏盈而益谦，天道生育万物而不居其功，盈者，德之健也，盈为德之本性；亏为盈之反，以“亏”言生育之法象，天道因亏而育，可为“天下母”，虽言亏却益，因益而本不亏；益谦者，为天道“生而不有，为而不恃，长而不宰”的玄德之性，也为大道本性，究其本原，天地、万物不过道生德蓄。地道变盈而流谦，变者，变易也，因变而坏，因坏而空，地道成物，万物皆在成住坏空中循环往复，因无常而无定体，虽无定体，空后又能因缘聚合而能成盈；流谦者，流注也，体虽成住坏空，但法性不变，能盈者，德性因不易而显盈象，流谦者法性只不过因物象变易而流注。鬼神害盈而福谦，言害者，福祸也，鬼神者，无体无状，福祸非鬼神为之，乃祸福自招？鬼神何在，为德的阴阳法则属性所赋予，积善升阳气，则得神，神者，阳也，阳裕则德升，反之，积不善则降阴气，得鬼，鬼者，阴也，在身成阴寒之病，如处困卦；福谦者，因明福祸之所在而得福。人道恶盈而好谦，恶者，厌恶也，人之所以有厌恶之心，在于好恶之习性也，人有好恶之习性，进而被习性所沾染，全凭习性做主而触不到事情的本质，之所以言惩忿窒欲，便是损陋习，以致不被习气左右；好谦者，为交好有谦之士，有谦之士善修德，重健德，是谦而能盈之表率。

之所以以谦体四域言谦德四体，为以不同位域属性所呈现的谦道动态过程，而明了唯一本性——德性，谦道虽有谦敬、谦始、谦卑、谦让之谦义四体，实际上皆是因德的盈虚实质而呈现的外在表现，故皆言“盈”，盈者乃德之本性使其德健而盈，而谦道恰好能盈其德，在天、地、人、鬼神，无能是处哪一位域，以谦谦之道事之，总能盈其德，以谦言，在于谦的健德之能，又在于以谦体可统领其他卦体，使其相互促进而增益，更在于处谦体而明谦之理，以洞悉法序而敬畏法序，以德之大用而崇德，唯德。在谦卦，山隐伏于地下，因隐伏而无光明，但又因尊德、健德、有德而大放光明。之所以能隐伏，在于自明，自明者，君子之质地也，因见德性而明，呼应复卦以复见天地之心的德之本，在“复”言德性，言见天地之心，因刚刚出困且刚一阳来复，无足够的阳与德使其见性，虽有见性之理，未必有见性之功；见且明者，在谦卦，在于治君子有成，因君子之明以及诸德之健，使其既从睹自然法序而明见性之理，又因阳固德裕有见性之功。虽言卑，但卑而能尊，能尊不是可尊，能尊之“能”在于德健已成，以能尊而不尊，谓谦而不居。

“君子以裒多益寡，称物平施。”君子处谦，明谦之理，法谦之象，故益损有余而补不足，损非损其山高，而是以损言增益其大道生化之功，大道生化万物，万物生成，以平衡之道以为大道亏损，实则大道不亏，不亏在于因德盈而充实之，道生德蓄也；补不足非补其地卑，而是以卑而尊言德之厚，但德再厚厚不过天德，故要时时感其健德不足，时时保持谦卑之心，行大乘之道。称物平施者，乃齐物之质也，因见德之本性，而明万物与万法平等，善无大小之分，德无高下之别，健德应广健，施德应普施。裒多益寡者，在治君子系统中，为以平衡之术行兼听健德之道，损其自身漏习之余，而补其健德不足。

养谦

初六：谦谦君子，用涉大川，吉。

象曰：谦谦君子，卑以自牧也。

六四：无不利，撝谦。

象曰：无不利，撝谦，不违则也。

初六以柔处下，又居山之下，是以涉难被山所限，但君子以谦道济渡险难，是行谦者。行谦者在初，为谦而又谦，故曰“谦谦”。《程传》曰：“自处至谦，众所共与也，虽用涉险难，亦无患害，况居平易乎？何所不吉也？初处谦而以柔居下，得无过于谦乎？曰：柔居下乃其常也，但见其谦之至，故为谦谦，未见其失也。”坎为水，震为足，有足在水中“用涉大川”之象，之所以能用涉大川，在于卑以自牧而健德，凭“德”涉川渡难。卑为处山之下之卑下，自牧，称位君子自健其德，因健德而不卑。胡炳文曰：“谦主九三，故三爻辞与卦辞皆称君子有终。初亦曰君子，何也？三在下卦之上，劳而能谦，在上之君子也。初在下卦之下，谦而又谦，在下之君子也。在上者尊而光，在下者卑而不可踰，皆所以为君子之终也。用涉大川吉，虽用以济患可也，况平居乎？”

六四居上体，柔而得正，上而能下，不与物竞，为谦之至善者。六四近君位，恭畏以奉谦德之君，下之九三又有大功德，为上所任，故以卑巽以让劳谦之臣，六四动息进退挥扬谦德，故无不利。撝者，挥也，取象震之布施。梁寅曰：“六四柔而得正，上而能下，可谓谦矣，无不利矣。然处近君之地，在功臣之上，故戒以更当发挥其谦也。世之人臣，固有执柔守正，不与物竞者矣。然或谙于事理。辞受失宜，无功而受其禄，无实而处其名，若是者失谦之道矣，不可以不戒也。”

养谦者，初六与六四皆执谦道而继续养谦，使谦更谦富。子曰：“七十而从心所欲不逾矩。”从心所欲者，如六四撝谦之谓，不与物竞，而发挥谦之至善；不逾矩者，同处六般卑以自牧而健德之谓。

执谦

六二：鸣谦，贞吉。

象曰：鸣谦贞吉，中心得也。

六五：不富以其邻，利用侵伐，无不利。

象曰：利用侵伐，征不服也。

六二以柔顺居中，以中正之道而积谦德于中，六二顺承九三，九三乃治谦之贤臣，故见吉于外，谦德充积于中，谦名扬发于外，见于声音颜色，故曰鸣谦。鸣者，以谦有闻者也，取象震之声又坎之听者。六二居中得正，有中正之德，故云贞吉，凡贞吉，有为贞且吉者，有为得贞则吉者，六二之贞吉为其自有，因中正之贞而自得吉。在卦中，艮之巽，诚于中，止于逊，见于颜，播于远，此“鸣谦贞吉”也。苏轼曰：“雄鸣则雌应，故易以阴阳唱和寄之于鸣。谦之所以为谦者，三也，六二其邻也，上九其配也，故皆和之而鸣于谦。”

六五以柔居尊，为在上而能谦者，故为不富而能以其邻之象，是不以己富而得人亲者，因执谦道众所归往，或有不服者，则利征讨之。不富者，取象坤之吝；邻者，近也；侵伐，取象震之出；坤之坎，以地水师而是利用侵伐。《程传》曰：“富者众之所归，唯财为能聚人。五以君位之尊，而执谦顺以接于下，众所归也，故不富而能有其邻也。邻，近也。不富而得人之亲也。为人君而持谦顺，天下所归心也。然君道不可专尚谦柔，必须威武相济，然后能怀服天下，故利用行侵伐也。威德并着，然后尽君道之宜，而无所不利也。盖五之谦柔，当防于过，故发此义。”

执谦。有六二得中正执谦者和六五得尊位执谦者。六二与六五皆以谦德充积于中，故而皆贞吉，充积于中者，健德之道。六二因执谦道健德而扬名发于外，以鸣谦而扬名，扬者，德自扬而他鸣，之所以鸣者，为惊叹与感佩，为有谦德之实更有德之名，执谦之道更是扬名之道，这是鸣谦得以鸣之所在。六五尊位执谦，在于恩威并施，恩者，既执谦富其位德，又普施谦德以惠上下，威者，六五执谦为器，威以戡乱，再施恩以治平，宽猛相济而无所不利。六二执谦为器健德在于治君子，六五执谦为器在于治邦国。杨万里曰：“五以君上之尊，体谦柔之德，欲然不有其崇高富贵之势。此一卦，谦德之盛也。推不富之心，则其臣邻翕然，焉往不利哉！利用侵伐，姑举其大者。”

服谦

九三：劳谦君子，有终，吉。

象曰：劳谦君子，万民服也。

上六：鸣谦，利用行师征邑国。

象曰：鸣谦，志未得也。可用行师，征邑国也。

九三以阳刚之德而居下体，为众阴所宗，履得其位，为下之上，是上为君所任，下为众所从，有功劳而持谦德者也，故曰劳谦。王弼曰："处下体之极，履得其位，上下无阳以分其民，众阴所宗，尊莫先焉。上承下接，劳谦匪懈，是以吉也。"坎为劳，艮为终，一阳值坎艮之体，履正而上下归之，九三者为全卦唯一阳。九三以刚居正，劳而能谦，终身持之，则其道吉；有功劳而持谦德者也，万民悦服；万民者，取象坤之众；服者，顺从也，取象坤之顺又艮之臣。冯椅曰："一阳五阴之卦，其立象也，一阳在上下者为剥、复，象阳气之消长也；在中者为师、比，象众之所归也；至于三四在二体之际，当六画之中，故以其自上而退处于下者为谦，自下而奋出乎上者为豫。此观画立象之本指也。"

上六以柔处柔顺之极，又处谦之极，以极谦而反居高，未得遂其谦之志，故至发于声音，又柔处谦之极，亦必见于声色，故曰鸣谦。上，谦之极也，极谦反居高位，不能任天下事，则反求诸己，故利在以刚武自治。邑国者，己之私有；征邑国，谓自治其私；行师者，以师言用刚武。朱震曰："征邑国者，非侵伐也，克己之谓也。君子自克则诚，诚则物无不应。有不应焉，诚未至也。"

服谦。有他服和众服者，九三也，使其自服者，上九也。九三劳谦君子，有功劳而持谦德者，万民悦服，故众皆归服，此服为服其谦德，为有德令其服，服则归，归其谦卦九三之位，这是君子当位之德服所在。称位君子在谦卦，不仅进位且当位，当位健谦德且令人归服，位德崇高，这是治君子之成在谦卦且在九三位的位果，《程传》曰：“古之人有当之者，周公是也。身当天下之大任，上奉幼弱之主，谦恭自牧，夔夔如畏然，可谓有劳而能谦矣。既能劳谦，又须君子行之有终则吉。”。上六鸣谦，非扬名也，为志未得而鸣，有鸣不平之义，不平何在呢？因处位极柔而不平，故因极柔以鸣求阳刚之配偶，使其平衡，鸣谦者实为寻求刚柔相济之道，刚柔相济求刚武自治而服，正是谦象言“裒多益寡”与“称物平施”之义，上六以刚武克己之私，己私者，己欲也，言服谦者，为以德谦胜己之私欲，为健德之大成，成在明私欲，又成在能克私欲，再成在有克欲之道。

德之柄

在谦卦呈现治君子修身健德的处谦状态。处谦者，为谦卦立三种格局收谦义四体，以修身健德之最而有治君子之成。且以显著的称位君子呈现了从外德到位德的变化关系，外德者，入世进位修善言德，以履礼为基，而位德者，在谦卦有当位君子，如六二、六五、九三，尤其是九三在当位中执位，使治君子发生君子以治的重大转变，能有这种重大转变的原因就在于称位君子之成。在谦卦，以称位君子而有治君子之成，在谦卦以“君子”称谓。称位者，才德兼备，才者刚明之才，阳足且明是刚明的显著标志，就算以柔性处阴位也不影响其君子的刚明之才；德者，身德、外德、位德皆足以能被称位，因称位而谓，因才德皆具而当之无愧。

治君子与君子以治的转变。在谦卦，有修身建德之治君子之最，用德之柄以谦道驭德，最显著的便是以谦卦统领其他八个卦体，使其在谦卦融会贯通，有处一谦卦而修其他八个卦体之会，这便是治君子之“最”的来源，且还有谦卦三种格局和谦义四体，又是独特的修而健德之内容。以治君子之最而有治君子之成，成者，有也，在谦卦，当有君子，此君子兼具立身君子、积善君子、进位君子、当位君子之综合，这也是称位君子之才德。正因有“君子”，故而君子当位以治，君子进入邦体担任重要角色，甚至以一己之位成为卦眼，如谦卦九三以劳谦君子不仅在谦卦当位，还在当位中执位，并执一卦之体。从治君子到君子以治，便是治君子之成的标志。在治君子系统里的前面几卦言治君子修身德、修外善等，皆是集一卦之力，帮助健德君子修身而立善，如损卦以惩忿窒欲修己身，皆围绕损益之道而言固阳，在井卦以立井、渫污、修井、汲水等过程言立善之地难寻，外善之德难养，皆是以全卦之力，助其修而健德。而君子以治不同，在谦卦，九三以一阳统领全阴，以己位治全卦，助其他爻皆安位而处谦。

身德之终，位德之始。在谦卦言身德之终，为身德之大成，身德大成者，立身君子当之无愧，这也是谦卦能立君子之关键所在。身德之终不但非终结，还以谦敬、谦始、谦卑、谦让之谦义四体修健君子的谦谦之道。终者，极也，最也，正因在谦卦发挥了最大限度的修德动力，而使君子以立。君子以立，非逍遥遁世，而又以进位及当位君子修健位德，发生君子以治的重大转折。它的重大意义就在于立小乘之大成而行大乘之实质，君子以治，使小人有德，助邦体健德，便是君子志邦、志大众之宏愿，就是此志以济远，能济通。在六十四卦中，《彖辞》与六爻象辞皆吉者，惟有谦卦，就在于它立能独善其身，进又四通八达。

在谦卦，初六敬始而谦，卑以自牧，虽位卑但德高；六二居中而谦，当位以健，厚积而发；九三履正而谦，当位且执位，以谦之主，屈己下人，以一阳志养全卦；六四执柔守正而养谦，发挥谦之至善；六五以谦之尊而执谦，恩威并施，以图德服而治邦体；上六处谦之极却有明，反躬自治而克私欲，集惩忿窒欲健身德之大要。所谓身德之大成，成在上六，成在有明私欲之明，处位之极还能有“明”，是因德健而真明，一般皆居极而反，而谦之上六唯独能明，是治君子阳足德裕而明的写照，上六之明在此通“复”，复者德之辨，辨则明，明则明其本而辨质见修，而上六不辨自明，不处困而知本因。同时，上六反躬自治而克私欲，以能克私欲而通“损”与“益”，集惩忿窒欲健身德之大要，上六以刚武之象克私，可见既有克欲之刚强，又有克欲之利器，此种君子是健身德之典范。对比身德之大成在上六，而当位之成在六二、六五、九三，二与五皆以中正之位而执谦，且以谦德充积于中，健其己之德位，为当位而健德位者。执位之成在九三，九三虽不中，但以己位领全卦，成执卦之主，以有功劳而持谦德者，使万民悦服而归，以德归服始发生在九三，九三不仅执位，还因德服而执卦，为六五之治世贤臣。以六二、六五当位，九三当位且执位可知，在谦卦，因治君子之终而有君子之质之大成，这也是之所以有能称位君子的原因，六二、六五皆阴爻，性柔，但能当位而执谦，且以谦德充积于中而健位德，可见虽以柔，且居阴位，但也不影响其君子刚明之才德，称位君子之质地，所以说同样一爻的阴阳属性，位域格局不同，结果会完全不同，这就要发挥同体位域方法论的作用。

德之柄。谦者，德之柄也，为以谦道为柄而驭德。柄者，转换之机要也，以“柄”言修德到驭德之转换，处谦而有转换之能事者，有法序之柄、统领之柄、健德与有德之柄、小人与君子之柄、君子与大同文明之柄、身君子与位君子之柄等。驭者，统帅、驾驭之义，尤以谦卦四通八达，既能“驭”修身之德健，立身德君子，又能以君子以治健位德，立位德君子，还能通天、地、人、鬼神之位域法则，以洞悉自然法序而言驾驭。处谦再以谦道事之，既敬畏法序，又师法、取法法序而用于谦，这也是以柄作转换之机要所在，立于道，取于法，明其性，而言“驭”，为能“驭”之极。

法序之柄。法序之柄是处谦第一机要，不明谦之法序，便不入谦卦之门，诸卦皆言法序，但从未如谦卦从天、地、人、鬼神四域齐言法序者，故除乾坤二卦外，从未有谦体四通八达，谦体之所以四通八达，就在于谦卦建立了属于自己的体性系统。体者，为天、地、人、鬼神之谦体四域；性者，为益谦、流谦、福谦、好谦之谦德四体。在这个体性系统里言说法序，不再是只言片语，在道与法面前，人何其卑小，但人健德明性而证道，又齐于道，又能与道和光同尘。以体性系统言“谦”，在于谦道有能“盈”之本性和法性，“谦”道能包含的所有含义，皆因德的盈虚实质而呈现的外在表现，盈者乃德之本性使其德健而盈，而谦道恰好能盈其德，在天、地、人、鬼神，无能是处哪一位域，以谦谦之道事之，总能盈其德，以谦言之，在于谦的健德之能。以众多法序能明谦之“盈”以及能盈之本性，是法序之柄发挥的作用，借谦而入道法之质。

统领之柄。统领者，为在治君子系统里以谦卦统领其他八个卦体，形成从困→复→损→益→恒→井→巽→履→谦的治君子过程。统领之柄者，以谦卦融会贯通其他卦，有处一谦卦而修其他八个卦体之会，言柄者，既是转换之柄，又是通融之柄，在治君子系统里，围绕“君子”主体健德修持，从处困而治困，从一阳始生起修，到君子在谦卦当立，完成治君子身德之终（成），在除谦卦外的其他八个卦体重，虽以“君子”言，但皆是以君子名，非有君子之质，直到在谦卦以称位君子来称谓，方有当之无愧之君子修成，以谦卦有真君子而有统领之实。同时，谦卦以统领和贯通而兼具身德君子、进位君子、当位君子等修持内容与特点。在其他八个卦体的治君子过程里，处处可见谦道，也处处可明“谦”之于健德之作用。从辨质见修可知，之所以治君子，就在于有处困的外在因、内在因、本因以及呈现困象的因果之道所左右，想要济困、济通，唯德能通所有，能济所有，而谦卦正是真君子立大志之卦，君子有德还能如山一般隐伏，谦卑，就在于立世就志于大同理想，遁世就在于证道与天地齐，所以谦卦君子的转换，支撑了君子个体与邦国大体之间的联系，更加强了小人健德而有所作为的示范。

健德与有德之柄。在从困→复→损→益→恒→井→巽→履→谦的治君子过程里，皆是健德的过程，而且从复卦明了一阳来复对阳德的意义，再在损卦与益卦建立了使阳足且固阳的修健方法，又从恒卦与井卦以恒益之道养之，还在井卦发生了立身德向外德立善之转变，再经巽卦与履卦的进位节制之道，君子开始从立外善以养，到进位图政，最终在谦卦实现了健身德之成，以及有称位君子之成。从治君子过程可知，成就有德真君子非一个谦卦可单独支撑，它只是走在成的终端，它的“成”建立治君子系统里任何一卦的基础上，这也是同体位域所发挥的作用，在同体上，谦卦和其他八个卦体同为一个整体，在位域上，谦卦为九卦所呈的其中一卦。健德者，健身德、外德、位德也，以身德、外德、位德之健，使君子有德，而能称位君子，有真君子之成；有德者，在身德、外德、位德范畴内一切可修可健之德，均是治君子修身健德应该具备的才德。

身君子与位君子之柄。身君子者，以己身立身而独立于世，位君子者，以身君子之基立于邦。在谦卦，以一卦呈现了身君子向位君子之转换，初六与六四皆执谦道而继续养谦，使谦更谦富，尤其是初六居山之下，而山有隐伏于地，这在任何一卦都会涉难，只有君子方知健德，此时君子无位，更无外善，只有健身德，使其成德高之身君子，这便是在谦卦虽身君子谦卑于下，但德却崇高于上，除此以外，还有上六健身德而成身君子之典范，上六以刚武之象克私，集惩忿窒欲健身德之大要。初六、上九是身君子者，而六二、六五、九三便是位君子，六二与六五皆当位且履中正，九三当位且执谦卦，当位者便当政，六二以鸣谦当政，鸣谦者，扬德之名，实为宣德也，以执谦之道而行扬名之道，是鸣谦之政，有德在己，健德在位，但扬德在政，六二鸣谦便是德政，它归于礼德之教的宣讲、宣扬，是德教非常重要的方式；六五以执谦为器，威以戡乱，因治于邦国而行谦道，为以谦谋政，实为谦德之盛。无论是身君子还是位君子，皆因健德而有德，正因为健德和有德，使其成为小人与君子之柄，君子与小人的区别就在于君子以德称位，以德可言，以德衡量，而小人既不知处困，又不知健德，故而少德或无德，既使自己陷入困境，多灾多难不说，又拖累邦体向更高的文明进步。从修证本质而言，是否身君子必然要向位君子转换呢？身君子可以不立于邦，向位君子转换，而可以继续内证成内德君子，这是修真者性命双修的证道之路。位君子之所以入世当位，在于以德政而健德，从积善和积德而言，位君子可以政之普遍性而广积善、广健德，尤其是从使小人有德且天下同德的大乘而言，位君子显得意义重大。

德服天下之柄。在谦卦，九三劳谦君子以有功劳而持谦德，使万民悦服，继而归服，德服从九三劳谦君子开始，在此通大有和同人卦，使其有了君子与大同文明之柄。谦卦之君子者，从身德君子、外德君子到位德君子皆是一个“真”君子之质地，既有刚明之才，又具阳刚之德，是同人卦“同人于野”野之所起的那种君子，可以由野济否而达无所不同，这就是君子治邦之心和济邦之志，这就是通往四野所归，归而尽有的德服之道，更是以天地人三才合德之德文明构建而德服天下，使其盛大丰有的大同文明之道，皆在于居于邦体之中的核心源动力——劳谦君子。君子与大同文明之柄以及德服天下之柄，尽在如劳谦君子一样质地的健德与有德君子，若邦体社会人人皆如劳谦君子，则不治而同，邦体文明则有以道体德性驱之的自动力。

贞卷：德君子十政

泰卦：交泰之道

泰：坤上乾下

德政内外治道成

在稳定的邦体秩序中，邦民依礼制安分其欲与安位其序，践履舒泰，进退有礼，正是交通往来之时，故而有泰，泰则交，天地、上下、内外、阴阳皆相交而和，和则安泰，安泰之政，便是君子当道之德政，以德政安民，而有德政之治道。相反，不相交通，相互隔绝，则有否势，治理阻隔通畅的否势，既在于气机交通、感通、萃聚、通泰之过程，又在于依君子当道之德政治理之。

《序卦》曰："履而泰，然后安，故受之以泰。"在履卦，阴柔无序之人被"虎"所伤，邦制弊病显露，六三虽质柔但志刚，舍身喂虎而以身试法，以"柔履刚"履其虎尾而触"礼"，呈现安分其欲与安位其序的"位"礼光明，继而九五依德位法则定礼且建礼成制，尤其是建立君王礼制之道，并大行监察之能事，从而出现"履"大治之众"光明"象，以法→礼→德三者一体德树构建，治礼道之大成。履礼、履位序而舒泰，在于以"序"而致通，此为以治道使其内在秩序之通泰。《程传》曰："履得其所则舒泰，泰则安矣，泰所以次履也。为卦坤阴在上，乾阳居下，天地阴阳之气相交而和，则万物生成，故为通泰。”

泰卦之通泰除了以履“序”之治道使其有内在秩序的通泰外，还有从否之不交不通到泰之交通的过程，为气机从否致通的过程。在否卦，卦之当体与大秩序不交不通，相互隔绝，成否塞之势，否塞则气郁，气郁则气机不能畅达，气机不畅则逐渐否闭，使其卦之当体与大秩序逐渐失去交感之能，继而出现不交不通之难和小人当道之难，同蹇之险难、困之光明被掩蔽之难，交织成各种难夹杂在一起之杂难综合体。应难则思通，物无终难之理，天道往复有自振之机，难极则必散，故受之以解；在解卦，以雷雨交作立象，以破破郁交气为解道思想，使诸难从缓解、破解、解散、生息而至尽解，之所以能解各种难体夹杂之难，便在于天地人三阳合德致气机交感出震以动，秉破之功而行郁塞，再以雷雨交作灌溉使清气换浊气，逐渐在解体迎来了生息休养与正序复生的大好局面。天地人合德交感而破郁交气的解道思想，是感通之髓；而万物与雷出入，正是感通之随；在随卦，得益于气机交通，以交而感，感以随物应情之情，随之气为心物相交成气，再感而生情，正是以精气神三者合德的气机交感之用，成其以随物应情并唯变所适成随道思想。以物之随而感，感以随物应情之情，以感于物再通于物，有感通之咸体；在咸卦，既感物之法序，又通物之本性，再以洁静精微之感而感于心，成其唯变所适而心能转物的咸之道，感而遂通履咸正之序，是咸体以心寂然不动得心境大光明，守真如而妙化万有的咸道境界。以感而遂通交感通物，行舍识弃意虚我而从心凝神固守，使气来而聚，得萃聚；在萃卦，以神之内守得正固之利，在凝神聚气、聚气养德的萃正过程中，逐渐完成君子以类，贤才当聚的尚君子、尚贤、尚德之萃聚；当萃正之序从否乱失序、物之类序、萃聚而集序逐渐养成，由萃集走向泰而通的过程也渐成。

从否难气机不交不通而致否塞的状态，经过解体破郁交气、随体随物应情、咸体感而遂通、萃体萃气正序的气机行而交、交而通、通而感、感而同、同而聚、聚而序、序而泰之过程，呈现气机从否塞而渐通泰的全部过程。各种夹杂在一起之杂难综合体，尤其是否之不交不通之难，伴随气机通而泰的到来而尽解；生息得以休养，气机已然从破郁、应情、感通、萃同、泰通而正序复生，已然可以进行天人合一全息元象交易之合。虽诸难当解，但小人难去，正需泰体之德政，通过德政以治内、交通以治外等治道，治其气机交感之通、德政内外之通，以及君子当道志通天下之通等各种通泰。

泰卦，坤上乾下，为天地交泰之象；否卦，乾上坤下，为天地不交之象。交者通，不交则不通，泰卦与否卦围绕天地、上下、内外、君子与小人的交通与否，治其通与塞，而行通泰与否塞之道。泰与否正好构成事物的两仪，也是政治治理的两种截然相反的现状，从君子与小人的阴阳盈虚过程，以德政治其君子与小人而正正邪之序，使其通泰时以促万物生化、交易，使否势时可养德辟难。

四重德位位域。泰卦与否卦皆从天地、上下、内外、君子与小人四重位域言明超越邦体的大秩序。言“天地”，为道法之序；言“上下”，为邦体之序；言“内外”为往来之序；言“君子”与“小人”，为正邪之序。这也正是泰卦和否卦皆有取“茅”为象的原因，以茅的牵连相引之象，意在言明并强调大秩序整体相系牵连的关系，人类社会与文明时刻处在更大的秩序系统内，而且无时无刻不全息交易在一起。如何洞悉其本质和把握其性质，既是了解自然属性探寻现实世界奥秘的根本，更是为政治理的重点。四重德位位域，为其提供了解析其紧密相牵连关系的同体位域方法论，更是以“德位”思想治则，言明“位”的大秩序，这是走入“泰”与“否”的捷径。

交易法则与往来秩序。履卦因定礼制成邦体秩序而有履之大治，邦序各归其位，邦民各正其德，政通且人和的根本就是建立了能使邦民交通的秩序——礼制秩序，既带来稳定的邦体结构，也为为政提供了施政环境。在泰卦与否卦呈现的大系统里，“泰”和“否”是秩序系统呈现出来的两种文明状态，是内在秩序发生后的状态结果，而发生这两种文明状态结果的原因就是交易法则。泰者，交通而通泰也；否者，不交而否塞也；万物相交而通。因交易法则，而有社会的往来秩序，万事万物皆不可乱交，不符合礼制与位德，则必然有不好的状态结果。在“泰”与“否”文明系统内，分别从道法根本、邦民体系、刚柔动静、正邪关系，言明四重位域的“交”易法则与“往来”秩序。每一个位域或自然属性的事物，皆有各自本有的秩序和法度，顺其秩序往来则通，反之则不通，这便是可使其“交易”的根本——基于根本法序和属性秩序。

天地交而万物通，这是基于道法根本的“动态”交易，这个“动态”便是人与宇宙的天人合一全息元象交易，体现在天地同律、人天同构、人天同类、人天同象、人天同数，宇宙与生命的相互收受、通应，共同遵循“四象五行”的对待协调、生克制化的法则。所谓道生之、德蓄之，大道以其道生德蓄而体性一如，发生全息交易，道生德蓄便是天地、万物、人与自然发生交易产生法序的根本。除了根本法序外，就是属性秩序，在泰卦和否卦里，分别以乾坤、阴阳、君子与小人等统一在乾性与坤性的属性秩序里，乾性阳而健，坤性阴而顺。乾与坤处其“上下”而显“志”，志同通泰则振邦，志异否塞则颓邦或无邦。乾阳与坤阴处其“内外”而显刚柔与正邪。内健而外顺者，小往大来，精气升腾，君子道长；内柔而外刚者，大往小来，神气耗散，小人道长。交易者，精气也，天地交易移精变气；往来者，德行也，社会往来建礼正德。

从泰否两种文明状态的交易法则与往来秩序出发，裁节调度并施为有方，而大行德政。以能使其泰亨之有为，尊其交易法则与往来秩序，治其“志”、治其“大”、治其“明”、治其“诚”、治其“愿”、治其“极”……以交易之质和往来之实，既安其位序，又能超越位序而治其精神，以和畅自由而享合美元祉，而有德政之治道。

泰：小往大来，吉亨。

彖曰：泰，小往大来，吉亨。则是天地交而万物通也，上下交而其志同也。内阳而外阴，内健而外顺，内君子而外小人。君子道长，小人道消也。

象曰：天地交，泰；后以财成天地之道，辅相天地之宜，以左右民。

卦辞：以往来法序治通泰，且健德以顺正道。

彖辞：四重位域的交泰之道。

象辞：值泰势，宜以德政之有为治其泰安。

泰卦，坤上乾下，为天地交泰而吉亨之象；泰卦与否卦皆连接四重位域大秩序，卦体与大秩序交通与否，决定了是通“泰”还是“否”闭的状态。通泰者，天地阴阳相交且和畅，万物生遂，皆言相生相长的状态，利君子得位行正道。《程传》曰：“小，谓阴；大，谓阳；往，往居于外也；来，来居于内也。阳气下降，阴气上交，阴阳和畅，则万物生遂，天地之泰也。以人事言之，阳为君子，阴为小人，君子来处于内，小人往处于外，是君子得位，小人在下，天下之泰也。泰之道，吉而且亨也。”

四重位域交通原则。天地以气交；天之阳气下降，地之阴气上行，天地气交而生万物，呈天地之泰，反之，为天地之否。阴阳以气合；阴阳二气相交则阴阳通，万物生，内阳，生之源，外阴，成于物，反之，不交不生，物不能成。健顺以德言；健者，乾之本，阳性行健，顺者，坤之性，坤顺以载，而能成事。君臣以志和；“以人事言之，大则君上，小则臣下，君推诚以任下，臣尽诚以事君，上下之志通，朝廷之泰也。”上下之志通，则君臣安和。君子与小人以类言；阳为君子，阴为小人，君子来处于内，小人往处于外，是君子得位，则泰，君子往居于外，小人来处于内，是小人道长，君子道消，则否。

取“茅”象。在泰卦，乾三阳志气相同，居其内且与邦体阴阳相交，其志在外；初九为同志之首，初九举志向外，则众同志皆同，如同茅茹相连；故在泰时，乾三阳同志志在外而同征，为其共同的志向健而征，故同征为吉，“上顺而应，不为违拒，进皆得志，故以其类‘征吉’也。”由此奠定泰安之基础。取茅为象者，有进取和擢升义也。观其拔茅，为拔其上行，泰与否取茅象之爻皆处下，故为进志而自拔。为进取之象，更具进取之志。在泰卦，初以阳君下，为有刚明之才，当时运为济时，君子可退而自处，处泰则自安，当气、时皆具时，其志上进为征，君子上进之志，刚明之才皆能同气，故而皆能应志，应志者皆为同志，共同相牵相援，如茅草之根，广泛相连，若拔一根则有其他相牵连而起。拔茅者，擢拔也，君子进取，也当擢拔君子以就其位，“贤者以其类进，同志以行其道，是以吉也。”自古君子得其志位，因其贤、明而有功于天下，一阳泰则三阳皆泰，唯君子进志可协力共成天下之泰势。

往来之道。往来之道需要具备的四种德质，为天地交通而万物生化之时运，内阳而外阴的精气状态，内健而外顺之性德，君子进志得位小人消退之政治环境。何为“小往大来”？小往者，阴顺居外；大来者，阳健在内，此为内阳而外阴的泰之质。内阳决定了其核心原动力光明无比，刚、明之质地，阳者健，故阳气充沛且发散往外，阳气源源不断被输布，故而邦体气血充足。外阴之体得其精气给养，故而能顺；同时，阴性为收敛且节制的，故而外在消耗小于内在供应，其邦体之“神”因精气充沛而得以保存，不至于神气耗散至邦体无存，“神”足则处之泰然，这也是为何从泰之始便能安泰的原因。神足且气精充沛，精气神不断扬升，是三阳开泰之吉亨之所在。

大秩序之往来。有其内阳原动力般的输布，全息元象般的动态交易得以时刻联通，从泰体产生各系统往来，尤其是与天地、上下、内外乃至宇宙的大秩序，从全息交易可知，世间百物不废，任何一物，无论是宏观之大或微观之小都与外界深入交易联系，以全息元象交易相互，而惧以终始，其要无咎。在小畜时，共同体概念初具且各种优质资源集聚，在履时，共同体秩序因制礼而贯通邦体结构，同体位域概念备具，既安其位序又彼此相连，邦之共同体继续从邦之礼制（健全状态）走向与大秩序往来的格局，从而形成了共同体逻辑成果——呈现出泰和否。在大秩序往来中，天地相交万物生化得遂，上下相应使其下志可上求且上应而能擢升下，内外健柔得体且能精气正常输布，君子与小人能在德政环境里各施其长，各尽其才。但需要注意的是，任何体系与形式的往来，必定履礼，有礼方可交易，且须依德位履礼，要在礼法基础上往来，才能在大秩序里建稳定的小秩序。

内君子外小人的德政。此德政乃君子自健其德而有邦体倡德之风尚，故而德政是泰卦之所以通泰在治理上的原因，君子自身有刚、明之德，又健而居内，履位得体而明确，有位德，止因履位得体居其内，而有下体阳健君子合理用其上体阴柔顺承之德，成为邦体德政一部分。在为政治理上，又以进志、包容、诚且实，中心愿……等众多德政要素，倡其德政，故而在泰体小人群体皆接受君子教化，且小人群体以顺承之德助其为政。

治其同质汇聚的“茅茹”之志，扬其不为己身而志在天下之吉途，抑其小人变志且奉君之丑径。治其存乎广大的包容之大，扬其用心弘大、无所遐弃偏私的中行显君，抑其志所包蓄，以求济其为身之利之阴否小人。治其知泰、否交替之明，扬其能居安思危，谨守正道，化险为夷者，抑其怀谄奉承，妄作非为，终致羞辱者。治其盖出本心之诚，扬其上下皆诚不相欺，各得其正，抑其小人合交以害正道，且失实之欺。治其为民请命造福天下之愿，扬其既时存戒惧危亡之心，又知物极必反之理，而能奉以济否闭、改革时弊之命者，抑其不重天道，不知阴阳，偏居偏安且妄作非为乱其位序者。治其物极必反之极，否无长否，泰亦无长泰，物极必反之理。否、泰之转，在于政，否、泰之极，在于治，政如城隍，宜勤检善修，不治修则易颓覆；扬其能听其教诲，行守正再图强之道，抑其兴师好战易败亡之政。

物极必反之道。顺而阴居外，曰“小往”，健而阳在内，曰“大来”，其小往大来、大往小来，以其阴阳盈虚而相互转化，其阴阳盈虚之转化，使其上体与下体可以颠倒，内外与往来可以此消彼长，君子失德可成小人，小人正德可成君子……物不可终安，也不会终乱，所谓治久必乱，乱久必治正是如此。泰极则否，否极则泰为道之所呈，法之所运，皆道法气数也，唯睹运体而思治理之道，泰体时常改革时弊以防否势，否体时健德以提升气运而打破阻隔。无论泰与否，皆应以德政倡天下正道，以德教教之成君子，睹根本法序和属性秩序而行德政践履之道，履序洞明而明气，履位共礼而言德，履礼举德而可治，履德通泰而能安。

德政其“志”

初九：拔茅茹，以其汇，征吉。

象曰：拔茅征吉，志在外也。

泰卦初九刚明处下，为泰之始，有阳动而牵连三阳并动的同征之象，故与九二、九三志同，志同者类聚也，为同质汇聚的贞吉之象。阳者，贤也，从初九上进“拔茅”牵引而起可知群贤皆有上进之志，且有应在外，故有“志在外”，实则君子之志在求上达于天下，不在自身也不在已位。治其同质汇聚的“茅茹”之志，扬其不为己身而志在天下之吉途，抑其小人变志且奉君之丑径。

《程传》曰：“初以阳爻居下，是有刚明之才而在下者也。时之否，则君子退而穷处，时既泰，则志在上进也。君子之进，必与其朋类相牵援，如茅之根然，拔其一则牵连而起矣。茹根之相牵连者，故以为象汇类也。贤者以其类进，同志以行其道，是以吉也。君子之进必以其类，不唯志在相先，乐于与善，实乃相赖以济。故君子小人未有能独立，不赖朋类之助者也。自古君子得位，则天下之贤萃于朝廷，同志协力以成天下之泰。小人在位，则不肖者并进，然后其党胜而天下否矣。盖各从其类也。”

同质汇聚。从泰和否都不难看出，群阳和群阴同处下，有“拔茅”牵连之象，以“拔茅”牵引而言同质汇聚，泰者阳同质，否者阴同质，同质者，以类聚。类聚者，宜党同。在泰卦呈现的为阳质类聚的群而不党，而否卦呈现的为阴质类聚的党而不群。群而不党，泰君子类聚之性，众君子皆以志应，虽群汇但无党谋，虽有志同，但志非群汇而谋志，而是自身的刚明之志，发乎于自明，故群会而不党，不党为不专营结党。同泰君子群而不党不同，否小人类聚为群而结党，从初六入于地之根象，根根相连且相通表明已结党，虽结党也群会，但群众志不同，皆无征天下之志，且有意承君应阳；虽志不同但以利相应，此利为阴小需君之阳利，但大往小来说明，就算有利但利亦有限，故而众群阴小专营奉承之丑径，以谋已私。

志同征与志异贞。志同征者，泰君子群而不党之众阳，不为已身，虽结党但不营私，进者征也，同征其志，进志于天下，故而造福与天下。志异贞者，否阴小人群而党，但志异，为利而应君接阳，志异则节变，故需坚守正道。对比泰君子进志天下之善，否小人以利奉君为行其丑径。所以要扬其善，抑其丑。扬者，拔也。“贤人在上位，则引其类而聚之于朝。在下位则思与其类俱进。”李士珍曰：“茅为人所用，用则登于宗庙，不用则老于山林。茅不自达，必俟人拔之。拔，擢也。用贤者首举一大贤，则群贤从之。阳主进故‘征’，得时有应故‘吉’。”对于有造福天下之志且有造福之能者，还有否卦九四，在否卦，有其九四志行，奉天命以济否闭，而有“畴离祉”之象。畴者，类也，指下卦类聚之群阴；离，附丽；祉，福也；为引导阴小之同类依附于九四之济否君子，而获福。

德政其“大”

九二：包荒，用冯河，不遐遗，朋亡，得尚于中行。

象曰：包荒，得尚于中行，以光大也。

泰卦九二以阳刚君中，上有六五柔顺之应，二与五泰交，有上所专任之象，故而有治泰之主之说。九二与三阳同体，乾健有包荒之实，故而心胸开阔，广纳远贤，以包含荒秽，受纳冯河者也，且不结党营，用心弘大，无所遐弃；上应柔尊而居臣辅之实，实乃以其“大”德辅佐六五持中以治世，而“得尚于中行”。治其存乎广大的包容之大，扬其用心弘大、无所遐弃偏私的中行显君，抑其志所包蓄，以求济其为身之利之阴否小人。

“包荒”。包者包容、含容；荒者，荒远与荒秽之地；言包荒谓心胸开阔到足以包容天下，连荒远、荒秽之地皆能包，实为有包容之大，此大者为“王”之心，九二包荒，实为二与五交而同心同志，既与王交志，王亦与其交心，只有通心、通志才能达其荒秽之远。从包荒之象可知，二上应柔尊而成五之专任，居臣辅之实。“用冯河”，冯者，借也，为无舟而徒步涉河。被河阻隔而断绝交通，成为泰交的障碍，以“用冯河”言果断刚决渡河涉险，实则以其刚勇克难，《程传》曰：“用冯河，谓其刚果足以济深越险也，自古泰宁之世，狃于安逸，必至于衰替，自非刚断之君，英烈之辅，不能奋发以革其弊也。”“不遐遗”，为不遗弃远方之人，“不遐遗，谓治夫泰者，当周及庶事，若事之微隐，贤才之在僻陋，虽遐远不可遗也。”“朋亡”，亡者，音无；以失朋之象言既不结党又不为朋谋私，为无朋党之见，无私无偏，存乎光大，故曰‘朋亡’也；反观其朋者，为小人也，因无利而自走，亦无见九二君子之德之明。

对比泰之九二包荒与否之六二包承，泰之包言于乾，而行于乾，虽与六五交心通志，但皆因有其“包”德才能行包之实；包荒者，象天包地。而否之包言于地，但包于乾之九五，象地为天所包，为以大包小。从位而言，九二与六二皆得中位。从位言包，泰之九二从下包上，为有包之大德才能以下包上；而否之包为九五包于上，六二承其所包，虽以二之位言，但实际上为异位而包。所以，言包者以及能包者，必然为乾阳君子，并以其包之德而包，否则如否之六二居其位，也不能包。观其否之九五，有其包承而不乱群之实，成其以德济否之大包之心。

治其大。大者，多也，为九二处泰四德之多，在处泰四德里，又以包容之大和无私光大显著。九二处泰四德为九二处泰四道之德，以“包荒”“用冯河”“不遐遗”“朋亡”四者，成处泰之道，其中以“包荒”的有容之大，而通其他。同时又以九二的处泰之道，呈其九二诸德，且以德中行，成就处泰之道光明显大。

德政其“明”

九三：无平不陂，无往不复，艰贞无咎；勿恤其孚，于食有福。

象曰：无往不复，天地际也。

泰卦九三处下乾之终，在诸阳之上，有泰阳之盛，阳者必升，故又处下卦进升上卦之转折位，有泰之盛阳将进否阴之象。“无平不陂，无往不复”为地平极则险陂，天行极则还复；平陂以上卦地形之险夷来言，往复以下卦天气之往来而言。其平坦之地延伸至远处，无不转化为险陂；过往之机虽已消失，无不又将重机再现。故戒其安逸松懈，当居安思危，谨守正道，则可无咎。何言“无咎”？为“居不失其正，动不失其应，艰而能贞，不失其义。”故而无咎。“勿恤其孚，于食有福。”恤者，忧也；孚者，信也，谓取信于人；食者，俸食。为虽处天地交接与阴阳转化之时，因有孚信而不必忧虑其爵位俸禄，实为有福之兆。治其知泰、否交替之明，扬其能居安思危，谨守正道，化险为夷者，抑其怀谄奉承，妄作非为，终致羞辱者。

九三以乾极应其坤下，为天地交接之际，所谓“无常安平而不险陂者，即无常泰也；无常往而不反者，谓阴将复也”，以无常泰和阴将复，言天地之交接和阴阳之转化为天理必然、世间常理，值泰极否来之时，应据险当思变通以应对其变，唯有不变者——君子之孚信，不会因为环境变换而影响其地位与爵禄之根本，

治其“明”。为明天地与阴阳转换之机、明否极泰来之天理必然、明有孚信而无忧扰、明羞耻而行君子之道。明天地与阴阳转化之机，这个“机”就在于处位而觉险，处九三位应觉否阴之险，这为险未到而先觉之觉明，有这种先觉了，再在天地交接与阴阳转换时能居安思危，谨守正道，从而把握时机。明泰极否来天理之必然，泰极否来或否极泰来，皆需洞明，这是天理转换之必然，天理循环盛极必衰非人力、人心所能移，只能明其至理而思变通之法；如何变通呢？为守成，“九三在泰中，守成之象。艰贞者，守成之良法也。”有孚信而无忧扰，九三治有刚明之才，故自具孚信；如何能无忧

也？为以信德感之，“其信义诚着，故不恤其孚而自明也”。马振彪曰：“九三处天人相交之际，持盈保泰，艰以图之，贞以守之，此自可以福天下，虽一身劳瘁，亦弗所恤。舜之风雷不迷，禹之胼手胝足，文王不遑暇食，周公握发吐哺，各尽其职，只是为天地裁成辅相以左右民耳，何尝计及身家乎？功在天下而不敢居，但求无咎而已，此皆一诚之所孚也。”明羞耻而行君子之道，否之六三以阴柔之质处否极而进，为非知耻者，知耻者不会为应阳而变志，不会一心奉承其上，马振彪曰：“‘包羞’二字，括尽小人情状，六三不中不正，当否之世，窃位苟禄，备员全身，不自知其可羞也。曰位不当，勉其履当其位，勿以无耻小人自居也。”

德政其“诚”

六四：翩翩不富，以其邻，不戒以孚。

象曰：翩翩不富，皆失实也。不戒以孚，中心愿也。

泰卦六四处上下交泰而居其坤阴，以阴在上，其志在下，连同上二阴亦志在趋下。翩翩者，往来飞动之貌，以翩翩飞动之象，言上三阴相从而下降；邻者，六四同类之邻；为六四翩翩就下，与其相邻之六五、上六同类两阴，连袂地下降而求应于阳，下求阳以资富实。三阴皆能谦虚求阳，故不待教戒，而皆能取信于阳。“以其邻”之“以”为与，为与其邻也；而“不戒以孚”之“以”为而，为不戒而孚。李道平曰：“三承四，曰‘其孚’；今四乘三，故曰‘不戒以孚’。”治其盖出本心之诚，扬其上下皆诚不相欺，各得其正，抑其小人合交以害正道，且失实之欺。

正因六四连同上二阴皆阴虚无实，且居上位，才有上三阴下降求阳以资富实，不富而相从之意。当值阴阳交泰之时，上阴与下阳盖出心中所愿而行交志之通，实乃以诚相待，不待告戒而诚意相合。俞琰曰："易以阴虚为不富，六四阴爻，故曰'不富'。愿者，上下交而其志同也。泰之时，上下不相疑忌，盖出自本心，故曰'中心愿也'。"

治其"诚"。要有盖出本心之诚。九四之志，盖与有其扶危济倾之诚，无诚则志不坚，纵然有天命亦有君命，也难行其倾危之难。诚者，公也，天下为公之心，为天下造福，若无天下为公之诚愿，亦难行。其泰之六四亦是，之所以能以资富实，为上下交诚而诚心所愿，从翩翩飞动之貌，可见趋同之愿心，诚心所往。

德政其"愿"

六五：帝乙归妹，以祉元吉。

象曰：以祉元吉，中以行愿也。

六五阴居尊位，下应九二，上下交通，有"帝乙归妹"而成和合至美之象。王弼曰："女处尊位，居中履顺，降身应二，感以相与，用中行愿，不失其礼，帝乙归妹，诚合斯义。履顺居中，行愿以'祉'；尽乎阴阳交配之宜，故'元吉'也。"治其为民请命造福天下之愿，扬其既时存戒惧危亡之心，又知物极必反之理，而能奉以济否闭、改革时弊之命者，抑其不重天道，不知阴阳，偏居偏安且妄作非为乱其位序者。

"帝乙归妹"。与归妹卦不同，此处取下嫁之象，言帝王商汤下嫁其妹以配贤者。六五以阴居尊位，为泰之主，柔中虚己，以下嫁之象而委从九二。帝乙以"无以天子之富而骄诸侯"制王姬下嫁之礼法，帝乙嫁妹，使其降其尊贵以顺从其夫，而其夫正贤，有治泰之主，取"帝乙归妹"象，与其言下嫁，不如言愿嫁；愿者，精神所愿也。六五以交易之质和往来之实，而有其“自愿”，所谓阴阳感以相与，六五用中行愿，最终的交通在于和合，而上下交心的完美交和，出自于诚愿，以精神超越位序，以和畅自由而享合美元祉。

“元吉”，大吉而尽善者，帝乙归妹之时，则有祉而元吉矣。刘沅曰：“阴之从阳，女之顺夫，天下之义也。六五以柔中，下应九二之刚中，以尊降卑，虚己下贤，如王姬下嫁而获吉。二、五皆得中，为泰之主，以中交中，行其所愿而成泰，盖阴阳之正，天地之义也。”

治其“愿”。泰之六五以下嫁之象而委从九二贤夫，贤者治世良臣也，六五用中位行治天下元吉之愿，实为出自心地诚愿。否之九五休止天下之否闭为己任，为有苍生之愿。虽有其愿，亦知其治术之要害，六五知九二能治，以委从九二而择贤；杨万里曰：“王姬之贵，不有其贵而贵其夫；君人之尊，不居其尊而尊其贤。任其臣以致泰，君之愿欲，孰大于是？九五知若救否势当寄维系，能维系者，天下邦民之共也，只有邦民从大而根深，堪比苞桑。”王符曰：“是故养寿之士，先病服药；养世之君，先乱任贤，是以身常安而国脉永也。”既知先后，又知轻重；治国亦如此，对症下药方能解危，泰之六五与否之九五皆有常人不能比之开明。

德政其“极”

上六：城复于隍；勿用师，自邑告命，贞吝。

象曰：城复于隍，其命乱也。

泰卦上六居泰之极，为泰极而否来，有“城复于隍”之象。“城复于隍”，复者，倾覆也；隍者，城下沟也，无水曰隍，有水曰池；为高大的城墙已颓覆入城沟。值此物极而反之时，切不可兴师动众。应接受邑人之谏言，修明政令，改革时弊，以谨守正道而避免灾吝。城者何也？为掘隍土积累而成城，在泰之终，将反于否，城土倾圮复反于隍。城土倾覆，如同邦序结构瓦解，民心离散，故不可兴师动众，用之则祸乱。既然难免城复于隍，不可力争而动众，只能听从亲近之告命而守正，再修废图强，勿忘其耻。

否无长否，泰亦无长泰，物极必反之理。否、泰之转，在于政，否、泰之极，在于治，政如城隍，宜勤检善修，不治修则易颓覆；扬其能听其教诲，行守正再图强之道，抑其兴师好战易败亡之政。

李士珍曰："城虽坚，久不治则坏；政虽美，久不修则弊，此泰极否来之象。然城已坏，无可以守，安可以战？内政未修，安可攘外？况权柄下移，内忧方大，若更贪功黩武，徼福境外，愈促其亡，故'勿用师'也。又世将治则命自上而下，将乱则命自下反上。天下有道，则庶人不议，泰将成否，故邑人来告其命而议之。"

治其"极"。极者，终极也；物极必反之理。否无长否，泰亦无长泰，物极必反之理。否无长否，泰亦无长泰，否闭终极，必然泰转，物极则必反，只有善为其政，能居安思危，常改革时弊，防泰极否来之弊。黄寿棋曰："三、六两爻所体现之泰极否来之哲理，深具诫意。九三示以'无平不陂，无往不复'之警言；上六则示以'城复于隍'之教训。"又曰："否极泰来的哲理，上九喻之至明，但要彻底倾否，非刚健勇猛之力不行，上九积乾健至盛，实为济否成功的主要因素。"

中孚卦：孚信之道

巽上兑下

正志求孚同应得信

大观天下，在于笃恭之极，如临大祭，而孚诚之念存于中，孚信在中而颙然可仰，下民望之信从而化服。观卦以“盥而不荐，有孚颙若”立辞言卦德，其一在于敬，敬必诚敬之；其二在于信，敬于外而诚于内；其三在于仰，仰则同，同则有信从。何为大观？从观天道、观四时法序、观宗庙、观天下民状、观政、观教化……而言大，正是根于道→法→术→用之王道系统之观。

在观卦，以俯仰之察，察“大观在上”之天地之道，再以“顺而巽”入法序之要，师法、效法、取法自然法序而“中正以观天下”，再以道→法→术→用之王道系统而观其所有，行养正王化之道，正是以政见善，以善健德，以正德而教化，其德行被民所观，德政被人所仰，德性被君子所大知。观卦以有为之善政，再行无为之教化而治“天下服”，服者，德服也，为九五君王身德而服，以尊位行善政而服，行王化之道德被天下而服。

之所以能“中正以观天下”，在于中正之道所贯穿的孚信之德。无论是治明，还是言志，无论是言建序，还是存治道，无论是治小体，还是全大体，犹以孚信贯穿易之全体，无论是卦体，还是诸爻位，皆处处见孚，位位见信。凡辞有言孚者，其孚信尤其重要，未言孚者，其信义亦贯穿其中。

中孚者，持中正之道，健孚信之德；中者，信发乎于中，由中之信曰正，故执中且正；孚者，主虚而有，言本；信者，主足而准，言笃；孚信，谓无论虚实，皆执专笃而成信实。在卦中，二阳得中与二阴居中成孚之主体，二阳者，二五以中实得中，二阴者，三四以中虚居卦体之中。中实者，孚信之质，以信足而准言笃实之义；中虚者，孚信之本，以虚而有本言信有所出，从而虚实相济，本质互体，专诚笃实而感通天地，达中孚之道。故中孚之用，常以专诚通天地而致孚达信，谓之诚信。

《序卦》曰："节而信之，故受之以中孚。"节者，以制节使不得过越，在于以节言度，而衡量是否过越之"度"便是节制之信物，如同符节言信物一样，节而后有信，有信而后能行，上能信守，下能信从。中孚卦，巽上兑下；为风行泽上而感于水中的中孚之象，卦中内外皆实而中虚，为虚己待应，专诚求应，感通而应，故中孚为感应之道。

感应原理。感应在于感通而应，既在于感而遂通，又在于感而有应，以"应"的气机表专诚之通，而示诚。感通而应，在咸曰感通，在萃有正应，在中孚，成其感通而应。在咸卦，以感通之法感于物再通于物，从德合出震，震动发气，神主气用而感于物再通于物，既感物之法序，又通物之本性，再以洁静精微之感而感于心，感通在于同频二气感应与相与，感通不应不曰感。感应与相与在于有气出与气入之过程，气出，发出交感之专诚，神主气精之气行往外，气入，感通之气两两相应且相与时，以应其出气而有气入，故而以气机出入的感通过程，成其感应。感应，为先感气之出，再相应而有气之入。得感通之气，以气以充内，为气入，气入之应在于有感，应者则感，感者即应。气出少而入多，则成气聚之体，气聚则有朋感而应，成其萃，亦便是从咸成萃的过程。中孚的感应之道，必集咸而聚萃之气机出入为一体。

专诚用事。咸出萃入的气机过程，需以专诚用事成其感而有应。专诚一事，在于虚其心以待应，为何有虚心以待呢？为心神之气以专且诚发乎外，发乎外而无气入以充实，故曰虚；虚而空之体，再以专诚之用使气入，以聚气凝神之道，气便能入，入能感而应。专则凝神，诚则静心，故专诚是发气与入气之能量驱动。形成了以专诚之求，从咸道发气，气出而虚心待应，再以专诚之凝神聚气之用，由萃道入气，而得中孚的感应之过程。在咸出与萃入的过程中，需专诚用事，以诚舍识弃意而虚我从心，达到静心的效果和作用，再以心系一念而统万有之专，无论是求而发气往外以交感，还是待凝神聚气使气入而应，感应一事，无专不用，无诚不成。

感应条件。咸出萃入的中孚感应过程，需有如此条件：首先，有泰而通的气机通道，在交感五通的感通原理中，治感通的结果便是能将否之不交不通使其泰通，通泰才能气机往来，才能发生与大秩序建立天人合一全息元象“动态”交易联系，而求感应的气机正是超越自身位域而发生与大秩序相联系，天地交而万物通，这种联系本来是全息交易联系在一起，只因阴、妄、识的重重障碍而无法建立，故而以专诚为驱动，在气机的属性法序里，找到感而应的通道。其次，有诚而无欺之所求，当能感应的通道建立，以诚而专之所“求”，从咸道发气，使其建立待应的前提，德合出震，震动发气，心发识于外，继而有神主气精之气行往外。专诚之求，正是“孚”的孚之破出之义，《说文》曰：“孚，卵孚也。从爪、从子。”为鸟之卵如其期破壳而出是孚之范式；以求之破出，言气之外出，破出之求的正阳之气，才能以破之功求交感。再次，有所求志与愿皆合正道，非欲道和妄道。所求之愿，需为合正道之愿，正者主阳，唯阳气才能发出，也只有阳气能在气机通道里有足够的能量去交感，而欲与妄之气主阴，无法发乎于外，没有发气往外之求，不可能产生“应”事；所求之愿合正道，才利于发气，这是非常重要的发气原理，也是为何阳气与发气先行的萃聚感通原理。以诚而无欺之所求为愿，在泰而通的气机通道里，从咸道发气往外，以“冲气以为和”气机原理，咸气出必有萃气入，二气交感并同频相应，产生咸出萃入的中孚感应过程，并以感而能应与应而能相与，使二气归一气之类。

得诚信。当“求”以诚而无欺之所求合乎正道，德合出震而阳气发出，在于以求表信，二气交感并同频相应，以应而得信，萃气之入充乎其内，所虚之心神充而有实，应而得信，两者再以专诚为用，使中孚感应过程得其诚信。以信求，再以信应，求时以志为愿，故“志”为信求之本，应时以同为应，故“同”为达信之质。以志为愿，志存乎正，为以志正愿，方能使所愿皆正，得其阳气，使求有正信；以同为应，同者，萃聚在于同，无同便不能产生萃聚之实而使气聚能入，萃聚之同，以气同、求同、志同、同人成其萃同内涵。

《杂卦》曰：“中孚，信也。”中孚的孚信之道，以信求感，再以信应，以见孚贯通咸出萃入之气机过程。在卦中，取“豚鱼”之简祭示专诚，以专诚之用，使孚信有发生感应的能量驱动，故中孚卦以“豚鱼”的卦辞言“诚”德，再通篇贯穿如“鸣鹤”“翰音”等取“信”之象，以孚信为义呈现中孚之体。风行泽上而感于水中的中孚卦，风随四季，鸟随季迁，春来秋往，不违其时，是候鸟之信，泽水昼潮夜汐，如钟履期，是泽之信。

以志正愿，使正信以求交感；得专诚之用，贯穿咸出萃入之气机过程；以同为信成其正应，应则诸感遂通，得其以信求又以信应的感应之道。感应之道是中孚言孚信之关键，以信求感，再以信应，得其既虚又实之感应，使专诚之信在小内，而感通之应在大外，感应相与在乎中，再以孚见之，得其孚信之道。心气发乎外而中虚，此“中虚”正是得中之中，中正之中，亦是信发之中，为本中，舍识弃意而虚我从心，使气发乎于中而得“中”，故而中虚为信之本。因中而正，以信求感，信来入中虚而有信之实，以实成质，故中实为信之质。

中孚之道。中孚卦，取“豚鱼”立象而示诚为卦先，再以孚信立意，得专诚之驱动，使其发生咸出萃入之气机感通过程，使感应之通，既通信之本，又通信之实，呈现以孚之破出正求又以信笃应的感应之道。孚信之成，专诚在小内，感通在大外，而心物一体，既融合感而遂通之咸德，又集静心守恒而正固之萃德，全中孚之德。中孚之用，既以专诚斩妄去欲，又以感而有应行中正之道，以此“乘木舟虚”之利，虚实相济，以诚信感格四方。立“豚鱼”言卦德，以无知之物有小在下，通神明达天地有大在上，使专诚之信在小内，而感通之应在大外，得诚意笃实的小往大来之泰通，立中孚之德，故以小诚通大德，以大德范大邦，以信之笃实贯穿其内，便是中孚之道。

中孚：豚鱼，吉。利涉大川，利贞。

彖曰：中孚，柔在内而刚得中，说而巽，孚乃化邦也。豚鱼吉，信及豚鱼也。利涉大川，乘木舟虚也。中孚以利贞，乃应乎天也。

象曰：泽上有风，中孚。君子以议狱缓死。

卦辞：立豚鱼之专诚通孚信，得孚道而涉大川。

彖辞：立小诚通大德，以大诚范大邦。

象辞：祛风止浪，出刑入礼，以中孚之道正德厚生。

中孚卦，巽上兑下，为风行泽上而诚在其的中孚之象。中孚者，持中正之道，健孚信之德；孚，取孚之破出为义，在于以志正愿，使正信以求而交感；信，取以同达信之质为成其求的正应，以孚求同应的虚实相济，发生感应之通，既通信之本，又通信之实，呈现以孚之破出正求又以信笃应的感应之道。卦中二与五皆阳而有实，在卦之全体则中虚，为卦二阴在内，四阳在外，而二五之阳，皆得其中。以一卦言之为中虚，以二体言之为中实，皆孚信之象，以此“信”使中虚成信之本，中实成信之质。其风之信、泽水之信、以及侯鸟之信，皆履时序如期不失信而成信，亦可睹信而知侯。

“豚鱼吉，信及豚鱼也。”中孚卦取“豚鱼”立象，豚鱼者，隐微之物；豚者，猪，坎兑同宫，坎为猪，兑亦为猪，《说文》曰：“豚，小豖也。”豚者，浮于泥上，言兽之微贱者。鱼者，水之虫，《论衡》曰：“鱼，木精。”鱼者，潜于水下，言虫之隐微者；泽水在下，风行之而感于水中，生其木精之鱼。以“豚鱼”隐微之物立象，为不在于物之贵贱，而在以物通诚，豚鱼为示诚、致诚之通道，以借用之物言“诚”是否有信，王弼曰：“鱼者，虫之隐微者也；豚者，兽之微贱者也。争竞之道不兴，中信之德淳著，则虽隐微之物，信皆及之。”至信可感豚鱼便是如此。

卦中巽主白茅，兑主酒，白茅缩酒，灌地降神，成祭祀之象，以二阳得中，诚意笃实行祭祀，为以治孚而言赤诚之心，而“豚鱼”正是献祭之物，取豚、鱼言兽、虫之微而贱，以此类无知之物的小牲，献而祭之，以此来感格天地神明，感通天地与神明者，不在乎物之贵贱，而在于祭之专诚，以诚心笃意行祭祀来感天动地，值虚实相济之际，以信求又以信应的感应之道治中孚。故而以豚鱼简祭示专诚，能从信由达信实的感通过程，找到中孚的孚信之本来，便是立卦之德。

感格之道。以志之正通“上下”而感格天地四方。中孚以“感格”义通萃卦。在萃卦，以“王假有庙”立卦德，在于以感格感通并相应。以萃的收、取相兼之义而达于彼此；彼者，宗庙也；此者，以神明之用的崇德之道；以感于“庙”而达于精神。萃卦与涣卦皆言立庙，尤其以涣卦尚宗庙之道，为立萃聚而收涣散之精神，疲乏之精气。宗庙之精神在于以神明外用而感格天下。宗庙以总摄众志而有“精神”之传承，以收神取信而有德化之感教，以王萃天下之道有政权之礼用，无论是合人心、摄众志还是敬取德，皆是以宗庙所具的“神明”特性，而行感格天下之外用。行宗庙崇精神而感格之王道，必推中孚之道，立诚信之本。

中孚立“豚鱼”，萃与涣皆立宗庙，皆以借用之物行收神取信之能，而中孚立豚鱼犹在言诚，萃与涣又以诚为基，行感格之大用，故以庙尊贵区别于豚鱼之隐微，在于示礼之品格。“王假有庙”以收神而取信，聚祖、人之精神，以承祖考。感格之要，犹在乎专诚，祭祖要诚，感通要专，才能祖、人精神相通。专诚者，推中孚之道，立诚信之本，才能以诚信通感格而行王道。

宗庙多用在祭祀、册命、重大礼仪、议政、卜筮等国家仪礼上，以礼之庄严，象征国家政权的崇高，而非宗庙规格之祭祀，则用享。豚鱼比宗庙，只要以至诚为原则，以孚求之正而达信之实为尺度，豚鱼之享，要比宗庙之仪礼更简洁与简便，同样是器用，宗庙以国器有用之重，豚鱼以微而常见有用之宽广。在感格之用上，豚鱼多言立诚达信，通诚取信的目的最重要，宗庙多言收神制礼，立德范、凝人心最重要，皆是用用享而达孚信的借用之物，只不过建立感应的方式不一样，其取孚信言感应的通道和原理都是一样的。

化邦之道。宗庙乃凝精神、立德范之重器，用之于国；豚鱼乃示专诚、达孚信之利器，用之于简；两者互通，则是轻重皆宜、专诚贯通、孚信笃实的化邦之道，既有国之重器，又有民之利器。中孚之道，大可交通天地，感通神明，小可存乎豚鱼，立于微小却能达孚信之大义，正是以小诚通大德、以大诚范大邦而正邦之礼器。

化邦在乎中正，使其中孚之道必得“中”，中与正之义，每个卦体皆有不同含义，在中孚从感应之道而言为以志正愿，得求正和信正。求正为发生感应至关重要之驱动，我们说得专诚之驱动，便是以专诚来示求，在乎得正，而在求之愿上，以志为最正，故言以志正愿，在于使求之初便能得其正。对比志愿之正而言，一般的发愿不一定能得诚信感应，便在于其愿能不能经得起“正”义之检验，以进志为发愿，则能得正，以“求”时神识主精气升腾发乎于外，神识与精气发乎于外的破出得其孚义，而得信正。虽小孚却大信，以小致大正是化邦之义，致孚信于万民的小我中，便能得其正邦之大中正。故卦德曰“吉”，又曰“利贞”。

中孚之吉，吉在持中正之道，健孚信之德；吉在持豚鱼立象，得感格之道；吉在以感格通重器，立于微小却能达孚信之大义而正邦；吉在以孚之破出正求又以信笃应；吉在专诚在小内，感通在大外；吉在有乘木舟虚之利，而有利涉大川之行；吉在以小诚通大德，以大德范大邦。中孚之利贞，从信由达信实之过程，以正和信之笃实贯穿所有，又能通他卦之全部，为易体言利贞之范式。

“利涉大川”。中孚卦之所以言“利涉大川”，既治孚信有成，又得舟楫之利，以感而遂通而无往不胜。其孚信有成，既在于以豚鱼之简祭，祭而能感天地神明，又在于卦体化物之功，卦中三四两柔在四刚之中，阴居内则体虚，体虚则能受，阳得中而诚，阳以诚施，阴以虚受，阴阳相济而成其大体，而且九五中正，以孚诚而无所不达，故而有应天之谓，以诚而求，故能应。舟楫之利者，震为乘、主虚，巽为木、为舟，兑为泽，木在泽上，外实内虚，而成乘木虚舟之象，内虚可载人，外刚则浮于水，以刚柔相济，而乘舟利涉大川。孔颖达曰：“信发于中谓之中孚。鱼者虫之幽隐，豚者兽之微贱，内有诚信，则虽微隐之物，信皆及矣。既有诚信，光被万物，以斯涉难，何往不通，故曰‘利涉大川’。信而不正，凶邪之道，故利在贞也。”

感应之道。以感应之原理，治感应之明，应知感应无处不在。感应之事，以专诚之驱动，使专诚在小内，通过咸出萃入的感通过程，使感通在大外，以信笃应达信之本，而心物一体，能心物一体者，则得感通之窍门，所谓二气归一气之类，咸出萃入气机出入一体，而物我相通，故核心要素在示诚。感通在大外，在于感通自然法序与事物的属性法序；能感通自然法序，在于能通明天地之道，以及天地之法序；能感通属性法序，在于如何取象并明物象之间的生克制化关系，再取类比象而自得其应，如风泽中孚卦，取先天八卦与后天八卦的坎兑同宫，坎为猪，兑亦为猪，取豚之猪象，泽水在下，泽之金生水，泽水相生又生木精，风行之而感于水中，感于水中为鱼，故取鱼象。

“乘木舟虚”。从豚鱼之由来，可知身边万物皆可类豚鱼。豚鱼之用，在于至信可感豚鱼，如何取象以及取什么象，只是取木作舟，又以舟之用虚而达实意。舟之用虚便是取象而立意后，其舟之用已完成，用虚反而更利致远。俞琰曰：“巽木动于兑泽之上，有乘木之象，四阳在外，而内函二阴，有舟虚之象，舟虚则无沉溺之患，而利于涉险也。人心中能孚信于豚鱼，则无所不感矣，只要建立示诚之仪礼，致诚之通道，专而诚之敬意，便能随时随地感诚，亦得随时随地之用。在卦中，以“虞”“燕”察其志，以“鸣”“音”循其声，以“鼓”“绝”寻其迹，以“孚”“挛”体其愿，皆是立诚而感应之道。观象而立意，立意而通辞，一体同观，分而察之，以“乘木舟虚”之利，利涉大川且孚以化邦。利涉大川在于万物可用感诚，以诚之小，通大川之大，持正道，占凶吉，才能真正的执孚诚而无所不达应乎于天。

“君子以议狱缓死。”以专诚驱动感应原理的感通过程，可得中孚之道，再有“乘木舟虚”的感应之用，君子便掌握了行王道且致远之利器，以中孚之治道，又以“乘木舟虚”之用得深入法序而取类比象之精髓，但此等基于感应原理而感应致远的“利器”，一旦非“乘木舟虚”之实，而只是望文生义，则将掀起风浪。泽之起浪，必兴于风，风行泽上，无风不起浪，风行泽上而感于水中，却容易借兴风而作浪，此“感”无诚，且非诚非信，这便是反中孚之道的兴风作浪。“乘木舟虚”一事容易被小人利用，容易空穴来风，闻风而奏，继而煽风点火，陷害忠良而掀起刑狱。感在于诚，诚来自于忠，忠诚之人被“风浪”所害，君子师法中孚之道，要能明辨是非，复议狱案，解人危难，祛风而止浪，使忠诚之人得专诚之感以涉大川之远。《尚书·吕刑》云：“其刑其罚，其审克之。狱成而孚，输而孚。”应取中孚而明德慎罚，不兴风闻且无实据之脱中孚之刑狱，祛风止浪，出刑入礼，使刑法基于正序，以中孚之道正德厚生。

得安与同应

初九：虞吉，有它不燕。

象曰：初九虞吉，志未变也。

九二：鸣鹤在阴，其子和之。我有好爵，吾与尔靡之。

象曰：其子和之，中心愿也。

初九居下，宜静而自守，忌动而应上，处中孚之初，应度其可信而后从，信从而安才能得吉，不然虽有至信，若不得其所，则有悔咎。

虞者，先度后安，贤度其信，得其信从之而安，故“虞”不能单取度义，亦不能单取安义，故虞度而后信，信从而安，得信并得安则吉。既得所信，则当诚一，若有他，则不得其燕安；他者，指九二，初应于四，为二所滞，往见不安，静居守常，无意于四，则心不失而志未变。燕者，安裕也；有他，则志不定，人志不定，则惑而不安。

中孚六爻，二阳得中与二阴居中成孚之主体，二阳者，二五以中实得中，二阴者，三四以中虚居卦体之中。故中孚六爻皆不取外应，孚在其中，无待于外，求应则使诚，若用应则非虞。初九安处于下，不假他求，宜自安虞，无意于四则吉，故曰虞吉，有意于四则不安，苟变其志，动而求孚于四，则失其安，故曰有他不燕。

《案》曰：“荀氏项氏说，于易例卦义皆合。盖易例初九应六四，义无所取，如屯之盘桓，贲之贲趾，皆不取应四为义。颐之朵颐，则反以应四为累。惟损益之初，则适当益上报上之卦，时义不同也。此卦之义，主于中有实德，不愿乎外，故六爻无应者吉，有应者凶。初之虞吉者，谓其有以自守自安也。礼有虞祭，亦安之义也。燕，亦安也。虞则燕，不虞则不燕矣。有他不燕，正与大过九四‘有他吝’同。九四下应初六为有他，初九上应六四，亦为有他也。”

九二刚中，有中孚之实，九五亦以中孚之实应之，但不取应，故二成孚之至者，二近比于初，是“鹤鸣子和”之象，孚至则能感通，鹤鸣于幽隐之处而不闻，其子相应和中心之愿相通。二五同道，刚中质朴，心志相通，是“我爵尔靡”之象。郑汝谐曰：“二独无应，若未信于人，而爻之最吉，莫二若也。自耀者其实丧，自晦者其德章。无心于感物，而物无不感者，至诚之道也。二以刚履柔，其居得中，且伏于二阴之下，盖静晦而无求者，无求而物自应，故鹤鸣在阴，而其子和之者，感以天也。”

鹤者，阳鸟而乐阴，善鸣，取震象；震者，先天为阳，与坤、艮、坎同方，谓阳中阴。浮丘公《相鹤经》云：“鹤者，阳鸟也，而游于阴，因金气依火精以自养。金数九，火数七，故禀其纯阳也。”鹤之阳鸟，夜半感水之气，益喜而鸣。《淮南子》云：“鸡知将旦，鹄知夜半。”子者，指初九，《汉书·杜钦传》云：“子者，父之阴也。”初承二，象二之阴，故取父子象。爵者，酒杯，《说文》云：“爵，礼器也。象爵之形，中有鬯酒，又持之也。”吾，指九二。尔，指九五。靡者，消散。愿者，质朴。

鹤鸣在阴，伏幽暗而益喜鸣，夜半鹤鸣，幼鹤回应，其子和之，物相感也。

我有好爵，吾与尔靡，意相通也。鹤鸣子和与我爵尔靡，其物相感与意相通，皆感通之随；出乎隐幽而及于远者，同声相应，发乎心意而通于道者，同气相求。中孚之道，在于自安而自感，谓正而一，其应于求皆背中孚之道，苏轼所云“中孚必正而一，静而久，而初九六四，六三上九，有应而相求，皆非所谓正而一，静而久者也。惟九二端悫无求，而物自应焉。”亦言此理。

同气相求、同声相应的中孚之道。在中孚之道的求而应的感应过程中，求时以志为愿，应时以同为应，求以“志”为信求之本，应以“同”达信之质，故而“同气相求、同声相应”乃中孚之道。信求以正，答应以同，有孚于其中，物无不应，诚同故也。至诚无远近幽深之间，故《系辞》云，“善则千里之外应之，不善则千里违之”，言至诚感通之理。王安石曰：“君子之言行，至诚而善，则虽在幽远，为己类者，亦以至诚从而应之，中孚之至也。”

先得安，再同应。九二以刚处卦内，又在三四重阴之下，处中而不失中，在于不徇于外求应求，而求自处自任之安；自任而安，正与初九合其燕安，九二有刚中之实德，初与之同德，故有鹤鸣子和好爵尔靡之象。言父子，明不出户庭；言尔我，明不踰同类，正合中孚之道。处于幽昧而行不失信，如鹤之鸣于幽远，声闻于外，亦有同类相应，无论远近幽深，得其专诚，皆可以“乘木舟虚”而致远，继而感而遂通，随物应情。求安得安在先，在于先得专诚之驱动，继而以“求”与“同”得同应，初九与九二两阳皆明，又治明通孚，得中孚之道，得安得专诚，以专诚之先，再从信求之本而达信质。

得敌与得匹

六三：得敌，或鼓或罢，或泣或歌。

象曰：或鼓或罢，位不当也。

六四：月几望，马匹亡，无咎。

象曰：马匹亡，绝类上也。

六三阴柔不中正，以居说极，失位乘刚，欲应上而阻隔于四，两阴虽虚中但相处不睦，致阴阳不能唱和，是“得敌”之象。得者，三应上；敌者，对敌，谓上九信之穷者，三应上得四滞其应，应而难合，无与生怨。《说文》云：“敌，仇也。”鼓者，动也；罢者，止也；泣者，哭也；歌者，乐也。震为鼓，艮为止，震艮互覆，是“或鼓或罢”之象；兑为歌，巽为泣，兑巽互覆，是“或泣或歌”之象。

六三阴柔主兑，为卦辞“豚鱼”所指，微贱且愚，不能自感，又有“得敌”信穷之应，乘刚不安故不能自主。感于乐则或鼓或歌，感于悲则或罢或泣，人惟信不足，故言行之间，变动不常如此，无论是应物而动，还是感物生心，动息忧乐皆系乎所信。卦中诸爻皆三上有应，有应而动于外，非得孚；人心动于外，则忧乐皆系于物，不能坦然自安，背离了先得安再同应的中孚之道。

六四居阴得正，居近君之位，以正得上信之至，以当孚之任者，成孚之主，为月几望之象。月之几望，为信盛之至。马匹，谓初与四为匹；四乃绝之而上以信于五，故为马匹亡之象。月者，兑主月；既望，主农历十六月相。马者，行之阳物；马匹，意指初九；马匹亡，不能应阳也；绝者，割断；类者，群丑，指六三。初上应四，而四亦进从五，皆上行，故以马为象。

四应初遇三为滞，唯绝其群类，近比九五，同道相守，如此则无咎。月既望，以阴位受阳，为四亲于五；马匹亡，无有私群，失初九，远初之象；古者驾车用四马，不能备纯色，则两服两骖各一色，又小大必相称，故两马为匹。绝类上，远六三。《程传》曰：“孚道在一，四既从五，若复下系于初，则不一而害于孚，为有咎矣。故马匹亡则无咎也。上从五而不系于初，是亡其匹也，系初则不进，不能成孚之功也。”得敌匹亡，其道相反，《彖辞》言柔在内，柔居内谓信，而爻取义则反其道。

得敌与得匹。三四皆以虚中为成孚之主，在爻中得敌，在卦中得匹，正是《彖辞》与爻辞不一之所在。从全卦而言，三四皆成孚之主，为两爻并驾齐驱的得匹之象，三四得匹使中孚以虚中而见孚之本，因孚之本而全卦得孚，此得匹之利，在乎全卦。从爻位而言，三四又成敌，四以“绝类上”远六三，则以阴位受阳光之得阳，而得信之质。四本以“马匹亡”失初九不能应下阳，又因在全卦之体上与三共同成匹，故而马匹亡，亦指与三成敌失马，而成单匹之马，以从上五。从爻位言得敌，虽得敌却从卦体言得信之质，从爻位言虽马匹亡，但从卦体言却因三四有匹而虚中成孚。取义反其道，在乎时位与志，尤其显志，四爻志在得孚见信，单从四爻位而言，出现马匹亡与绝类上，皆与得匹相背，在于有志惟孚信是从。

挛系天下与掩质失信

九五：有孚挛如，无咎。

象曰：有孚挛如，位正当也。

上九：翰音登于天，贞凶。

象曰：翰音登于天，何可长也。

九五刚健中正，履中孚之实而居尊位，下应九二，与五同德，中正应天，孚诚应人，天下信而拱之。处中孚卦六爻惟九五言孚，以中正之德，发至诚至信之心而交于下，其有孚挛如可固结天下，以挛天下之心，故成其九五的成孚之主。挛如者，互相牵系而挛结。《程传》曰：“五居君位，人君之道，当以至诚感通天下，使天下之心信之，固结如拘挛然，则为无咎也。人君之孚，不能使天下固结如是，则亿兆之心，安能保其不离乎。”

九五有孚，在于中正之履尊位，处中诚以相交之时位，既得时位之利，又得有孚挛如之德。九五得孚，以孚感通天下，孚之道，无所不同，亦无所不感，九五以为君之道得孚，上下内外皆以诚信相通，得其专诚在小内，感通在大外，心、物、天下均有孚挛如而一体。《彖辞》云“孚乃化邦也”，正是九五挛如固结天下，且通天下君子之志，以孚信同志而化邦之时。尊位之孚与他位之孚不同，他位之孚，能得安且同应，以专诚而感，迁于外，便见孚实之德，而人君则以孚天下为实德，孚天下必通天下之孚，更要得其正愿之志，九五本专诚，再以正天下为志，此志正是信求之本，且挛系天下大愿，以志大愿大超乎所有，得大孚见大信。

上九居卦之上，处信之终，信终则衰，忠笃内丧，华美外扬，居穷极之地，是无纯诚之心，笃实之道，徒务其虚声外饰，居巽之极，为登于天，鸡非登天之物，而欲登天，信非所信，固守而不知变，安能长久？翰音登天，飞而求显，鸣而求信。翰者，鸡，木蓄，丽于阳而有形，取巽，《礼记·曲礼》云：“羊曰取毛，鸡曰翰音。”鸡振其羽翮而后出于声，翰音也。登者，上升，取震上于天，上九居天位而乘艮，是登天象。

《程传》曰：“翰音者，音飞而实不从，处信之终，信终则衰，忠笃内丧，华美外扬，故云翰音登天，正亦灭矣。阳性上进，风体飞扬。九居中孚之时，处于最上，孚于上进而不知止者也，其极至于羽翰之音，登闻于天，贞固于此而不知变，凶可知矣。夫子曰：‘好信不好学，其蔽也贼。’固守而不通之谓也。”

上九穷极，鸡鸣之声登闻于天，贞凶。翰，高飞也，飞音者，音飞而实不从，皆矫伪为尚，如鸟之飞登于天，徒闻其虚声而已。徒闻其虚声，在于欲盖弥彰而无孚，同样有“音”，九二鹤鸣在阴而子和，上九飞鸣而登天，其道相反。卦以立“豚鱼”为德，以简祭而贵在其示诚之质，翰音登天，声闻过情，掩其质而失所信，违背中孚之道，《庄子·缮性》云：“文灭质，博溺心。然后民始惑乱，无以反其性情而复其初。”反其性情则为反其质背弃诚，所谓“文蔽质而文浮华，终于不文；质掩文而质粗野，终于无质。”便是此义。

中孚可以人伪为之。章潢曰：“二居兑泽，故曰在阴。上为巽风，故曰于天。孚于中也，则鸣鹤自有子和。孚于外也，则翰音徒登于天。然则中孚可以人伪为之哉！”中孚可以人伪为之，正对应象辞言“君子以议狱缓死”，小人以“感”无诚而非信，皆“乘木舟虚”之虚妄，望文生义，借兴风而作浪，闻风而奏，继而煽风点火，宜陷害忠良而掀起刑狱。翰音登天者，声闻过情，无孚而做作其诚，君子耻之，且必当戒之。君子的见孚得诚之法，其感应之道的感通过程，存乎内，并不常表露于外，故可以伪作之。小人伪作呈现得利，而不害忠诚之君子，在于小人趋利害正道之本质，但以掀“风浪”害忠良，则势必严纠，大象措辞以严戒，便在此。

纵观中孚卦，初九“有它不燕”静守得安；九二“鹤鸣子和”同类相应，初九与九二两阳皆明，居中虚之内，以先得安再同应而得中孚之道，得安得专诚，相应从信求达信质；六三“鼓罢歌泣”应物而动、感物生心，六四“丧马绝类”阴受阳光，以四亲五，六三与六四两爻虚中，成并驾齐驱的得匹之象，三四得匹使中孚以虚中而见孚之本，因孚之本而全卦得孚，此为得匹之利，在乎全卦，从爻位而言，三四又成敌，四以“绝类上”亲五远三，以“马匹亡”失初九不能应下阳，但亦志五而孚信是从；九五“有孚挛如”以同道相守而挛系天下，以大志得大孚；上九“翰音登天”华美外扬，掩质失信。九五与上九两阳居外，九五得大孚而上九失孚，从一位大得而又一位大失，可知中孚之道贵在示诚之质，得诚、得志方得中孚之道。

革卦：革新之道

兑上离下

从法革到序革而成革文明之健

《易》曰："生生之谓易"，依"道生之"之"生"哲学可知，立于生化本质、生化原理、生化过程的"生生"，因道生德蓄大道生生之健作用言"无"中生"有"，而革则为在有中言变，变则易，易则有新，唯生、变、易才能出新，变革便在于出新而取新。言革者，变革是过程，革新才是目的，以变革之路径生革可成革新之道。

在大过卦，中通之位被过君子之激阳所填，使激阳充实于两阴之间，以阳塞满而滞，使中位之泰通成否势，否弱之资无以成泰栋之才而致过，在大过已成之体，不仅难得作为，还因大过致使政务瘫痪，王道壅滞，鼎足之人皆远遁避祸而只求自保。尤其是德不备、才不具、功不成、行有过的过君子群体，违背事物正而序的发展规律，行其泽灭木之大过，以害称位君子、害位、害政、害王道、害民、害泰通文明之桡，造就君子文明之大难。值大过体难得作为之难与大过之难，必然先行革变，再图渐养；先革而后养才是振济大过之路径，不革除过君子的大过之政，其虚而浮夸的激进风气无以从新，社稷鼎足之君子和民众无以回归，且不革则不能养，别说养正以渐，任其大过之体横行，则将面临无以生产，温饱难以自足之灾变。纠其原因，过君子造成君子文明之大难的本质就在于健德有虚、养正不实，继而才形成无明德以辨事物本序和时局状况，才形成激阳与激进事件。从大过本质处生革，便是去故，取泰通往来之政焕然一新，为取新。唯变革去故能振济大过，再取新使其养正有序。

革新，则需去故，去除否塞不通之蛊乱宿疾而通泰一新；变则通，故革新先变革。《序卦》曰："井道不可不革，故受之以革。" 井之为物，久存则污秽而败，易之则清洌，欲井养不穷则必时时革之，处井则渫污、甃井（修井）……使其能养，以及变革井养之能事，而求新"井"式，故处井不可不革。"井"者，养物之用，在体言以政养邦、民，在私则言以德养身、位，取"井"以言，在通往大同之途与治君子以正上，需时时变革，既革除宿疾以济否塞，又推陈出新促德文明升华。

革卦，兑上离下，为泽中有火之象。兑为金，离为火，金火锻炼曰革。在革卦，离为日，兑为月，日月交替因日月而明时，乾行健，巽专度，因明时演度而知历，故有治历明时之象；乾者言王，兑言收，离主遇，巽主命，有王者受命之象；乾主始，兑主改，巽出新，离言色，有改正朔、易服色之象。《礼记·大传》曰："立权度量，考文章，改正朔，易服色，殊徽号，异器械，别衣服，此其所得与民变革者也。"孔颖达疏："改正朔者，正谓年始，朔谓月初，言王者得政，示从我始，改故用新，随寅、丑、子所建也。周子，殷丑，夏寅，是改正也；周夜半，殷鸡鸣，夏平旦，是易朔也。"王者受命，改正朔，易服色，而得革象。以革象言"革"者，为王者去故取求而求大治之道。

革，始于序，而革于序，以革理、革察、革势、革专、革度、革序等成为变革之路径。始于序，此序为道法之序，明时而知历，因知历而明法序，故革通自然法序；以明时审度来言革，为处当革之体与当革之时方言革，改正朔、易服色以革新而忌反革，这是革之前提。革始于序，以革出自然法序合天地自然之理，凡合法序之理皆可进革，而有革理，因革理而革，方有革之正，以革之正对比反革，便要惕惧且忌讳暴力打破秩序之反革。因正序之需而革，才是革之大义，以正序之需而行革变，方为行王道治邦、民之正途。

言革者，必先察，为革察；革察需治明，需王者之明，睹法序辨革理的大君子之明，以及邦体众君子之同明。依革之正理方能成就邦、民认同之革势，革之作用在于邦之大体秩序与制度之变革，必因有众同之革势而革。从革天下之弊的局部之革，到归位于一视同仁之法革，再进行改志之革。以改革有专攻而有革之专，依革之专，从改善蛊乱宿疾的局部变革始，并非全部推倒；在变革过程中，言变革而能存异，方有革之度；从革之专攻的变革中，尤以信志改命之革为盛，而有革之盛；变革愈盛，则出新的力度愈盛，当弊端得改，则新政惠民愈盛，而能成就革同；君臣、上下、邦民均有革同之革，而自成革新之序，以终革于序而有革成。

革新之道，始于道法之序，既有革理，又当革之天时，以变革之路径而成革之法，以去故取新拯济弊陋而有革之大义，从革之专攻生革之地利，又以革同取变革之人和，值天时、地利、人和齐备而生革，是革信之源，以取革信推革，是“巳日乃孚”变革之思想，也是以革取正的简易之法，以革法和革于序而有革之成果。最终以革之出新并取新之成果，来以革化风气，既正序于邦、健德于民，又使小人革面，并在革序中健德，以革文明而促德文明之健。

革新之成果正序于邦，使邦体在扬升的正序中能大畜其德，大壮其国力；革新之成果健德于民，既能使在变革中因革之有序与革之有法而健德，又能以革之德而新民。使小人革面，便是以革序行革之教化，以革文明促德文明之健。革之德者，以天时、地利、人和取革信使革之有正义，又以革之有序以及革之有章法而生革德，因革于序和革德而有革文明之新健。

革：巳日乃孚。元亨，利贞。悔亡。

彖曰：革，水火相息，二女同居，其志不相得曰革。巳日乃孚，革而信之。文明以说，大亨以正。革而当，其悔乃亡。天地革而四时成，汤武革命，顺乎天而应乎人。革之时大矣哉！

象曰：泽中有火，革。君子以治历明时。

卦辞：以取革信之元亨，使革始于序，而革于序。

彖辞：以革而有信，革而当，革而正，健革文明。

象辞：以治历明时健明德，把握金火锻炼变革之机。

革卦，兑上离下，为泽中有火金火锻炼变革之象。兑泽在上，离火在下，火燃则水干，水决则火灭，为水火虽相处但不相容之象，犹二女共处一室，虽相处却心志不相通。不相容、不相通而又要相处，则必生变革以取新来容、通，泽中有火，恰是火炼泽金，火炼而出真金，而金性又生水，以充泽气，以此相循而融通与共，以救危亡。火炼出真金，从泽水生金，既有水之革变，又生金之革新，不容不通则变，出新取新则能循环与共。

金火锻炼之象，也道出变革之事需“慢火”而循序缓进，火大则涸，水涸则失存金之所；同时，革之发生是在水火不相容、二女志不相通的前提下，是基于泽火之大体而变，故革要遵其革理与革法方能生出革果，从革体而言，革有泽、火先存，为有其原有秩序与文明积累，虽言革始于序而革于序，但革的推陈出新，必经过变革之路径，通过变革之路径而生变革之法，在没有产生和获得革同就直入全面推倒的序革，是十分危险之蠢革。

革卦取“水火相息”与“二女同居”象。水火者，革卦上体的泽水与下体之离火；息者，处也，泽水居上而水性润下，离火居下而火性炎上，水大则水灭火，火大则火涸水，实为水火难以相处不得息之象；处革便要解决水火如何相处就息，但水火相克为其本性，故处革必言变革，以取虽相克但能相就之道。二女者，泽为少女，离为中女，中少二女合处一卦，二女者，性柔，既无识大体之明，又无兼听以就明之智；少上中下，少不经事又居上，使中而有怨，郁火而未发，虽相处但其归各异，在于其志不同而不相得，处革便要解决二女虽同居但志不相通，志不通，则无法以志同而志心于邦，不但不能济邦，还会因志不相通而使既有秩序有否塞之弊，日久便成蛊乱宿积，以深重难行而受其困，邦体要前行，便不能不变革。处革要从“水火相息”与“二女同居”两处变革，寻求使相克能相就以及居同志亦同的解决方法，从而革除弊病，去除否塞不通之蛊乱宿疾而通泰一新，以革新之力，为邦体注入新活力和动力。

以“二女同居”通睽卦。睽卦，上火下泽，为火动而上、泽动而下，二女同居之象；离火，火性炎上，兑与坎皆水，水性润下，火居上而上行，水处下而下行，性相违异，中女在上，少女在下，人心乖张，亦志不同归。之所以成睽，在于“壬癸为冬，故许以冬时解癸，以为冬时水枯，癸象水从四方流入地中”。象水从四方流入地中之形，聚而成泽，又离为目，目与癸而成睽，为中女上少女下之睽象。同为二女同居之象，其志不同行曰睽，其志不相得曰革。其睽与革之不同，除了处位不同，便皆在于“志”不同，因二女皆性柔质顺，而无君子健德与正邦之志，皆家长里短事务之小志，这便违背正大同之邦与德文明以健之初衷，必积而成弊，况且女聚日久则引男意乱情迷，恐蛊乱君子之志，故必革其睽体与革体之弊，使其虽位不同但德同、志同。在睽卦，六五柔中以阴爻主事，是以不可大事而小事吉，在革卦，九五阳刚中正，以“虎”王之道，革天下之事，是行天下革变之大事之时。

“巳日乃孚”。以巳日取孚信，在于以巳言孚。巳者，《说文》曰：“中宫也，象万物辟藏诎形也。”巳，居天干之中，后序庚辛，以万物辟藏诎形而言万物有始发之义但仍隐伏；以巳言始，后序庚辛，从始发而发育，继而成变革之体；庚者，犹更也，辛者，言新也，以庚辛言更新、去故之变革。巳日，亦为浃日，十天干为日，十二地支为辰，天干循环一周曰浃日，地支循环一周曰浃辰，浃日与浃辰皆言整个周期与过程，以巳日言，在于巳以居天干之中，出于中而终于中，为革之弊病，已经隐伏了一个完整周期的时间，亦过一个周期的核查。同时，若发生革变，亦要经过一个周期的检验，既不能一蹴而就，又要循序渐进。“巳日乃孚”，以取“巳日”之象，以及“巳”之度，言革信与革时。革者，处革当取革信于先，革时，为当革之时方能革，不能强革为祸。孚者，信也，以巳言信，正如“日信出信入，南北有极，度之稽也。月信死信生，进退有常，数之稽也。列星不乱其行，代而不干，位之稽也。”所说，以度、以数、以位言信当如日、月、列星般有序，以信之正序来言革始于自然法序之革序，又以革序之于法序之正，言革信之正，有革信之正，才能取革信、采革信，就革信。

孚者，信也，立孚信以通中孚卦。《杂卦》曰：“中孚，信也。”其风之信、泽水之信、以及候鸟之信，皆履时序如期不失信而成信，亦可睹信而知侯。中孚卦，巽上泽下，为泽上有风而风行泽上之中孚象；风行泽上而感于水中，卦体内外皆实而中虚，为中孚之象，二与五皆阳而有实，在卦之全体则中虚，为卦二阴在内，四阳在外，而二五之阳，皆得其中。以一卦言之为中虚，以二体言之为中实，皆孚信之象，以此“信”使中虚成信之本，中实成信之质。中孚卦取“豚鱼”立象，豚，猪也，坎兑同宫，转坎注兑，坎为猪，兑亦为猪，

《说文》云："豚，小豕也。"鱼，潜于水中，取巽之木精。取豚、鱼象言兽、虫之微而贱，以此言无知之物，此等无知之物的小牲，用在中孚卦以此祭祀，以此来感格天地神明，为一体同观，二阴居中，虚心善顺，感应之道。巽主白茅，兑主酒，白茅缩酒，灌地降神，成祭祀之象，以二阳得中，诚意笃实行祭祀，为以治孚而言赤诚之心。以诚心笃意行祭祀来感天动地，值虚实相济之际，以孚信有成，故有感应。

中孚卦之所以言"利涉大川"，既治孚信有成，又得舟楫之利，以感而遂通而无往不胜。其孚信有成，既在于以豚鱼之简祭，祭而能感天地神明，又在于卦体化物之功，卦中三四两柔在四刚之中，阴居内则体虚，体虚则能受，阳得中而诚，阳以诚施，阴以虚受，阴阳相济而成其大体，而且九五中正，以孚诚而无所不达，故而有应天之谓，以诚而求，故能应。舟楫之利者，震为乘、主虚，巽为木、为舟，兑为泽，木在泽上，外实内虚，而成乘木虚舟之象，内虚可载人，外刚则浮于水，以刚柔相济，而乘舟利涉大川。孔颖达曰："信发于中谓之中孚。鱼者虫之幽隐，豚者兽之微贱，内有诚信，则虽微隐之物，信皆及矣。既有诚信，光被万物，以斯涉难，何往不通，故曰'利涉大川'。信而不正，凶邪之道，故利在贞也。"

革信，为变革应有之信德。以革始于自然法序合天地自然之理而有信正，以正序之需而行革变而有信义，以时日成熟有当革之时机而有信时，以信正、信义、信时三者齐德，方建革之有孚。处革当建革信方能成其革，在变革之初，因未有革信而皆不信，不信而革便使其成为革难。未有革信之革难，在革之初，因无睹弊乱的革察之能而不信有革之必须；其"水火相息"与"二女同居"之弊，需治明方能成其革察，同时，弊病的到来总是发生在毫无觉察之初，继而成习以为常之习性，以在常而不觉有弊，故而成其不信有革。从不信有革而发生革之变，继而不信能革，不信能革常常产生在大众群体中，因为在革之初，总是少数明且智之人持革之思想而变革，当大众群体不信有革之产生时，自然便不信能革。革之初，通常以少数变革多数，又以变革原有之秩序和制度，使其看似难度很大，不信有革成。不信有革、不信能革、不信革成之三不信，是未治信而生革难之因。故，革必取革信，以信通理，以理通正，再以正正义，方能迎变革时机之到来，否则生革难不说，还会引起变革失败之倒革事件发生。

革蒙。正因在革之初有三不信之现状，就必须取革信，以信正、信义、信时三者齐德来建孚信，便是取革信，取革信后还要在三不信群体中采革信使其能信而积极参与变革，当三不信群体走入变革之路，便会以就革信之举而渐成革势。取革信、采革信、就革信之过程便是以革信来启发三不信群体之革蒙，而且革蒙将一直伴随着变革之进程，并随革法与革果的产生而日益加深，使三不信群体从采信者，转变成变革推动者和变革者自身，成后革之人。也正因有革蒙之启蒙以及变革者愈众的参与，革之孚信会愈甚。在革卦，二五皆中正且心志相应，有自孚之德以及治信之位德，继而能以孚德蒙他，使其先进之革带动后进革人，因信而通，又因蒙而启志，使其志同，故必大亨，这便是革体大亨之所在。革体大亨，必然在变革的过程中，能革之有法，以及革而有成果，使其不信、不通、不得都能悔亡，继而产生大革同，从而利革体正固。

“革而当”，为以革之当仁不让而有变革之正当性，以革之正当性而有革法、革时、革度之恰当性。革之当仁不让者，必有睹法序辨革理的大君子，以“明”德成先革之人，这是大君子之“国家”担当与君子使命，正因君子之当仁不让才有邦体文明之扬升。当仁不让之君子以“明”德察法序、邦序，制定革之策略，使有革法、革时、革度之恰当性，革法、革时、革度这三者之恰当性共同组成变革之“革而当”之路径，使其成革势。能确保革而当，就要有机备、德备、位备等条件具备。机备者，天时、地利、人和等革之条件要皆齐备，使其有当革之时和当革之事；德备者，从大君子之使命和众君子之担当，以德辨理，以德治信，以德蒙人，再到凭德行革，使变革具备先进性；位备者，革体二五皆当位，成为革之核心，又值九四既有革才又能成其革势，既能治信又能改命，使其有革成。

“文明以说”。革体随革之进程先后有两“说”，为在革之初有行革蒙的启蒙之劝说，以及在革果产生后行革悦之文说。在革体，兑言说，又主悦，行革蒙与行革悦皆有说，又有悦。行革蒙之说，以革蒙启发他人必言说，尤其是对三不信之大众群体，对革义、革理、革之策略不信或存疑者，皆需行蒙道晓之以理而启发之，故主宣说；行革悦之说，当正确而恰当的革之策略产生、革果取得后，革悦之说便随之产生，此为参与变革之大众广为宣说。宣说必以正，否则若任由二女乱说，则有蛊乱之嫌。行革蒙之悦，在于有革察、革明之人因光明而悦，以变革的光明愿景之喜悦，宣说于人，动之以情，己悦又悦他；行革悦之悦，此悦以“文炳”“文蔚”之文明特征重在文悦，文悦之产生也是革文明之果形成之写照。文明以说者，以宣说以正及文说的蔚然之势，成革之“说”文明。

“大亨以正”。在革体言大亨必重元亨，无元亨则无革体之大亨，革之元亨者，以“革始于自然法序合天地自然之理”来言道法本序之“元”，唯此革之正义、正理，能大行其革变的贞正之道，有此“元”亨为前提，革体才有大亨之基、之本，这是革体先于变革之先的前提。也只有在此正义、正理的前提下，才能言革之正当性与恰当性，不合法序、法度与时机之革，会给原有秩序带来冲击，会因打破平衡发展而带来灾难。在革体因“水火相息”与“二女同居”而不通，才产生变革的必要和理由，又以“元亨”之道从法序根本上解决了革理，故能取信而革，使其变革治有自孚之德，支持变革之人亦有治信之位德，因信而通，继而在变革的过程中产生革蒙以启发他人，因蒙而启志，使先进之革人带动后进革人，使其水火相处能出新，二女同居志亦同之亨通状态。大亨以正，在于以其元亨及大亨行革义，以“革而当”之贞正之道，使变革者皆能成为当仁不让之革主。

“治历明时”，为君子以治法序之知而健明德。历者，示天地法序之历数，以日月星辰各行其度，亦各有其数，皆为示之以自然法序，君子观四时之象，以历法裁定并推演天地之革数，既授人时，又可以此历数察革时，实则以治“历”而明法序之要，法度之质。虽言治，但在于言知，又因知而明，故治历明时正是君子健明德之时。君子以治历明时，从治历而知历，以知而察，以察而明，以明通法序之本，德性之地，从而明德彰显。以“顺乎天而应乎人”之天时、地利、人和齐备而生革，再以革变出新，以新序治于邦，从而新民，是谓以革政行德政。

革志。无作为之当体，皆因无志，之所以革体要变革，既在于为水火难以相处而生相克之矛盾，又在于二女同居虽能相处，但因其志不相得，成否阻塞之现状，故而不得不革，而革之核心在于革志。革志，使其阴柔之二女转变志心有向健德君子之志，处革之君子有向大明君子之志，邦体众君子皆有变革济邦并正邦之志。治其“志”，在于志通并继而转志，革体以变革之道，行新民之革政，从“大亨以正”而通志。从众之皆同处变革，以德政德化而正邦，并最终走向革志，成其革文明，使阴柔知健德，君子知明德并健明德，正是善之至。

革决，为王道之决。夬者，决也，以刚决柔而有决性。以革决而通夬卦，夬卦，泽上乾下，为泽上于天扬于王庭之象。革依夬出，为作革之决策与号令，必经朝堂之决议，变革为关乎国计民生之政，必然要经过朝堂之决策，以共议而显决策之公共性，以“扬”言明决策应当公开、透明而不藏私；以阳决阴，为以明察决断不明与失明；以五阳决一阴，在形成最后决定时，注重多数认同并通过之原则。乾圆兑缺之夬体，以兑缺之现状，警示决策要查漏补缺，使决策尽量完整、完善，更是以圆存缺之象，要允许不同政见或意见的群体存在，保留他们的意见和声音，并不妨碍决策之权威。阴与缺之存，既是夬体之现状，又是革体之现状，不要专制一方而消灭异己，否则将走向革文明与德文明之反面，要行“健而说、决而和”之和道，不行以戎为上的专权之穷道。革依夬出，还在于夬体有泽决于上而注溉于下之象，实则有以夬决之政来布施恩泽于民，而新民之政，无外乎革，以革新之力新民，以此德政而施禄及下，是夬决革新之初衷，更是以变革言善之愿景。

革文明。革以始于自然之序，而有革之明，以大君子之明察革时、究革理而行革，是革具元亨之要义；再以革夬扬于王庭，以决策之公共性和合法性，在革专、革度上以革而当带动大众群体参与变革，因革同使其成为变革之主，而成其革势，从专革到一视同仁之法革，再到革新制度并走向序革之路，从而完成“革，始于序，而革于序”的变革之路径。革则出新，以革之出新新民，以革之新序序邦，使邦民在新序下革志，邦民皆以大同之志向邦、济邦、正邦，使其革政成为新民之德政，德政既施禄及下惠及于民，又以革化风气行德教之道，既正序于邦、健德于民，又使小人革面。以“文炳”“文蔚”文明特征之文说沉淀成就革文明，并以革文明促德文明之健。

中顺自固而守成

初九：巩用黄牛之革。

象曰：巩用黄牛，不可以有为也。

初九处革之初，居初无应，未可有为，为革时、革位、革才皆不具，故不当有革，反而要以“巩用黄牛之革”之象来坚确固守。巩者，固也，取象承巽以束之，变艮以止之；用者，乾之用也；黄，中央色；牛，坤象也；革，包束之物，坤之皮也。巩用黄牛之革，谓以中顺之道自固，不妄动也。《案》曰：“更改之义，有取于革者。革，鸟兽之皮也。鸟兽更四时则皮毛改换，《尧典》‘希革’‘毛毨’之类是也，六爻取象于牛虎豹者以此。牛之皮至坚韧，难以更革者也。以之系物则固，故遯二之执用者似之。以之裹物则密，故革初之巩用者似之。”

《程传》曰：“变革，事之大也。必有其时，有其位，有其才，审虑而慎动，而后可以无悔。九以时则初也，动于事初，则无审慎之意而有躁。易之象，以位则下也，无时无援而动于下，则有僭妄之咎，而无体势之重。以才则离体而阳也，离性上而刚体健，皆速于动也，其才如此，有为则凶咎至矣。盖刚不中而体躁，所不足者，中与顺也，当以中顺自固而无妄动则可也。”

初九虽阳，但居下无位，比于六二，上无正应，处变革之初，革时、革位、革才皆不具，唯中顺自固而守成，以待革时成熟。中顺自固而守成，顺什么？固什么呢？之所以言革之时机未到，在于君子以治历明时有成而能察革时，时者，法序之显，亦是法序之用，能查革时，则因知而明，故而当顺法序而待天时，且因治历之知而固明德。虽处下位，但因明德必知当革之察，变革在所难免，故在贞固明德的同时要固变革之志，并健志以求进位，使其居革位时能革，更要在革时不对、革位不当，革的时机尚未到来时，要及时发现隐微之变，以自固守成之为，行固德、固志治君子之大作为。

从专革到法革

六二：巳日乃革之，征吉，无咎。

象曰：巳日革之，行有嘉也。

九三：征凶。贞厉。革言三就，有孚。

象曰：革言三就，又何之矣。

六二柔顺中正，上有刚阳之君为应，同德相应，皆中正无偏私之情，恰逢“巳日”之时到，对比初九无革时而言，现革时已到，二与五相应，二得五革夬之权势相援，二之位有顺而无违，故革位具备，二为文明之主，事理皆明，得其革才，故革时、革位、革才皆齐备，正是革机到来之时，故“乃革之”。征者，以乾之行健而征，乾阳刚且明，言“征”为明征，且具征之健，是发生变革正义性和正当性的写照，征行则有嘉庆，“时可矣，位得矣，才足矣，处革之至善者也”，故而革之无咎。

六二变革的特性为专革，六二以先革使其变革呈自下而上之革势，二五虽相应，但于五而言为臣，通常臣道不当为革之先，能以革之初地成其先革，在于九五治信，六二治明，二五以明德和信德相应，以察天下之弊，九五居尊，自有王权之信，六二知“巳日”之历时，根于自然法序之明。六二以先革具专革之特性，专革者，革而有专攻，革而有专域，不是漫无目的、不加思量地乱革，且专革必革而有度，专而节制则为度；革而有专域，在于六二质柔无君子之同，而不能引起大范围的同革，只能革在下，革在自身。以专革之先革，驱动大的革同，是六二以巳之明担当革之责任。革而有居地，又逢革时，既治信又能取君信，以此行革道，则吉而无咎。《程传》曰：“不进则失可为之时，为有咎也。以二体柔而处当位，体柔则其进缓，当位则其处固。变革者，事之大，故有此戒。二得中而应刚，未至失于柔也。圣人因其有可戒之疑，而明其义耳，使贤才不失可为之时也。”

九三居离之极，位兼乾离，又变体出震，自任刚明，却以过刚不中之才躁动于革，故存“征凶贞厉”之戒。但处已有变革之革体，居下之上，又睹水火相息之否难，事苟当革，岂有不革之理，但自任有刚明之才，躁动而妄为，因无孚而人皆疑之，使其有“征凶”之实。无孚，则当治孚，以“革言三就”之慎，改易言辞，反复稽考，而后申命告之，始能孚于人。革言，犹当革之论，兑主言，为言而有辞，巽反兑，则革言；就，取艮之成，郑玄注：“就，成也。”审察当革之言，至于三而皆合，则可信也，言重慎之至，以三就之合而治孚，则有信使众所信，如此则可革。龚焕曰：“九三以过刚之才，躁动以往则凶。处当革之时，贞固自守则厉。惟于改革之言，详审三就，则既无躁动之凶，又无固守之厉。得其时宜，所以可革也。”

九三变革的特性为以同革之势而行法革之实。对比六二之专革，九三以居下体之上，位兼乾离，又变体出震，既有下体之位，又连上体，而有连而同之势，故以此带动变革的同革之势。同革之势出，九三睹六二以革之专和革之先，认为质柔之六二有革，自已亦当革，冒进且自任刚明，这是九三躁动于革之所在，这也是产生“征凶”的原因所在，从“征”可以看出，九三定上下奔走，广为发动，在此过程中产生了无孚之言论，使其有众疑。九三毕竟有刚明之才，有向邦革变之志，面对冒进、无孚且征凶的局面，而能及时从革而悔来革已。直面九三变革可见，他主观革意很强，且带动同革驱动力十足，又能及时反思纠错，已然成变革之主力军。

九三变革从“征凶”到“有孚”的过程，正是反应了变革的曲折过程，革而出错在所难免，难能可贵的是革而有错，错而能纠。九三纠革之措施便是革言三就，革言三就的实质便是行法革，三者，多也，以广泛采个体意识而求同，实则采法信也，为革于法之实质，言之辞章者，法之条文也。革言三就以反复审稽且有公论而推进公论程序，以广泛的同革之势而行法革之实。九三革而悔来纠错，便是去故，去原有观念（原秩序）之故，以及去冒进躁动于革之故。推进公论程序，便是法制意识的显化，公论则兼听，更要广采；从位而言，九三处上下联系之际，上有刚明九四，下有阴柔六二，阶级形态很强，故不能厌恶阶级，既然言“就而合”，便不能摈弃任何言论以及意见，这便是取信治孚信之关键，当九三有信德时，法革之势便取信于众人。

革道之成，改命固志

九四：悔亡。有孚改命，吉。

象曰：改命之吉，信志也。

九四以阳居阴位而有悔，然革势已从下体进上体，又值水火之际，以九居四之刚柔相际，以此革用行革，故能悔亡。以“有孚改命”而有革之盛。改者，取兑之金，巽出新；命者，政令、天命；志者，以心言志，为心之所之；兑反巽，则改命，正是革而行之当时；信者，笃信，因改命信志生笃信。

《程传》曰：“九四，革之盛也。阳刚，革之才也。离下体而进上体，革之时也。居水火之际，革之势也。得近君之位，革之任也。下无系应，革之志也。以九居四，刚柔相际，革之用也。四既具此，可谓当革之时也。事之可悔而后革之，革之而当，其悔乃亡也。革之既当，唯在处之以至诚，故有孚则改命吉。改命，改为也，谓革之也。既事当而弊革，行之以诚，上信而下顺，其吉可知。四非中正而至善，何也？曰：唯其处柔也，故刚而不过，近而不逼，顺承中正之君，乃中正之人也。易之取义无常也，随时而已。”

革之盛。九四之所以有革之盛，在于革才、革时、革势、革任、革志、革用等可用于革之条件齐备，且革已过中，已有变革初期的初步检验，而变革已经深入法革之同，革之大势已成，上体与下体皆进入革势，以“革而当”而有革之盛况。如何革而当呢？九四从下体跃入上体，或跃在渊，有位当革；九四出离入兑，秋有收，有时当革；九四虽以阳居阴，但阳而刚，以刚明之才有才当革；九四近君，既受君信任，又肩负革任，有任当革；不仅革之条件齐备，又值九三以革而悔纠错去故，以“就而合”推进公论程序采信有成而出新，从九三“征凶”到“有孚”便是变革之利，种种便利条件汇聚，促使九四变革之志最盛。

革道之成。因变革之大势且革而出新，致使产生改命与信志之变革，而有革道之成。刘牧曰：“成革之体，在斯一爻，且自初至三，则革道已成，故下三爻皆以革字着于爻辞。至于四，则惟曰‘悔亡，有孚，改命吉’也。”改命与信志是革道之成的标志。改命，在于改原有积重难改之政和令人通过变革改其天命两者。改政命和改天命，正是通过变革改其“水火相息”与“二女同居”之弊，以金火锻炼出新使相克能相就，在两象积弊处变革，使其“改”而出新，革而善，而有命之新，志亦通，命新则政新，其新民之新政出，同时，改其二女同居志不通之貌，使居同志亦同，改其“女”之天命。因改命而信志，志通相得，继而进志，使其阴柔之二女转变志心有向健德君子之志，处革之君子有向大明君子之志，邦体众君子皆有变革济邦并正邦之志，“唯改命之志敷布四体而孚于万民，志无不达也”，以革而善，而止于至善。

革文明之成

九五：大人虎变，未占有孚。

象曰：大人虎变，其文炳也。

上六：君子豹变，小人革面，征凶，居贞吉。

象曰：君子豹变，其文蔚也。小人革面，顺以从君也。

九五阳刚中正居尊位，大人之气象，以大人之道，革天下之事，故而成革主。虎者，大人之象，大人者，万民之主，乾也；孚者，信也；炳者，明著，取离象。《格物论》曰："虎，山兽之君也。"虎，百兽之王，乾也；变，以兑之金言改、易；虎变，夏希革而秋毛毨也。"鸟兽春孳尾，夏希革，秋毛毨，冬氄毛，不违其时，犹有信也。"郑汝谐曰："革之道久而后信，五与上，其革之成乎。五阳刚中正，居尊而说体，尽革之美，是以未占而有孚也。其文晓然见于天下，道德之威，望而可信，若卜筮罔不是孚，虎变之谓也。"

九五王道之心。九五位尊而无位之忧，经过专革、法革、革之大盛，革出新之变革过程，亦无革时之忧，九五龙虎大人之象，如虎之文采，无革才之忧，正是九五以大人中正之道，变革天下之机，正所谓"炳然昭著，不待占决，知其至当，而天下必信也"。又值九五信有天下，同时使天下孚信，信德昭著，事理炳着，正是顺天时，应人心，随时求变而革之。九五以新天下之民为任，大求革而善以及大新民之王道之道。

上六阴柔居革之终，革不可以过，亦不可以有行。变革进入"文蔚"之变，言君子之变革，如豹皮之义理，细密祥实，其文蔚然；平民因变革出新被王化，改其观而顺以听命。豹者，上应艮爻，艮者，熊豹之属，以此言君子之类别；文蔚者，豹之文密茂而成斑，其文蔚然。对比九三躁动于革"征凶贞厉"，上六"征凶贞吉"，谓事之已革者，宜保变革之时局，持盈新守成，不宜复变。孔颖达曰："居革之终，变道已成，君子处之，虽不能同九五革命创制，如虎文之彪炳，然亦润色鸿业，如豹文之蔚缛，故曰'君子豹变'也。小人革面者，但能变其颜面容色顺上而已。革道已成，宜安静守正，更有所征则凶，居而守正则吉。"

《程传》曰："革之终，革道之成也。君子，谓善人。良善则已从革而变，其着见若豹之彬蔚也。小人，昏愚难迁者。虽未能心化，亦革其面以从上之教令也。虎豹，大人之象。故大人云虎，君子云豹也。人性本善，皆可以变化。然有下愚，虽圣人不能移者，以尧舜为君，以圣继圣，百有余年，天下被化，可谓深且久矣。而有苗有象，其来格烝乂，盖亦革面而已。小人既革其外，革道可以为成也。苟更从而深治之。则为已甚，已甚非道也，故至革之终而又征则凶也。当贞固以自守，革至于极，而不守以贞，则所革随复变矣。天下之事，始则患乎难革，已革则患乎不能守也，故革之终戒以居贞则吉也。"

革文明之成，王化之道蔚然成风。大人虎变，君子豹变，言君子之质地，以类相应。虎之文，其文炳然，豹之文，其文蔚然，皆事理昭然，革之成事既易辨，革之大理又易懂。正因大人虎变、君子豹变之正革，才有"小人革面"是王化之成，王化之道广被天下，以此新天下之民，继而使其革新之新序成其风俗，小人革面成其风尚，便皆能在新秩序下顺以听命，齐心向邦，继而进志正邦。言革道已成，为革之大体有成，始于初固守，起于二专革，历经多种变革之路径，然后能开大型范且令人耳目一新，因肇造维新之功，而礼明乐备，有革文明之成。革文明者，以革化风气，正是德教之类，欲行王道而王化，终是德化，以革文明促德文明之健，正是王道之道，"王道之行，则仁义成俗，而心亦无不革。"昔日"周公迁殷之顽民，居于洛邑，历世化之，已得纯善，则小人革面之事也。"能使小人革面之风尚兴起，是革体变革之功。

渐卦：渐进之道

巽上艮下

从渐进至升华而谱写伦序

在革卦，以泽中有火金火锻炼立象，从水火虽相处但不相容与二女共处一室虽相处却心志不相通处变革，寻求使相克能相就以及居同志亦同的解决之道，值天时、地利、人和齐备而生革，大行革新之道，通过多种变革之路径，以及“革而当”之成革之法，从而革除否塞不通、激进致过、王道壅滞等弊病，以革新之序来序邦，以革德王化而新民，以革文明之成而促德文明之健。以去故取新的革之成果，一洗作为之难与大过之难的宿疾，当宿疾通泰一新，得当渐养，以后养承先革，使革变有功，养正有基础。

以革新之成果正序于邦，使邦体在扬升的正序中能大畜其德，大壮其国力，革不可一日而成，养更不可一蹴而就，当渐以养正，行渐进之道，故而有渐。渐养利恢复气血，继而待精气充足而养神，当神足则能以神御精气之变，而行泰通往来，当与大秩序的往来通道建立，以天人合一全息元象的“动态”交易，复以交感五通的交通之道，行精气神正固之利，待阳气健而固，则可以德政内外之治道，治其深受创伤的大过体，以及革新求生养的革体。物无终难之理，革则能变通而致出新，养则能纠其健德有虚与养正不实之过。

以渐进之道养之，既健养德性，又渐养身德、位德与政德，使健中有养，养中能健。《序卦》曰："艮者止也，物不可以终止，故受之以渐，渐者进也。"艮止渐进，一屈一伸，应屈伸之消息，一伏一飞，应动静之状态，进相反于止，更强调动，而动者必有根，其根必为静之艮根；故而，止之所生言进，为在静中取动，以动静二相应法序而动，所以进以序为渐，依序而进，进而有缓。进以序不越次，在邦、在家、在个体皆依位次、序次进缓而有常度，以此示纲常伦序。

渐卦，巽上艮下，为山上有木而渐积渐进之象。在渐卦，巽为草，艮象木，离为日，坎主水，草木得阳光雨露而渐长，草木渐长，必经过日月寒暑经年更替，渐长在于"长"进之过程，并非着重于长后草茂木高之状，而且木之高在于山高。渐卦中，集水、木、土象一体，木长水消，土淹水没，以土阻滞，以木疏通，有分流治水之象；通其滞，分其流，为大禹治水之法，《史记》曰："禹之功大矣，渐九川，定九州，至于今诸夏艾安。"坎数三，巽主入，艮象家门，三过家门而不入，言大禹治水之事也。

在渐卦，以"女归"言女嫁成家，并有婚嫁之过程。艮为少男，巽为少女，少男阳下与少女阴上，阴阳交，从男未娶、女未嫁之状态渐进发展，成男娶妻、女嫁夫之成家之象；其成家的渐进发展在于先从少男、少女皆年少，而男未娶、女未嫁，继而有男下女上之阴阳交感之渐进交合，又值卦中有巽象女、坎主归、艮言待之象，呈待字闺中之女，出嫁，而有女归待男行，乃至阴阳交合，成家媾和之过程，成家后，巽女顺乎于外，为依男女之序而有妇德，并持家有道。

取"雁"象。渐卦以鸿雁设象，以女归立意，而女归出嫁成家又必依"雁"为礼，以独特的雁礼，言婚嫁之礼序，为依礼有序而不越序，卦中以干、盘、陆、木、陵言渐进之序。《白虎通·嫁娶篇》曰："礼曰，女子十五许嫁，纳采、问名、纳吉、请期、亲迎，以雁贽。”《仪礼》中说婚有六礼，分别为纳采（提亲义）、问名（合婚义）、纳吉（定婚义）、纳征（过礼义）、请期（择日义）、亲迎（过门义）六种礼节。“以雁为贽”者，“取其随时而南北，不失其节，明不夺女子之时也；又是随阳之鸟，妻从夫之义也；又取飞成行，止成列也，明嫁娶之礼，长幼有序，不相逾越也。”在渐卦，坎居北，离位南，巽象鸟，春分北来，秋分南往，知时守节且进退有序，艮阳巽顺，随阳之鸟，雁也。巽为雁，艮为手，雁在手中，而象雁礼。

渐进之道。以“女归”言婚嫁，礼成，男女成家而有家人，有礼而依礼；以婚嫁之过程，以尊礼次、履礼序而言渐进之义。以渐之进，言进位，进位必进而正，能进位在于有家，家序正，女贵守妇德、重家礼而正，故家人为进位正邦之基。以渐之长，言渐养，水涵养于木，依寒暑时令渐次而长，长为果，寒暑时令为序，依序则得正养，则渐进养正。以渐之动，言动出于静，动静二相之法理，因屈而伸，因伏而飞，升华之情皆渐次而达。从渐进、渐长、渐养之动从静出，取动静互相之理，依其进、长、养之法序，并履其序次，从渐进至升华而谱写万物相生相依、相克相存之自然伦序。

渐：女归吉，利贞。

彖曰：渐之进也，女归吉也。进得位，往有功也。进以正，可以正邦也。其位刚，得中也。止而巽，动不穷也。

象曰：山上有木，渐。君子以居贤德善俗。

卦辞：以“女归”婚嫁之礼序而言渐之道。

彖辞：法负阴抱阳之理，阳升进位以正邦。

象辞：从“渐”进的动从静出示德之高大。

渐卦，巽上艮下，为山上有木之象。渐而进，依次序而进，为进而有序。在渐体，止下顺上，进而不速，缓进之义；巽艮两体，阴上阳下，阴阳交合而得位正，处卦体中又有二五中正，阴阳相应而行进正，正因为有其正序，故女愿归，男愿娶，得家正。《程传》曰："以卦才兼渐义而言也，乾坤之变为巽艮，巽艮重而为渐。在渐体而言，中二爻交也。由二爻之交，然后男女各得正位。初终二爻，虽不当位，亦阳上阴下，得尊卑之正。男女各得其正，亦得位也。与归妹正相对，女之归，能如是之正则吉也。天下之事，进必以渐者，莫如女归。"

"女归吉"。渐卦取女归立意，归，女子出嫁曰归；嫁女曰归适，返家曰归宁。《左传·庄公二十八年》曰："凡诸侯之女归宁曰来，出曰来归。"观其渐体之象，有离为日，巽主落，坎在西，艮为山，日将落西山，正是黄昏亲迎，进行婚礼之时；巽为女，艮主因，艮承巽，而成"姻"字；离主附，坎为归，有女乐归附，婿曰昏，妻曰姻，合而成婚姻。"臣之进于朝，人之进于事，固当有序。不以其序，则陵节犯义，凶咎随之。然以义之轻重，廉耻之道，女之从人，最为大也，故以女归为义。且男女，万事之先也。"之所以取女归象来言渐进之义，在于男女和合成婚，以齐家在进位于朝之先，以先后不乱而履其次序，也是《大学》言正心、修身、齐家、治国、平天下之次序，依次言正其心，健德而修身，男女和合而齐家，齐家后进位于朝。

"利贞"之言，在于以女归，言得位正与行进正。男女之事，正应速动有悔、渐进则无咎，和合之先在于交感与思量，男女嫁娶与齐家之事，始于意，成于礼，守于正，以正固诸德而取吉祥之大义，既然齐家成进位之基，又肩负繁衍子嗣，传家承德之重任，必然重伦序之重，而行贞正之道。在嫁娶与齐家之事中，得位正就在于女得其妇位名正言顺，故而能乐意归附男子，并守其妇德；行进正就在于婚之六礼，必得履礼而行正，故而使女能进位居家。若涉不正则当戒，如《程传》曰："诸卦多有利贞而所施或不同，有涉不正之疑而为之戒者，有其事必贞乃得其宜者，有言所以利者，以其有贞也。所谓涉不正之疑而为之戒者，损之九二是也，处阴居说，故戒以宜贞也。有其事必贞乃得宜者，大畜是也，言所蓄利于贞也。有言所以利者以其有贞者，渐是也。言女归之所以吉，利于如此贞正也。盖其固有，非设戒也，渐之义宜能亨而不云亨者，盖亨者通达之义，非渐进之义也。"

以"女归"嫁娶齐家而通家人卦。《杂卦》曰："渐，女归待男行也。"婚嫁之礼，必待新郎循六礼亲迎始成，婚嫁齐家，依法序而出礼，履礼行婚嫁，而有得位正与行进正之利贞之美。《杂卦》曰："家人，内也。"家人，言家之内事也，也以内而不对外言私事，以内事对外事则有正邦、民之事为外事与王事。在家人卦，巽妻，坎夫，夫妻相亲，举案齐眉，家人之象。"家"之字，《说文》曰："宀，交覆深屋也。"巽象屋檐，主于宀象，豕属坎，离为火，主礼，以火礼祀之象，为陈豕于室，以示祭敬；祭者，示家齐于神明，敬者，珍之爱之。

家人言正位，"女正位乎内，男正位乎外"，正位之得，在于以渐进履礼序，才有得位正与行进正，成为在家人言正位之基础；内外者，在家男女之序，柔而顺于内，阳而刚于外，止是以阳护柔弱，以阴柔根护而出阳，正是男女互正而互家之义。在家人卦，以"利女贞"言利女子正固。家之成，在于"女归"成其家而齐家，自古家道之盛衰，莫不起于妇人，故女之正固是家道发迹之本。以"渐"成"家人"，依渐序成就家人之道。在家人卦中，六二坤爻主内，九五乾爻主外，二五中正相应，正如乾男坤女而合德；乾坤合德，在于有德，自从"渐"履婚嫁之礼始，以德礼之道，位次之道，健德于内外；而齐家之道，正是行内德健于身、外德进于位之时，既健德治君子，又以治君子而进位正邦。

以德、以才而养，成养正之道；养正者，渐养以正也；以渐养通颐卦。《杂卦》曰："颐，养正也。"颐卦，艮上震下，为山下有雷而观颐自养之象。在颐体，上止而下动，有上下二阳如人之唇齿，内有四阴呈虚而求食之态，故有"颐"之象。在颐卦，通过养身与养气、神而养性，继而有颐养万民之颐道，颐养万民者，既需有养之善政，又当有王道养正德化之德政。颐卦两阳四阴，阳者治刚明之德，有圣贤之象，阴者被阳所养，如万民求养于圣贤，实则以气、身养德，圣贤行德之教化，而使万民能自养。"君子以慎言语，节饮食"，就在于舍食欲之小而就养德之大。以养人为公，在于能养之善政，养己为私，在于节而有度，以食养气精。卦中内三爻多以自养口体，既有大快朵颐之妄动，又有舍尔灵龟之愚，故而有凶；外三爻多内养其德、外养其贤，能知妄动且安止所动，因明颐之所在，故而有吉。吴曰慎曰："养之为道，自养之道，以养德为大，养体为小。艮三爻皆养人者，震三爻皆养已者。初九、六二、六三，皆自养口体，私而小者也。六四、六五、上九，皆养其德以养人，公而大者也。公而大者吉，得颐之正也，私而小者凶，失颐之贞也。可不观颐而自求其正邪？"

以"颐"体行渐养之道，先养口体，再以食养气，后以气养德，继而气德一体，浩然正气出焉。先养口体，在于静，以静食而养气，其大快朵颐之妄动，是口体之凶事，更是以动破静而失其定。以气养德，在于先求贤并亲贤，在于诚；为何求贤，就在于求口腹之快的食欲之人通常不明德为何物，又如何养之，求贤开示以讲，在于以诚求明。当贤行教化日久，民可自养其德时，在于定，以定而节饮食有度，更以定之静出气之动，且健德以静而养德，必得其正。渐养之道者，从养小体而后可以全大体。

渐之"进得位"。因行渐进、渐长、渐养之道，从"女归"婚嫁成家而进，此"进"为进而向邦，进而向邦在于志，君子以向邦之志而进，继而进得位。之所以能进得位，在于以身德与家德之成，进位向邦得位。"进以正"在于婚嫁礼正，成家正固家德而有家德正，以此渐正之道，进得位以求，求以位政、位德来正邦，则“可以正邦也”。以进而正进得位，在于有家以及有德，故家人之体、健德之正、履礼之正三者为进邦之基，从而形成了私（个体）→家（婚嫁成家与家人）→国（邦体）→政（德政）之渐进之路。

以进位之象通巽卦，在巽卦有立身而进位之象，从修身初成以进位言利见大人，以利见大人，擢拔健德与有德之人进位主政事。巽卦的进位之象在于从井之地到巽之风，为从下而上的进位之象，修德养外善莫过于行善政，君子立身修德养外善，需进位以行善政普施之利，无位则无政可施，君子进位者需如井卦汲水一样有上汲引之人，故言利见大人。在巽卦，虽言利见大人，实则无位亦无政，以取“巽在床下”之“床”象，君子虽进位但君子尚无当位，只能行“床下”（床下，房中幽暗之地，阴邪滋生且不去之地，既有位卑又有事小）卑难微小之事。而渐卦之进位，比之巽体又更进一步，已可以进而得位，有“位”之当，则有政之当。

从“进得位”，以“用见大人”而通升卦。《序卦》曰：“萃而上者谓之升，故受之以升。”物之积聚而益高大，以聚而上，呈升；阴气聚因沉而降，阳气发散于上故升于上，然萃聚而聚终必散，降极反升，皆是气序自然之理，阳往阴来，阳气进而升，则往升而不来，故有“萃聚而升不来也”之谓。升卦，坤上巽下，为地中生木而积小高大之象。在升卦，坤为地，巽为风，以土气扬升成风，为风自地出；巽为木，坤为地，为木生于地，积小以高大；震者春，兑主收，为春花秋实而有丰果。在升卦，二得离之气，扬而升上，五伏乾之体，居中而面南，二五相应，乾离志同，正是“用见大人”之机；巽长且能顺，升进以时，“志”道大亨也，并以志行而行升道之大亨。震之行为征，进于远而有远征。大人南面而听天下，“君子前进必遂其升而得行其志”，有“南征，吉”。

以渐之动，言动出于静，以“动不穷”，法动静二相之理，动从静出，动不穷则渐进、渐长、渐养而盛，阳升德长愈盛，以盛之体而成壮，以此通“大壮”卦。《杂卦》曰：“大壮则止。”壮在于渐蓄而壮，以“止”言壮，在于利于贞正而壮不可过，实则有壮之盛，壮则阳盛，以动静二相之理，阳壮基于阴，阳壮太过则伤阴，伤阴则伤阳之根，不利再壮，大壮者，以动静之极，明盛衰之道。

大者壮。乾刚而震动，所以有壮，而“大”者何来？为乾阳渐而长，蓄而大，无不是道生之，德蓄之；因道生德蓄生生之健，依渐长之顺，形成长→育→成→熟→养→覆生变易过程，阳蓄而大，成物形之与势成之长、进，故而渐成其大。大壮必贞于正，道生德蓄必得道体之大正，德性之大正，无此大正无以成生变易之变易，也无从有蓄而大。“大壮利贞，大者正也，正大而天地之情可见矣”。天地之情，则是道体德性之本原情状——道生德蓄大道生生之健本原。一切大壮之大正，在于蓄德，民治君子健德蓄德于身，邦以善政颐养万民蓄德于德政，蓄而养之，渐养渐成，才有成大壮之路径。大壮者，雷在天上，雷霆震天之惊，不容败德之俗，警示邪恶之政，“君子以非礼弗履”，修身健德之事是进位、得位之基，更是邦大壮之基，故要法雷霆震天之惕，无论是修身还是进位，皆不越法序，不违礼序，不背位序，“日新其德”，蓄德以富自身，再进位以济天下。

伦序之道。以渐进、渐长、渐养之义，师法能使其“渐”而动长的动静二相之理，以法入序，以“家人”之归序、“颐”之颐养次序、“升”之阶升之序、“大壮”蓄而大之序谱写万物相生相依、相克相存之自然伦序。

“家人”之归序，以渐言“女归”，为男女依礼婚嫁，女归男而成家，男女归家而成其家人，在家人以“父子之亲，夫妇之义，长幼之序，尊卑之等，内理人伦，外存王道，家人之大义也”之体，因女子正固、乾男坤女合德，而有家序正，再以家人归德，行言而有教、教而以德之恒常之道，而正家序，君子辨物居方，则君君、臣臣、父父、子子，各正其位而守其道也，正家而天下定矣。

“颐”之颐养次序，在颐卦，初九、六二、六三，皆自养口体，六四、六五、上九，皆养其德以养人，养口体者，私而小，养德并以德养人者，公而大；以颐养正，在于渐养，先养口体，在于以静食而养，忌大快朵颐之食欲妄动；再以食养气，以静节制饮食而食，既不因食多伤气，又从食而生其气，从舍尔灵龟之愚，到养而就其灵龟之明，则是以食盛养气精；以气养德，首要在于求贤并亲贤，以诚求贤，圣贤行德之教化，使万民能自养其德；以王政养万民，在于先养贤之重，从颐之大体养贤以政，便是从养小体到全大体，养气为大，养德为重，当气德一体，则万民治。

“升”之阶升之序，升者，以柔而升，以动从静出，以志行进位而升，以“用见大人”而进得位；之所以能进位得位，要归其德健，进位归于政，又健其位德与善政治德，这是积小以高大之升之大义。从升之初六未进而先发心，在于固志，并以志行，九二欲进却以祭祀而求福，在于固诚，以得离之气而升，九三以“升虚邑”而始进，且进无疑滞，六四以岐山之高而有升之实，六五升大子之阶，为大得志进之极而升，上六以不息之升，进于幽深之域。从升体的升进之状态，而行阶升之序，虽升进之象在外，但犹以健德、固志、固诚为重中之重，为之所以能升进之根源。

“大壮”蓄而大之序。大壮以克己复礼“非礼弗履”之戒，以“日新其德”之阳升德长，来壮其大体，一切修身、蓄物、养贤、养气、正德、进志等壮而大之本原，在于道生德蓄大道生生之健，正是履其“家人”之归序、“颐”养之次序、阶“升”之序，不失节，不失时，长幼有序，不相越次，才能蓄而壮大，既师法自然之法序，又履位序，行蓄德富自身，进位以济天下之正行。

家人之道

初六：鸿渐于干。小子厉，有言，无咎。

象曰：小子之厉，义无咎也。

六四：鸿渐于木，或得其桷，无咎。

象曰：或得其桷，顺以巽也。

初六以阴居下，上复无应而失位，君子始进于下，犹雁之在水；小子欲涉水求婚，而无媒不交，有媒妁说合，则无咎。干者，涧也，取坎水，艮山，两山之水，干也；小子者，未婚少男；厉者，谓涉水，以涉水言求婚；有言者，为媒妁之言。渐诸爻皆取鸿象，鸿之为物，至有时而群有序，为不失其时序；大曰鸿，小曰雁。雁，往来有时，长幼有别，先后有序，每飞不远，取雁象言渐进之义，《仪礼》曰："大夫执雁，取其候时而行也。"鸿渐于干，如女归男，得其所栖之地。李鼎祚曰："鸿，随阳鸟，喻女从夫。"

《程传》曰："干，水湄。水鸟止于水之湄，水至近也。其进可谓渐矣。行而以时，乃所谓渐。渐进不失，渐得其宜矣。六居初，至下也。阴之才，至弱也。而上无应援，以此而进，常情之所忧也。君子则深识远照，知义理之所安，时事之所宜，处之不疑。小人、幼子，唯能见已然之事，从众人之知，非能烛理也。故危惧而有言，盖不知在下，所以有进也。用柔所以不躁也，无应所以能渐也。于义自无咎也。若渐之初而用刚急进，则失渐之义，不能进，而有咎必矣。"

六四阴柔居正，进而据九三阳刚之上，而九三上进则不能安处于四之下，所以四之位非可安居之地，如鸿之进于木，而木渐高，处不安之状，鸿之趾连，不能握枝，故不能栖于木；然得其"桷"（横平之柯，取坎方巽木象）而能安处，又以四能顺巽，上从九五，而可自安，因顺之又顺，故谓"顺以巽"。

胡炳文曰："巽为木，而处艮山之上，鸿渐于此，则愈高矣。鸿之掌不能握木，木虽高，非鸿所安也。然阴居阴得正，如于木之中，或得平柯而处之，则亦安矣，故无咎。"四之处境本危，危则有失，但又因得其所，而自取安宁之道。

初六涉水求婚，因媒妁而合，故在言"合"；六四鸿之进木，在横平之柯得其所，故在言"安"，而合与安，皆婚嫁与成家之道。婚嫁之合，在于良禽择木而栖，这是以"女归"言婚嫁之所在，非男娶女为主，而是女择安居之家为先；有良禽在，君子相时而动，动而求，求之以诚，是健其诚德，若无诚德之本，则女子无有"安"可言；媒妁者，传信达意之使者，既在于言之有信，更在于以信言德，传信达意满足了女子求安之心，则能促成求而合。男女之合，始于求，进于礼，执其婚之六礼，履而行之，则成男女嫁娶与齐家之事，有家方能言安家，履礼正才能使女能进位居家而正固其德。家者，鸿之进于木，可安居之大树为其家。小子从涉水，要渐长成木，巽者，大、高之木也，不能是弱枝，喻小子之长成，既能使良禽有栖息之所，更有安居之家，才能成其"顺以巽"，男女和合成家，以此共享家人也。

初六与六四所示家人之道，合在于求，而求在于治其诚，也因诚使媒妁有可语之言，"求"与"诚"皆在于治女子之安，以信赖与托付之安，使其合。安在于可依、可靠，可依者，在于男子自身长成高大之木，有安得其所之地可依；可靠者，以四近五，上可进君，有上进之地，进位以渐有可靠之前途。

颐养之道

六二：鸿渐于磐，饮食衎衎，吉。

象曰：饮食衎衎，不素饱也。

六二中正，上应九五，鸿渐于磐比之鸿渐于涧，又渐进之义，而坡，渐不求速，为进之安裕者。磐者，石之安平者，《说文》云：“坡者曰阪，一曰泽障，一曰山胁也。” 饮食者，以坎之兑，言酒食入口；衎衎者，从容的和乐之貌；素者，巽之白为素；素饱，谓不劳而食，无功而禄。鸿雁进于山坡，有饮食和乐之象。二与五以中正之道相应，犹鸿渐于阪，不为徒饱而处之安平，故其饮食和乐衎衎然。胡炳文曰：“艮为石，故有盘象。鸿食则呼众，饮食衎衎和鸣，初之小子，厉有言，危而伤也。二饮食衎衎，安且乐矣，时使之然也。在初则无应，在二则柔顺中正，而上有九五之应也。”

饮食者，颐也。《礼记·乐记》云：“饮食者，所以合欢也。”合欢之象在于牙车、牙辅之动而进食，吃之快，食之有乐才有朵颐之欢。六二饮食衎衎然，以从容和乐之貌，不行大快朵颐之事，以气定神闲而求安平之享，正因有此，而成颐养之道。《诗经·魏风》云：“彼君子兮，不素食兮。”君子不尸位素餐，尸位素餐者，以在其位而谋其政，以不在位而节制其欲，颐养之欲在于“节饮食”，节饮食，以养口体而养气，食多、食快皆伤气，故食当有衎衎然之貌，从容在于不贪求食之多、食之好，食之快，和乐在于以气养神，有神采奕奕之貌。不图大快朵颐口腹之快，而求气定神闲，神采和悦之享，实为养口体、养气、养神……渐进之序，如六二“不素饱”之态，以“不素饱”言进而有序而不苟进，司马光曰：“君子寡欲则不役于物，可以直道而行，小人寡欲则能谨身节用，远罪丰家。”以颐养之寡欲养气、养神，实则在养德。养气、养德成其颐养之正。

伦序之道

九三：鸿渐于陆。夫征不复，妇孕不育，凶。利御寇。

象曰：夫征不复，离群丑也。妇孕不育，失其道也。利用御寇，顺相保也。

九五：鸿渐于陵，妇三岁不孕，终莫之胜，吉。

象曰：终莫之胜吉，得所愿也。

九三阳刚，居渐之时，志将渐进，上无应援，当守正以俟时；三在下卦之上，位艮体之终，犹鸿进至于陆。六四以阴居上而密比，阳所说也，九三阳处下而相亲，阴所从也。二爻相比而无应，相比则相亲而易合，无应则无适而相求，故为之戒。陆者，高平之地；夫，阳体，九三之谓；妇，阴体，六四之谓；孕，取离之大腹言怀胎；育，震之生而有育；离象坏，艮反震，故妇孕不育也。坎为盗，坎化坏，又遇离兵，故利御寇也。坤，顺也，二三居正，亦顺；艮之坤，二三亲比，为"顺相保"也。三若不守正而与四合，是知征而不知复。若以不正而合，则虽孕而不育，盖非其道也。《案》曰："此卦以女归为义，则必阴阳相应，乃与义合，故初之厉者无应也，二之安者有应也。三亦无应，而位愈高，则不止于厉而已。上九在卦外，不与三应。如夫征而不复，不顾其家也。三刚质失柔道，如妇有产孕而不能养育，不恤其子也。以士君子之进言之，上不下交，而下又失顺勤之道，于义则凶矣。上下不交，必有谗邪间于其间，所谓寇也，惟能谨慎自守，使寇无所乘，则可以救其过刚之失而利。"

九五居尊，六二正应在下，为鸿渐于陵之象，二五虽中正以应，但为三四所隔，非能遂遇，而成三年不孕之义。然二五毕竟中正而应，中正之德同，终不能夺其正。三比二，四比五，皆隔其交者也。未能即合，故"三岁不孕"。徐进，则必得其所愿，之所以能得其所愿，在于以不正而敌中正，只在一时，而中正久在，故久则能胜，胜在以正且徐进。

《案》曰："先儒见三五两阳爻皆言妇，故于三则以妇指四，于五则以妇指二。今推爻意，盖三五皆取妇象。三无应者也。五虽有应，而反其类者也。既取妇象，而所应者阴，是之谓反类。其失卦义，又有甚于无应者矣。故三犹孕也，但不育耳。五则三岁不孕，盖不相和合之甚者也。三过刚，故戒以御寇，恐其不能慎也。五有中正之德，故无戒辞，而直以终莫之胜决之。胜字，蒙九三御寇之义。夫谗邪国之寇也。君子之进，所以不能和合而通者，寇胜之也。然如九五之德，则所谓可以正邦者。当渐之时，有终吉之理，岂谗邪所能胜哉。”

伦序者，以自然之序渐进而履伦序。九三鸿渐于陆，得非所归，九五鸿渐于陵，终得所愿，皆有其因。九三在于上下不交，九五在于中有所隔。九三的上下不交，既有上阴，又有自身之因，上九在卦外，如夫征而不复，不顾其家，九三自身因过刚而失柔，如妇有产孕而不养育。以伦序言，九三就有乱序之嫌，不能孕而不育，失其妇道和家道，伦序不容也。上下不交，必有谗邪间于其间，三过刚，戒以御寇，恐其不能慎。非理而至者谓之寇，守正以闲邪者谓之御，阳刚居正，如能谨慎自守，闲谗去邪，则利在御寇也。程敬承曰：“三以过刚之资，当渐进之时，惧其进而犯难也，故有戒辞焉。征孕皆凶，言不可进也。利在御寇，言可止也。”

九五虽终得所愿，但也有三年不孕之象，最终如愿在于以正而胜。之所以言胜，在于从九三御寇而来，九五御寇在于以渐进之道御天下，虽有隔滞，不能使其和合而通，但也只在一时，所以要持以正，所谓“君子居上不骄，处下不谄，不为功劝，不为利诱，不为遇乐，不为黜忧，进而不获其身，行而不见其人，孰能胜之邪？”正是如此。

之所以伦序来言，就在于应履伦序而非乱伦序，九三与九五，皆取“妇”象，且以阳爻言妇，在于三以妇指六四，五则以妇指六二，二与四皆阴，三犹孕但不育，五则三岁不孕，为不相和合之甚；以阳取“妇”象在于以阴阳来对比，九三虽阳，但乱九三位者，在于上九和九三自已，上九应先安其家，再进其位，而非征而不复，使鸿渐于木而无桷，以致家人失去依靠，造成九三过刚；九三有孕，就该孕而产，产而养育，这是妇德，亦是家人之序；从鸿渐于涧，小子求而合，到执六礼而婚嫁成家，无不是该婚嫁则婚嫁，该成家则成家，该孕而产就得孕而产，这是人处于家之本位与家德之本分所定，是家之于自然法序的一种伦序，而九三刚而失柔，乱其伦序。

对比九三乱伦序，而九五则是正伦序者，且是以德正序，九五以尊位御天下，得所愿的便是天下伦序正，只有依伦序而进，履其“家人”之归序、“颐”养之次序、阶“升”之序，不相越次，从而蓄德以壮大，正是“君子之业必精于勤，勤于省察，内御心贼，安其良知。王者之道必止于至善，善于治世，外御夷狄，保其民人。”以济天下之正行，行王者之道。

升华之道

上九：鸿渐于陆，其羽可用为仪，吉。

象曰：其羽可用为仪吉，不可乱也。

上九益进，升进到至高之位，且出乎常位之外，在人则超逸常事之外，在鸿而言达于至高其羽毛可用为物之仪表，因可贵可法而有吉。贵在于升至虚空之云路，而有通达无阻蔽之“逵”，《尔雅》曰：“九达谓之逵”，为达之至高，升之至高又因空中有仪，自然贵不可言；法在于进退可法，进退有序而不乱序。孔颖达曰：“上九与三，皆处卦上，故并称陆。上九最居上极，是进处高洁，故曰鸿渐于陆也。‘其羽可用为仪吉’者，居无位之地，是不累于位者也。处高而能不以位自累，则其羽可用为物之仪表，可贵可法也。”

升华之道。上九示升华之道有三：为位之高、贵之华、境之极。位之高者，九进而达，九达而逵，直至通达无阻蔽，相比干、盘、陆、木、陵而言，是升之至高之言；贵之华，其羽毛可用仪而显贵，鸿之羽，华在外，以逸于空中仙风十足，能用“仪”示物，皆高贵也；境之极者，因超乎常位与超乎常事，而处无为境，进位言政，皆在有为，位之极在于九五，九达而逵为升至至高，以超乎常位则离常位，是进位之极，位之极则升无为境。

上九为何会有升华之象？在卦中皆有“女归”之义，独于三五言妇者，阴爻则其为臣道妻道不必言，之所以言“升”而进，在于法负阴抱阳之理，为阴中出阳，阳从阴中出，有生阳之基则有“渐”，阳出而升不能只看阳渐而升之外象，还应深知有“阴”在起用，且起大用，既为生阳之根，又为阳以渐之基，渐卦以“女归”立象、立义皆在于重负阴抱阳之理以及阴阳互根之理，这是直入阴阳法序之大言。上九之所以能升华，在于以阳盛而大升，在于阴之根已足，全卦下五爻皆可看作是阴之根，以渐进、渐长、渐养之进位有为之极，而升无为之境。此无为之境，从位而言，从有为之极而升，值有为之根而升，根深而境自然深；从德而言，上九不为九三牵绊，九三曾以过刚之性孕而不育，乱其家道之序，如今在上九，九三之过刚转柔，女之尊妻道有甚，故而有阴之根，使上九之阳进而升，此升象，是九三乃至下五爻妇德、家德、序德养而盛、盛而壮的必然结果，上九之阳的羽仪，是健德之褒赏。从伦序而言，九三从乱伦序到归伦序，九五以尊位御天下，得偿所愿的便是天下伦序正，而上九之升华，正是以无为境升入法序境，正是伦序的最高表达；升华者，必渐进而长，必正伦而序之，方能因德盛而有华贵之仪。

颐卦：养正之道

艮上震下

内养神气外养贤并养德居正

在家人卦，夫以严为正，妇以顺为情，贯穿孚诚之本而履家法、家礼于家之治道中，成其崇德、重礼、履位之家道风尚，以小家之礼、德内出，及于外成伦理共序而治天下。所谓内理人伦、外通王道便是由此渐进，以治家之范式治国，式家人伦序之道而成伦理共序，便是家人卦以成其养家之小养，呈现法、礼、德在治家过程的重要作用，也为伦理共序提供家“序”基础。之所以能成共序，便在于法、礼、德三者既成体，又当用，以正于“位”流变于文明传承而不变礼、德之根本，以由内及外的风自火出，示法、礼、德之教化，行长治久安的有恒之道以及有恒之教。

正家与正天下，皆在乎得养，养家人者，不只是执家事、奉祭祀之食养，而是明以执事，以阳严阴，以家法、家礼、家德贯穿终始的伦理之道养之，从而以执家事之正，执一事通一事之正，柔顺中正的家德之正，盛德至善躬行感化之正……成正序而养天下。言养必得养道以正养之，而养正之道，为颐卦所呈。

《序卦》曰："物蓄然后可养，故受之以颐。颐者，养也。" 物既蓄聚，则必养之，无养则不能存息，而颐者，养也，人口所以饮食，养人之身，故名为颐。物蓄而后可以养人，由养人推养之义，大至于天地养育万物，圣人养贤以及万民，与人之养生、养形、养德、养人，皆颐养之道，利用颐养而后厚生，才能成其大壮。所谓"动息节宣，以养生也。饮食衣服，以养形也。威仪行义，以养德也。推己及物，以养人也"从外养身、形到内养气、神，养小体而后可以全大体。

《杂卦》曰："颐，养正也。" 养正首先在乎得"正"，其次才是如何养之，故颐正在乎正气；从内养气、养神而裕阳健德，从外通过养贤而养善，以颐养浩然正气。孟子曰："我善养吾浩然之气。"颐口腹者，养其小体，颐正气者，养其大体。在颐卦，通过养身与养气、养神而养性，继而有颐养万民之颐道，颐养万民者，既需有养之善政，又当有王道养正德化之德政。

在家人卦，以治家之成而能养家与家人，养家与家人者，为得其小养，除了小养，还有大养，从养身、养气、养神、继而养性，再从个体之私与共养家人、养社稷，继而颐养万民，成其养之大，养气、养神、养性者，为内养，向内求精气神之养，为健阳德之养，养社稷、颐养万民者，为外养，向外求养之善政之养，为以政见善之养。而小养与大养的目的皆在于养正，以养正之治道，方能得养之道。

养正必渐养，方得正，任何激进之养，皆非正养；言养，不只是人、物外在体格之养成，如大过卦杨树之长成，不以外在表象之长为养之成，而以得养之道，能养气、养神、养心，继而明心见性之养，方为养成，亦为养之小成，除养之小成，还有颐养万民并教他人有德且见性之养，得浩然正气为成其大养。

颐卦，艮上震下；在颐体，上下二阳爻，中含四阴，上止而下动，有上下二阳如人之唇齿，内有四阴呈虚而求食之态，外实而中虚，故有“颐”之象。在颐卦，通过养身与养气、神而养性，继而有颐养万民之颐道，颐养万民者，既需有养之善政，又当有王道养正德化之德政。颐卦两阳四阴，阳者治刚明之德，有圣贤之象，阴者被阳所养，如万民求养于圣贤，实则以气、身养德，圣贤行德之教化，而使万民能自养。

自求口食为养身之术，“舍尔灵龟，观我朵颐”则是养口腹而害养气、养德之大体，孟子曰：“养其大体为大人，养其小体为小人。”大体者，道义、道心也，小体者，外物、人欲也，求食欲而失道心，止外物而迷自性。王政欲养万民，必重德养之道，德养之源，必先求贤、亲贤并养贤，虽养身果腹为先，但养气为大，养德为重，当气德一体，则万民治，陈琛曰：“集义以养其气，寡欲以养其心，守圣道而不溺于虚无，崇圣学而不流于术数，则所以养德者正矣。穷而不屑于呼蹴，达而不至于素餐，不以贫贱饥渴害其心，不以声色臭味汩其性，则所以养身者正矣。”

养正之“正”在乎道，而如何养正之“养”在乎养之术，再以养之用，以“颐”体行渐养之道，以养正之“道”区别养之术、用的关系来颐养。先养口体，为以食养身，再以食养气，后以气养德，继而气德一体，浩然正气出焉。先养口体，在于静，以静食而养气，其大快朵颐之妄动，是口体之凶事，更是以动破静而失其定。以气养德，在于先求贤并亲贤，在于诚；为何求贤，就在于求口腹之快的食欲之人通常不明德为何物，又如何养之，求贤开示以讲，在于以诚求明。当贤行教化日久，民可自养其德时，在于定，以定而节饮食有度，更以定之静出气之动，且健德以静而养德，必得其正。渐养之道者，从养小体而后可以全大体。

在颐卦，惟有二阳，两阳爻居天地之位，上九在上，谓之由颐，为颐主亦为颐养天下之主，群阴从“我”而求养，使处颐而能得养。以两阳颐养四阴，坤主万物、类万民，六五以尊尚贤人，不仅养贤还从贤。初九在下，以灵龟伏息而自养，实为得颐养之道的自养之贤。由颐者，养而得利；丘颐者，养而有位；拂颐者，不养而动，道之所失。颐之上体言止，皆吉，而下体言动皆凶；在上而止，为养人者；在下而动，为求养于人者，动而求养于人者，必累于口体之养，以求口体之养，动欲而观朵颐，不知内养其德、外亲其贤，安止其所妄动。

颐养之道，以养人为公，养己为私，以养德为大，养体为小，得颐正为吉，失颐贞为凶。颐养之道，在乎静，以静养气，养之于内；在乎诚，以诚亲贤从贤，使贤养之，养之于贤；在乎定，以定制妄动，养之于明，舍欲从定在于明。初上皆能自养，皆得颐养之道，初养其己体与己位，故为小，上养其德、养其政、养其善，故为大。四五养人，五亲贤并养贤而为天下之公，四养亲而为私。公而大者吉，亦得颐之正；私而小者凶，有失颐之贞。相比它爻，六二与六三则有凶，处颐不能自养，本身就凶，不从“观颐”处得颐道，却志于颐养口腹之食物往求逐妄，又皆无明辨得失之德，舍近求远，拂颐而终不可用。

初九以得自养之道而本无所求，为处颐体得颐道之贤，本应被养、被亲、被顺从，奈何有“灵”而不自保，有贵而不自珍，且行舍贵求贱不明得失之举，以动而求朵颐置己于凶道。“舍尔灵龟，观我朵颐”为假设之辞，圣人以其为妄动失贞且致凶，在于启示养之道在于静，且在乎气，故深戒妄动从欲，多欲则失贞；且君子应师法初九灵龟自养且养气之静，师法上九以得颐道之贤能而颐养万民，故成其承天之宠，而庆赐之大者。君子观君王养贤、亲贤并从贤之道，观臣民自养之术，观阴柔失养且致凶之因……以种种观颐而师法颐道，正是知颐时，通颐德，进颐养万民而正邦之志，行颐养术用之正，而大行颐道之时。颐养之正，在于牧心以养德，以德承任天下。

颐：贞吉。观颐，自求口实。

彖曰：颐，贞吉，养正则吉也。观颐，观其所养也。自求口实，观其自养也。天地养万物，圣人养贤以及万民，颐之时大矣哉！

象曰：山下有雷，颐。君子以慎言语，节饮食。

卦辞：从观颐自养之道而得颐养之德。

彖辞：从得颐道、施颐术、求养用而养万民全大体。

象辞：颐养并养正，养德方不失颐正。

颐卦，艮上震下，为山下有雷而观颐自养之象。颐，养也；取象口食物以自养，故成其养义；《释名》曰："颐，或曰辅车，或曰牙车，或曰颊车。"震动于下，当牙车，艮止于上，当牙辅，牙车与牙辅互体，以颐食而养，颐口腹而食者，养其身之小体；艮主休、息，震为生，坤为养，以休养生息而养，为颐食正气，养其气、神之大体。林希元曰："人之所养有二，一是养性，一是养身，二者皆不可不正。观其所养之道，如大学圣贤之道，正也，异端小道则不正矣。又必自求其口实，如重道义而略口体，正也。急口体而轻道义，则不正矣。皆正则吉，不正则凶。"

"贞吉。"颐卦言"贞吉"在前，故而颐之占以得正在成卦之先；得正之贞吉，在于颐养成于自养，以观自养之颐，得其以食养口体之身，再以食养气的颐养之法，继而以颐养之法，求能养贤、养邦民、养浩然正气的大体之养，为求颐养之道。在求颐养之道并探讨如何能实现治颐的过程中，总结如何能全大体的养正之术，如以静食养气的"静"，以及养贤应以诚先求贤并亲贤的"诚"，皆是通往颐养之道的养之术用。无论是师法颐之自养从小见大，还是颐养本身就蕴含全大体之道，以能养万物、养万民成为文明进程中的天下正道。

“观颐”。从观颐体所养的过程，而求养之道。之所以有“颐”可观，在于颐有自养之前提，人、物能自养是颐的自然状态，也是人与自然相处最不违背自然之处，人以口腹为食是可观的自然现象，人处家中被家人奉养口食是颐养的居家状态。自养以始于自然状态而成自发之颐，亦为生存之本能，自求食，便有求食的众多方式方法，亦有家人奉养口食而安居的颐养方式。在家人卦，六二以柔顺中正之德，以馈一家饮食之食养而专职其事且以奉祭祀之专诚知礼而执礼，从而以妇德之得，得家德之正，故而从自养之食能见礼、见妇德，亦见家德。礼在馈饮食、奉祭祀的执事过程中自然呈现，而妇德在妇人馈饮食自身，家德便是从妇人之身德，通过专诚执事履家人伦序而获家德，这是一个以居家自养之小而见伦序之大的通道，正是因为存在这样的通道，使其能观“颐”，以及通过观颐的状态、现象这种通道，通往颐养与自然法序的关系，从而探索养正之道。

民以食为先，填饱肚子的问题一直关乎人与自然的深刻关系，观颐的过程，总结如何能养的方法，通过颐养与自然建立更深更广的交流通道，是观颐求养正的目的，况且从颐自养之小，要找到解决颐养万民之大的途径，并在颐养之“道”上升华，如何从民之己身养气、养神，使其富足精神，如何从邦之大体养贤、养德、养浩然正气，使其能治于精神，方为重中之重。

观颐，为通过颐之自养找到“颐”之所以能养人之道——颐道，此颐道贯穿天地养万物之中，人在自养过程中日用而不知，而天地养万物为以道体生之，以德性蓄之，呈天地大养之道。观“自求口实”为观其养身之术，再以道、术相得而通用，以养之用，可以将颐道既用于小养养身，又可用于大养养万民，而君王通颐道以驭颐术养邦、民，为用在养万民之政上。君王以先养贤，再以贤养德政，通过养贤与养德政来养德，便是君王驭颐之术，也以此找到了如何养德为大的方式方法。寻求颐养之道，师法颐养之道，以颐道养正，而有养小体与养大体之术、用，当驭颐成术，则颐能成养正之治道。

“自求口实”。有口食的生存之求和口实的节制之求两者，口食的生存之求，为存身之本，以口食求生仍是人生存第一要务，无食则人将不存，何谈其他，故而能养人于口食，功德很大，也是君王之所以志养万民的原因，既是尊位之责所赋予，又是以德通善之所在；口实的节制之求，为立人之本，从立身之基有善恶之辨是人之所以区别动物属性之所在，且能选择从善还是从恶，仅从求口实便知价值取向。口食之需是从动物本能，口实之择是从人性向善之能，人从张口的那刻开始，便从动物属性走向了更高尚的人格属性，既然言“求”，这便是基于“自求口实”从人的生存之基，所具备的“正”的导向和原则。

颐之时。“养”从求生之本开始便有“正”，颐的口食状态，便是人求“正”以存的状态；“正”，既是颐养的原则，又是在颐养过程中的价值取向。从卦辞的贞吉之占，到《彖辞》言“养正则吉”，以成卦之先的颐之占得正，继而观颐道有正，从两者相兼的得正之吉，利颐养而成卦，以此具备颐之时。“颐之时”，以颐道成颐体而具颐养之时，时者，人按时进食，并以“时”的随处可见而随时可用，随时随地都有“自求口实”的颐事，故颐之事关乎天下大事，也是为何从观颐求颐道，来用于养大体之用。从颐之时求颐道来养万民，便是颐德，既是颐的卦体之德，又是颐义自身之德，君子师法颐象，应进颐养万民之志，此为颐德与养德所赋予。感叹“颐之时大矣哉！”便是君子知颐时，通颐德，进颐养万民而正邦之志，行颐养术用之正，而大行颐道之时。

养小体。身者系私言小，从养万民之公，而有养身之私。从“自求口实”先养口体，再以食养身。养口体为口食之求，此为生存之本，故人皆自养为养私之序。既然有以口食养口体，便是养身，为何要有“再以食养身”呢？便是立于口实的节制之求，而立食养之德，此“身”存于求口实的是非中，既赋予了食物之德，又是人通过口食立人身之德，以一养二存，使身存与养义之存皆在口食中呈现，便是自养之颐而可观的状态，如果不观其一养二存呈现出的颐义，便无法识别养小体之重。

人从求生之本走向立身之本，此时才体现出“气”，所言的气并非食物的精气，而是人立身、立德、立志三者之气，存于一口食中。先养口体，再以食养身，在于得自养之正，得自养之气。通过口食找到立身、立德、立志三者之气，便是以食养气。以食养气在乎静，大快朵颐之妄动为以食养气的失养之法，之所以言“静”，在于气静则聚，气动则散，大快朵颐虽食但不得气，更不得口食之法；为何要静食呢？在于通过口食得气而思索大养之道，妄动失思，其立志进志便无从谈起。

从身小体之食而求生，以求生之本走向立身之本，便有一养二存的人身之德，以立身、立德而得气，此气非食物之精气，而是德气、志气，故才有食养之大。从口体小食使身存而得养之大，大在于气德一体，通过食而聚气立德，身之正气与立身之德，生于口，存于腹，激荡于心胸中，流注贯穿在四肢百骸，化精气而养身，使精气神三者渐养成浩然正气。

全大体。相对于养身之私，养贤与养万民有养之大。养贤因责重而大，养万民因万民体大而大，养大体并非能全大体，但以求全大体为颐养之理想。人自求以及奉养一人之口食容易，而养天下万民则非易事，民以食为天，民有食则安，故而安民之食，在于寻找食之“天”——颐道，通过观颐找到能养万民之颐道，颐道在养不同的对象有不同的含义呈现，而养万民之颐道在乎政，以善政得体养民，以及以安民之政使民自养，以政能养，使“政”成为颐之术。

求颐道，在于随颐而通颐；驭术用，在于通过驭政、驭贤之术来达到养正的目的，故养贤、养政皆为颐养之术用，用之得法、得体则能养大体。养贤，在于贤能治政，又能养志；治政，能疏积弊、制良策、安田亩……在乎政之良，策之善；养志，通过贤能致通，以养众人之明，以及使君子立养邦之志，在乎求贤而养贤，贤并非时时皆有，故要养贤。贤之用，关乎政、明、气、志、德等方方面面。以道、术、用的位域关系来颐养，将得其养正之法，而能把政、明、气、志、德等关乎国计民生等诸大事，按道、术、用的位域层次制成政，再施于政，唯以贤才能胜任，在颐卦，能做到养贤与养万民者，为《彖辞》所言“圣人”。

言全大体，在于养万民之政要见大善，以善政之普施能全所有民，使民受养。万民得养仅是养其发肤，而全大体之“全”在于立于养万民发肤的基础上，能养气、养神、养善、更能养德、养性，最终以养性、养德而全道德，方为全。

使万民得口食而养，养其身体发肤，为养在外；而能养气、养神、养德、养性，为养在内；无论是养在外还是养在内，常以政来养，通过政来实现养善，为养在位。养在位便要养君子，使君子进志而得位，颐养之体要有君子当位以政的见识，才能实现颐养万民并养正而全大体的理想。

渐养之道。无论是养小体还是全大体，养于内还是养与外，皆要渐养，依治君子九德来养君子之过程可知，固阳健德非一蹴而就，凡事行渐，任何激进和违背颐养规律，皆不能得养，反而有失德、失气之危险而最终失养，失养则易生祸变。在观其自养的“自求口实”过程中，言不能为了口食，而不节口实，因口食易得，口实则不易节，若无存身之求，则应以口实之节来求口食，以得气、立德而得正，亦是渐养之义，把口食易得的容易事，放在口实之节之后，而不是急于前，从每一口食中得正，渐养其气。同理，养万民时亦不能急养，急养易生迫民、害民之急政，急政多为祸国殃民之政。

“君子以慎言语，节饮食。”君子法山下有雷之颐象，应知养大体要重于养小体，养于内要重于养于外，但养小体为养大体之基石，养外之身存才为再养内之途径，故而君子应求两者兼得，道术相济，在“节饮食”的基础上“慎言语”。“节”在于饮食时以少吃、慢吃节制口腹欲望，目的在于能通过颐食而静思立身之德，以一养二存之德来养气，气得养则神足，神足则明，则知颐养之正。“慎”在于从口实之择来从人性之善，以“慎”通正，从张口进食、言语的那刻开始，养从求生之本开始便有“正”，以颐养并养正的原则，走向更高尚的价值取向。

“节”重在养德，“慎”亦重在养德，言语一出而不可复入，饮食一入而不可复出，节食欲之小而就养德之大，言节者，食物多而不急，故口食之事应在节口实之后，从每一口食中得正，渐养其气，便在养德。以养人为公，在于能养之善政，养己为私，在于节而有度，以食养气精。卦中内三爻多以自养口体，既有大快朵颐之妄动，又有舍尔灵龟之愚，故而有凶；外三爻多内养其德、外养其贤，能知妄动且安止所动，因明颐之所在，故而有吉。

吴曰慎曰：“养之为道，自养之道，以养德为大，养体为小。艮三爻皆养人者，震三爻皆养己者。初九、六二、六三，皆自养口体，私而小者也。六四、六五、上九，皆养其德以养人，公而大者也。公而大者吉，得颐之正也，私而小者凶，失颐之贞也。可不观颐而自求其正邪？”

观养气而节欲望

初九：舍尔灵龟，观我朵颐，凶。

象曰：观我朵颐，亦不足贵也。

初九以一阳而伏于四阴之下，阳刚足以自养而不食，上应六四之阴而动于欲，见其可欲，朵颐而慕，为阴所致，故凶。尔，初九之谓；我，六四之谓，艮主我，震反艮，故主尔；灵龟，无待于物的不食之物，以不食而能长寿；朵颐，鼓腮、垂动、欲食之貌。

王弼曰："朵颐者，嚼也。以阳处下，而为动始，不能令物由己养，动而求养者也。夫安身莫若不竞，修己莫若自保，守道则福至，求禄则辱来。居养贤之世，不能贞其所履以全其德，而舍其灵龟之明兆，羡我朵颐而躁求，凶莫甚焉。"

龟，能咽息不食；灵龟，以灵喻其明且智；言灵龟者，在于寡欲，不贪口食之欲亦能以气养之；虽自养，但为气养，言气养则可以不求养于外。《尔雅·释兽》郭璞引《洛书》曰："灵龟者，玄文五色，神灵之精也。"郭璞《尔雅·龟赞》曰："天生神物，十朋之龟，或游于火，或游于蓍，虽云类殊，象二一归，亹亹致用，极数尽几。"龟甲可以卜，以卜而通神明，在于灵龟养气有德，因德而神，因德而明。《洪范·五行》曰："龟之言久也，千岁而灵，此禽兽而知吉凶者也。"颐体为大离之象，中虚空灵，虚而有气，为灵龟之象。

舍尔灵龟，观我朵颐。以放弃灵龟自养食气之能，而去躁求朵颐。处颐体言求颐，皆人求生之能，食之欲在所难免。初九以阳刚不能自守，本以德能自养，且进志可正固而继养德，但志却上行，上应于四之阴，阴者多欲，且不能自制而节。初九以失阳刚之德，逐口腹之欲，把口食之欲放在立德之先，为"自求口实"之大忌。朵颐，为朵动其颐颔，动颐垂涎之象，其象在动，动于欲求，心既动，则必自失，欲发乎心识，迷欲而失己，心识已乱，自然无明以知养正之道，故而舍德而逐欲，舍道而求用，以阳而从阴，走入颐养之凶。

明辨得失。从卦辞与《彖辞》言“观颐”到爻辞言“观”，观者，从微妙处谛视，而审别是非，从观之谛视而加以辨别，辨在于明，非观之明，若无观视之明亦无审辨之明。初九无观视之明，以阳刚之体求养口体于阴，对阴体六四——鼓腮、垂动、欲食“阴柔”的颐养状态观视不明，继而又对灵龟无审辨之明，从而导致舍贵求贱。

舍贵求贱。方孝孺曰：“彼或不知自身重而为外物所移夺者，自轻者也。”面对无明以审辨贵贱的现状，初九求养口体于阴，不求养志、养气、养德于“灵龟”，舍弃正固之利，驱逐妄欲之欢，而人性之现状本来如此，不知灵龟之宝，不知灵龟之所以神，而对追逐欲望趋之若鹜，甚至放弃本有的修为和原则，此种舍贵求贱不明得失已成社稷、民众之通病。

静以养气之道。从“舍尔灵龟，观我朵颐。”得到启示，应舍外物而求自内养，弃妄欲而求静心，人以口食为食，生存之常理，但以朵颐行口腹者，为以欲逐妄，况且有灵龟以食气自养在前，并非口食之对比，故而要明养正的贵贱之道。不动食欲之妄以气养之，既有养体之存，又有养神、养心之妙，不能因养口腹而害大体，大者，内养神气、心性大于外养口体，因养的位域层次高而重。初九内舍已之大体而外观人之小体，并且舍已贵而从人之贱，实在是为求外物而迷失自性。

气养者，静也；朵颐者，动也；在卦中初为动之主，上为止之主，而动违背静养，不能养内之大体，故有凶，初九的颐养之道，在乎静而非妄动，在乎持贵守内而非迷于外物。

司马光曰：“君子寡欲则不役于物，可以直道而行，小人寡欲则能谨身节用，远罪丰家。”如果初九不能寡欲且内养，逐妄而求于外，则应凶道，唯有观灵龟之象，心灭朵颐，师灵龟之法寡欲内养，修身养性，方为正道。

见凶道而思治颐

六二：颠颐拂经于丘颐，征凶。

象曰：六二征凶，行失类也。

六三：拂颐，贞凶，十年勿用，无攸利。

象曰：十年勿用，道大悖也。

六二柔中，近比于初，居坤之离爻，离象薪火，虽得中但不能自处，不能自养自济，求养于初，则颠倒而违于常理，求养于上，则往而得凶；阴不能独生，必求养于贤而宗于阳。颠者，同“蹎”，跌倒，仆下；颠颐，二求养于初；拂，除、去；拂经，戒其动，从丝为经，衡丝为纬，凡织，经静而纬动；于丘颐，动而求养于上；颠颐，为二有待于震初；丘颐，为求养于艮上。

丘，土之高者，上之象，二五得位得中，而不能自养，反由颐于无位之爻，与常经相悖，故皆为拂经。颐之六爻，求养于下则为颠，求养于上则为拂。黄干曰：“六二比初而求上，故颠颐当为句，拂经于丘颐为句，征凶则其占辞也。六三拂颐，虽与上为正应，然是求于上以养已，故凶。六四颠颐，固与初为正应，然是赖初之养以养人，故虽颠而吉。六五拂经，是比于上，然是赖上九之养以养人，所以居贞而亦吉。”

《系辞》云：“柔之为道，不利远者，其要无咎，其用柔中。”六二柔中不能自处，必从男，阴不能独立，必从阳，从男、从养为逐养之利。《程传》曰：“天子养天下，诸侯养一国，臣食君上之禄，民赖司牧之养，皆以上养下，理之正也。二既不能自养，必求养于刚阳，若反下求于初，则为颠倒，故云颠颐。颠则拂违经常，不可行也。若求养于丘，则往必有凶。丘在外而高之物，谓上九也。”是故，圣人告之曰“颠颐”，戒之曰“拂经”，拟之以“于丘颐”，劝之曰“征凶”，在于能执柔中，方能其要无咎。

六二之凶。颐体卦止二阳，二既不可颠颐于初，若求颐于上九，往则有凶，曰“征凶”。在颐之时，相应则相养者，上虽阳但非与二有应，无应往而求养，既不合位又不合义，更不合颐养之正，故而因不得位、义、正之凶。颠颐则拂经，养之道在静，故以“拂经”戒其动，但颠而动，违背养之道，又有妄求，故不得养之法而凶。六二以柔处中正，在他卦多吉，而颐卦有凶，在于阴柔既不足以自养，又往求悖理，两者皆不与颐道相合，颐卦从卦辞言“贞吉”、“观颐”、“自求口实”三者，皆是能自养之象，处颐不能自养，本身就凶，不得颐道，六二又以阴柔之才，往求“颠颐”与“于丘颐”之悖理，求养之道不得法，不仅不能获其养，还将六二无明辨得失之德暴露于外，故而有大凶之言。

六三以阴柔之质处不中正之位而失正，又在下卦动之极，是柔邪不正而动者。拂颐，不养之谓。《程传》曰：“颐之道惟正则吉，三以阴柔之质，而处不中正，又在动之极，是柔邪不正而动者也。其养如此，拂违于颐之正道，是以凶也。得颐之正，则所养皆吉。求养养人，则合于义。自养，则成其德。三乃拂违正道，故戒以十年勿用。十，数之终，谓终不可用，无所往而利也。”

六三应上四之妒，求养于人而不自养亦不养人，处动之极，不安其静，反害其正，故有凶。孟子曰：“自暴者，不可与有言也；自弃者，不可与有为也。”颐正则吉，六三多欲妄动害颐之正，大失颐养之道。

六二与六三皆见凶，究其原因皆不得颐养之道，爻才本皆阴柔，无自养之利，所求养又求不正，无明辨得失之德，亦无探究养正求养之法，又以多欲妄求背养之道，实在是不明有甚，值凶道也是自招其祸。由此可见，卦辞与《彖辞》言“观颐”何其重要，为通过颐之自养找到“颐”之所以能养人之道——颐道，此颐道贯穿天地养万物之中，人在自养过程中日用而不知，并非深奥难以获取。之所以观颐，便是寻求颐养之道、术、用而济养，既能自养又能养人，既能养小体又能养大体，观颐得道或得养正之法是至关重要的，在求术、用之前先治明，以“明”德而求养，方知如何得养以及如何得正，见凶道而思治颐，便是六二与六三以凶象的启示。

见吉道而思养德

六四：颠颐，吉。虎视眈眈，其欲逐逐，无咎。

象曰：颠颐之吉，上施光也。

六五：拂经，居贞吉，不可涉大川。

象曰：居贞之吉，顺以从上也。

六四正位居体，柔居上而得正，所应又正，初四相应而求养于初，求谋顺遂，虽颠而吉，四在人上，居大臣之位，虽有大臣之位，但阴柔不足以养天下，初九以阳刚居下，为下通颐之贤，与四为应，四以柔顺应其正，为赖初以养，以上养下则为顺，今反求下之养，以颠倒曰颠颐，虽颠而吉在于得养，又以高位亲贤。

虎视眈眈，下而专，为专视于食，心不他顾之貌，实则心神不外驰的颐道；其欲逐逐，求而继，为孜孜以求，汲汲营营之貌；以上养下，颐之正，若在上而反资养于下，则是颠颐，上求之以真，下应之以诚，四之得养初九为吉。

吴澄曰：“自养于内者莫如龟，求养于外者莫如虎，故颐之初九六四，取二物为象。四之于初，其下贤求益之心，必如虎之视下求食而后可。其视下也，专一而不他；其欲食也，继续而不歇。如是，则于人不贰，于己不自足，乃得居上求下之道。”

二与四俱为颠颐，虽皆逐欲，二凶却四吉。二之志在物，而四之志在道，二在上而反求养于下，下非其应类，以欲逐物，在于以妄逐妄，既无正可固，又逐妄失正，故凶；四居上位，以贵下贱，是在下之贤，四以明从养，知下贤而从之，为亲贤，以贤之养而从养；亲贤从养，致于道，集义养德，求于下以养人，必当继续求之，不厌其数，然后可以养人而不穷，故有上下之志相应而施于民，四得贤以养民，故四以高位而有德。四之吉在于养德，知贤之德，从贤以养的柔顺之德，得贤养民，养之于大体而有德。在颐卦，自三以下，皆逐欲以养口体，四以上，多养德、养善者。

用贤之道。四之所以有吉，在于四亲贤并从贤以养，四之养实则是被贤所养。虽言养贤，四以臣位却被贤所养，可见贤有养大体之贤能，六二、六三连求食口体都占凶，而能养大体且养之有道，便是贤才与常人之别，也是要亲贤并养贤的原因。六四知己不胜其养天下之任，在于有自知之明，求在下之贤而顺从之，以济其事，使天下得其养，有择贤之明，以自知之明和择贤之明，在于贤确有其贤能，以亲贤、用贤而解养天下之难事，仅贤用一事而济位之重责，实有用贤之高明。

六五柔中失正，居尊位不能养人，反而赖上九以养于人，故其象为拂经，言反常。阴柔之才，履居坎爻，自陷其自养中，处位又犹在坤中，被众多待养的坤众所附，颐道未大成，故“不可涉大川”，居坤顺之体，近上九之贤，若顺以从上，以养贤而从贤，有待上九之由颐，乃得居贞之吉。

养贤之道。颐之五爻不言颐，以颐由乎上，六五居君位，本应养天下，然其阴柔之质，才不足以养天下，上有刚阳之贤，顺从贤使贤以养天下，以尊位从贤，为以位养贤，六五养贤，笃于委信，使贤养万民，当天下被养，其尊位亦然有德，故元吉自见。尊位任大责重，然而因才不济终不能胜，故不能涉大川，若涉大川，终不能济还将应难，养贤并用贤，在乎己身之明德与位德，以位从贤而养之，是九五治颐之道，亦是见吉道而思养德之典范。

养贤而贤养天下

上九：由颐，厉，吉。利涉大川。

象曰：由颐厉吉，大有庆也。

上九以刚阳之德在上，故利涉大川。上九以阳处上，而履四阴，阴不能独为主，必宗于阳，且六五之君，柔顺而从于己，领臣众一起赖己之养，故而上九当颐养天下之大任，天下由己所养。

贤养天下。阳实阴虚，实者养人，虚者求人之养，故四阴皆求养于阳者。然养之权在君，养之能在上，是二阳爻又以上为主，而初阳亦求养者，上九以养天下之所有，成其《彖辞》中的“圣人”。以君臣之义言，上为贤，五为君，君养贤；实则五以尊位从贤而养贤，从颐养关系而言，阴爻象万民，且初阳亦求上养，故皆为上九所养。上九又怀厉而自养其德，颐之所由出，既能正固其德，又有养天下之能，德、能兼备；能正固其德，在于以明治养正，从养德为本而正固养天下之能，在于辅助君王颐养万民，以人臣而任天下，以政之善，养天下万民之德，又得颐养之正。如此有德、有能，又得养正之贤，必为六五所尊崇，为天下人所膜拜。身当颐养天下之任，济天下艰危于口食之中，安天下亦治天下，犹有圣人之大德。

大壮卦：正大之道

震上乾下

内刚化外政使天下大壮

在升卦，刚上出柔曰升，刚上为在大畜卦之蓄果基础上再蓄德行健，以“上”表升象，出柔则是精气化神之功，由大畜卦蓄德的刚健之乾性化在升卦成能育万物之坤地，以此刚上出柔的精神升域成升卦的品格与精神。因刚上出柔之升，才成其升卦地中生木之“生”，生则扎根德土，依养而长，以进而成，以志升成其高大。能通大明的乾天之性与能载育万物的坤地之德，在升卦合德，成其地德在内而木象在外之升体，同时以精神升域、君子升志、德政升序之升法治其升体，以“柔以时升”和“用见大人”得升卦时与位，以内外精神品格之扬升，使其升卦以及诸爻得大吉而勿恤。之所以有吉而勿恤，在于升卦以阶序之道，知德、识德，继而顺德，以积小以高大的渐养以及厚积之训，既治升体，又促德文明升其品格。

刚上出柔在内在曰升，在外在曰进；升卦之进，有升志进位之进与爻位之进；升从养，从蓄，养为正固养正，蓄为蓄德，两者历经萃聚、正固、颐养、蓄德等过程而显现出“进”的末端之状。升卦以“用见大人”言君子之志进与位进，升而进，依阶序而进，为进之有度，履进有法，得时位法度之升进，进而能壮，故大壮有进盛之象。

《序卦》曰："遯者退也，物不可以终遯，故受之以大壮。"遯有违去之义，阴长而阳遯，因疑而退；壮，阳壮而德盛，为进盛之义；以遯者主退，壮者主进，而全动静进退之道。从养正七渐值大壮，之所以言壮，在于刚壮，而成刚壮的因素：阳裕且正固而有阳壮，刚上且蓄德既有德壮，又有刚健之健壮，正德而升志有志壮，德政治善且升序有政壮和善壮；集阳壮、德壮、健壮、志壮、政壮、善壮于一体，成其"刚"，亦成其"大"。故大者，以积壮之力强而言大，犹以成壮之体多而言大；壮者，以成乎刚成壮之实，刚强且笃实成壮之内在，内刚强能养大正在外，成其状且大之外在。

刚壮曰壮，以内壮和外壮皆有刚而成大壮，内壮者，必是内在精气神的刚壮，精气刚壮，从萃正聚气，到颐养，再到德蓄刚健而壮，又经过品格的升域，呈现在大壮体的刚健笃实而强壮。神刚壮，从舍识弃意虚我从心，行洁静精微之感通，心不逐妄外驰，静守正固精气，以神主气精之用，使精气得以受摄坚固，继而以颐养之正养神，蓄德，尤其是在大畜卦的上九以神御气之术，以阳温养二阴之妄，使阴神能转阳而精气全通，得龙德阳神于上而窍出天际，为神足且刚壮之大象；精气神三者在阳神合一，以专诚之用，推无妄养正之诚，以精气化神之功，化在升卦成坤地之德，哺育万物而神不驰，精气不散，再自升虚邑至冥升精进养之而不退，刚强成壮。内壮之精气神，成体时三者抱元守一，自当固守，待用时以神主气精而用之，发乎于外以崇德成序而全大体。

外壮。以抱元守一之体，行神主气精之用，其大用便是化德政而教化在外，成刚壮之大体，当大体刚壮，有大正之德力，方成其大壮。德政在外，需尚贤、养贤、并从贤，再以贤教君子，使君子进志并升志，以利见大人和用见大人之“利”，让君子进位而当位，以君子当道的德政治理天下。崇德政之治道，以政养万民，使万民不家食而成其养，民得政养和德教而渐力壮，将逐渐走向开明，继而进志，健德成君子；以善养君子，使君子从执德政而健位德，当君子群体以当位之位，称位之能，配位之德阳盛而壮，其大壮之体以外壮而日渐壮大。以内外合德之壮，见天地万物之情，以全萃体、大壮体之终极使命，并以壮体建法、礼、德三体之序，扬升大壮体的精神品格，以全大体的精神得养，使天地万物可无政而自养。

大壮之体，依萃正之聚、颐养之正、德蓄刚健，行渐养之道而内壮，内壮以“养”贯穿前后，以“阳气”贯穿其中，以神主气精收摄正固，以舍识弃意虚我从心而正其心神。以内精气神之德化外在之体，依革变之新、德政之治、进阶之序、德教之化，依升而进外壮，外壮以“志”贯穿前后，以“善”贯穿其中，以尊位大人正位居体君临天下，以众君子升志施政有为并教化四方。再以内外皆壮而相兼，得全体之大，以强健刚壮之德力见其大正，在大壮见大正，方见道体德性的生化之能，以及圣人全德并正德之功。

之所以要成其内外刚壮之体，从养正七渐之过程可知，刚壮则栋梁不桡，君子不屈，正序不移，善政不止，教化无穷。养正七渐者，以养正之道治大过体的难得作为与大过之难。在大过卦，以成其大过而使栋桡，栋之所以桡，在于大过之才虽阳但不足刚健且壮，至大壮体内外刚健且壮，使栋而成栋，无有桡之担忧，栋梁不桡成其刚壮之支柱。因大过致过，原本鼎足之人皆远遁避祸而只求自保，真君子屈服于过君子是大势所逼迫，而大壮体从升卦君子以用见大人之利进位得位且当道，君子行正，不受阴妄所屈服，君子不屈成刚壮之魂魄。因大过体违背事物正而序的发展规律，行其泽灭木之大过，不仅致使政务瘫痪，王道壅滞，还以害称位君子、害位、害政、害王道、害民、害泰通文明，使正序文明、君子文明、德政文明等遭受大难，从养正七渐到大壮体，因内外之刚壮强健，可使正序不移，在正序得以正常运转且不断扬升的基础上，保其德政治道的善政不止，且行教化无穷之利。

大壮刚壮强健状态下的栋梁不桡，使激阳与阴无可乘之机；君子不屈，君子不屈服小人排挤与迫害，且升志进阶，立志执正道以清天下之弊；正序不移，从革新之序、渐进之序、家人伦序、养正之序、德蓄之序、升阶之序、刚壮之序，坚固其正序，使既序且正，并养一处而得全利；善政不止与教化无穷，君子当得作为，大正在外无非善政与德教，也因善政与德教之正，才成其大正之体，圣贤主其精神，君子充其精气，不断扬升其精神品格，使外壮之体成大正之体。

《杂卦》曰："大壮则止"，大壮刚盛在内则"刚以动"，动则反静，违背守静而正固原则，刚以动，在于壮盛而过，故壮不可过，需止健并平衡内外，寻求动静有常的内外平衡之道。刚盛在内，动亦在内，则应止健，使壮不可过，壮之动以动反静而伤阳，大动则伤德，动于外则伤政，政伤则民伤。言"止"，为任何违背静守的内动、逐妄之动，都要被制止，这是心不外驰，神不外散的真如体所赋予的正道，也是明德洞晓动静根本之所在。止大壮之过，既从内明时位而知进退，又从外求内外平衡而行内刚外化之道。

内刚外化。当刚壮在内，且内壮之精气神抱元守一正固其时，刚壮且强日盛，然壮不可过，内强壮必有外体弱，当内强外弱时，内外不平衡会以阳伤阴，继而伤阳本身，故而要转化其刚强，为使内刚外化，把内在壮盛之能量，化在外政和教化上，如从大畜卦到升卦，从大畜卦蓄德的刚健之乾性化，在升卦成能育万物之坤地，犹有"化"上的关系。正因为有这种扬升位域的"化"，才有化腐朽为神奇之功。

大壮的内刚外化为以内在刚强之精神，化在外，以政和教之治道，使外体品格升域而平衡内外，实则以内养外，以内治外，以内教外。大壮以内之精神化外在之政，正是君子的理想志愿，君子治身德、健位德，升志当政，便是以治君子之范式，自证唯德能通所有、能济所有“小乘”之利，行使小人有德且天下同德的“大乘”之愿。

从大正到正大。执抱元守一之精神，从大正之道，通过内刚外化之政与教，成正而大的正大之序。大正之道，使大壮能内壮与外壮贞正之道；正大之序，以大正之道行善政、德教在外，建成能促使邦体正固且壮大的秩序，犹以法、礼、德三者之正大总持其他壮大之序。

在大壮卦，初九壮趾，以动而在乎进，失恒养，有征凶之占，且以征进害专诚之孚，使孚穷而致凶。九二居中，以位求正使刚柔得中，执中正之道且唯变所适，有当位之位与称位之德，故以贞吉之占为爻辞。九三以刚居阳处乾极，正是小人用壮，君子用罔之占，小人妄动虽有勇用壮，但却陷困，征凶贞厉。九四壮进却能贞吉悔亡，在于君子以“正”执进，合《彖辞》的大正之道。六五阴柔居尊，用以柔化刚的和易之术，防其刚壮之过，有称位之能却无配位之德，在于处大壮居尊位却未执正大之主旨，行其内刚化外政之功，虽有止刚之术却无正大之道，虽无悔但政绩平庸，离正大之圣功远矣。上六进退不得而无攸利，虽艰但以柔化刚而自得吉。

大壮：利贞。

彖曰：大壮，大者壮也。刚以动，故壮。大壮利贞，大者正也。正大而天地之情可见矣。

象曰：雷在天上，大壮。君子以非礼弗履。

卦辞：以正固之利使有壮而盛的贞正之道。

彖辞：从内刚化外政的大正之治道到正大之序。

象辞：执天道行王道，建正大之序并履序。

大壮卦，震上乾下，为雷在天上蓄大而壮之象。卦中四阳阳势过中，长而壮，犹雷霆动于天，其势盛大，既有壮之盛，又有势之大，而成“大壮”。大壮在于渐蓄，故而成在大畜卦，由德蓄刚健而壮，值大畜之体，艮乾同宫，山天同气，蓄而见天，壮而见势。之所以有大壮之谓，在于集阳壮、德壮、健壮、志壮、政壮、善壮于一体，成其“刚”，亦成其“大”，以积壮之力强而言大，犹以成壮之体多而言大。壮者，刚壮曰壮，以内壮和外壮皆有刚而成大壮，大壮从刚，刚从德蓄，德蓄从养，以成乎刚壮之实为内在，养大正在外。

大壮利贞之大正。大壮之道，为从内刚壮而养外壮，故大壮之道为君子正固之道，若大壮不得其正，则空有强猛之势。利贞，值大壮体，以正固之利使其壮而盛的贞正之道；大壮成其刚壮强盛，在于行渐养之道以“养”贯穿萃正之聚、颐养之正、德蓄刚健的前后。

大正之道，从舍识弃意虚我从心得心神之正，随物应情与感而遂通皆能履咸正类序，使心不逐妄，能以神之内守而正固精气，使气能萃正而集。从神内守得受摄精气之正，神主气精，作用全在神，从气机交感并萃正而言，精气之用本在乎行，精气行而通泰不被阴妄消耗，方成其正，言洁静精微之感通，在于以心受精气而明辨细妄。从精气行而通泰得阳气之正，得阳气，在于渐养且养正，从养口食，养心神，再到养德，且终以养性、养德而全道德得大阳气。从治君子九德得君子治身德之正；从交感五通得气机交感且感通之正；从去除否塞不通之蛊乱宿疾而通泰一新变革，以始于序而革于序，得革新之正；从渐进、渐长、渐养之属性法序而养正，得渐养之正；从崇德、重礼、履位之家道风尚，以小家之礼、德内出，及于外成伦理共序，而得家人伦理之正；从尚贤、养贤、并从贤，再以贤教君子得贤正；从君子进志并升志，以利见大人和用见大人之“利”，得君子履阶序之正。

所谓大正之道，为君子依明德，值任何一卦之当位，履卦体内在法序，行卦体自身之治道，使其能称位和配位卦德，自然能得其大正之道。同时，则能依任何一卦的大正之道，探究卦体治道，洞悉卦体内在法序，履卦体当位之时、位，从配位之德健卦体大明之德，最终通其道体德性，治大明。

大正之所以“正”，在于行中道而唯变所适；持中，以得正，谓中正。以中正之大正，唯变所适任一卦体而得其正。《礼记·中庸》云：“君子之中庸也，君子而时中。”中者，时与位。时者，阴阳之消息并刚柔之常度，呈在卦体中，贯穿自然法序并自成时序；位者，并非卦爻的二五之中位，而为卦体当位之位与能配位其爻德之非当位；从中正而大正者，又在乎体，为体、时、位三者履中正而成体序。

“刚以动”。卦中四阳息阴，阳势过中而壮，犹雷霆动于天，其势盛大，虽雷动于天，但大壮体壮而稳固，以待风雨而不惧变故。乾体居内，震体居外，乾体正且刚壮，成大壮之基，大壮之政根于乾天之道而行于王道，王道行震，正是执中正之道为天下正序之时。天道为王道之根，君子法之，内外齐德，以内在纯粹之精气，化外在之政，以震响于天际，乘雷雨之势，行乎四方，正是大壮体内刚化外政之时，亦是执天道行王道之时。震之动，无刚不足以出震，阳足刚强且势壮才能出震，故震全在乎刚，刚壮行健，正是震响天地之时；震之所以能震，在乎德，“帝出乎震”，无刚壮之内在以及纯粹之精神，便不能载“帝”之德，故刚以动，为刚壮行健而动，为德大之健动。

德大之健动。德大之健动，非空有其强盛之体，而是有德之内核，大壮刚盛在内则“刚以动”，以动反静，常为壮盛而过之动，为防伤阳、伤德之动，常使壮不可过而止健。刚壮之动，非大壮之过盛之动，以德大之健动，行以内刚化外政的转化之能，不仅无需止健，还应大行正固之利。故德大之健动，非违背正固之利的妄动，而是依内在之刚壮为阳之源，以内神化精气之功，散而在外成政于教，以内刚外化之平衡解决了壮盛之过。

德化之功。大壮之德化，为内在刚壮之德，外化成政，以化之功，行正且大的正大之道。正且大，以中正之道教天下人能大壮，亦能内刚而外壮，以全大体能大正，为正大之道。刚在内，而动乎外，是应德大之健动，非过盛之妄动，行以刚之德外化成政，以德政载德教之大正，得大壮之义；刚盛在内，动其政在外，以内刚壮外大，把内刚盛之壮化成外动，成其颐卦养大体并全大体的养正理想。

之所以大壮能养大体并全大体，在于以“化”连接内德与外政，成其大壮的正大之道；蓄内在之德力，是大壮自萃卦、颐卦、大畜卦起正固而蓄德，并以渐养之道，逐渐具备了刚盛且壮的内在实力，又具备了德大而健动的外化能力，再加上得神主气精的正固之利，使刚盛之壮，壮上加壮。铺就外政之基，自颐卦、大畜卦、升卦等诸卦亲贤、养贤并从贤，已经大畜其贤力，养贤根在养德与治明，故成外政重中之重，尤其是贤能教君子，使君子有德，又能治政，使君子所执之政为善政；蓄贤力再蓄君子之力，从养贤处养君子，使外政有了发挥作用的群体，而铺就外政之基的主体在升卦，升卦以阶序之道升其位序，使君子能进位，以此蓄大壮之政；君子养正而升阶，大贤教君子养德，大人教君子养政，皆在升卦得到呈现，同时又以阶序之道，使君子得时、位，让其成为执大壮之政的主人，为大壮施大正之政奠定了基础。

以蓄内在之德力和铺就外政之基两者，从蓄大壮之政，到执大壮之政，以德化之功转化，以内刚化政之能事，成就大壮体化腐朽为神奇之转化，以内外合力，得其大者正之实。内健刚盛之体，成就外政之源，为健内力；外以德政行善，以善之德充实内在刚盛，为合外力。内外合力，从颐养正固，从刚上蓄德，从君子升志并升阶……以此履天道执王道，得其正大之体。

从大正到正大。大正者，大壮体刚盛之正且盛而大之道；正大者，从大正之道执天道行王道，以中正养大体并全大体，能建“中正”成序。从大壮之大正，走向正大，便是从一卦之体，走入卦体之全，以“大”而应所有，把中正之道，放“大”在全万民之体，并建“中正”成序，以大壮一卦之序贯通所有正序，从而成其“正大，而天地之情可见矣。”以治道通正序，内刚化外政之大壮治道通正大之序，使天下所有体皆能壮大，便是大正到正大之义。

正大之序，把大正之道，建成适用于大体的正序，使正而大能全大体之正。正大之序，以“中正”立义，以“全大体”为用，贯通法、礼、德三者正序之“正”，既是法、礼、德三者正序之载体，又能表达且承载任一正序之大义。在大壮卦，正大之序，为中正之道大成且稳固，能以大正之治道沉淀成大壮文明，又以能全大体之正，而从养阳之正，健德之正，正固之正，精神抱一之正、进位升阶之正……凡能得正之事，皆能以健德、善政、德教等，贯通于执天道行王道之政中，使纯粹精神而终能治于精神。

“君子以非礼弗履。”从大正之道到正大之序，以治道通正序，正是大壮既壮其自身之体，又以建序履序而扬升至正序，故而君子师法雷霆震天，执天道行王道之象，应思刚壮而盛大的来由，以及大壮从大正到正大之去向，思来由者，应行能使取刚壮的正固之路；思去向者，履礼成序正是正大之所在。礼者，以治道成正序也；履者，依德位法则履序当尊礼。非礼弗履，正是修身健内德，以精气神正固而抱元守一，以无妄养正之诚、启蓄德固守之规，见礼并履礼，以大正之治道行王者之政，建序并履序以万民之福祉全王道之大德。

征进与壮进之别

初九：壮于趾，征凶，有孚。

象曰：壮于趾，其孚穷也。

九四：贞吉，悔亡。藩决不羸，壮于大舆之輹。

象曰：藩决不羸，尚往也。

初九阳刚，居乾体而处下，为壮于进者，处壮承壮，居刚用刚，在下而用壮，壮于趾。九在下用壮而不得其中，居下而壮于进，其凶咎之加身必如影随形。趾者，脚趾，为在下而进动之物。王弼曰："在下而壮，故曰壮于趾也。居下而用刚壮，以斯而进，穷凶可必也，故曰征凶有孚。"以刚处壮，居上犹不可行，何况在下。

初九之所有凶，在于动而在乎进，因进而失恒，在大壮卦以刚壮为义，固守刚壮在于以静摄受之，动则违背静的正固义，又值阳爻，更当用柔，而非刚动；动而在乎进，言进为壮于行而不顾本位与本职，不守位亦不正固，故而当凶。处初九且遇阳，在虽刚壮但壮而不盛时，宜贵于用柔，方能得正。趾在下而主于行，初乾体而居刚用刚，为用之有误，用刚失恒，为失恒常固守之养。阳以居位静守为孚，故初在下，壮未盛，刚未过，本为有孚之位，但因壮于趾动而欲进，使用刚失恒，而孚道则穷，孚道以专诚为信，专诚则需静守无妄动之举，故初九之凶，在"征"凶，无征不凶且尚有孚。

九四居四阳之终，爻刚位柔，虽有壮之甚但非壮之极，群阳并进，非二阴所能羸困其行，冲破九三屏障，犹輹壮则车强。三以九四之刚在前，如藩篱之障而不能进，故触而受羸，四以六五之柔在前，如藩篱剖破而无俟乎触，故不羸。曰藩决不羸而不及羊，承九三之辞也。壮于大舆之輹，亦可进之象。《朱子语类》云："九二贞吉，只是自守而不进，九四却是有可进之象。盖以阳居阴，不极其刚，而前遇二阴。有藩决之象。所以为进，非如九二前有三四二阳隔之，不得进也。”

藩决不羸，其道通也，壮于大舆之輹，其行健也。九四承两阴，阳滞阴通，谓无触而剖破，亦曰藩决不羸而不及羊，在于自有其通道。王弼曰：“未有违谦越礼而能全其壮者也，故阳爻皆以后阴位为美。”无触而破且不及羊两者，在爻中为有违谦越礼之举。藩篱决开，不复羸困其壮，故尚往。车之败，常在折輹，輹壮则车强，车强则能往，高大之车，轮輹强壮，便有行之利，故云壮于大舆之輹，车壮于輹，车主进，则壮于进，进为君子之道，从升卦以升义主进便以阳进主君子道长，当君子执进道，则有“正”，故而能悔亡。

征进与壮进之别，就在于初之征，以动而在乎进，是失恒养之举，且因用刚失恒之征进，使孚穷，故而有凶；九四有进象却能悔亡，在于君子以“正”执进，合《彖辞》的大正之道，以大正行健亦有正大之义；初九与九四皆为阳，亦皆有“动”象，却凶吉有别，在于处大壮体，其阳的刚盛状态会因时、位不同而有差别，且刚盛之壮言动，犹在乎时位。

中道与正道

九二：贞吉。

象曰：九二贞吉，以中也。

六五：丧羊于易，无悔。

象曰：丧羊于易，位不当也。

九二以阳居阴，又履居中位，以中求正，履谦不亢，是以贞占。易祓曰：“爻贵得位，大壮则以阳居阴为吉，盖虑其阳刚之过于壮也，故二与四皆言贞吉。”九二得位且刚柔相济，以中求正而得中道，又值大壮以刚居阴为吉，故九二以“贞吉”为爻辞。

《程传》曰：“二虽以阳刚当大壮之时，然居柔而处中，是刚柔得中，不过于壮，得贞正而吉也。或曰：贞非以九居二为戒乎？曰：易取所胜为义，以阳刚健体，当大壮之时，处得中道，无不正也。在四则有不正之戒。人能识时义之轻重，则可以学易矣。”

中正之道。从九二以阳居阴而言，虽有不正，但又能得其正，在于得其中位，以位求正，以此刚柔得中，以得“中”恰如其分，戒其阳刚过于壮，从此得大壮之吉。从处位而言，以中位止动，从爻位止其刚壮之过势，从九二可看出得中道之妙，大正之所以“正”，在于行中道而唯变所适，九二以位求中变阳壮而刚柔得中，便是唯变所适而得其正的代表爻位，既能通变，又能以变通适，有“适”则不据于一位之爻而能得全卦之义。故九二的中道贞吉，既有阴阳相济得平衡之理，又有刚柔得中而执中道之事，当理与事皆占吉，止刚过又能以阳行健而健乎刚，虽以柔济刚过但亦守位而正固刚，理与事皆在位德之中，故以当位之位与称位之德，则能当得中正之道的楷模。

六五柔中，阴柔居尊，为离阳之类，行不与时，不能抵触，无所用其壮而丧羊于易。易，容易、平易，取兑和；羊，外柔而内刚，群行而喜触之物；丧羊者，为羊失其刚性，言离其群类；丧羊于易，言忽然不觉其亡。《朱子语类》云：“丧羊于易，不若作疆埸之易。《汉书·食货志》疆埸之埸正作易，盖后面有‘丧牛于易’亦同此义。今《周易本义》所注，只是从前所说如此，只且仍旧耳。”

胡炳文曰：“旅上九丧牛于易，牛性顺，上九以刚居极，不觉失其所谓顺，此曰丧羊于易，羊性刚，六五以柔居中，不觉失其所谓刚，自失其壮，故爻独不言壮。”

卦体有羊象，在于言外柔而内刚者，羊群行而喜触，以象诸阳并进，四阳方长且并进，为阳势强壮而有触之象，六五以柔居中，若以力制，则独柔难胜群刚，将会有悔，故六五以和易处之，不以力制，则群阳无所用其刚，使群羊丧其壮于和易，以用“和易”之法而无悔。《程传》言，五以位言则正，以德言则中，故能用和易之道，使群阳虽壮无所用。以和易有方而言丧，相比大壮卦言丧羊，还有丧牛、丧马之象，旅卦言丧牛者，失其柔性，睽卦言丧马者，失其匹配。《书》云：“宽而有制，从容以和。”言丧在于有制，以合易之柔制其刚壮强势，为以柔化刚的和易之术。

以柔化刚的和易之术。六五阴柔居尊，值阳壮之体其性柔则为离阳而居，故言六五位不当，但位中得正，又居尊位，以得中和得尊化解了其位不当之忧虑。尊位赋予了六五将执中正之道而护大壮全体，大壮全体以刚壮而盛，四阳并进，其触势强盛，若不能止则刚壮太过将伤大壮之体。值大壮之四刚刚盛大势下，六五以尊位治其过，为以柔化刚，用和易之术防其大过。六五能化刚之过和四阳强盛之触势，便有称位之能，故六五以尊位得称位之德。

六五有称位之能却无配位之德。六五以和易之术防其刚壮之势大过，使羊失其刚性，既不会壮盛太过，又卸其触性，将危害化解；但大壮卦之所以有从大正到正大的升华，便在于以德化之功，使内在刚壮之德外化成政，而此外化之能事非大壮尊位行之，否则就算有化之功，亦无使善政、德教普施之能，尊位之君若不能主导之，则失尊位之德，故六五虽有称位之能但却无配位之德。六五居中位与尊位，仅仅化解了四阳之刚性与卸其触性，化解了壮而过的危害，是远远不够的，若不能以内之刚盛来壮外之大政，则不能全大壮养大体并全大体的养正理想。

六五仅治其无悔，却无内刚化外政之功，为以尊位仅行中道，却未执正大之道。大壮之所以言正大便是执天道行王道，以王道之善政和德教普施，以中正养大体并全大体，使天下万民皆能壮大。六五居尊位背弃正大之主旨，为不作为，不作为与大过卦的难得作为不同，六五有位、得中且执正却不施，归根结底为六五质柔，平和之君无君之大威，居乾用震时，震之威却未响于天际，仅以平和矛盾了事；质柔则无大明，明德缺失是导致如此局面的关键，又使内刚化外政之大明，安享于内在之强盛，而无照外体尚还弱小之明，阴柔少明，是尊位大忌，致如此刚盛的大壮体于“羊”身，实为羊领众狮却只见藩篱，离正大之圣功远矣。由此可见，大壮之正与大正之道的差别，便能对比正大之圣功，又能以此种差别来对比且明晰其功在何处。

妄动致困

九三：小人用壮，君子用罔，贞厉。羝羊触藩，羸其角。

象曰：小人用壮，君子以罔也。

上六：羝羊触藩，不能退，不能遂，无攸利，艰则吉。

象曰：不能退，不能遂，不详也。艰则吉，咎不长也。

九三以刚居阳而处壮，乘承皆乾体，又当乾体之终，以壮之极，为君子过于勇者。九三过刚不中，又极壮如此，在小人则为用壮，在君子则为用罔。罔者，无也，视有如无，以其至刚，蔑视于事而无所忌惮；羝羊者，刚壮喜触之物，凡物莫不用其壮，齿者善啮，角者善触，蹄者善踶，羊壮于首，羝则喜触，故取为象；藩者，藩篱也；羸者，拘系之困也。

公羊顶撞藩篱，被缠住羊角。九三处下卦之上，以阳居阳，为强壮之人，君子值强壮之极，以明德将知进退，而小人乘此，则必恃刚强凌犯于人，小人尚力，故用其壮勇，君子本刚，又有君子之明，故用罔，以用罔而不用其壮。小人之所以用壮，在于九三位刚已过中，小人必不知固守而动，有动而不顾之进，犹刚狠之羊，虽藩在前，必用其勇壮而往前，故顶撞藩篱，触突而进，以至反羸困其角，以勇而欲进却困其进，故凶。

郭雍曰："刚至三而壮矣，小人务胜人，故喜壮而用之。君子务胜己之私，是以勿用壮于外也。以用壮为正，则危矣。羊喜触，用壮之象也；触藩羸角，用壮而厉也。君子用罔者，君子罔以壮为用也。先儒或为罗网之罔，失之矣。"

孔子曰："君子居易以俟命，小人行险以侥幸。"君子尚德而不用壮，小人触藩在于用其壮勇，羝羊触藩，羸其角，为小人受困，虽有勇用壮，但勇壮无良果，却陷其困，可见勇壮也只是过程，君之进退自如则无羝羊之困。项安世言："既曰'小人用壮'，又曰'君子用罔'，劝戒备矣。又曰'贞厉，羝羊触藩，羸其角'者，恐人以用刚居刚为得正也。"九三贞厉之占，凡可以致凶而未至者，则曰厉。

上六以阴柔之质居极，壮终动极，故触藩而不能退，处穷极之位，进而无所得。犹羝羊触藩，进则碍身，退则妨角，进退皆不可。三前有四，故为触藩；四前遇阴，故为藩决。上六在众爻之上，为不能退者，又处壮之终，故又不能遂其进。遂者，前往；详者，审察；上六妄动遇困，遇事不能详审致过之因。

上六以阴柔处壮，不能固守则妄动，而妄动则遇困，因困而失其壮，但犹幸其不刚，用壮则不利，有摧必缩，无所往而利，艰以处则尚可以得吉，故占曰"艰则吉"。《朱子语类》云："上六取喻甚巧，盖壮终动极，无可去处，如羝羊之角挂于藩上，不能退遂。然艰则吉者，毕竟有可进之理，但必艰始吉耳。"知艰而处柔则吉，居壮之终，从"艰则吉"与"咎不长"可知吉凶有变，之所以有变，在于用壮不能归于柔，在大壮用柔则得吉。

妄动致困。九三与上六皆有妄动而致困，九三之妄动在于小人用壮，小人用其壮勇触藩，虽有勇用壮，但羸其角，却陷困；上六进则碍身、退则妨角而无可去处，如羝羊之角挂于藩上，亦受其困。九三羸其角在于用壮，上六阴柔虽不至于羸角，但不能退亦不能遂。大壮体刚勇有余而阴柔不足，五与上皆阴爻，正是以柔化刚之时，故而上六虽进退不能受困，处艰但有吉，便在于用柔，艰乃为时局所困，吉在于以柔化刚而自得吉。

纵观大壮卦，四阳息二阴成卦体，刚壮而盛且过中，故在乎中正。中者，贵乎中道与中位，正者，以事理得中为正，又以阴阳当位而刚柔相济为正，且得刚柔相济之利，刚以柔济之，柔以刚济之，使不失其正，此事理之正，之所以有事理之正，在于刚壮而盛时，止其刚壮则用柔事，而柔位以济刚时，为以柔化刚又不失正固；虽以刚处刚，以柔处柔，但能得中位，亦有其正。项安世曰："大壮之时义，其所谓利贞者，利守事理之正，不以爻位言也。是故九二、九四、六五三爻，不当位而皆利。初九、九三、上六三爻，当位而皆不利。又于九二、九四，爻辞明言贞吉，于初九、九三爻辞明言征凶、贞厉，圣人犹恐其未明也。又以《小象》释之，于九二则曰，'九二贞吉，以中也'，明正吉以中而不以位也。于六五则曰位不当也，亦明无悔在中不在位也。易之时义屡迁如此。"

夬卦：德决之道

兑上乾下

共决建制而长治久安

在涣卦，因中孚的豚鱼之教而起祸风，从暗众群体离开讲习所的有形离散起，豚鱼之祸逐渐发酵，涣小人以华美外扬的翰音飞天而人伪中孚，以不文且无质的“乘木舟虚”伪作孚信之事，其伪诈之行径被中孚君子揭露，反被涣小人起无风之浪中伤与迫害中孚君子，刮起涣体风行水上之祸风，致使涣难发生。涣体以宗庙之道立重器治涣，以行宗庙礼制之务实，代替了乘木舟虚以致远之务虚，以此止住行豚鱼简祭的人伪中孚之歪风，以正风气之能，行摄众志与凝人心而拯济涣难之功，从而达到了正魂魄、聚人心、摄众志之凝精神且治于精神之目的。

涣卦从起歪风的涣因起治，以宗庙礼制之刚凝精神而正风，致使涣散之歪风以“刚”正而成德教德化之风，使涣散之体重新回到君子当政的正轨上。宗庙礼制严正了伪作孚信之歪风，但根治涣难之法却在夬卦。夬卦以“刚决柔”的德决之道，使君子当位而道长，就算涣小人人伪中孚，想以孚信为凭得进位升迁之利，便在夬卦以从夬之刚决来治理，当小人不能以中孚为凭而得利时，其伪作之风气便因小人趋利但无利可图而自止，涣之祸风被刚止则涣难自解，且以君子当道行德政而励精图治，必能行大正而德化天下。

《杂卦》曰：“夬者，决也，刚决柔也。君子道长，小人道忧。”夬卦以“刚决柔”著称，从而有德决之治，而“决”之所以能成治道，在于有“刚”。刚者，涣卦有“刚来而不穷”的宗庙礼制之“刚”，而夬卦之“刚”，既有礼制之刚，又有选拔与任用官吏的吏制之刚，以及出刑入礼法，把“刑”法制化成刚，还有“扬于王庭”的德决之刚，以众“刚”且制化，确君子之道，为正大之王政保驾护航，以免重蹈明夷与涣难之覆辙。故涣后必依德决之道根涣治难，德决为王道之决，以刚决柔而有革决之性，决者从革，革依夬出，以革之新去涣之故，正是根涣治难之法。

德教之因。从大正到正大的王政过程中，以内阳化外政在明夷卦体被大阴体夷伤，不仅有了明夷之难，还导致了行德政与教化难，成其大阴诛阳、昏蒙诛明、迟钝诛志、否塞诛序、险困诛身、大过诛位明夷六伤的原因，正是明夷体的暗众群体为阴强妄大难以教化的昏蒙草昧与刚强众生，难以教化正是缺乏教化，伤于斯亦需成于斯，观卦以中正大观之道，崇德政，贵教化，以“观”义的两重境界予政、予德来治明夷。最好的善政与德教内容正是中孚卦所呈现的孚信之道，中孚之道贯穿贯穿易之全体，无论是卦体，还是诸爻位，皆处处见孚，位位见信，无论是健明德，还是君子进志，以及以治道建正序其重要程度不言而喻。

大观天下的正大之德政，正是抓住了孚信之德为健德利器，正是行善政与德教之柄，故而广播健孚信之德成政，以此大启豚鱼之教。孚信之道的要诀在于以正志求孚同应得信，犹注重专诚之驱动，面对阴强妄大的昏蒙草昧与刚强众生，以豚鱼这种无处不在的微隐之物教之以简祭，通过简祭之“舟”示专诚来建立感应通道，以健孚信之德。豚鱼之教之所以为起涣祸的原因，在于中孚的豚鱼之教，本是极好的善政与德教，怎奈暗众过于昏蒙，其教之明与受之昏，两者位域差太大，且自以为领悟其豚鱼之教的机要者不在少数，对已接近禅宗之要的“乘木舟虚”境界，暗众群体从豚鱼之教而领悟乘木舟虚之功，明白了个大致意思，欣然领受并悦然而散，也因此留下了“说而后散之”之患，继而埋下豚鱼之祸。豚鱼之祸祸起健孚信之德可作为升迁当位之凭，在举孚信之教的善政与德教过程中，必然要鼓励和褒奖积极进取之人，行孚信之教必然要重用健孚信之德之人，且君子皆以有孚信之德而当位，当涣小人群体有了进阶之捷径，便效仿中孚卦之上九以翰音登天华美外扬，无孚而做作其诚，大兴伪作孚信之事，尤其是伪作孚信又以假乱真之外在使其蒙混过关。伪作孚信之事让涣小人有了当位得利，亦是造就小人当道之祸根，涣小人起无风之浪中伤与迫害中孚君子终成涣祸。

涣祸之根。从“说而后散之”之患到豚鱼之祸有三大祸根：首先，无辨别孚信虚实之能力。正志求孚同应得信的孚信感应过程，以删繁就简的豚鱼之教不仅没有收到效果，还因省略了专诚用事、感应条件、得诚信之应、以志正愿等要素与过程，使涣小人在有利可图时便伪作孚信之事，其辨别健德虚实之法并没有明确。其次，小人得以擢拔并使用；小人伪作孚信而能轻易上位，擢拔使用的过程未经周祥考察，亦未辨别孚信之虚实便擢拔使其当位，以致小人当道后祸害君子。最后，刑罚不严，使风闻奏事不重实据而轻易入刑；涣祸之根必是体制弊端所致，体制弊端在夬卦以德决之道建制而治理，成其以“制”成刚，以刚决柔。

制礼成刚。以礼制之严务实，把致中孚的诚、敬过程，通过仪礼和规程制度化。通过涣卦立宗庙收神制礼治涣散的成效可知，礼“制”之刚从严浮夸、虚妄的不正之风，到以宗庙礼制来行祭祀过程，以范礼之实，明确仪礼的规格、步骤，以及通过仪礼要达到的目的。君王以“王假有庙”而亲自来到宗庙以祭先王，表率天下，表达尊崇礼制之决心，以能摄众志、凝人心之能，将宗庙礼制纳入礼之正序，礼不严则风不正，范天下之德风必尊礼制。宗庙以承祖考而立见诚见敬之范，便是以履礼严苛之务实，严正了正志求孚同应得信的孚信感应过程，把专诚用事、感应条件、得诚信之应、以志正愿等要素贯穿于礼制，以“礼”来明确，以“制”来刚化，让礼制成为“乘木舟虚”，既达诚信之本，又达礼制之“文”。以宗庙礼制在治诚信上乘木有功之示范，制礼成刚更要致远，要以健全邦体所有礼制为己任，查漏补缺，及时升级礼制秩序与礼文明。

吏制成刚。以礼制成刚之用，用在官吏的选拔与任用上，使“吏”如同宗庙礼制一样，有一套属于官吏系统的吏制，以吏制之严苛务实，把选拔与任用制度化，以“制”来确保君子能当位，有德者能进位，既是选拔与任用系统，又是激励系统，以“制”来行激励的教化之能，实则是激发民众上进之志，立上进之志则好学，好学则能学以致明而健明德，学以致明的明德非一日能成，其志亦非一日能达，在漫长的健明德和健志德过程中，通过日积月累，自然贯穿了孚信之教，且能伴随明德、志德之健而收获孚德，一扫伪诈孚信之虚妄，且真正做到了以德为凭。

刑制之刚。以出刑入礼之法，用制来确实据之“刚”，使刑刚成为法序，所谓法、礼、德三者一体之序化，便是以刑刚为基础成法序；礼制与德文明之健，必以法序为基，离开了法之正序无以谈礼制之健全和德文明之升级。刑刚，不兴风闻且无实据之刑狱，任何弄虚作假都将无所遁形，刑以不偏不倚，不徇私情等特性，使刑刚正序能载中孚之德，以刑刚的中孚之道正德厚生，为德决文明保驾护航，方为治刑入礼之利器。

《序卦》曰：“益而不已必决，故受之以夬。夬者，决也。”益不可极，益之极必决而后止。夬卦，兑上乾下，兑之泽水聚高处，益之则有溃决之忧；

卦中五阳在下，阳长且刚健将极，众阳上进决取在上一阴，所以成夬。

夬者，刚决也，众阳刚进而决去上之一阴；阴在上，类众阴之“首领”，当首被决除，阴小之类则可根除，以阴小类除阳刚共进而当君子之道。如何决阴？五阳共决，以五阳之刚共进而决阴。用什么决？用“刚”决柔。决之结果如何？为君子道长而君子当道，小人道消而阴妄将尽；五阳共履刚健夬制而成共序。

在豚鱼之祸所引起的涣难里，为何涣小人能起无风之浪来中伤与迫害中孚君子呢？答案呈现在夬体里，为有阴小之首领居上，涣小人伪作孚信之事以及起无风之浪中伤君子之事，皆有一个居上位且握有实权的罪魁祸首，若无其响应与应许，尤其是动刑狱而害忠良之事，在王政体系里一般人无法做到。从豚鱼之祸掀起的无风而中伤君子的涣散之浪，以制礼成刚、吏制成刚、刑制之刚三者，从根本上杜绝了祸起的过程以及中伤的结果，尤其是刑刚正序以刚正不阿成为守住歪风涣祸且捍卫正气的屏障。当最上的权力干预了刚性和正序，时刻会因逐私妄之利而无风起浪，或响应涣小人继续作恶，便是祸患之根犹在。

治涣在夬卦，根除涣难依德决便是此理。当决去了在上位这一至关重要也最难拔出之阴，使其涣小人群体无有上位之应，且无得利之维系，再加上五阳履刚，内外共进而尽除涣小人，使涣祸之水能从决而出，水能载舟亦能覆舟之祸，便随溃决之水不复存在，把成患之祸水覆去，决去，以共健刚序而成夬体。

夬卦便是讨论如何以德决决上。决去在上一阴，为依德决。以制之刚成正序，公开且按制有公正，一视同仁而能服众。虽有涣散之祸，但依然是毋庸置疑的天下正道，只要弥补体制弊端，完善制度，便能执天道行王道。以“制”成刚，便是夬卦之“刚”，亦是德决之刚。

德决之刚。以“德”成决的首要属性，为决而与共且决而有序，也赋予了决之精神和决之条件；以“刚”辅决，使决而有度，决而有信，决而有德凭。从德决可知，言德治，并非以“德”的常规特性，而是建立在法序、礼序基础上的“德”系统之德治。以序成德系统之刚，只有建序成制，基础才更扎实，系统才更稳固。德决之刚，以制之刚来决序文明与德文明之柔，使刚柔相济而显王道之德，使大观之道、中孚之道、宗庙之道等，皆沉淀成治道文明。

夬：扬于王庭，孚号。有厉，告自邑。不利即戎，利有攸往。

彖曰：夬，决也，刚决柔也。健而说，决而和。扬于王庭，柔乘五刚也。孚号有厉，其危乃光也。告自邑，不利即戎，所尚乃穷也。利有攸往，刚长乃终也。

象曰：泽上于天，夬。君子以施禄及下，居德则忌。

卦辞：以扬于王庭的德决之道成就夬文明。

彖辞：五阳决一阴而致君子道长，履制而阴阳决和共存。

象辞：施禄聚德，应着眼大而厚之无为无不为之德。

夬卦，兑上乾下，为泽上于天扬于王庭之象。乾圆兑缺，为圆而有缺，成夬之字形。夬者，决也，以刚决柔而有决性。以大观决明夷，为决前有俯仰之察观，再以中正以观天下而有正决；以中孚决明夷，以正志求孚同应得信之孚信感应过程，而有决信；以夬决涣，决去在上一阴并履刚建序，根除决患，而有刚决。在夬卦，五阳决一阴，为以刚决柔，三月为夬之消息数，三月者，万物皆去故出新，为以夬决新，出新当依革决之象；以夬决革，以革之去故革除宿疾，以革之取新而建序。在夬决之中，乾为马，兑主锐，有快马疾行且锐意进取之象，实为行夬之当决应速决，而有决之速。

“扬于王庭”。扬于王庭，夬决之象，兑为口，以口言扬说，王庭者，朝堂之象；为扬说国之大事，使待决于朝堂，经过朝堂之决，而夬于王庭。待决于王庭之事均为国之大事，小事无需王庭之决；待决之事一定关乎大众利益，而有决之大，又关乎长治久安，有决之重。以决之大和决之重，决定了需在王庭共决，共同商议决策，以此赋予了决之公共性。在待决之前，必先“扬”待决之事，使待决之事有经过共同商议的决策过程，再“扬”决策之成果，使决果能发挥治理之效用。

“孚号有厉”。以通告、呼号之“扬”呈待决之事。孚者，孚信，诚信也；号者，通告，呼号。在王庭上诚信地通告小人之险，发乎警戒危惧之呼号。待决之事，以“厉”而有危，需警戒危惧；何事有危厉呢？为小人之险，从明夷的暗众阴小群体，以及致涣祸的涣小人，尤其是经过豚鱼之祸而危害的涣体，小人之危厉不言而喻。通告与呼号是“扬”的方式，通告“扬”于公众视野，让大家对小人之险有目共睹，既扬明夷之难，又扬涣散之祸，而且处夬体的小人之险，尤其危厉，在于此等小人为阴小之首领，居上位且握有实权，此等罪魁祸首是众小人逐妄趋利以及无风起浪之根，且“首领”统众阴，是众阴小群体之所以能无法无天之“保护伞”，虽然以宗庙礼制之务实正风气而止涣，但治涣济难必定要找到根本然后除根。“孚号有厉”便是让大家共同目睹祸患的根源以及根本，以孚号之扬区别涣小人的无风起浪，煽风点火，在于“孚”则有诚，诚而有据，能通告于王庭，让大众见证。

决之因。在王庭上诚信地通告小人之险，发乎警戒危惧之呼号，让大家共同见证祸患的根源以及根本，把阴小之首领和众阴小群体以“扬”的方式展露在王庭上，以待共决。此为待决之事，亦为之所以决于王庭之因，引起明夷六伤之难以及豚鱼之祸，伤及两个卦体，牵连德政系统，尤其中伤君子而为祸正道之罪大恶极，既有待决之大又有待决之重，必定决于王庭，既关乎生死存亡又关乎长治久安。

“刚决柔”之共决。五刚决一柔，赋予了决之公共性。五刚者，为上下内外之刚，亦为六爻中的五爻，从数量上，为多数决少数；从性质上，为以刚决柔；从决之内容上，五刚经过共同商定，从决性上下功夫，找出了以“制”之刚来决祸患，从因上入手，从根上根治，以“刚”性成制，以制之共序来决，而有决之全面。以制礼成刚、吏制成刚、刑制之刚三者共成德决之刚，以五刚决一柔之公共性，以制之共序的全面性，“扬”在王庭上共决，将诸多性质、内容等皆扬于可以言说且孚有实据之表面，决之公开亦决之公共。

“柔乘五刚”之决果。以决之公共性在王庭共决，而有柔乘五刚之决果。“柔乘五刚”为一阴乘五阳之上，阴虽上但履刚序，其决果便是完成了以制之刚限上权。阴爻乘阳爻为逆，逆则不顺，虽上位却不能顺下，为不能使上权顺下，故而为上权被刚所限。刚如何限上权呢？履制则刚，制者，共序之制度，以共序之制限之，非私限，为以刚性之制度限，且以共序之全面性，适应于所有。当上柔不再以上权顺下，不再成为祸之首，便成为五刚决去一柔，以“去”而除祸患之根，亦以“去”而达去故取新之治理。

取新之决。去祸患之根，则建新序，便是从革的去故取新之决。以制之刚，使其形成了新的制度，尤其是制礼成刚、吏制成刚、刑制之刚三者，使礼制、吏制、刑制皆依共序而共同遵履，以取新之用而根治宿疾。取新之决，便是革决，能行革而治者，必是王道之政，故革决为王道之决。革依夬出，为作革之决策与号令，必经朝堂之决议，变革为关乎国计民生之政，必然要经过朝堂之决策，以共议而显决策之公共性，以“扬”言明决策应当公开、透明而不藏私；以阳决阴，为以明察决断不明与失明；以五阳决一阴，在形成最后决定时，注重多数认同并通过之原则。乾圆兑缺之夬体，以兑缺之现状，警示决策要查漏补缺，使决策尽量完整、完善，更是以圆存缺之象，要允许不同政见或意见的群体存在，保留他们的意见和声音，并不妨碍决策之权威。

“不利即戎”为依决而治，把取新之决果先自治私邑，以不尚壮武反衬德决而治之成果。戎者，戎兵强武；不利即戎，不宜尚戎兵强武之事。为何会有戎兵强武之事呢？在于居上位的阴小之首领带领暗众阴小群体为祸多时，从明夷之难、涣散之祸而牵连甚广，根基庞大且深，尤其是掀起刑狱中伤与陷害贤良，引起公愤不说，还使王政瘫痪，柔顺之众涣散而离，在社稷恐将溃决的局面下，天下兴亡匹夫有责，有私邑之臣，行尚武讨伐之兵事准备，欲合力讨伐阴小之众，决其首领。除涣溃决之战，必师出有名。当扬于王庭之共决，产生了柔乘五刚之决果，履制成刚，不仅有五刚决去一柔，“去”而除祸患之根，还因取礼制、吏制、刑制之新可根治宿疾。因有去除祸患之根并可根除宿疾之新政得用，故曰“不利即戎”，不用尚武讨伐而能达到大治的目的。

“告自邑”。将去故取新之决果新政，率先应用在私邑而自治。邑者，私邑；告自邑，先自治也。从尚武讨伐的对抗状态，到以决果之新政自治其邑，便是德决之成。当不尚武而能解决为祸已久之弊，便显新政之“德”，此新政依“决”而出，故为德决。“告自邑”有两种“告”之状态，第一种为呼号之告，为兴兵尚武讨伐之准备，以呼号之告，担其救亡之责，集众阳之刚合力擒贼，为统领有法；第二种为自治之告，对新政之通告，宣扬新政以及教导如何遵履以制成序的新政，为自治有方。扬于王庭之德决一出，使自治替代了尚武，以文偃武，使王政之治理远离兵戎以及暴政。

“健而说，决而和。”德决以和道成就决文明。健者，乾体德健；说者，扬说，宣告，尚口非尚武，兑德悦和。五阳息一阴，上下两体皆以德为体，为依德而决和，和者，心悦诚服之和；再以刚健之性决阴，非对抗之刚而暴决。为依德而决和，便是夬卦之和道，“决而和”之和道决定了从大正走向正大之王政是德政而非暴政。决文明从德决之道和“决而和”之和道自夬卦走出，从患难之治理走出文明。

在夬卦，有阴与缺之存，既是夬体之现状，又是革体之现状，不要专制一方而消灭异己，否则将走向革文明与德文明之反面，之所以应如此关切之，在于夬体中有兵戎且战之象，兵戎且战，是使“孚号有厉”——信德失威之危厉之所在，必将是陋政，更是王道所忌，要行“健而说、决而和”之和道，不行以戎为上的专权之穷道，虽治刚而不杀。革依夬出，还在于夬体有泽决于上而注溉于下之象，实则有以夬决之政来布施恩泽于民，而新民之政，无外乎革，以革新之力新民，以此德政而施禄及下，是夬决革新之初衷，更是以变革言善之愿景。

“所尚乃穷也”。为以刚穷阴、以德政穷兵、以履制穷利等夬卦新政，一扫宿疾难以根治之阴霾。以刚穷阴，涣体尚伪作中孚而得利，又尚无风起浪中伤君子，明夷以阴伤阳皆是“阴”为祸，以刚穷阴，便是以刚性而穷阴性，五刚共进而使阴穷。以德政穷兵，和道思想以文偃武，既赋予了王政是德政而非暴政，又使崇德之政代替了尚兵之政，以德政穷兵，使王政远离兵戎刚暴，走出对抗与为敌状态。以履制穷利，制度化的设计可以根除非制度下的私利，且阴小群体以逐利为特性，以履制之刚，既纠正了不止之风，又使阴小群体在刚制下得以教化，履制亦健德；履制穷利，使阴小群体的逐利到了穷途末路。

“刚长乃终也”乃以夬制之成终结旧制。夬体以德决之道建制，此制是邦体共序之制，因制之于序的公共属性，被要求刚性履制；“刚”者，法度也，依制之法度履行规章制度。此夬制，是通过扬于王庭共商共决，有决之大又有决之重，且“扬”之公开，“决”之公正，被大家共同认同。以履制之“刚”而终结旧制，亦根除弊病。此“刚”从限上位私权可知，没有任何权利可以凌驾于刚制之上而享有特权。故而，此“刚”成国法。司法系统的完善与成熟是国之重器，其诸多问题都可以在制上进行讨论与完善，未涉及的可建制，有漏洞的可全制，所以夬卦“扬于王庭”之卦德，实则是夬文明独特的标志，以德决之道，成就德文明之健，便从夬体新制奠定基石。

“孚号有厉，其危乃光也。”夬体建新制的德决之路，从明夷卦与涣卦之“危”难走出，历经明入地中以及风行水上之涣散，在夬卦以匹夫之责呼号共济为难，经过“扬于王庭”之共商、共举、共决，建立了夬体之制，以制的正序之刚，终于走上履制之正途，正是从危厉中走出兴邦之路。只有从苦难中找到患难之根源，以大“决”之心革之，既从根源去故旧制，又以能致远的新制建立共序。夬体建新制的德决之路，使“扬于王庭”之德成德文明之健的重要精神单元。

“君子以施禄及下，居德则忌。”君子观泽决于上而注溉于下之象，师法夬卦体根除宿弊而恩泽万民，君子以施禄及下聚德，布恩泽布于生民。善政之德，在于“位”施，在乎位亦在乎政，更在乎有为法，而共序之“制”，却以无为但大有为的方式，普施德政，不着一处且惠及大众。最大的政德莫过于建制，最好的德化便是先进而优良的体制，个人“施禄”之有为对比制之正序以无为而无不为，又有何德可取？故居德者皆言德之小以及德之浅薄，只有未曾言德大与德厚之“制”，于无声无形中厚生着一切，既纠正了小人错误之行径，又教导了民众如何履制健德。

“德”为夬体德决之道的首要属性，赋予了决之精神和决之条件。决制之建，需明德与志德；明德，明唯制能根除弊政，拯济明夷与根除涣散；亦需为生民立命之志德，从关乎生死存亡之际，寻求长治久安之法，值明夷与涣难，无大志无以致通，更无以通天下君子之刚。制成而德大，以“制”正风气又正风化，当位者依制履政即健政德，民众履制亦能健德，制之德大，于无声无形中厚生着一切，方入王化之政的正途。

戒其不胜与断其悔亡

初九：壮于前趾，往不胜，为咎。

象曰：不胜而往，咎也。

九四：臀无肤，其行次且。牵羊悔亡，闻言不信。

象曰：其行次且，位不当也。闻言不信，聪不明也。

初九阳刚居乾体之下，处夬之始，以刚健向上而犹进，在下而居决时，壮于前进，是急于用夬而躁于进动者。苏轼曰："大壮之长则为夬，故夬之初九，与大壮之初九无异。"

前趾，谓行进，值夬决而决于行，若行而宜则有决行之正确，往而不胜，则有决行之错误，往之胜负以决之对错言。往而不胜，又急躁进动，故为咎，咎在行进之动与往决相反，往决之决，应行而适宜为佳，当往而不胜则是往决之误。

九居初而壮于进，为躁于动者，但往而不胜，有决之误，值夬决而有决之误，故有不胜之戒。言不胜，以"不胜"之占，言勿躁动而轻往，往而胜，方得时得势，不胜而往，故有咎，咎在决行非得势。不得势之因在于前行遇四阳为滞，近而无比，远而无应，以决行而往，有强为其进而不得进势为援。处夬之初，以一阳之进无以成势，且无法完成五阳决一阴之事，心有余而力不足。在初九之所以有决行，在于以阳觉阴妄，阳刚之才有济难之心，故而有行进，虽得夬时却无夬势，以生咎之得，往而不胜，为任大力小。

九四以阳居阴，不中不正，居则不安，行则不进，刚决不足，欲止则众阳并进于下，因进势不得安，犹臀伤而居不能安，欲行则居柔失其刚壮，不能强进，故其行次且。

臀者，鬴底，兑象器皿，四居兑之下，故为臀象。《说文》云：“臀，髀也。”又云：“臀，股也。”巽为股，故臀取巽象。肤者，艮之肉，兑对艮，则无肤。《广雅·释器》曰：“肤，肉也。”夬伏剥，剥之六四，剥肤以戕，为无肤之象。《案》曰：“臀者与阴相背之物也。夬四姤三，皆与阴连体而相背，故皆以臀为象。夫相背则势犹相远，缓以处之，可也。若臀有肤则能安坐矣。”

行者，取乾之行。次且，趑趄，进难之状。牵者，引而向前，《说文》曰：“牵，引前也。”羊者，群行群居之物。牵羊，祭礼。乾承兑，乾为行，兑为羊，是谓牵羊。兑之坎，兑为刀，坎为血，是谓杀羊。《周礼·春官·大宗伯》曰：“王亲牵牲而杀之。”郑玄注：“凡大祭祀，君亲牵牲，大夫赞。”言，兑金主言。不信，坎之疑。兑之坎，是闻言不信而聪不明也。

九四处当夬之时，闻孚号之言不能入于耳，王庭之昭、有厉之号、君侯之告皆不能入于耳，闻言不信，为聪不明，悔之所由生。因为有悔，故而不能安坐。臀无肤，喻四不能安坐；不能安坐，故次且而欲进，次且而欲进，为不能自制其刚壮。苟能制其刚壮如牵羊，然则可亡其悔，牵羊悔无，为携群刚进以义，苟国君牵羊而杀之。牵羊者，当其前则不进，纵之使前而随其后，则可以行。随“领头羊”而进，夫过而能改，闻善而能用，克己以从义，又独显九四的刚明之能。

匹夫之中道与尊位之中行

九二：惕号，莫夜有戎，勿恤。

象曰：有戎勿恤，得中道也。

九五：苋陆夬夬中行，无咎。

象曰：中行无咎，中未光也。

九二阳刚处中居柔，有刚而不过刚，且以中道使刚柔相济，处夬之阳决阴、君子决小人之时，不可忘戒备，故能忧惕号呼以戒不虞。能知戒备，得处夬之至善。虽莫夜有兵戎，亦可无患也。惕者，惊惕也；莫夜者，黑夜；戎者，兵戈；恤者，忧虑也。苏轼曰："莫夜，警也。有戎勿恤，静也。"

《彖辞》言"孚号"，为夬体有危厉之处，二以刚中之德觉知危厉所在，故以惕号知戒惧。刚中居柔，能忧惕呼号，可免小人乘间抵隙之忧。九二以必胜之刚，决至危之柔，内怀兢惕，而外严诫号，虽莫夜阴伏之时有兵戎，亦不足虑矣。

九五刚阳中正居尊位，独比一阴，又比而不亲，为决阴之主。九五处当决之时，以切近上六之阴有当决之位，如苋陆然。若夬而决之，刚而不暴，合于中行，则无咎矣。苋陆者，即马齿苋，多年生草本植物，柔脆易折，为感阴气之多者，其根至蔓，虽尽取之，而旁根复生，也以此言小人之类难绝如此。

九五比上六，上六居说体而卦独一阴，阳之所比，一阴未决，乾道尚未光大。夬夬者，重夬也，以重夬言夬之当明，亦当速决。五以尊位之重决一阴，于情于理都应决之，还应统领众阳刚合力决之，然五比上，以比之有情，最易令人对其决阴之诚生疑，故以"夬夬"言速决，以决明志，方能举中行之德。九五无咎在于不为情牵，不为名累，行必中正；虽言速决，但苋陆夬夬，不以阴之易决而尽灭，以中道行大道，而生正德厚生之心，方为九五决天下之德。项安世曰："夬夬者，重夬也。当夬者，上六也。三应之，五比之，嫌其不能夬也，故皆以夬夬明之。三谓之遇雨，五谓之苋陆，皆与阴俱行者也。比于阴而能自决以保其中，故可免咎。"

九二得中道，九五得中行。九二以内怀兢惕而外严诫号得中道，既知危厉之所在，又尽匹夫之责。九五以苋陆之决，以中正恰当之性，决阴而不失于刚暴。《案》曰："此卦当以九五为卦主，而《彖辞》之意独备于九二者，盖九二远阴，主于平时，则发孚号告邑不利即戎之义。九五近阴，主于临事，则发扬于王庭，利有攸往之义，然其为中行中道则一也。"九二与九五皆得中，但处位不同，九二如同有封邑之主，在自邑既以尚武作讨伐之准备，又以呼号之告，担其救亡之责，欲集众阳之刚合力擒贼，能以内惕外诫而居夬之下体，为自治有方。

九五为天下之主，五阳决一阴的主夬之人，五阳之刚可见一斑，其拯济之决心从初九之动便已坚定无比，但九五有至明，阴虽为祸，亦不当灭绝，且苋陆之物，在众刚面前，必然尽灭，故九五主夬，以文偃刚暴，既能主持以阳决阴，又使阴存，便是九五中行之德。阴为患多时，在众阳齐决阴之时，为何又使阴存呢？在于扬于王庭之德决一出，其建制与履制之法，已然无需以刚暴和尚武来完成；九五以尊位使众阳履制克其刚暴之进就可以看出，能让暴躁欲进难以管制的众刚履制，再让已经脆弱如苋陆之阴履制已非难事，九五以主夬之人行德夬之事，以一制而决所有，决阴而不尽灭为心怀天下。

决小人与君子道长

九三：壮于頄，有凶。君子夬夬独行，遇雨若濡，有愠无咎。

象曰：君子夬夬，终无咎也。

上六：无号，终有凶。

象曰：无号之凶，终不可长也。

九三刚居阳位，居下体之上，又处健体之极，为刚果于决者，当夬之时，成为用决之过急者，有违"决而和"的决和之道，易生伤頄之凶。九三处众阳之中，独与上六为应，五阳决一阴，惟三应于上，众阳疑其应系而不能夬，故夬夬然以明决阴之志。

頄者，颧骨，九三艮爻，艮为面。壮于頄者，动之极也，因伤于面故有其伤重，重在人皆能见之，所谓壮趾之痛，人或不闻，壮頄之伤，人皆见之；伤重在于与小人有应，决而用壮，因系私小人则恐将失和于众阳，若决又将与阴失应和。独行，乾之行，亦为君子刚健之志。遇雨，应上六，上六为成兑之主，泽上于天，故称雨；以其适值而非本心，故称遇。若濡，外有沾衣之累；本非濡也，而迹类之，故称若。有愠，内生愤恨之心，或观其迹而不察其心也，故称有愠。

夬夬，谓夬的果决之貌，以果决其断而夬夬。虽有私亦当远绝之，若见濡污有愠恶之色，如此则无过咎也。九三虽合于上六，如独行遇雨，至于若濡，而为君子所愠，君子果决，终能合众阳之志决去一阴。王安石曰："九三乾体之上，刚亢外见，壮于頄者也。夬夬者，必乎夬之辞也，应乎上六，疑于污也，故曰若濡。君子之所为，众人固不识，若濡则有愠之者矣。和而不同，有夬夬之志焉，何咎之有。"

郭雍曰："夬与大壮内卦三爻相类，故初九九三言壮。壮者小人用刚之事，非大者之壮也。二卦九三皆具君子小人二义，故大壮曰'小人用壮，君子用罔'。而此曰'壮于頄有凶，君子夬夬'是也。以小人用壮言之，则知壮于頄者，小人之事也，是以凶也。唯君子明夬夬之义，则终无咎矣。"

九三以君子之位应小人之私系，外有沾污之累，内有愠恨之心。君子去小人，不必悻悻然见于面目，至于遇雨而为所濡湿，虽为众阳所愠，然志在决阴。小人碍于表面和被私情所缠累，但君子既有明，又有志，明则知如何应对私应，志则当同众阳刚同志而决阴。决而和，为九三决小人而和于众君子，非与小人牵系而和，壮于頄而有凶，便是提醒君子是要面子还是要里子，里子则从刚志，从面子则失决阴之志而有凶。

上六居夬之极，独一阴处穷极之地，又被五阳所必决，其道将废，其势几尽，居穷极之时，党类已尽，无所号呼，终必有凶。杨简曰：“柔已决去，刚道已长，然不可不敬戒。苟忽焉不敬不戒，不警号。则亦终有凶。虽未必凶遂至，而既不警戒则放逸，逸则失道矣，失道者终于凶。”

经夬卦扬于王庭的德决之道治夬，使五阳决一阴，所决之阴就在上六。在夬卦用决，到底决了上六什么呢？为五阳刚君子，以扬于王庭之共决，产生了德决之制，以夬制之刚，决了上六小人之道。虽然是阳决阴，刚决柔，但五阳只是参与决阴之人，而真正决上六的是夬制，以履制的刚性准则，决了上六之道，而上六尚小人之道，当上六被决，则小人道消，君子道长。上六的无号之凶在于之前的应系和拥趸，皆被夬制所限，在夬制面前，无法一呼百应。

夬以五阳决一阴，相比大壮而言，有壮之甚，阳刚壮甚，君子道长，以此决阴而消小人道，所谓治涣在夬便是如此。阳之决阴，君子以德决之道去小人，并非尽灭小人，求同又能存异，在于决而有德，一阴之存，当为君子计德。在明夷卦，阴诛阳使阳应难，而在夬，阳不诛阴，使阴能存，便是君子与小人有德与无德在行事上的差别。

鼎卦：使命之道

离上巽下

以鼎之重器而凝天下使命

贲卦六爻饰以文华又务本求质，以聚王道之德政成山于外，集内德刚壮而成阳火于内，内外合用又文又质成其卦体。贲卦以一体之功，以德政成山之聚势而厚万德，以建德制之成驱动了外善入内阳、内阳化外善，以乾坤合用而内外合德。德制之建，起建于比卦，成于夬卦，升华于晋卦，成序于离卦，以贲卦文明之成，而成德序。贲卦聚晋制离序之功使外政能自养并正固内阳，而有德政文明。贲卦德文明之成，以德文明贯通各卦治道而化成天下，能化成天下者，唯德以生化之性而有生化之功。

德文明大成，必立器以象，而器之重且大者，无外乎鼎。鼎者，大器，重宝，无鼎而不成大象，尤其是文明以象，故而有“鼎”。《序卦》曰：“革物者莫若鼎，故受之以鼎。”革曰去故，鼎曰取新，革去故旧而后新成，鼎之所以能革物，在于能使水火相合为用而不相害，水火为本不可同处之物，但能使水火相合为用且不相害，在于为水火立法并建序，以吐故纳新并常自新而用鼎，用鼎，必立鼎才有鼎之用，鼎之用，为“变腥而为熟，易坚而为柔”

之革物变化，是鼎所以次革。

鼎卦，离上巽下，为木上有火之象；鼎卦之所以以鼎立象，在于为卦下阴为足，二三四阳实为腹，可受物在其中，五阴为耳，上阳为铉，故而成鼎之象，以上下二体示之，离之中虚在上，可盛物，下体巽有足以承之，亦为鼎象；有鼎成象于体，又以巽木入离火而致烹饪，成鼎之用。以鼎立象又取鼎象立卦体，其卦器之先后，并不害于义，《程传》曰："制器取其象也，乃象器以为卦乎？曰：制器取于象也，象存乎卦，而卦不必先器。圣人制器，不待见卦而后知象，以众人之不能知象也，故设卦以示之。卦器之先后，不害于义也。或疑鼎非自然之象，乃人为也。曰：固人为也，然烹饪可以成物，形制如是则可用，此非人为，自然也。在井亦然，器虽在卦先，而所取者乃卦之象，卦复用器以为义也。"

鼎卦立以烹养贤、以贤养正、以正立法、以法正序、以序命德五种释义。以烹养贤。为卦离上巽下，以木从火为燃，立鼎以木巽火，成烹饪之象；烹饪者，乃"变腥而为熟，易坚而为柔"之革物变化，在于以烹取新，欲取新以治，唯贤以从也；唯贤、从贤乃至亲贤，必先养贤，故立鼎以烹行"大亨以养圣贤"的养贤之鼎。在颐卦行养正之渐养之道，先养口体，再以食养气，后以气养德，继而气德一体而养性，并从养小体到全大体，成为以"颐"养正之范式，但养口体，必先烹而食之，从食文明而食之能化，到养气与神，而鼎之物象，便在于养其气与神，它以凝气凝神之重，成邦之精神象征，而能举鼎以高者，圣贤也，能文饰其鼎之气神者，圣贤也，故鼎本身就是贤之化身，所以养贤之鼎，就在鼎象本身。

以贤养正。鼎卦上离为目而五为耳，有内巽顺而外聪明之象，耳聪目明者，唯圣贤也，继以烹养贤，便要举贤并从贤以治，以贤治正道而顺，之所以内巽而顺，便在于有贤以治，以贤养正，而成全鼎之养正之体；虽颐卦有养正之道、渐卦有渐以养正之道，观卦亦有大观养正之道……皆层次或养正之重点不同，而鼎卦之养正，为重圣贤以养，既有颐体养之于口腹之身体，又有渐以养其次序，还有大观中正之德养之，集养正之大成于鼎一体，而成其以贤养正之鼎。“正”之含义，发乎大道之正，履其自然法序之正，物也有物法之正，于人又能以德化其正……究其所有无外乎正德之正。

以正立法。养正之正，圣贤之“明”皆从法序中出，履法序正以及履位序正方有其正途，且洞悉其“养”之规则，以此来明悉如何养民；正之大者，无外乎以正立法，以法之普遍性来确民正。先从事法健全讼制，事法者，在鼎卦如水火为本不可同处之物，但能使水火相合为用且不相害，在于为水火立法并建新序，不仅出新还能使其在新序中成以木巽火之烹饪象；再依讼制来全面立宪，以鼎之重器立宪，使宪法成为治国养民之重器，鼎有取新之义，以鼎立宪，还在于能依不同时局而修宪；而宪法者，既是邦民以养、能养的正序之基，又是基于养正的德文明进程之起始，德文明之大者便在于以法之全保民自养，民能自养以正，全依仗宪法能保其民权，使民生有序且有道。

以法正序。以宪法为基石，借鼎之法象正序，以法正序，使其邦序不乱、制度不乱、民自养之序不乱。正序者，既养邦于体，又养民于大。除了宪法之法序以外，还有其他各种文明之序，尤其是建立在宪法基础上的扬升物质以及精神之序，皆因法正而秩序自正。古人言养邦与养民，只知以井言往来行汲，殊不知皆养之为小，不知养正序，以及从“天地养万物，圣人养贤以及万民”来治养正之道。鼎之重，就在于能成其大，要以治养正之道使天下之民皆有所养，而治养正之道莫过于以法正序，乃至在各领域建新序。以邦之大体在各领域建新序，便是以吐故纳新并常自新而用鼎器，使“鼎”之物象不是唯重不变之“死物”，而是能时时出新之“活”物。

以序命德。言德者，德文明以健之“德”，以序命德之生化来全“德”

之含义，邦之序得正，正是升华之基，而德文明以健之德，正是以性→相→用全德之含义，尤以德之“性”为主，世间世俗之见，大多局限于德之行和德之用，而德位所赋予的“德”内涵，正是以大道之位序来全德性之义，为道体四域和德性四体。从邦之大体之序，入自然法序，再入大道正序，其德性四体之所指便非世间功用之认同。以序命德，正是鼎之法象所器之，从器物层面，以鼎的金铉、玉铉之象示器物之华，从形上道层面，更以鼎之重言道法独立不改之性。

使命之道。以鼎立器物之象，更以鼎言物之升华，从立“鼎”象而健君子使命、王道使命、文明使命、德位使命、道德使命这五位使命，从而使天下君子正位居体，健德于身，进位以位，行善以政而凝重天命，使精气神畅于四支，发乎事业，以此凝“命”而通天下大同之志，犹鼎器之重而不可移。

鼎：元吉，亨。

彖曰：鼎，象也。以木巽火，亨饪也。圣人亨，以享上帝，而大亨以养圣贤。巽而耳目聪明，柔进而上行，得中而应乎刚，是以元亨。

象曰：木上有火，鼎。君子以正位凝命。

卦辞：以鼎立象全鼎之体，立鼎以制器。

彖辞：鼎以五种释义，走向鼎文明之进程。

象辞：立“鼎”象，健五位使命而正位以序。

鼎卦，离上巽下，为木上有火而正位凝命之象；《说文》曰：“三足两耳，和五味之宝器也。……籀文以鼎为贞字。” 坤二，坎三，震足，坎耳，以此三足两耳，成“鼎”之象。鼎者，以木从火，析木以炊，烹煮之具，主烹饪以养。鼎者，有王权之象，曰王鼎；又以鼎重不易之象，以鼎曰法来法治天下；王者，法者，皆国之重器，皆是鼎之物象所喻。《案》曰：“上经颐卦言养道，曰圣人养贤以及万民。然则王者之所当养，此两端而已。下经井言养，鼎亦言养，然井在邑里之间，往来行汲，养民之象也。鼎在朝庙之中，燕飨则用之，养贤之象也。养民者存乎政，行政者存乎人，是其得失未可知也，故井之彖犹多戒辞。至于能养贤，则与之食天禄，治天职，而所以养民者在是矣，故其辞直曰元亨，与大有同。”

“鼎，象也。”圣人“近取诸身，远取诸物”以俯仰之察，观物成象，立象取义，而以“象”成。鼎之为卦，取象立器，以初六下因象足，三四五有实类腹，六五象耳，上九主弦，以此全鼎之体，故而以取“象”成鼎；当有鼎器之象成，又取鼎器而立象延伸其义，使鼎成国之重器，礼器，养贤之器，命德之器……以此成鼎卦，在鼎卦中，离为火，巽为木，乾为金，兑为水，木入火中，熔金成水，乃铸鼎之象，成“鼎”之卦体，取象成鼎，取鼎器立象，在成卦铸鼎立卦体，以此全“鼎”体，全在乎象，由象入，又由象出，由象传，又由象承；总之，以“象”全圣人“以通神明之德，以类万物之情”的作易之道，尽以鼎卦呈现，他卦亦法如是。

“圣人亨，以享上帝”。圣人以其亨，以仰俯天下之察，观鸟兽之文与地之宜，近取诸身，远取诸物，取象、立象、成卦、再言象立意等，均是以象通本末，本者，乃通性之本，末者，为达末之用。亨，通也，古通“烹”，以煮物；天地之象、鸟兽之文、地之宜、诸身之物等，皆是圣人所烹之物，也是象所出之处，更是道与性无处不显达之处，既以物烹，又以物通，以性→相→用的本末相成、文质相资，无处不显达其性，这便是圣人之所以成圣之所在。再普通之物，再微毫之尘，皆不过是圣性所显、所化、所达，故而圣人比任何人都敬畏天地、万物，因为这是圣人成道证性之大器，故而圣人祭祀天帝，以诚其诚，之所以如此，在于以己之身、法来举鼎成象而通本末之道，再极鼎器之用，以期世人能尊贤、亲贤并从贤，以用太牢之礼来“大亨以养圣贤”，纯离为牛，兑象猪羊，皆大牲之象，以大牲享“牢”，成礼之尊、器之重。从治世而言，养道、贤道、法道、序道、德道等皆王道之重，必以祭祀天帝之诚，以及礼用太牢之尊来行王道，方为王道之鼎器。

“是以元亨”。凡言元亨者，必言及道体德性之本体，无本体之元，无以言“元”，圣人以性→相→用的本末相成，从本立象而成用，故而有元亨，也处处见元亨。处鼎卦，离为目，兑为耳，法圣人所立象，故而目能明，耳能聪，目明者能视，能辨贤以养，耳聪者能兼听，兼听以明而不独断专权。卦中以柔进五，且居中应刚，君上顺天道聪明以养贤，臣下承大象立鼎器以任事，以此通鼎卦卦义之所主，必然卦体亨通。卦体亨通则能进贤，利“柔进而上行”，为以贤举鼎并成贤、养贤，天下便以鼎之重而顺鼎，鼎为器象之物，乃王道象征，实则天下以顺鼎而顺王道，王道非王者一人之霸道，而是关乎人人之常道，故人人皆重之。

“鼎”的君子使命，为健德进志，以德立君子之鼎。君子之器，在于健德，从身德之修，到位德之进，再以政德养其大善，以小乘之成行大乘之事。在九卦所呈的治君子系统里，以从困→复→损→益→恒→井→巽→履→谦之健，治身德以成，从而称位“君子”；立君子之鼎，便在于以高度的法礼自牧，以集身德、位德、序德于一身，包纳草昧君子、进位君子、当位君子、在野君子、尊位君子……而成其“君子之终”，乃至以鼎之用，入立鼎之法象而通达本性，而成得道君子。得道君子无外乎为鼎卦之中的圣贤耳，终要以全鼎之义来全万民之命，正所谓以凝“命”而通天下大同之志。凝命君子，正是行王道顾天下万民的大君子。

“鼎”的王道使命，为行王道治天下以正，以王道立治理之鼎。王道之器，在于为天下正。天下之正者，从秩序构建之初乃至正序之成，要有秩序之正；

正序者，治共，在邦之大体与民之共体的秩序要正，为以法→礼→德三位一体之正序，在私言人之个体，而人之正序便是君子，以君子正通正，皆君子而正所有不正。从确私与共治其正，便是以所有“正”而知法序之正，只有师法自然，才能从自然法序中获得各种治理之正，而法序之正，正是王道治天下之源，也是“正”的本原性原理，以王道既凝君子之志以正邦，又凝天下正道之使命来正所有。

“鼎”的文明使命，为以鼎的象征意义而扬升精神，以治于精神立文明之鼎。鼎器者，乃象征之物，以烹饪之象受纳吐新，而受纳之扬升在于凝气聚神，气与神，皆又是国与民之象征，精气神既是生命本根，又是立邦国之气象，所谓日日吐新，在于扬气而新神，以鼎的受盛之能而聚魂纳魄以成“精神”。言文明者，以离卦言文明有盛，又以贲卦通文饰，两相益彰，而成继明以照；在离卦，“离”以“化”治本性文明、以“蓄”治社会文明、以“照”治王道文明、以“文”治德文明，而文明之成，以及文明集汇、沉淀之事，便是文明之鼎象，以此立鼎，便是文明之沉淀，又以传鼎，使其文明得以弘扬和传承，更是以鼎器之大象，来传承其气象与神象，不可不为文明之重器。

“鼎”的德位使命，为以鼎的“位”序之重和位域分明治德位，以德位思想之重而立思想之鼎。德文明以健，在于依“位”并归位各位域下的“德”内涵，“德”义之所以包纳万有，便在于“德”基于大道本性而通达所有，以当位、称位、配位属性能达本通末而构建，且位域多样并层次分明；在国家治理中，既能包纳法→礼→德三位一体而归位成序，又能以修身健德治君子，从个体化之治理发展到德教之同体，正是有四通八达之能。言思想之鼎者，其“德位”哲学无不以道体本体精神、德位思想治则、同体位域方法论三位一体精彩呈现，立思想之重器，才是德文明普施与弘扬之常道，圣贤不常有，而思想可以长久立世并使“德位”常态化和普及化，根植于万民日常中，这方是哲学走向天下的正途。

“鼎”的道德使命，为以道体德性之本来而明心证性，以明而能证立明证之鼎。道德者，为道体德性之谓，道纳德之性，有玄德、圣德、用德、证德之德性四体；德合道之体，有道大、天大、地大、王大道体四域。曰体、曰性无有超出此本体者，正是因为有此本体哲学，才依本体而呈现自然法序之序，取法法序而立鼎象，从鼎象直入法性而大知，所谓“象事知器，占事知来”便是如此，所以立鼎象在于立明，大明则大知，以见性为大知，“鼎”不过为取象之器，通万物之器亦能通明而见性。大知者，明也，自屯卦始，从冥昧无序的状态走出自明的草昧君子，便是以健德而“明”，继而以明振昧，以明振乱，以明正序，再以明证德……自屯卦始走入鼎卦，为始于明，也终于明，故以德位立鼎象、言鼎象，便在于以其大明立明而能证之理，证者，为证道体德性之本来，此为“鼎”道德使命。明的位域与层次不同，继而修证所达到的境界与层次也不一样，而鼎以重器必立重中之重，以证得本性而达乎本体。

立“鼎”象，健五位使命，以此通天下大同之志，无外乎以“鼎”则天道、缘民情、鼎立法、凝正命。所谓“君子以正位凝命”，必治通天道之明及万物之性，以俯仰之察，缘民之所需，再法鼎之象立法之正序，以正立法养民、养贤、养序、养礼、养德、从而正位居体，以此文明之健来教化安民，使人人皆能成明鼎而知鼎的鼎象君子，从而以其大乘之心，有为天下而无不为。正位者之“正”，为刚、柔君子皆能进位而当位，并治称位之政，得与位相配位之德；并非柔性不能为君子，当文明扬升的位域已过否与泰文明，太多的卦体以“柔进而上行”使柔性君子当位且履尊位，太多的六五君子，如离卦治离明文明且忧天下的大善君子便是如此。正位，在于上能明天道之正，中能行王道之正，下能化万民于己身而行善政。

君子正位凝命必当思患而预防之，言思患预防，在此通既济卦。既济卦，坎上离下，为水在火上而既济之象；《杂卦》曰：“既济，定也。”所谓“定”正是以鼎卦“正位”之义，来各安其位之正位而定。定者，安也，所谓“安”而定，无非法鼎之象，以此立法，以法正序来养民、养贤、养序、养礼、养德以此文明之健来教化安民，安天下所安，才能言“定”。以既济言“鼎”器，既能显诸仁，又能藏诸用。为何言思患而预防之？在既济卦，刚五柔二，犹水火相济，虽各得其正但仅能求其小亨，五刚二柔之体，通常以君强臣弱而不可大事，王器之大，法鼎之强，使王过于刚强，必丧其耳聪目明，仅一人贤明不能立鼎，因鼎有三足耳。二和五虽位正，且上下相应而能成生化，但当其位、安其位，若不能正位，如二之于五不能正己命，虽有当位之卦体且能成既济之功，但祸患在日久。若不能各安其位来正位且正命，则恐生小过或大过之“过”，序卦以既济以次小过，便要思小过之患而防其过。既济者，水在火上，水决则火灭，火炎则水涸，况且值鼎卦以木从火，木上有火，木能生火，而火上有水，彼此相为体用交易之时，又值相克与相害之机，故不能不思患，如同革卦，值金火锻炼而取新时，便隐伏“水火相息”与“二女同居”之弊，如何除蛊乱宿积的否塞之弊而济邦、正邦，就在于以革去故，以鼎取新，于诸事、诸物复杂交易之中，及时去故取新，才合变易之道，故以既济豫防之，使其不走入未济之反。

新器

初六：鼎颠趾，利出否。得妾以其子，无咎。

象曰：鼎颠趾，未悖也。利出否，以从贵也。

六以柔居鼎之下，为鼎趾之象，上应九四，趾而向上，成颠之象；鼎趾颠倒，利于倾秽纳新，巽反兑，口而朝下，利出否；值鼎之初，犹未有实，而旧有否恶之积，颠倒而出之，则为有利。“得妾以其子，无咎”，六阴居下而卑，以巽从养而从上，故为妾；得妾，以下顺上而得其新人，得良妾且用其生子，使君王有后，社稷有主，母以子贵，使无过咎，又九四失位，所得其子为庶出之子。《程传》曰：“四近君大臣之位，初在下之人而相应，乃上求于下，下从其上也。上能用下之善，下能辅上之为，可以成事功，乃善道。”

否者，以污秽言恶；悖者，逆乱也，以坤伏巽顺，故曰“未悖”；从者，巽顺以从；贵者，乾金成贵；初应四，以下应上，为以阴应阳，故曰“从贵”。熊良辅曰：“鼎颠趾，鼎之未用而倾仆也。未用而倾仆，则污秽不能留，反以颠为利也。若九四之折足，则覆败而凶矣。得妾以其子，又就颠趾出否上取义。得妾者，颠趾也，以其子者，出否也，疑于有咎，故曰无咎。”

新器。以初六取新而完整言说了去故取新过程，“鼎颠趾”是初六之位况，“利出否”以倾秽则去旧秽，曰去故；虽倾覆鼎使其能倾秽，但未悖其鼎的鼎立与受盛之道，当纳新食，又不悖其烹饪之用。“得妾”为得妾之新，在于更新其序，令所得之妾有位，曰更新；以得妾言更新，是基于去故而言更新，若旧秽占据其位，则无新位有妾，妾室虽卑贱，但不悖其“妾”位之位，出身位卑在前，妾得新位在后，以后得位之尊而取前卑。“以其子”的生子之新，曰出新；君有其子，则后继有人而社稷有主，母以子贵，妾之后位有尊以洗前卑，其子虽为位卑之妾所生，但不悖其子能传家承鼎。故而初六以去故→更新→出新之过程，完整言说了去故取新过程。

所谓新器者，颠趾出否，因败以为功，在于去故，因旧秽去故，而可纳新食，使鼎之用能焕然一新；纳妾得子，因贱以致贵，在于取新，以新取上下，使鼎之体能传家承鼎有序。从鼎之用到鼎之体，鼎之物象未变，但其体用已然从革取新，在新器的秩序下，鼎之用能各安其位来正位，且以正位来正命，出现“利出否，以从贵”的新格局。利出否，必吞吐有法，旧秽当“倾”，而不能正，欲正其旧秽则反受其乱，必然倾而倒之，使其鼎空再受新，方能言“利”；以从贵，必从之有序，贵当“位”贵，非从而贵，欲从其贵，必然生子以接上下，接上下者，乃“位”接之；王得妾，妾再生子，此妇道也，如渐卦之九三有孕就该孕而产，产而养育，这是妇德，亦是家人之序；所以妾尽妇道之责，就家人之序，自然而孕，孕而产子，子顺承其位，从而接其贵，方能言“以”，“以”字者，乃妾尽妇道之责以及就家人之序之理所当然，因成新器而再立鼎象。

贤器

九二：鼎有实，我仇有疾，不我能即，吉。

象曰：鼎有实，慎所之也。我仇有疾，终无尤也。

九二以刚居中，与五相应，上从六五之君而得其正，得正且阳刚有实，为鼎有实之象。仇者，古同“逑”，取六五也；疾者，患恶，以五乘刚而疾；即者，就食也。六五乘刚，四阻二应，为“我仇有疾”之象。二应五，遇四滞塞，不能顺遂而食，必将慎往，为“不我能即”之象。但终究五应二为正应，五以尊为大，行鼎之能事，能“终无尤”而得其“吉”也。

《程传》曰：“九二居中而应，中不至失正，己虽自守，彼必相求，故戒能远之，使不来即我，则吉也。仇，对也。阴阳相对之物，谓初也。相从则非正而害义，是有疾也。二当以正自守，使之不能来就已。人能自守以正，则不正不能就之矣，所以吉也。”

贤器。以鼎有实之象，又二刚应五，为虚位以待圣贤，再以鼎之实养贤。初六否恶尽出，在于上治明有实，能尽倾倒旧秽，以使鼎虚而纳新，鼎中本空，又值九二鼎有实，既为贤人怀璧，又有实物以养。从初六尽倾倒旧秽鼎中本空，到五中虚，以两相虚位来尽待圣贤，可谓贤器际出，亦可知其诚之又诚。然我仇有疾，遇四相妒，怀璧其罪，正是因为遇四相妒而滞塞，使不我能即，不能进而遂食，故慎往之，正是因慎之又慎，便行慎中自守之道，而得其吉。胡炳文曰："鼎诸爻与井相似，井以阳刚为泉，鼎以阳刚为实。井二无应，故其功终不上行。鼎二有应，而能以刚中自守，故吉。"

以两相虚位之贤器际出来静待圣贤，为以鼎养贤有实，故出现以五应二的天子求贤继而礼贤之象，当二求五遇阻滞不能进而往，二以自明，行慎中自守之道，正合鼎器各安其序之象，二不行躁动之举，亦不以刚逼迫之，实乃有德，五见其状，以尊就下，成其礼贤之举。鼎之有实，上出则为用，五迎二，二就上从六五之君，则得其正道，且二之阳刚之才从两相虚位以就，成鼎济用之才，使刚明之才就其位而当位。

五柔二刚，举鼎以贤，鼎器便成贤器，鼎体便成贤体，既利贤就位且当位，又利王鼎安其位有实，使鼎体重新成序，以纳新而出新。初六居卑处初，虽尽出其否秽，但未能自达，尚处鼎序以下养上阶段，当旧物不能养上，在于君要去故取新，故初六成去故之类，去故后再纳新，必纳刚明济用之才，使其能以上养下。

以下养上与以上养下之区别就在于，君在乎以气和才、德养万民，不重以食养，故尽倾旧物，使其虚位纳贤。而五所仰仗之贤才者，有慎中自守之气也，更有大贤养鼎体之神也，以上养下，非王养之，乃王以大贤之才养邦体继而养其所有。所有言"鼎有实"却因倾旧物而鼎中空，实乃大贤之气实，才德有实，君王为邦体举贤并礼贤有实。由此可见，君王既有去故之决心，又得出新取新之方法，更有使鼎体成为贤器之大气度，这便是鼎体能大治且治天下的原因所在。

危器

九三：鼎耳革，其行塞，雉膏不食，方雨，亏悔，终吉。

象曰：鼎耳革，失其义也。

九四：鼎折足，覆公餗，其形渥，凶。

象曰：覆公餗，信如何也。

九三以阳居巽之上，刚而能巽，其才足以济，以阳居鼎腹之中，为本有美实者，然以过刚失中，越五应上而与五所应不同，以居下之极虽承上卦文明之腴，虽有雉膏之美，但过刚不中又失应于上，使其塞而不行，犹鼎耳方革而不可举移，有美味而不能就食。然以阳居阳，阳刚得正，苟能文明自守，则阴阳将和而雨降，日月相交而后遇，乃终能失其悔，初虽不利，而终得吉。

革，兑金言革；耳，兑象，为六五，鼎以耳贵，鼎耳即六五；塞者，为不通，以互《大过》而塞；其行塞，为三不应上；膏，甘美之物，乾之肥亦或兑之泽，象禄位；雉，离也，以雉指五也，有文明之德，故谓之雉；雉膏，喻贤德，三有才用而不得六五之禄位，是不得雉膏食之；方者，始也，取坎之象也；亏者，为亏食，取兑之损；悔者，晦也，坎主暗昧；亏晦，日月相食而亏晦。易祓曰："三鼎腹，有实者也。耳谓六五。正所以运其腹中所容者，惟上无应，塞而不行。实在其中，美如雉膏，谁得而享之。然君子处心，要使美实备于我，而不计行之通塞。及其终也，阴阳相济，有至和将雨之兆，此所以亏其始之悔，而终必获吉也。"

九四以阳居上，因近五而为任重者，下应初六，初六以倾倒之象应之使四失其任。四近五，有大臣之位，为任天下之事者。《程传》曰："天下之事，岂一人所能独任，必当求天下之贤智，与之协力。得其人，则天下之治，可不劳而致也。用非其人，则败国家之事，贻天下之患。四下应于初，初阴柔小人，不可用者也。而四用之，其不胜任而败事、犹鼎之折足也。”鼎折足，则倾覆公上之餗，鼎足折断，打翻王公美食，形体沾湿。折者，兑之毁；足，四应初，为折足之象；履者，倾倒，取巽反兑。公者，王侯，取乾或震；餗者，鼎实，三阳为实，而四适当其盈，盈则有倾覆之象矣；形，取艮之身；渥，沾湿，取兑之雨；

危鼎。鼎养而能食，但九三以“其行塞，雉膏不食”而成危鼎，九三又危在何处？鼎耳革，王者失聪，使九三无缘六五；又三不应上而其行塞，行塞便不能亨通；雉膏不食，贤者怀才不遇，不合于君则不得其任，王者求贤不得，失阴阳相合便失以鼎养贤的鼎之用，故而成危。九四以折足而覆餗之危成危鼎，九四又危在何处？四以阳应初，在于初未有鼎实，故因颠趾而出否，出否去秽自然有益无弊，而四已有鼎实，若折足而覆餗，打翻的是王公的美食；同时，九四居大臣之位，大臣任事当天下之任，任用贤才，然所用初六为非人，才德皆不具而不胜其任，任人唯亲而不唯贤，以至于覆败，其凶可知，蔽于所私，德薄知小，其才能称位其位，其德不能配其称位，以其形渥、其身危、其道凶，使其成危鼎。

处鼎体又如何治危呢？处九三在于行革，处九四在于治信。九三行革，为处危鼎而全民革之以去故，非初六局部之变革，正是因为有全面去故之革，才有“方雨”的阴阳和以及“亏悔”的日月交，使君臣不遇之失聪、行塞、不食能形成君臣际遇的局面，使阴阳终能相济就在于能革除其弊。九四治信在于在位举贤、任人唯贤、以鼎养贤三者，居大臣之位必当为国举贤，且贤者要是国中最贤者；任人唯贤而不就亲，在于其位之责以及其肩之担，因为唯贤能成治国之器，非贤不能成器；以鼎养贤，重鼎体之大体方能明鼎体之大义，也才能知养贤之所在，养贤之重才成就了鼎器之重。由此三者治信，“信”必将不言自言，不仅能以此通贤才济邦体之志，还能洗刷折足灾及身之大辱。

德器

六五：鼎黄耳金铉，利贞。

象曰：鼎黄耳，中以为实也。

六五以虚中履尊，而有中德，五在鼎上，有“耳”之象，鼎之举措在耳，为鼎之主，五之中德为离明之中，黄离之色，故云黄耳。黄者，取离之黄离之色；耳，兑之象，指六五；黄耳，因中德而使离明以照呈黄离之色；金者，坚刚之物，取乾金之象；铉，举鼎之物，取巽象；金铉，二有刚中之德，阳体刚，中色黄，故为金铉。金铉者，处鼎之外，则上九象之，若贯于鼎中，则九二当之。五应九二，诚以礼贤，贤进使鼎“中以为实也”，之所以中以为实，既在于五文明得中而应刚，又因二为刚明之大贤，实中居巽体而上应，使相应至善，鼎体养贤有大成。六五居中应中，不至于失正，但以柔履尊，质本阴柔，故戒以贞固于中。

德器。之所以呈“鼎黄耳金铉”之象，在于有德，并使鼎成德器。黄耳，在鼎卦以“耳”言尊，全凭尊位之大德，离明中德以照，使呈黄离之色，如同离卦六二“黄离元吉”之象。除了尊位有其中德外，还有养贤、举贤之明德，任贤、用贤之任用之德。正是明德与任用之德，才使君与贤彼此际遇，又相应至善。再观其所养、所举、所用之贤才，以“中以为实”而确有名副其实之才、德，中则以居中守正而有德，实则以阳充其虚，而有实才，《书》曰：“天命有德，五服五章哉，故退不肖而进贤者，天之命也。”所以值六五爻，尊位中德昭著，以离明之极而成德文明，贤才才德显著，以中以为实而成德之大器，再立成鼎象以成德器，王则象其王鼎，以德昭显，臣则象其权鼎、法鼎，以才堪大用且值金铉之贵重。

序器

上九：鼎玉铉，大吉，无不利。

象曰：玉铉在上，刚柔节也。

上九以阳居阴，处鼎之终，鼎以上出为用，故上九有鼎功之成。九虽刚阳，但居阴履柔，使刚而不烈、柔而能坚，呈刚而温玉之状态，故有玉铉之象。六五承上，君王尚贤，鼎功大成；上九以刚柔适宜，动静不过，来居成功之道，是以大吉而无不利也。胡炳文曰：“上九一阳横亘乎鼎耳之上，有铉象。金，为刚物，自六五之柔而视上九之刚，则以为金铉。玉具刚柔之体，上九以刚居柔，而又下得六五之柔，则以为玉铉。”

序器。以法→礼→德三位一体成序，犹以“德”序为重，以鼎功之成使鼎成序器。从鼎黄耳到玉铉，以德器与序器之成，而有鼎文明至极。上九处鼎之终，鼎功之成。鼎功之成何在？为有以烹养贤、以贤养正、以正立法、以法正序、以序命德之功，以及“鼎”的君子使命、王道使命、文明使命、德位使命、道德使命五位一体之使命之成，可谓功成极大，有独为鼎盛之说。以器言序，在于以正序能节制所有，使其“刚柔节”。言“节”者，大行其生、克、制、化之能事，使其刚柔、动静皆相互节制而平衡，最终使各安其位，各履其序，如道法自然般既周行不殆、独立不改，又履正序而常自然。

法→礼→德三位一体成序，使“鼎”成为礼器，更成为德器；法者，以鼎为法器，履宪法为基，在于以法养正序；言礼者，基于礼制之序，而行各种礼法，王及邦体养贤、礼贤皆是礼法之行，而以养贤、用贤成举贤才之制度，则成礼制，鼎从履宪法之序的法器到礼器的过程，正是鼎文明扬升的过程。

荀子曰：“礼者治辨之极也，强国之本也，威行之道也，功名之总也，王公由之所以得天下也，不由所以陨社稷也。”言德器者，德器之成，在于以君子为邦体基石，而凝君子之大成者为大有卦，故言君子与德者，唯大有与鼎独为盛，有君子与德之体，必为大治且文明鼎盛之体，如此才能践行大君子与圣贤的德之教化，才是德文明以健的君子拼图，以此走向正位凝命大有为，到顺天休命而无为之进程。

正位凝命者，立鼎成德器；顺天休命者，自大有而德服四方。正是因为以德为器，再以德为序，方使邦体出同人君子，继而在同人君子群体中出大贤，故养贤之先，要先养君子，邦体秩序与文明进步需众多同人君子以治，而德文明之健与德器之序需大贤以化，所谓德服天下、盛大丰有，先立铺就文明之路的鼎器，再以德政和德教来普照天下。

离卦：久照之道

离上离下

以明德照四方而服同天下

晋卦崇德推明。以明出地上阳“进”立象，以“康侯用锡马蕃庶，昼日三接。”立卦德，以柔进为义，以日中大明取德照，以得顺而得晋道。经过大壮升华之进、夬制刚进、升晋之进的刚壮升晋过程，呈现晋体之“进”义，阳进成晋终是德进，犹以德为核的三次升华，至晋体使乾坤合用而内外合德，既有内阳化外德，又有外德入内阳的通明过程，以内阳内蓄，外善外积，使晋体大功昭著，大明彰显，晋体坤众亦因德照而受福。

晋卦通过康侯“昼日三接”来表功、彰德、显明而立崇德推明之卦德。康侯前有定邦安国之功，后又以晋体德制而有主明、顺下、得公之治，同晋体明君一起，以君臣和顺而合晋，使德照万民，并以此激励天下有德有功之人。晋卦有明，在于有德，精气神三全内阳厚蓄于内，履晋制全外政善德而外善厚积于外，以内外合德之用全晋卦“丽乎大明”之精神。

“丽乎大明”使明出地上而有离明以照。明照乃德照，以纯粹精神而神主气精德施万物。明德之所以明，在于厚万德，德大且厚，崇德推明而丽。

明德主丽，而成离体。《序卦》曰：“坎者陷也，陷必有所丽，故受之以离，离者丽也。”阴阳互根，陷极必丽，离之火动出于坎水之陷，重陷而聚，聚而生势，阳从阴出，阴盛则火旺，乃负阴抱阳之理。取其阴丽于上下之阳，则为附丽之义；取其中虚，则为明义。王弼曰：“离之为卦，以柔为正，故必贞而后乃亨。柔处于内而履正中，牝之善也。外强而内顺，牛之善也。离之为体，以柔顺为主者也，故不可以蓄刚猛之物，而吉于蓄牝牛也。”

离之为体，以柔顺为主，在于离体以晋德升进而使明德有离明之源。明照乃德照，明文以外，德质于内，故而见离明必是德明。在晋卦，得顺而得晋道，因“顺”德而能升晋，卦中四柔皆晋，下坤体三爻皆顺而上行。离体以柔顺为主，便是基于晋体之明德，以内外合德而全离明之精神，方能使离明久照。

离德根于晋，晋制根于夬，夬根于大壮，大壮进明夷，明夷综晋，使其明从明夷体的地下因德刚壮之蓄而升到地上，成其明出地上而丽明之离体。明入地下以昏隐阳，以暮藏志，虽外明夷却隐刚壮内阳，再以君子升志从大正走向正大而化善政于外，厚德以积，历经大观体、中孚体、涣体，终至夬体以德决而一制决所有，使内德蓄于内，外善积于外，内外合德并用，而发生旦觉、晓知、景明、晋中的明出地上之升进过程，亦是离明以照之过程，更是大观天下行王政而内外合德厚万德之过程。

离照必行大观，为因观而照。大观以明观，无明则无以观，而执天道行王道之德政以大观之道施行，尤其是明出地上但尚未到晋中的离照过程，离明不足，尤其要行大观之政，以中正大观而离明，为照之有方，照之有方则德政丽之有法。先照能照与可照之人，教之以德，待明到晋中再施普施之照，照之以精气，普施予万物。也正因观而照之政，方使离明之照生大德，以德核之驱动，得晋中之离明。在观卦，以“大观在上”察天地之道，再以“顺而巽”入法序之要，以道→法→术→用之王道系统观其所有，行养正王化之道。正是以政见善，以善健德，以正德教化，其德行被民所观，德政被人所仰，而得厚万德之实，有万德之驱动，使德明以照。离者，丽也，因大明而丽；又以离明之照，生德文明之丽。

“离”的四重释义。因生化之性而化生养，故言化；因化而顺，且以德正序而顺，故言蓄；因德盛而明丽，故言照；因文明而文丽，故言美。以化、蓄、照、美，形成对“离”的诠释。

离之化，因生化之性而化生养，故言化；离之《彖辞》言“乃化成天下”，以“天下”言生化之“源”，大道生化本质为道生德蓄大道生生之健本原，因大道本原才有因本原的“生”源，大道依此而“生”。道生德蓄体性合相的大道具足清净、周遍圆明，以真如体如来义显金与阳的延展性，元阳之大畜积生动而有生生之健之势成，此为至阳金性明离之本，或明离之极，以道生德蓄体性合相十方圆明无所不照，无所不化，也是美之至也。以此生生之健依顺而有长→育→成→熟→养→覆生变易过程，再以道生之的恒顺生势贯穿，便有了源——生与流——化三者一体生化，从而生化道→母→器所有域体，包括天下万物。有道生德蓄体性合相的生化之性生化，才“因生而易与依易而化”有其生养关系，所以生化为一切言生养之本。离之化，因生化之性的本原特性，赋予了“离”的本原性，这也是离卦含义深邃之因，其道体至阳金性的明离之本、明离之极便是对玄德的直观描述，正因根植于生化之性，道体德性之本原，故而明离之照可久，为能成其久照之源。

离之蓄，因化而顺，且以德正序而顺，故言蓄；离之卦辞言“蓄牝牛吉”，蓄者，饲养，取巽草，兑口，草在口中而成蓄。牝牛者，母牛也，取坤为牛，《左传·昭公五年》云，“纯离为牛”。“母”重生育，以此言生化和生养，以蓄牝牛治繁衍之序，是基于万物的“生生”之道。继而言“顺”，因基于坤象，故牛为柔顺之物，而牝牛为至柔至顺之物，以驭牛使其性柔而温顺，在于治邦体正序使其民顺，正序顺、民顺则生养顺。取牛柔顺之象，以顺而能正序者，礼也，为履礼序以顺，《孝经》云："以安上治民，莫善于礼。"之所以能制礼，在于有德，制礼以顺德，最终落成以德正序而顺。古之治水成功，必镇之以牛，以示卧牛福地之兆，"牛"以能蓄水生木，而应国泰民安之兆，便是取牛有德而成俗。

离之照，因德盛而明丽，故言照；离之象辞言"以继明照于四方"，明以继照，而久照天下，取其"照"与"久"。离之所以有"照"，在于离火之性炎上，炎之盛而与天同，火德升天而光明，故能照；天与火同，升华同人之象，在同人乾阳明丽，而阴者亦燃，以"柔得位得中而应乎乾"的天火之主，同燃同照，故能大照；大照之明，而生离明之德，又因根植于生化之性本原而能久照。"离"以能照、大照、久照，而具离明之德，徐在汉曰："继明者，无时不明也。照于四方者，无处不照也。唯其无时不明，所以无处不照，是之谓明，明德于天下也。"离明之德从德文明以健而德化天下，从而成德被广施，德服自照之大象。

离之美，因文明而文丽，故言美；离主文，故有礼仪、文明，文明向上，以离言心象。《坤·文言》曰："美在其中，而畅于四支，发于事业，美之至也。"以离明的黄裳之象，而通文德之理，美之至为坤之文德，以文德写照而彪炳文明有成，故离之美以文明之成而文丽，这是美既华又实的写照。离之美，为文明以象，以内文明化成外文明，内文明者，德存于内，外文明者，离明美于外，故而既华又实，实为德文明之至盛。德文明者，精神富有也，以扬于精神而治其大富有。

离明久照之道。丽明必依其生化之性而化生养，无万物之生化与生养，无以从"万物"而知道体德性生化之德与生养之性，这也是离明之所以能照之根本。何以离道有成？在于以德正序，使离道依序而成；以德正序，虽言德，但更以“礼”来充实其里，且发乎于外，离之正序，治于邦，使民顺以及生养顺，继而以正序来养邦、养民、养德，以“离”自有生养之德，而成自照之本。以能照之根本和自照之本，照而久，以长久之养蓄而生化文明有成，继而从内文明化成外文明，以既华又实之美，而言德文明之精神富有。终以生化之性，生养之德，成天下丽明之正道。

离：利贞。亨。蓄牝牛吉。

彖曰：离，丽也。日月丽乎天，百谷草木丽乎土。重明以丽乎正，乃化成天下。柔丽乎中正，故亨，是以蓄牝牛吉也。

象曰：明两作，离。大人以继明照于四方。

卦辞：以“蓄牝牛”之用象言生化与生养之性。

彖辞：从离入性→相→用程式而知久照之道。

象辞：以生化之性、生养之德而德照四方。

离卦，离上离下，为明两作而照之象。离之为卦，以柔为正，柔处于内而履正中，区别于坎之明在内，离之明在外，为以柔顺之德养之，由养以成，故而能丽于正。离者，明也，阴丽于阳，其象为火，体阴而用阳，法负阴而抱阳之理，也是阳之所出且继而阳壮之理。“物之所丽，贵乎得正”，万物莫不有所丽，有形则有丽，无形丽有形，阳丽于阴，气丽于形，神丽于精，圣人丽于道……此所以因“丽”而成文明也。离者，有柔而丽、明而丽、健而丽、正而丽、履礼而丽、德礼而丽，可各从其丽。柔而丽者，牛之性顺而又牝焉，顺之至也；附丽于正，必能顺于正道，有正而丽；丽者明也，因离火照而明；火性炎上，阳从阴出而壮，阳壮而明，有健之至也；万物各得其丽，皆因礼而正，故履礼而丽正序；万物莫不有所丽，有能履礼而正序，故行德礼之道而丽，正是离之大义。

“日月丽乎天，百谷草木丽乎土。”因日月有序而知“天”之自然法序，因百谷草木而知“土”的生养之性；天，生化万物，垂之以日月象；土，生养万物，呈之以百谷草木；日月者，法序之外象，百谷草木者，土性生养之外象。以日月、百谷草木之象，言生化之本和生养之性，以此呈生化与生养之情状，以性→相→用程式贯穿，以“天”言生化之性，以日月为天的法序之相，以土为生养之内相，以百谷草木为可见用之外象，内相之土性，以外象之用以藏相法则的内藏外象可见之；天道生化之性——玄德与圣德之性，以藏相法则的内藏内相可见之。而“丽”正是藏相法则以性→相→用程式贯穿之景象，故言丽为“丽”而有法，且有法度，藏相法则的“藏”之性与法，只能通过其“用”象——百谷草木而见之。言丽者，性→相→用程式转换之机要也，以“丽”连接性与相之法序，又以“丽”转换性、法与外象之间的联系，从而各丽其类，各丽其正，各丽其序，以百谷草木可见之外象，丽其自然法序之礼序，以及天道生化之性的德礼之道，正是丽之大义。

“重明以丽乎正，乃化成天下。”重明者，上下体皆离也，上下者，内外也，为内外皆离，内外皆明，以内外之无所不包和无所不达，来以此言无极而太极道体。无极而太极之道体，为周易易周程式在圣域和圣化凡域，在道→母→器程式中，在圣为“道”域，圣化凡为从道域联系“母”域生化“器”域的生化关联。道生德蓄体性合相的大道具足清净、周遍圆明，为至阳金性明离之本，或明离之极，以道生德蓄体性合相十方圆明无所不照，无所不化，也是“重明”之大丽，而美之至也。何以能“化”？大道生化本质为道生德蓄大道生生之健本原，因大道本原才有因本原的“生”源，大道依此而“生”，因生而化，故而成生化之本原，化成天下者，正是基于生化之性而化，天下者，以天下之大体言万物或所有，为道→母→器程式中的“器”域，而生化之源为“道”域，“母”域者，正是“丽”释义下的生化转化之机，以太极临界态而言浑沦相。正者，基于道体德性之本体哲学，依道性之作用，而有法序哲学下的正序。离之化，根于生化之性，又履法序之正，故而成其能化之因，也是离之久照之源。

“是以蓄牝牛吉也”。从性→相→用程式而言，以“蓄牝牛”之用和用象，言生化与生养之性，正因处处不离本原而日用不知，才法天下之正序而可用，现状能明其知，在于以外用而贯穿本性。蓄牝牛，正是离卦呈现的天地之大用，在于以附丽言柔顺之德，此柔顺之德，正是坤德，因有生化与生养之本性使然，方可顺其“性”而能有为，法天下大道而师法、取法之，是以行天下正道而用之，故而有吉。

丽明以照，可通晋卦。《杂卦》曰：“晋，昼也。”为明出地上的白昼之象，白昼者，阳、明之渐长，基于大壮四阳并进而气盈则进，故而言晋。晋卦以明出地上阳“进”立象，有大壮之进、夬制刚进、升晋之进的“进”在外，又有德核驱动，因德的三次升华而至晋体而“进”于内，再以内外合德，使大正之进在晋成明德。卦中六爻四柔二刚，以柔顺为善，以刚猛为戒；下坤体三爻皆顺而上行，卦中四柔皆晋，在卦中，初六贞吉无咎，六二贞吉受福，六三允升悔亡，九四鼫鼠贞厉，六五吉无不利，上九晋角贞吝。晋卦言升华，从明入地中之明夷到明出地上之晋，皆有“升华”之实，尤其是德为核的三次升华，使晋体以明德昭著，既是晋体德化有方，又是晋体文明之兆。

晋卦以“康侯用锡马蕃庶，昼日三接”立卦德，晋卦之康侯恰是夬卦之九二，在夬卦，九二内怀兢惕而外严诫号，以呼号之告，既知危厉之所在，又尚武作讨伐之准备；九二以中正之道，同九五一起，集众阳而举公决，经过扬于王庭之德决事件决出夬制，且率先将夬制应用在私邑而自治，以此而有定邦安国之功。晋卦以“昼日三接”彰显晋体崇德尚明之新政，既以彰显康侯之功德，又以此激励天下有德有功之人。

康侯以顺德顺晋卦明君治国，而主臣道大明，臣道大明则有进位之极。晋卦崇德推明，是晋言“进”之所在。晋卦以德晋之核，驱动君子之进以及晋制之进，使晋之大明能显明。君子之进，进在大明德与升志之进。从治君子的身德之终与位德之始的“终始”过程言修身健德与进位，有健德君子以进，成进位君子与当位君子，值晋卦，为进位君子与当位君子大得志之时，以主臣道大明而有进位之极。康侯不仅从臣进而封侯，更有其尽治世安邦之能事而当位且当政，使其以居臣之道而明照天下，故而能配位其大德，又能称位其德，能以臣道的明德照天下，是为臣之极，也是大德之盛。明出地上之晋，从在野君子、进位君子、当位君子、臣道君子之进位过程，以臣道之大明，进而晋，有了除天子之外的君子晋进之极，当然也是为政之极，位德之极，更是臣道文明的荣耀之极。康侯晋进而际遇明君，便是以逢为君之明与臣道之明，以此明两作，上下呼应而共照，这是天下大治之盛，万民之幸。有如小畜卦独言贤臣，也有比卦、观卦大言明君，而君臣相呼应成明者，尽在离卦与晋卦。

所谓“君子以自昭明德”从离与晋而言，明德已在身，自昭者，为以大德而自照，施德行教化，以显德而宣德，以昭之盛而照之盛。《程传》曰：“乾坤之外，云元亨者，固有也。云利贞者，所不足而可以有功也。有不同者，革渐是也。随卦可见晋之盛，而无德者无用有也。晋之明盛，故更不言亨。顺乎大明，无用戒正也。”晋体与明夷互综，明入地下谓明夷，无论是用明用晦，皆处不同时、不同位、不同际遇而行为臣之道，晋能进位得志，明夷则不得其时，不得其位，君子与臣处困志、困位之当时。郭雍曰：“晋卦取名之义，与大有略相类，大有火在天上，君道也。晋明出地上，臣道也，以人臣之进，独备一卦之义。则臣之道至大者，非康侯安足以当之？”

离以“文”言文明，可通贲卦。文明者，贲也。贲卦以“亨”立卦德，在于贲有亨通之能。利有攸往，利在制决所有，序载所有之功；小利有攸往，贲卦德序与德文明皆以德为核，德以内守正固为大正，故尚静戒动，凡将动，皆以明而动，使动而亦能正固。在贲卦，外聚势成山，内德刚壮成火，再外山内火合用，文饰以外，刚质存内，又文又质而成贲体。贲卦以聚王道之德政成山于外和集内德刚壮而成阳火于内为内外卦体。贲卦言文明，终以集诸文明之成而建制成序，以法、礼、德三者成制，又以法礼德三者成一制正序，而一制便是德制，一制正序便是德序，从一制决所有升华成一序载所有。德制之建，起建于比卦，成于夬卦，升华于晋卦，成序于离卦，以贲卦文明之成，而成德序。贲卦聚晋制离序之功使外政能自养并正固内阳，而有德政文明。

王道之德政成山。德政在外，外聚成势，势而成山。从大正走向正大执天道行王道德政中，经过德政之累积，自明夷无明而治，使德政之治道已聚势成山。贲言山者，势大而不动，根基稳固，方使万政繁琐在外在，在制与序的统领下而渐归于静，当外政得静，则从艮之止。艮者止，以制和序来止所有繁杂琐事，也是一制决所有之谓，贲卦以一体之功，以成山之聚势，止外政而得静。当外能静，其外善之德被消耗甚少，入内则蓄内阳。晋卦与离卦皆言厚万德，在于有万众之多，及有万政之繁，以一制止万而得静，为聚制、序之势的成山之功，当外政得静，便能与内阳精神渐融合，而体用一如，外善入内阳，内阳化外善，乾坤合用，内外合德。

内德刚壮而成阳火。贲卦聚制、序之合而有成山之势，山势参天而通乾气，乾气刚壮行健，入内固其阳，形成内德刚壮而成阳火的贲之内体。历经晋、离二卦内德外政之晋升，使一制厚万德的德政之功能化阳德，当贲体止万静的临界时位到来，驱动了内外合德。内外合德意味着在贲卦德政之外善，依晋制离序之功，使自政能自养，且还有外善化阳德入内，正固其精神，这便是阳火之来源，也是“质”成于内之因。

内文明之火照明夷。明夷无明而暗黑，值贲卦内德刚壮成阳火而有明。纯粹精神之元神之体，因内外合德，精气充盈而放大光明，使暗黑而能照，明夷本无照，内文明成火而能照，此火为无明且质之阳火，发乎于内散之于外，故曰“柔”，以柔性明外物情状而洞悉于内，且外物皆能披被其离火光彩而显外物之质，外物之质显在外，明在阳之内，使内外通质。内火照明夷使内外通质，应有睹物而见性之成。“柔”者，柔性也，德性以刚成，以柔显，文以外，刚以内，乃象由性显。柔，从德政而言，履法、礼、德三者之制治万政，虽制刚，但履制以政，而有施政之柔，这是贲卦德政之柔性。柔，从德文明而言，文明出柔，德文明以“文明”化柔。从贲之德性而言，内阳与外善皆无色而显柔性，亦是贯通贲体内外之柔性。

“观乎天文，以察时变；观乎人文，以化成天下。”乾质坤文成其贲卦之刚柔交错，使其能文明以内而文饰于外，并以乾坤同用而有德文明之成。贲之天文，有明夷暗黑不见到照明能见之过程，亦贯通晋照、离明之过程，为以“时”贯通于体；贲卦德文明基于诸文明之成，在于文明有位。贲卦德文明之成，以德文明贯通各卦治道而化成天下。能化成天下者，唯德以生化之性而有生化之功，

文饰之道。本性者，化成天下之源，为本质之质，为乾阳之本，也是天文之所指；以乾阳之本而离火以生，火生而照方有文饰，为外用之象，为离火之文、艮止之饰，也是人文之所指。文不胜质，为文饰之至极有为，也有为有限；而质不害文，更能显文，以本质居其内，能以外文明而知内之质文明，以此成其贲之文饰之道，既可增其光彩，又可因物之光彩言使其光彩的明照之本。山下有火，物类华美，以文饰之道而通本与末，本者质，刚也，末者文，

柔也，刚柔并济而显明慎并用。

“离”的四种释义治四种文明。因生化之性而化生养，以“化”治本性文明；言本性文明者，在于识道认性，无论是离卦还是贲卦，均以辞言“化成天下”，大道之所以能化，在于道生德蓄之本性，在道→母→器程式中以道域生化器域，天下生养于土，以土性而言生养，皆要明其“性”，离之化、离之美、离之明、离之照……皆根于生化之本性，因其本性文明而成久照之源。

以臣道之能“蓄”言生养，治社会文明。无论是从“蓄牝牛”还是“康侯用锡马蕃庶，昼日三接”，皆首言治顺德，以柔顺之德所贯穿的性→相→用程式，以蓄牝牛的天地之大用而言生养之能事。邦、民之生养，在于君德居上以大德照，君子进位且当位以辅，君子晋进而又际遇明君，以为君之明逢臣道之明，以此明两作，上下呼应而共照，社会以治当如是。之所以以“离”之蓄义言治社会文明，在于离之义在人事最大，《程传》曰：“八纯卦皆有二体之义，乾内外皆健，坤上下皆顺，震威震相继，巽上下顺随，坎重险相习，离二明继照，艮内外皆止，兑彼己相说，而离之义在人事最大。”所以“蓄”者蓄德也，君蓄明德，臣蓄顺德，以进位之当位，主臣道大明而有进位之极，社会文明便能渐养蓄而壮大。

以德盛而明丽之“照”，治王道文明。言王道系统者，观卦以呈，也正是因为观卦行养正王化之道的积累，再以有为之善政，行无为之教化而治“天下服”，而王化天下，德被四方，需离明以照，万物无照不生，无德不序，以德礼之道履礼以正序，健德文明以序而成离，故以“离”之德盛而明丽，言君德以照。正是因“照”而生德文明之丽，其功在于以道→法→术→用之王道系统而观其所有，其德行被民所赞，德政被人所观，德性被君子所仰，再加上为君之明逢臣道之明，君臣际遇呼应之明两作，治社会文明蓄而壮大，更有德照之继大，而德曜于天地。

以文明而文丽之“文”，治德文明。言德文明，为前三种文明之集汇与沉淀，尤其是为君之明逢臣道之明，以君臣际遇治万民生养，以道→法→术→用之王道系统健德，从本性之德到外象所显之德，以其本末贯穿，便是德文明之健之极也，故而生“文饰”来积累与沉淀德文明。文者，圣贤以通本而达末之明，治其经典也；饰者，以经典对德性、德行、德政、德位以“离明”而饰之，以无为之言，言德之无不为。以文治德文明者，在于以性→相→用的本末相成、文质相资，以文饰之道传承文明，德文明得以弘扬和传承，以文归质，更是以“德”普世之所在。

不久之照

初九：履错然，敬之无咎。

象曰：履错之敬，以辟咎也。

九三：日昃之离，不鼓缶而歌，则大耋之嗟，凶。

象曰：日昃之离，何可久也？

初九以刚居下而处明体，阳居下而志欲上进，离性炎上，志在上丽，几于躁动，故有履错然之象。王昭素曰：“处万物相见之初，履错杂之时。”履，《说文》云：“履，足所依也。”又云：“礼，履也。所以事神致福也。”以足所依之践行，言践行之礼；其履错然，谓交错也。初在下，虽阳但无位，虽未进而迹已动，动则失居下之分而有咎，能明其身之进退，方是初九所丽之道。其志既动，不能敬慎，则妄动，是不明所丽，乃有咎也，故妄动且不知敬慎则不久。孔颖达曰：“身处离初，故其所履践，恒错然敬慎，不敢自宁，故云‘履错然，敬之无咎’。若能如此恭敬，则得避其祸而无咎。”

九三过刚而中，重离之间，前明将尽，时不我与，志不我得，故有日昃之象。《程传》曰："九三居下体之终，是前明将尽，后明当继之时。人之始终，时之革易也，故为日昃之离，日下昃之明也。"昃者，《说文》云："昃，日在西方时侧也。"为太阳西斜之象，谓处重离之间而前明将尽；鼓者，取震之动言敲打；缶者，瓦罐；耋者，老年，《说文》云："年八十曰耋，字亦作耋。"取下体之终而言老。嗟者，哀叹。鼓缶而歌，为乐其常也，达者顺理为乐；大耋，人之终尽，达者则知其常理，乐天而已。值人之终尽之大耋，盛必有衰，始必有终，皆物循环之常道。

不久之照，并非言照之不久，而是取不久之象来言变。因变而不久，识变之理并通变则能久，不识则为变所累。初九居离之初，处事之初故而不能明久与变，又有志心上进，故而躁动不知离明之礼，而有履错然之象。九三以"日昃"和"大耋"喻心之昏，心德昏则困而不久，盛必有衰，始必有终，要识常道与知应变，才能不被不久之照所累。如何识变并通变呢？为以敬养德，敬则有静，因静而生明，故敬者为养明德之本，敬则明，不敬则昏便是如此。处明要知明之本，履明之本在于敬德，常错然警惧，以进德修业。赵彦肃曰："能敬，则动与物交，皆天理也。不能敬，则役于物而生咎矣。日出而作，故发此象。"

昃而警。相比晋中德照而离明，发生昃象应该引起警觉，应知离明将弱，必然是德核驱动不足，亦或阴妄消耗太大。九三心之昏便可引起昃而警的启示，正固之德因心之昏，识神妄行而被消耗内阳，这是引起昃象的内因——正养不固；在离明的大观新政下，新问题的出现以及制度更新未得及时，法、礼、德三者必然出现无法履制，导致德政不足或有失，这是引起昃象的外因——善德不足。不久之照，要警醒致不久之理，更要遵循不久而变之法序，从明入地下之明夷到明出地上之晋，经过旦觉、晓知、景明、晋中、昃警、昏暗、暮没之过程，皆天地自然循环往复之天理，只有师法与取法自然，方能洞悉于明夷时利正固以及于晋明时利厚万德之理，而找到处卦体之治道。所谓乐天知命亦要静而养德，唯知养德之使命方为得正命。

文明之照

六二：黄离，元吉。

象曰：黄离元吉，得中道也。

六五：出涕沱若，戚嗟若，吉。

象曰：六五之吉，离王公也。

六二阴柔居中得正，为丽于中正。履文明之盛而得其中，故曰“黄离元吉”。黄者，中之色，喻文之美。俞琰曰：“九三言日昃之离，六二其日中之离乎。居下卦之中而得其中道，故比他爻为最吉。六二盖离之主爻也。”以文明中正之德，上同于文明中顺之君，所丽“黄离”，尽得附丽之道。

六五以阴居尊，以文明之德而阴柔丽中；然不得其正而迫于上下之阳，在下无助，独附丽于刚强之间，处危惧之势；因忧虑之深而至于戚嗟。之所以会出涕戚嗟，在于极言其忧惧之深，也正因知其忧畏，能省察深戒而自恃守正，因守正又自健文明之德而获六五之吉。六五之吉，以其德，丽得王公之正位而泰然不惧。蔡渊曰：“坎离之用在中，二五皆卦之中也。坎五当位而二不当位，故五为胜。离二当位而五不当位，故二为胜。”

文明之照，在于既成离明之文明，又有大德而能照，两者兼具，在六二与六五，二与五皆卦之中。二治文明，五治德，君明臣贤从而君臣呼应。黄离元吉同黄裳元吉一样，皆文明之象；只不过黄裳元吉之美之至发乎外，如同衣裳，而黄离为离乎中，明丽之火从内而燃，皆得大文饰；既能本末相成、文质相资而美之至，又能以文饰之道以文归质而传承文明。

之所以能治文明以照，在于六五以位天下而身天下。位天下者，居尊位所丽者为天下；身天下者，以切身之受感万民之受。正因如此，六五才出现因忧惧之深切而至于戚嗟，身肩天下之重担，而不忘其责。所以六五身德显著，位德满盈，德盛而能照。二五呼应以大德能照而文明使然。

六五之戚嗟对比九三之歌嗟，九四之突来，为以明德盛对比明德昏，六五盛明之至，哀天下也，而九三与九四皆昏暗且性情荡，是故而有灾患至，也正是以此为对比，方能知六五之大德难行能行，为君子身合于天而行丽于道。郭雍曰："离之六爻，二五为美。五得中而非正，柔丽中正者惟六二尽之。黄为中之色，而德之至美者也，故言元吉。其义与坤六五相类。"

之所以能成其"文明"，就在于内外皆显德，内有黄离中道之德，成文明之大象，外有六五以尊位忧戚天下之心，为心怀天下之德。此两者之德，黄离中道之德既在于德政，又在于德序；六五尊位之德为德位法则特显的称位之德与配位诸德，而成其大德。之所以称位，在于以尊位怀天下且哀天下之疾苦，以位而称；之所以配位诸德，"离"的化、蓄、照、美等释义所显诸德，皆在尊位以显，来配其尊位。

心怀天下，倍感天下之民尚需德化以照，此为"为公"之大德，文明以照之，在于以心之大德而照，以文明言，必是德文明之盛，方能成其"照"，也必为大乘之德照。

去恶之照

九四：突如，其来如，焚如，死如，弃如。

象曰：突如其来如，无所容也。

上九：王用出征，有嘉折首，获匪其丑，无咎。

象曰：王用出征，以正邦也。

九四以阳居离体而处四，四为出下入上之位，以离下体而升上体，在继明之初，故言继承之义，在上又近君，更是继承之地；而九四以刚迫之，刚躁而不中正，且重刚以不正，如此刚盛之势，既突如而来，又无巽让之诚，以非善继者而失继明之道。“阳刚、不中、不正，尽失附丽之道也，世所不容，众叛亲离，焚如、死如、弃如，皆覆灭之辞。刚暴，如火化物，是谓焚如。忤逆，上不施生，是谓死如。众恶，不容于世，是谓弃如。”

上九以阳刚居离之极，刚明及远，继明已成；以阳居上又在离之终，明则能照，刚则能断。能照足以察邪恶，能断足以行威刑。震为王、为车，离为甲兵、为火，兑为毁折，呈王用出征之象；君王出征，有功嘉奖，斩灭敌方首领，“在人心则为克己而尽其根株，在国家则为除乱而去其元恶。”《程传》曰：“故王者宜用如是刚明，以辨天下之邪恶，而行其征伐，则有嘉美之功也。征伐，用刑之大者。夫明极则无微不照，断极则无所宽宥，不约之以中，则伤于严察矣。”

去恶之照。九四叛逆不照，不仅以非善继者而失继明之道，还因以刚盛凌烁之势承六五阴柔之君，以刚迫大德之君，且气焰焚如，故而成恶；九四因其焚如之性，成恶，才招来死如、弃如之祸，章潢曰：“明之于人，犹火之于木。火宿于木而能焚木，明本于人而能害人，顾用之何如耳。九四不中不正，刚气燥暴，其害若此。”其恶在于所行不善，而成逆德，必然众所弃绝，并必造被祸害。

六五之大德有目共睹，且忧天下之心更甚，六五戚嗟之因多半在于九四焚如之性以刚迫之，而六五又知德懂礼，以大顺之德比照九四之逆德，而使天下无所容九四之恶行，惩其恶之去恶在所难免。

去恶之照者，以六五大德照九四之逆德，使天下皆见其恶，以无所容之视前来除恶，去恶是为了存久照之道，以此共知德而享德。上九去恶，在于上九以其刚明来察奸除恶，以“王用出征”且“折首”去天下之恶，而且是去恶之首，以此正治邦国。上九威震而刑不滥，虽去恶，但不滥刑，故而能处无咎之道。

去恶在于久照。所谓继明者，在于使其光明能明久不息，呈久照之势，去恶在于存善，存善处离在于久照。九四之恶在于未经修持的阳之躁动，因其不明以及不位，而成其恶，其恶在于卦体之内；上九除恶在于恶在外，为未经过德化与德照之恶，为蛮荒之外恶；去九四之恶，在于正内序，上九去恶，在于以正体序而服同之教化。上九所除之外恶，既无启蒙的可能，又无归附于丽的可能，还成其恶，故而只能以武力伐之，且以王用出征，行王道正义之师。正因有其恶，才能去其恶。

处离卦文明之盛，也有其如九四之叛逆者，还有外恶这种异类；不仅如此，处离文明之黄离元吉之当时，也还有九三不如意者。其去恶之行径，并非不能存异，而是值存异之久，以革体去故，又以渐养之道予以养正，还经观体以观天下而教化……累积种种正道以及德化之道，又以处离文明之极至，尚不能德照教化，谈何存异之可能？存异并非不可，关键在于他们行恶，九四以刚迫尊，损其尊位大德，伤其离文明之颜面，才招来死如、弃如之祸，况且所自招之祸，已为天下所不容之势，乃他人行去恶之善举，非王灭之。

去恶一事，在夬卦五阳决一阴的“扬于王庭”德决事件最为显著，尤其是以德决出夬制，面对明夷与涣难为祸已久之现状，在生死存亡之际寻求长治久安之道，九五主夬，五阳并进，以夬制去恶，尤其是阴小之首领，虽言决阴去恶，实际以夬制之刚，使其皆能履制以体制决之。夬之九五以中行之德，行“健而说、决而和”之和道，文偃刚暴，既主持以阳决阴，又使阴存，虽治刚而不杀，决阴而不尽灭显王道之德。值晋卦生内乱，上九自邑之阴众，为夬体未灭尽之苋陆之物，阴而不明，见晋卦柔顺之阴皆能晋，值上九晋其角时，欲同晋，却不知阴而无德亦不能晋，故而生出内乱，上九伐邑治内，以晋之刚制使内顺而晋。

夬卦九五、晋卦上九与离卦九四皆有去恶之行径，皆舍去了刚暴之兵事，而崇尚以制履和道，兵戎且战，以行杀伐必将是陋政，革依夬出，从以德政布施恩泽于民，到离明以照行德化之政，善政由来已久，况且值离文明亨通之际，以德政施禄及下而新民，方为长治久安之道。

六五忧惧深切之戚嗟，便在于冥顽不化之阴类无明以识德化之政，无明德顺承比卦、夬卦、晋卦、离卦能一制决所有之美制，更无从明晰一切离明之路皆是厚德万积而来，阴小之类，不知健德，更不知顺承离明王化之政，却以异类自处，故以掩面自悲伤而忧天下。之所以有天下丽明之正道，就在于以明德照四方而服同天下，服同乃以智同，非软弱之同以及不能惩恶扬善之同，去恶在于存善，存善扬善在于久照，而久照乃天下万民之福。

同人卦：志通之道

同人：乾上离下

志通同人而致通天下

鼎卦立君子使命、王道使命、文明使命、德位使命、道德使命，以此凝君子天命，使天下君子正位居体，发乎从正大到大同之事业。正大之事业与大同之理想，犹鼎器之重不可移。器之重且大者，可举鼎，而鼎器之大者，唯通志，以君子个体之志通天下君子的大同之志。

以志立鼎，用志作鼎，当进志并升志，继而志通天下君子而志同。同者，正大事业之同，大同理想之同，德文明精神之同。志者，以小全大之大器，德文明以健之鼎器，致通天下之利器。

在泰通文明样式里，围绕通泰与否塞之核心，从天地、上下、内外、君子与小人四重德位位域呈现交易法则，从道法之序、邦体之序、往来之序、正邪之序呈现往来秩序，以交易之质和往来之实，裁节调度并施为有方而大行德政，通过德政其“志”、其“大”、其“明”、其“诚”、其“愿”、其“极”，呈现德政之大治道。

德政之治道在晋卦因崇德推明而光大，在离卦因自照与能照而普照，在贲卦因文明与德政合德而升华，在鼎卦从晋制离序汇通鼎器而凝命。所凝之命，乃从正大到大同之事业，从光明之道、德照之道、文明之道、使命之道所汇通的正大事业，进往志通大同的天下大有之道。正大与大同的区别就在于正大在乎德政治理，而大同在乎德文明构建，在大同的内文明与文明合德合功而盛大丰有的过程里，必以正大之事业为基础。

同人卦，乾上离下，为天下有火而同人之象；同人者，天在上，火在下，乃火性炎上与天同之象；五居上体正位，与下体二相应，为中正而应上下相同之象；卦体全阳唯下体离有一阴，且阴二与五正应，有与众阳应志而同志之象；天火相同而照于四野，有天下无所不同之象。大者，阳德之大；有者，德化后德服之有，为德被四野，无所不照；德服天下，盛大丰有。

《序卦》曰："物不可以终否，故受之以同人。"《程传》曰："夫天地不交则为否，上下相同则为同人。与否义相反，故相次。又世之方否，必与人同，力乃能济，同人所以次否也。"在泰与否两种截然不同的文明状态里，阴阳以其盈虚会相互转化，内外之往来也会因德位变化而此消彼长，物不会终安，也不会终乱，无论泰与否，皆应以德政倡天下正道。正因如此，才以德文明之同，带来德被天下之照，以天下大同的德文明之健，而有同人卦与大有卦之天下大同。

同人卦取"野"象。野者，旷野与在野；旷野者远，在野者边。首先为"野"之所起，此"野"为非朝廷当位者的在野君子，以野言边远之位，众在野君子以济邦体否塞不通而起于野，野之所起者为由野济否。在野为何会有君子？在大过卦，因大过之难，称位君子或卑以居下，或远遁阳外，以远遁避祸只求自保，远遁居于野，为大过遁野。在坎卦，因重险之难，通过居坎，习坎，通坎，师坎，而达用坎，经过三坎三炼方出维心君子，而维心君子乃深陷坎难，流落山川丘陵而遭受坎炼之人，以自身苦难尝尽行险终致大明，亦陷难而在野，为维心于野。在贲卦，聚王道之德政成山于外，集内德刚壮而成阳火于内，以山下有火照见山上草木百物，使其外物能披被其离火光彩而显外物之质，贲卦无大明照于天，而有内明照于外，以质通文使见草木品汇，内文明照于山野，谓文明照野。从大过遁野、维心于野、文明照野的三种不同方式，诠释“野”有君子，且皆是通明而又称位君子。

从难、祸两者之君子，以及文明之君子，为君子出处的不同两极。以此两极汇同天下君子，皆有大明，明则知正大之事业与大同之理想，必当进志而通志。在同人卦能同人于野，在于志同，从正大之小志，进往大同志皆同之大志。志，起于治君子，当通过治君子九德系统治君子有德时，君子以德通明，继而立志，且以明志合用而有称位君子之实。在易之全体，有患、祸、灾、难之体，还有时、位之变，皆使邦、民应难不说，还使正大事业大受创伤，故君子立志济难乃君子首质，继而进志谋德政，升志取正大，再通志向大同，形成了君子之志阶。

君子履志阶，因健德有明而立志在九德系统，进志革、渐、明夷，升志在升、晋、鼎，固志在大壮、观、夬，又戒失于震，尤其以震之大器应大用来激励君子当致通用大志谋大德，而非居德失志且自招祸患。之所以有患、祸、灾、难之体，以及时、位多变之易，在于君子失志败德，以及民众不进志健德；失志败德的过程中，常以失志在先，以失志失正，继而失德。君子失志于祸患八体，无非是志不固而受阴蛊，阴惑而乱正，乱正则小过，小过则使剥落，落而剥将失德，失德则刚外来，刚外来则灾妄致恶，恶佞为祸则诸事未济，以此形成了不正之患、蛊惑之祸、乱正之祸、小过之祸、剥落之祸、无妄之灾、恶佞之祸、未济之患的祸患过程。虽然失志招祸患，但君子治明又健德，交感以致通，又蓄德养正，继而随蓄德养正而进志并升志，使志固且能升华，方在同人卦以志取正大而通志大同。

《杂卦》曰："同人亲也。"同人以乾阳健不舍离明，而有亲比和同之义。同人之亲，亲在宗同，以同人于宗的宗法关系超越朋党结党趋利之关系。同人之亲，亲在志同，以正大事业之同升华到德文明精神之同。同人之亲，亲在德同，从崇德推明中正大观天下到离明以照天下，皆以德贯穿本末，贯穿内外。

众志同，则由野进德，德合，故无有不应，更无有不助，为由野进亨；亨者通，济邦之众德如火炎上，成其离之光明，此离火光明遍应众阳，众阳皆应，而通天下之志，志同则明，为由野进明；明者，照也，所照者，火德与乾阳之德，为以明照暗且照之四野；同人于野，遍应众阳，以光明所照"能通天下之志"，继而无所不照；照者，德也，天下众人秉德而自照，照之四野为德被四野，故为以天下照天下，同人德被四野，而无所不同。

从"同人于野"的野之所起，历经由野济否→由野进德→由野进亨→由野进明→照之四野→德被四野→到同人于野而无所不同，同者归也，四野所归归而尽有，故成"大有"。大有者，至无所不归而无所不有。大有虽未言"野"，却以天下尽归而含野。

何言有归？德被后德服也，德被四野而德服天下，德服之果，在于有德被之因，这是从同人到大有所呈的因果之道，无同人之治因，则无大有之归果。之所以大有言顺天修命，为言因果也。自天佑之，何以可佑也？为广积德善而自作善因，以广修善因而恒顺因果，自然吉无不利。正因为有同人健德普照的德被为因，故而有大有德服之"元亨"之果，"元亨"者应道元通本性，以德文明构建——天地人三才合德而治之于精神，精神者，归终于道统之本体，唯道统之本体精神成其盛大丰有，光耀苍穹，圣德显彰。

同人卦围绕志同、宗同、异同、德同、服同而健德与修善，从天地人三才合德之德文明构建，到遏恶扬善、修善因果之德教，以善因顺其因果定律而吉无不利，出现“同人于野”而无所不同、“盛大丰有”而无所不有的“大同”之境。

同人于野，亨。利涉大川，利君子贞。

彖曰：同人，柔得位，得中而应乎乾，曰同人。同人曰，同人于野，亨，利涉大川，乾行也。文明以健，中正而应，君子正也，唯君子为能通天下之志。

象曰：天与火，同人。君子以类族辨物。

卦辞：从由野济否的野之所起，到德被四野的君子正道。

彖辞：德被天下而同人的德文明之道。

象辞：以德位治则通志而行同人大治。

同人卦，乾上离下，为天下有火而同人之象；《程传》曰：“为卦乾上离下，以二象言之，天在上者也，火之性炎上，与天同也，故为同人。以二体言之，五居正位，为乾之主，二为离之主，二爻以中正相应，上下相同，同人之义也。又卦惟一阴，众阳所欲同，亦同人之义也。他卦固有一阴者，在同人之时，而二五相应，天火相同，故其义大。”在野君子从由野济否始，继而由野进德，众君子之志升成火德，日出而地光明，日升而天光明，故离与天同，二气相合，众阳皆应，有君子皆同而同人；同者亨通也，以通天下之志而合群济难。同人不仅内明外刚，且二与五上下相应，内外皆正位，阳刚与离明之德正盛，在同人卦体中，三四两爻取人象，且三四两爻皆阳与乾同，“以人爻得中应。而上下得正应。故名同人。”同人者，除应乾而同外，亦有众人同，究其卦义，有志同、宗同、异同、德同、服同之大同人之义，为天下众人及所有而无所不同。

“同人于野”。同人卦与大有卦皆有取“野”象，大有言野而不表，虽不言野却含在四野皆服天下同归之象里。其“野”之所起为由野济否，否者，不交不通且小人当道以阴逐阳，治世君子既无位又不得天时，故而皆隐遁于野，这也是为何在“野”有君子出的原因。当否之久矣，必有否极泰来之时与天地、阴阳转换之机，当天机与天时具备，君子当自明，故而有君子进志，并以此进志通天下君子之志；众君子志通，则刚健阳气不断被输布，在同人之初，成就复否成泰之治。后以小往大来之泰通，以阳涵阴，养其阴者不明，继而“能通天下之志”，由进德转为进亨，当天地、邦体上下、内外皆亨通，君子以济邦通之志升华为火德照在同人之下体。由此，从在“野”转为当位，而在野之“野”也因照而明，同人之域体当成。同人之卦成，天地人三才合至德文明以健，成其天下有火并与天同而共照四野。照之四野为德政普施而德被四野，所以“同人于野”出于野，而落于野；出则为天机与天时具备而君子出，出君子济邦之志和刚健阳德，落则为天火相同德政普施于阳德普照。

同人之“亨”。同人之亨通者，有复泰之交通、进志之志通、人同之人通，健德之通、德照之通等，其首要为复否成泰之交通，在同人之初，由否反泰，故而延续泰的四重位域之交通，这是同人亨通之基。志通，在同人卦，从同人于野的由野济否进志，通过泰通之基，进而有君子之志自通，君子通君子之志为其小同，这个“同”在于君子以刚明之德而自明。在同人，君子当位，阳德通泰能以阳涵阴，养其阴者不明，为小同进而通天下之志成其大同，此为志通而成其大同义，有阴者亦同后则无所不同。人通，人同者亨通也；在同人卦，有同人于门、同人于宗、同人于郊之同。在卦爻中，三四爻取人象且与乾九三、九四同，所谓同人者，不独于其他人众而同，人皆千差万别又何能同？为阳刚之性皆同，其阳刚之性我与乾同，人与我同；又因阴阳并存，有阳同，必有阴异，阳同者，君子自当类同，而阴异者，小人当不同；只有当小人亦同，才能大同，故必须取小人之明，小人明才能趋同，所以要以阳涵阴，养其阴者不明之异同，以“能通天下之志”而小人皆同，小人皆同故而有天下之人皆通。健德之通，同人卦以君子当体，故自具阳健与刚明之德，又因六二与九五大得位，具位德；下体为离，具离火明丽之德，又有君子之志升华为火德，具有火德，在整个卦体有天地人三才合德而成德文明之健；最终因德文明以健而有健德之通。德照之通，从德文明以健，德政普施，而有德文明照之四野，“同人于野”落于野，在于德照之通。

“利涉大川”。在同人卦，人心皆同，且无险阻，故无往不利，而利涉大川。对比比卦、小畜卦、履卦、泰卦、否卦等，虽有治，但治在卦之当体，并无有“同”与大通，皆不利涉大川或不能涉大川。在比卦，建比制而使天下融润，一个利于“元永贞”的比卦体制开始思考并建立，邦体结构尚孱弱；在小畜卦，从政见协商未成之乱中定礼虽小有蓄聚，但毕竟蓄者微小而无大积蓄，邦民实力不足；在履卦，虽健礼制以除“虎”患，但邦民践履礼制非一日之功，邦序尚不稳；在泰卦，虽行德政以治理，但时有否塞相互转化与往来之忧，君子与小人之道此消彼长而无同。

故利涉大川的基础，在于邦体结构稳固，治理秩序稳定，无内部矛盾和外在忧患，更要有礼制、德政等施政文明，且有历经不同卦体的沉淀与积累。所以利涉大川并非抢城掠地，而是邦民是否皆能有大进步，进步者，国力强盛有大畜之力，邦体结构与秩序稳健，有“同”和“通”的广大基础，能大行、广施德政，秩序、财富与精神的进步和富有，方能经得起大风大浪，在涉大川中无有由泰转否之忧虑。在同人卦，从屯卦始，历经蒙、需、讼、师、比、小畜、履、泰、否的治理与积累，有同人与亨通之大基础，故以无所不同而能“乾行也”。

乾刚健且阳大，又有九五居正位，有包举天下之同，乾体阳健居外，阳能升，利于精神扬升文明以健；同时，六二居下正应且正位，下能行，犹足也，上有首脑，下有行足，再兼天下之同，故而利涉大川；乾行也，行德政于四野，行德照于天下，目的便是涵养君子，使异者同，暗者明。“行”者何？君子也，君子正志故能通，君子正位故能行，以乾行而兼天下，行德文明之健的天下正道，而“利君子贞”。

“柔得位”。同人卦之“柔得位”为六二以阴居阴，得下卦之中，又与九五正应而得位，六二以“柔得位，得中而应乎乾”成同人之主。同人九五刚健中正居尊位，二以柔顺中正得其正应，为皆得其中德与皆居其中位，二应乎乾，为既应志又应阳德，为何二有阳德呢？为二得中成离，火德离明且炎上。中则联系上下，成同人的天火之象，同人者，阴者皆同；天火者，乾阳明丽，而阴者亦燃，燃者火德升华而阳明。以“柔得位得中而应乎乾”的天火之主，成其独特的阴者皆同、阴者亦燃的同人之象。

在贲卦，内文明之火照明夷，明夷本无明照于天，内文明成火而能照，此火为无明且质之阳火，发乎于内散之于外，故曰“柔”，为刚明之质在内而照通于外，因披被其离火光彩之文饰而有柔。“柔”者，柔性也，德性以刚成，以柔显，文以外，刚以内，乃象由性显。在同人卦之所以言“柔得位”，便在于集正大德政之事业，尤其是集晋制离序之德制，升华在同人卦有德文明之成；从德文明而言，文明出柔，德文明以“文明”化柔。

正大事业的德文明，有法、礼、德三者合德，强调德制成德序而治万政。而同人卦的德文明构建乃从法、礼、德三者合德升华成天地人三才合德。同人的德文明构建——天地人三才合德。在同人卦，上体为乾，为天，下体为离，而离出自坤，离为坤之重阴生成阳中阴，言离则必有坤；再者，德由何载？为坤地所载，无论是乾阳之德还是离明之德，皆由坤载，故有地。曰同人者，为以人为主、为体，况且人在天地之中，故而有人。天、地、人三才齐备，正当德文明以健之时，有同人的天地人三才合德。天地人三才合德之德文明构建，为德文明构建之极，天、地、人一切所具之德，一切可言之德，以三才齐备而无所不包。虽言德文明构建，但并非只言德，而是以德之广义，包含法、礼、德三者一体的秩序文明，既有比卦之美制，又兼具履卦之礼制、礼法，最终集于德、包于德，而言于德，方能行泰通与蓄聚之实，出现同人之治，产生大有之归服。

集于德，把法制、礼制、德治集于德之一体，以德政和德教普施天下，如何以阳涵阴养其阴者不明之异同呢？为德文明之健——健德以养，以火德升于天，同乾体之阳明照其阴异，使其明。之所以能产生德被四野而无所不照的大同之境，以及德服天下而盛大丰有的大有之境，最根本、最核心也是最具精神与治理价值的便是天地人三才合德之德文明构建。从德文明构建，以德位思想治则，既健之于精神，又治之于为政；既使君子志通而行健，又使异者同，阴者明，而大行为政与教化之道；这便是天下大同理想的有为途径，更是德文明构建的大同之道。

君子以类族辨物。类者，归类，分类也；族者，同类成族；辨物者，辨其异同也。如何辨其异同且归其族类？为以同体位域之方法，在卦之同体，分类其类，类者成族，不类者异族，其异同显而易见。

其类族辨物的目的，为先明辨异同，再治其异，使异者皆同，为异中求同之法。在同人卦有离明以照而辨物，辨物者，先明辨异同，再使物归其自位，若位不正则德不尚，故而以德位治则治其异。辨物在于治，非排其异，非因异存而结私党，相反，言“族”必示之以宗法，以同族者之宗法引异归同，宗法者，犹言德位，且重德位，由德位治则所赋予。

所谓类族辨物，为以同体位域方法分其异同，再行德位治则治异而使同，故“辨”的目的在于治同，而“辨”的方法在于归类异同，同者宗法系之，异者，以德位治则治之，使其异者亦同的同人之义。

宗同

初九：同人于门，无咎。

象曰：出门同人，又谁咎也。

六二：同人于宗，吝。

象曰：同人于宗，吝道也。

上九：同人于郊，无悔。

象曰：同人于郊，志未得也。

在同人卦，从“同人于野”盖全卦要旨，从由野济否的野之所起到四野同归，必须明白同人卦取“野”象之所在，才能从“门”“宗”“郊”走入野象视野而达同人大义。

“同人于门”，为同人之初九，初九者以刚在下，上无系应，取“门”象而言出门在外。“门”为户之出入之地，入则为家，出则曰外，家在同人之先而同，进而出外求同，为济否与同人之志引发，故而出门。《程传》曰：“在外则无私昵之偏，其同博而公，如此则无过咎也。”“同人于宗”，为同人之六二，二与五正应，二得内卦之正，又得外卦五之正应，以“柔得位得中而应乎乾”而成全卦之主；从全卦来看有以一阴统五阳之威，五阳既然能服，必然在于二虽阴柔而不居私。“宗”者祭祀祖先之场所，也是宗族亲比之地，六二曰宗，为尊者谓之宗；六二何以言尊称宗？为六二以宗法理念约束同人志士，虽性柔但深得同人要领而被尊崇，从否塞而来在同人未成时，必得行宗法之“吝”道，既增加管束又方便亲比。“同人于郊”，为同人之上九，上九居外而无应，为有同人之成而又止乎郊，《程传》曰：“郊，在外而远之地。求同者必相亲相与，上九居外而无应，终无与同者也。始有同，则至终或有睽悔，处远而无与，故虽无同亦无悔。虽欲同之，志不遂，而其终无所悔也。”

在同人卦之所以取“门”、“宗”、“郊”象，为以门象对应进发同人，以宗象对应同人之要，以郊象对应同人之成，从而形成进发同人→同人之要→同人之成的同人三步位域；当天机与天时具备，君子进志济邦，从由野济否的野之所起始，面对否塞之世小人当道使君子遁隐而皆不同的现状，同人便为开明君子之治世理想，所以治成同人之世需要过程与步骤。同人于门，为出门合群而向同人进发，这是同人党的初步形态；同人于宗，为六二得其治同人党之要领，以阴统阳反而尊宗，以得同人之要而成同人之治；同人于郊，为经同人之治后，上九虽孤悬在外，但为君子的逍遥之境，君子安于郊而乐于郊，这是盛世的面貌，是同人之成才有的景象，心同而身不同，心在同人大世，而身处于郊，心安理得而安居乐业。

“出门同人”，取“门”象，门在初时，言外；其“外”因在于因志而出，故以门的出入功能强调志，而这个志为济邦的进发之志。而取“郊”象为在极时，言成；其“成”因在于同人之城已建，相对于城来言郊，城者，同人共建也。所谓“志未得也”，为上九之志不在位亦不在治，不在同人治世之争中，这是有大有之成后，君子从有为之志到无为之志的转变，可见虽均言志，但言“志”的位域不同了。进志济邦为有为之志，志在为政治理，当皆言有为时，认为上九未遂志，但上九之志在于无为，在于逍遥于外，在于享受同人的治世之福，有为之志已达，而无为之境尚在修持。相比乾卦上九高而无位且无下辅应，故亢而有悔，同人上九虽在同人之极，但同人有治，故而无悔。从德被而言，在上下、内外皆同后言“郊”，言志未遂愿，上九虽有刚明却同而无位，同而无他照与照他，只能自明与自照，这是德证的自我修持，以无为之境而心存大有光明。

合群而宗。同人不能无群，不仅不能无群，还得治群。济邦之志从“门”出走，无私而敞开心胸，明其志，引人入我群，引我去合群，从志同走向群，群而党否？可党，最好不要去党，而是言“宗”。宗比之于党，更强调亲比和管束，亲比之最者无外乎宗亲，而对宗亲之管束无外乎宗法，它使管束因天然的伦理关系而发乎自然，且自觉与自发，这便是以纲常伦理的宗法关系在党群上的呈现，它是源于内心的自然法序的自发，所谓宗法森严，是伦理之必须。而对“党”的管束却是一种法制，它的产生过程和宗法不一样，而且要有经过立法或修法的过程，在尚未形成大同人局面时，这种立法事件尚不符合实际，也只能成为开明人的构想，要知道同人之初是从否世界而来，否世界小人当道，对“立法”约束自己有天生的畏惧，通常立法的主要目的便是约束和矫正小人行径，使其有君子之正与君子之明。所以在同人之初，从同人于门始，依靠“宗”思想来治理同人，便能解决诸多问题。

宗，便是同人之要，它是治同人的密钥，而这个密钥就掌握在六二手里，同小畜卦的六四定礼术以怀柔解乱象一样，同人六二以“宗”思想定宗法而治理众同人君子，所以才有“柔得位得中而应乎乾，曰同人”的卦眼之所在，这也是为何六二是同人之主的原因，唯六二能做到以一阴统五阳，且五阳皆服，便是六二采用了宗法之吝道。

“吝道”。以宗法言管束而曰吝，为以宗法的有所约而治同人，以宗法言管束的同人吝道是同人大治之关键。有所约同，根于宗法关系之源，为宗法伦理发乎自然，是自然法序的自然呈现，人居天地间，有其天然且自然的伦理关系，对宗法的履行，更是一种天然的自觉与自发。从六二以柔得位之“柔”性可知，言有所约同就在于这个管束为非强硬制约，而是怀柔之术，同时也基于众同人君子之开明，对法、礼、德的天然觉知。从治同人之吝道可知，六二不仅有治同人之志，还基于同人有大同之理想，对众同人君子，之所以以宗族建立亲比关系，更以宗法建立约束制度，就是想走得更远，创建比泰体更繁荣的盛世，更高级的文明，而且这种理想从同人于门之初始就有规划蓝图，同时又有实施计划与步骤，在同人之初，大行宗法之道，成为成就同人之治的关键。且深得众同人君子的认同。

异同

九三：伏戎于莽，升其高陵，三岁不兴。

象曰：伏戎于莽，敌刚也；三岁不兴，安行也。

九四：乘其墉，弗克攻，吉。

象曰：乘其墉，义弗克也。其吉，则困而反则也。

同人九三与九四有争夺之象，不但非同，而为异。使异者同，谓异同。

九三以阳刚居下卦之上，不得中，又无正应，《程传》言其为刚暴之人，正因其为刚暴之人，而成“伏戎”之象；伏者，伏藏也，取象巽入之藏；戎者，兵甲也，取象离；莽者，巽木之林；甲兵隐藏入山林；陵者，山也，为变升（变爻）为艮，面对隐甲兵低伏山林，故言升其高陵；岁者为巽木，木星亦为岁星。《周易本义》曰：“刚而不中，上无正应，欲同于二而非其正，惧九五之见攻，故有此象。”六二为卦中唯一阴爻，因大行宗法吝道而治同人，不仅诸阳欲同之，且深得九五与其相应，三以刚强居二、五之间，欲夺二取同，以心怀叵测而有“伏戎”之象，此伏戎之危，隐三年而不敢发，更不敢兴兵，原因如《程传》所说“然理不直，义不胜，故不敢显发，伏藏兵戎于林莽之中，怀恶而内负不直，故又畏惧。”故时升高陵以观望状况，以“安行也”可知未至凶。

九四刚而不中正，处上卦之下而无应，欲同六二，但被三所阻隔，有近而不相得而乘墉以攻之象。乘者，登也，亦有升其高陵之“升”义；墉者，城垣也。然居柔失位不中，故有自反而不克攻之象。“凡爻言不克者，皆阳居阴位。惟其阳，故有讼有攻。惟其阴，故不克讼、弗克攻。”虽欲攻夺，但四以刚居柔，有知过而改之象，从卦体而言九四未失同人之道。《程传》曰：“四刚而不中正，其志欲同二，亦与五为仇者也。墉，垣，所以限隔也。四切近于五，如隔墉耳。乘其墉，欲攻之，知义不直而不克也，苟能自知义之不直而不攻，则为吉也。若肆其邪欲，不能反思义理，妄行攻夺，则其凶大矣。三以刚居刚，故终其强而不能反。四以刚居柔，故有困而能反之义。能反则吉矣，畏义而能改，其吉宜矣。”

君子之恶。对比他卦可知，通常有小人之坏，但同人也有君子之恶，这种“恶”九三藏于心而未见于行，而九四以乘墉而见于行。九三之争为不服六二欲夺其治理之权，九四之争为夺靠近六二之位。九三为阳刚君子，从同志、同德而同言，九三应为同人之类，但从九三的君子之恶可知，九三为表面上同，其心怀恶，为心异，这就给同人指明另外一种同——面同而心不同，为自同而异；九四亦为阳刚君子，因欲近贤而乘墉占位，虽乘墉但弗克攻，终有悔改，为自异而同。

如何治九三、九四这种异类而使其心同以及行同呢？那就要了解九三升其高陵是在观望什么？它在观望六二的治同人之法，是否可行而奏效，面对否世，众君子皆想有所作为，可治国重任交给了阴柔的六二，九三志心报国，只是不服六二；为何不服呢？以九三观六二，六二的位不如九三自己，才能不如自己，其阳刚之德与阴柔之德也各异，这是九三不服六二的道理所在。但从卦体而言，六二得位又当位，不仅是九五需要的治世能臣，且大行宗法之道的治同人之术还深得九五青睐，九三摆出不服的架势，而成“伏戎”之象，大有夺而取代之之势，但是六二只用了三年的时间，率领众同人君子使否世开始转变，同人之治有了起色，大势所趋，同人“安行也”，更使九三安心也。可见，九三亦为报国之才，非刚反之类，关键在于治其服。不服开始于九三，但德服亦开始于九三，但在九三不言服的主题，而通过伏戎之象言异，虽服在其中，但服为三岁后服。

面对九四乘墉攻位之恶行，要治异使同，便要六二行宗法吝道；吝在哪里呢？吝的落点便是约束九四恶行，要知道宗法最重伦理与礼法，而九四恶行的本质就是不守己位，反攻他位，违背了远近亲疏之伦理，以及乱位之礼法；故而使九四不能攻占——弗克攻的功臣便是六二，为六二成功治九四之异而使同，九四面对宗法之理而自同，这是同人君子的开明之性从一开始就决定的，行宗法吝道，使九四能守其位而维护宗法之位礼，返其正而行同人之正。

服同

九五：同人，先号咷而后笑，大师克，相遇。

象曰：同人之先，以中直也；大师相遇，言相克也。

同人九五阳刚中正居尊位，二以柔且中正与其正应，二与五之应既是同人之应，又是同心之应，同人又同心是同人之范式，二五虽相应，但被三四刚强所隔，间隔而滞其同，使五有号咷之象，然五义直且理胜，不畏其强，用大师以胜之而会师相遇得合。

号咷啼哭之象。“号咷”者，为悲忧之甚而啼哭。九五号咷啼哭有两大原因，第一个原因为发生在同人之初，从同人于野来说，在野的众君子志同而结群，他们团结在六二周围，且结亲比之宗群，这种比党群更亲比更稳固的群体出现，而且皆是在野的贤能，九五不明取聚而成群的目的何在，之所以在初始不明状况，在于三四相阻隔而致讯息不通。同人于门与同人于宗的群体聚集事件，致使的目的不明，是九五悲忧之所在；第二个原因，在九五与六二同心又同人后，出现三四相隔之象，且这种阻隔是刚强之阻，原因在于三四皆嫉妒阴柔的六二得位，出现九三欲夺权，九四争位的刚暴事件发生；三四的刚暴事件是九五号咷的主因，九五既悲忧六二阴柔不敌刚暴，又悲忧失去治国贤能而无同人之治。

后笑之象。解决使九五号咷啼哭之因，便解了同人之危。面对同人于门与同人于宗的群体聚集事件，六二并不结党，而是结类比宗亲之群体，虽无宗亲之实，但行宗亲之法，且以宗法治之，管束众君子，使九五及天下众君子明确，目的为济邦，而不是为夺九五之位，乱同人之序，以此来解九五之忧。六二不仅不结党且对聚集群体行宗法吝道以约同之，使九五看到了六二之贤能，在同心亦同人且有贤能治世之才的六二出现，九五当笑之。面对三四刚暴事件，尤其是九三“伏戎”之凶象，以及九四“乘墉”之乱象，九五既居尊位，有具刚明之才，当然知道该如何处理，为果断兴师，以兴师之强克其三四刚暴，终能与六二与众济邦志士相遇，九五当笑之。

“以中直也”为六二治众君子且率众君子与九五同心且同人之象，众君子济邦之志与六二济世之才，均直入九五对同人之治心。虽言中直，但却无法中直，原因为三四相隔，且刚暴行事。九五兴师克刚暴之因就在于九五为顾大同之大体之人，且无偏私其类同者。三四皆阳刚君子，五与其类同，且与四同为上体君子，若从同人之偏私来说，五应该偏向三四，但九五并未偏私其类同，而是发挥类族辨物之功能，识得二对大同的作用大于三和四，欲使大同有大治，必得重用二，故而行大师克三四而取二同，这便是九五兴师的义直且理胜之所在，所以类族辨物之大成者，大同之九五也。所谓“大师克相遇”正是以兴师克其刚强，使三四服而同。

先哭后笑之象。九五先哭后笑就是发生服同的过程。所谓服者，首先是不服，继而被服，而后产生服同。大同之服同，为九五之服与九五使服，以及大同之服同。九五之服，为九五以识大体之明，服六二之贤和治世之能。五服二，且与二同心同人，这是走向同人之治的最关键的环节，九五居尊位又能服阴柔之人，必定有识六二之明，而六二确实展现了非一般之贤能，使九五有服，为六二贤治之服，以宗法吝道管束志在济邦众君子，使其不生祸乱，为履礼明确，六二履礼，使九五大服，明明可以号令众君子结党生异，却偏偏履礼而行宗法，然九五与众阳明君子看到了六二虽阴柔却非小人，也正因有九五之服，才有九五兴师克强使三四服，才有三四之服同。九五使服，为九五兴师克三四刚暴之乱，以强克强，且兴师义直理胜，在使九三产生服同过程里，九五兴师致使九三强服，其“伏戎”凶象三年不发，就在于六二治世使九三心服，九三之服既有兴师之强服，又有六二使其心服。大同之服同，为上下皆服，为既服九五，又服六二，产生服同的同人之大象，尤其是产生二与五同心又同人之服同范式。《系辞》曰：“君子之道，或出或处，或默或语，二人同心，其利断金。”

结尾：得道之使命

所谓君子得道，乃内证大道。之所以言“内”证，在于德系统立于人身而有身、外、内之德序。身德，为立身修德身；外德，通过德位养德政和建德制共序；内德，内证阳德而证德性。内证大道，依阳德蓄而全之次序，以道（性）、法、术贯穿健德见修之路，见道并证道。

在周易易周程式里，有周乾易坤的乾→姤→遯→否→观→剥→坤执妄迷失过程和正坤返乾“坤→复→临→泰→大壮→夬→乾”正阳进德过程。周乾易坤“周而易”描述了无极道体以其“易”道，从太易的“易”念起生无明，且被无明牵引而离性体，便有了从乾性光明执妄迷失成在凡之坤。柔道牵乾，迷失道坤，这是“执妄迷失”的真相。明执妄是知吉凶的根本，其“妄”与“迷”是无明难以打破之因，所以要能识妄认迷而明心见性。

正坤返乾“易而周”正是内证德性而自性圆满的性命之道。以正坤返乾修真图为正阳进德之轴，辅以他卦呈现修真的路线与火候。乾坤总纲的性命双修以乾坤为总则统领其他六十二卦来相辅相成。在正坤返乾过程中，六位丹轮围绕精气神健中正德，为命功，其阳神还虚退藏于密证玄德，为性功，正坤返乾程式，乃乾坤总纲性命双修的内证之道。

内证之道，以六十四卦所呈现了性命双修修真火候与路线，正坤返乾正阳进德的七卦为次第之七“鼎”，再集六十四卦精髓所指，三百八十四爻关窍所呈，尽然囊括性命双修的路线、进展、火候、关窍要诀，通过炼精化气、炼气化神、炼神还虚程式，从阳气蓄积到真阳出现，依七鼎之路线健中正德而精气神三圆三全，从而证悟本来。

内证乃内求，伴随正阳进德继而见性证悟之过程。之所以言内证阳德，在于“德”是生阳气的法宝，无论是无明染浊导致堕落，还是正阳进德打破无明而见性，其转换的枢纽和密钥便是“德”，以德的阴阳法则属性赋予，执妄贪着与积不善会失德，阴气加重，会加剧精气神的消耗；反之，内证蓄阳与积善厚德则会蓄养精气神，从而以改变六识因缘能量体结构而正阳正德。德性为大道真性，有性→相→用程式使其以人身为用，以精气神为相，而入证德体系来内证本来。

身、外、内之证德图，万变不离其宗性，德身与德位均是德性呈现在个体与共体之修习范式，个体修德身，共体载德位，内证解悟大道，均为德性所显；以“易”道体证宇宙与生命之本质，修证万变不离其宗的德性至理，乃君子应立的得道之使命。

后记

从《天真》一书写作并出版，到《德位论》成稿，已然历时十年。之所以铭记这十年，就在于《德位论》实则自《天真》起便建立了周易易周程式下的证德体系，书中以周乾易坤的“乾→姤→遯→否→观→剥→坤”执迷妄失图和正坤返乾的“坤→复→临→泰→大壮→夬→乾”正阳进德修真图共同建立生命哲学系统；然后相继又有《道统》《藏相论》《道医论》《养正》等著作的面世，也正是有了诸多著作，才在《德位论》汇同并赋予了“德”在本体、道性、法序、经世、证悟五位一体的内涵，以“德”系统的构建来完善证德体系。

本书立“德”为旨，通过《周易》已然自成的“时、位、体”方法系统，提炼出“德”的当位、称位、配位为属性的“德位”法则，而步入对“德”系统的构建。从本体、道性、法序构建哲学系统，从非君子、身君子、德君子构建君子与治理学系统，以哲学本原直指“德位”秩序本理，再以两套系统相互诠释，既从修德身、养德政、证德性之治君子过程，又从德蒙、德政、德序、德被、德服之德文明构建过程，言说个体身位与共体序位的治理学路径，从而形成以德位思想承载的治道，并立《周易》德学新解法。

在《天真》出版后，敬文东说从《天真》窥见了作者所谓的文化上的“野心”，敬文东所说的“野心”，无非是找到能将各家各表贯通并融汇一体的载体，顺延中华几千年来无数先哲前辈的探索的印迹，《德位论》给出了“德”系统的尝试与探索。正是从本体、道性、法序、经世、证悟五位一体构建的“德”系统，具备贯通诸家并融汇一体又自成一脉的统纳性；既有小乘之身德之成，又有大乘之位德之全，更有证得性命双全并大小贯通的大君子之道，构建更加健全的外、身、内治理体系，成为了《德位论》的自觉使命。

德，始终是心性修健与文明扬升的最佳系统，更是德文明以健而大同的普施准则，而恰恰经学、道学、儒学、释学、理学、心学、医学等皆能归德，以“天下归德”承载之，使这套德学新解法，既能贯通其他，又能使其融合统一而形成合力。所谓统纪诸家归德，便是如此。“德”系统是根植于本土文明的中国意识，更是可以走向世界的中国方案。

本书选取了六十四卦中的三十四卦，亦是《德学宗义》十卷中的一部分，以“君子与治理”立论，从本体、道性、法序、经世的本原性原理来探寻治理本理，立君子为载体，探讨君子与治道的内在联系和君子之于治道的关键作用，尤其是为什么一定要健德成为君子，以及如何健德成为君子的方法，成为本书的核心，从君子健德致明而致大亨通，意在唤醒道统自觉和君子使命。

《周易》以吉凶之占，造就了中国人深入骨髓的“福祸”基因，故而从吉凶福祸入手，事关所有人身心之安，从吉凶治福祸，再深入探寻更健全的治理体系，便走入了经学的核心。在《周易》的患、祸、灾、难系统中，若不健德成为君子，从“妄小人七难”与“非君子八灾”可知，非君子因福德不足而自身处灾难难以自拔，既无法于诸灾难中脱身，更难以自明寻求出难并济众的途径。

那么导致患、祸、灾、难的本因究竟在哪？又如何从根本解决始终在重蹈覆辙的诸多问题？带着这种思考，便开启了这部书的旅程，无论是受“大同理想”的召唤，还是从文明苦难中修复“修思永”之意识，总是激励着一代又一代致力于经学的我们，不忘跟随千百年来的先贤们的脚步而上下求索。

所谓德文明以健而大同，乃以“执大正之道→全正大之事业→达天下大同”为路径，再以治道之小乘行全大体之大乘，犹以“元永贞”之精神当位，配位天下正德，来激励我们知德并从德而健德成君子，再以君子之德范行德政，使小人健德并教他人有德，从而担其中华伟大复兴之使命，让天下大同有了“模样”，更有了实践路径。

用十年点滴积累换来本书的汇同，实属幸运。正是这种念兹在兹的“负累”，才成全了这样的十年。类同 2021 年的三次五十五天的闭关成书，这十年已然成为真正意义上的闭关的十年。《德位论》成书过程辗转北京、秭归、武当三地，且前后历经五稿，存留有五个完全不同的版本。这十年，刘宁先生乃是当之无愧的有功之人，感谢陈徽先生的鼎立相助，更感谢小孟同学的悉心照料和护念。

王爱品
2022 年春节
于秭归